**Klaudia und
Eberhard Homann**

Oman

IWANOWSKI'S *i* REISEBUCHVERLAG

Im Internet:

www.iwanowski.de

Hier finden Sie aktuelle Infos zu allen Titeln,
interessante Links – und vieles mehr!

Einfach anklicken!

Schreiben Sie uns,
wenn sich etwas
verändert hat. Wir
sind bei der Aktu-
alisierung unserer
Bücher auf Ihre
Mithilfe angewiesen:
info@iwanowski.de

Oman
3. Auflage 2016

© Reisebuchverlag Iwanowski GmbH
Salm-Reifferscheidt-Allee 37 • 41540 Dormagen
Telefon 0 21 33/26 03 11 • Fax 0 21 33/26 03 34
info@iwanowski.de
www.iwanowski.de

Titelfoto: In der Provinz Dakhiliyah bei Nizwa, Paule Seux/Hemis/laif
Alle anderen Farbabbildungen: s. Bildnachweis S. 347
Lektorat: Bernadette Joos, Köln
Layout: Monika Golombek, Köln
Karten und Reisekarte: Klaus-Peter Lawall, Unterensingen
Titelgestaltung: Point of Media, www.pom-online.de
Redaktionelles Copyright, Konzeption und deren
ständige Überarbeitung: Michael Iwanowski

Gesamtherstellung: Grafisches Centrum Cuno, Calbe
Printed in Germany

ISBN: 978-3-86197-141-2

☞ **Alle Karten zum Gratis-Download – so funktioniert's**
In diesem Reisehandbuch sind alle Detailpläne mit sogenannten **QR-Codes** versehen, die per Smartphone oder Tablet-PC gescannt und bei einer bestehenden Internet-Verbindung auf das eigene Gerät geladen werden können. Alle Karten sind im PDF-Format angelegt, das nahezu jedes Gerät darstellen kann. Für den Stadtbummel oder die Besichtigung unterwegs hat man so die Karte mit besuchenswerten Zielen und Restaurants auf dem Telefon, Tablet-PC, Reader oder als praktischen DIN-A-4-Ausdruck dabei.
Mit anderen Worten – der „gewichtige" Reiseführer kann im Auto oder im Hotel bleiben und die Basis-Infos sind immer und überall ohne Roaming-Gebühren abrufbar.

Inhaltsverzeichnis

EINLEITUNG: Die Wüste lebt – Natur zwischen Fels und Sand   11

I. LAND UND LEUTE

Oman auf einen Blick   13

Historischer Überblick   14
Frühgeschichte 14 • Reichtum durch Kupfer 14 • Hafeet- und Umm-al-Nar-Periode 15 • Bronze- und Eisenzeit 16 • Persische Herrschaft 16 • Invasoren aus Süd- und Zentralarabien 16 Aufstieg zur Seehandelsmacht 17 • Verbreitung des Islam 18 Reichtum durch den Chinahandel 19 • Herrschaft der Portugiesen 20 Yaruba-Dynastie 21 • Bürgerkrieg 22 • Al-Bu-Said-Dynastie 22 Said der Große 23 • Niedergang des Handelsimperiums 24 Britischer Einfluss 24 • Isolationismus unter Sultan Said 25 Renaissance unter Sultan Qaboos 25

Oman heute   26
Innenpolitik 26 • Außenpolitik 27

Zeittafel   28

Landschaftlicher Überblick   31
Geografie 31 • Geologie 32 • Klima 33 • Flora 36 • Fauna 39 Unterwasserwelt 44

Wirtschaftlicher Überblick   52

Gesellschaftlicher Überblick   55
Bevölkerung   55
Religion – Der Islam   56
Geschichte des Islam 57 • Die Glaubensgrundsätze 59 Die Lehre 60 • Die Moschee 61

Überblick

Traditionen _____ 62
Stammeswesen 62 • Rolle der Familie 63 • Frauen in Oman 64
Die Kleidung 64

Kultureller Überblick _____ 67
    Architektur _____ 67
    Kunsthandwerk _____ 70
    Arabische Küche _____ 72

2.   DIE GELBEN SEITEN: OMAN ALS REISEZIEL

Allgemeine Reisetipps von A–Z _____ 79

    Die Grünen Seiten: Das kostet Sie der Aufenthalt in Oman   136

Reisen in Oman _____ 140

3.   HAUPTSTADTREGION

Muscat und die Capital Area _____ 145
    Old Muscat _____ 147
    Festungen und Stadttore 147 • Muscat Gate Museum 149
    Bait Graiza 149 • Sultanspalast 150 • National Museum 150
    • Bait Fransa 151 • Bait al Zubair 151 • Bait Muzna 151

Westlich von Muscat _____ 153
    Mutrah _____ 153
    Kalbouh Park 154 • Riyam Park 154 • Mutrah Fort 154 • Souq 155
    Corniche/Al Lawatiyah 155 • Hafen/Fischmarkt 155 • Bait al
    Baranda 156
    Ruwi _____ 157
    Sultan's Armed Forces Museum 157
    Mina al Fahal _____ 158
    Qurum _____ 158
    Qurum Nature Reserve 158 • Children's Museum 158
    Medinat al Sultan Qaboos _____ 159
    Al Khuwair _____ 159
    Natural History Museum 159
    Ghubrah _____ 160
    Seeb _____ 160

Südöstlich von Muscat _____ 161
    Sidab _____ 161
    Al Bustan _____ 161
    Qantab und Bandar al Jissah _____ 161

Ausflüge von Muscat _____ 163
    Festungen im Hajar-Gebirge/Nizwa _____ 163
    Die Lagunen rund um Muscat _____ 163

Reiserouten

4.   DER WESTEN OMANS

Route 1: Von Muscat nach Nizwa _____ 181
Von Seeb nach Fanja _____ 182
Durch die Samail-Schlucht bis Izki _____ 184
Birkat al Mawz _____ 184
Abstecher in den Jebel Akhdar _____ 184
Nizwa _____ 186
Fort Nizwa 188 • Souq 188

Route 2: Von Nizwa nach Bahla _____ 192
Tanuf _____ 192
Al-Hoota-Höhle _____ 192
Al Hamra _____ 193
Misfah _____ 194
Abstecher zum Jebel Shams _____ 194
Bahla _____ 195
Hisn Tamah 196 • Souq 196 • Töpferwerkstätten 196
Abstecher zum Fort Jabrin _____ 197

Route 3: Von Bahla nach Buraimi/nach Al Ain in den VAE ___ 198
Al Ayn _____ 199
Bat _____ 200
Ibri _____ 200
Buraimi _____ 201
Geschichte 201 • Sehenswertes 202
**Ausflug nach Al Ain in den
Vereinigten Arabischen Emiraten** _____ 204
Orientierung 204 • Palmenpark Al Ain 206 • Sultan Bin Zayed Fort/
Al Ain National Museum 206 • Viehmarkt 206 • Sheikh Zayed
Palace Museum 207 • Uhrturm, Public Gardens und Fort Jahili 207
Oasen Al Jimi und Al Qattara 208 • Hili 208 • Al Ain Zoo 209
Kamelmarkt 209 • Jebel Hafeet 210

Route 4: Von Muscat an der Küste entlang nach Westen ___ 213
Al Fulayj _____ 214
Barka _____ 214
Fort 215 • Souq 215 • Bullenkämpfe 216 • Bait Na'aman 216
Al Sawadi und Daymaniyat-Inseln _____ 218
Nakhl _____ 221
Wadi Mistal _____ 222
Wadi Abyadh _____ 223
Al Awabi _____ 223
Wadi Bani Kharus _____ 224
Abstecher in das Wadi Bimah (Snake Gorge) _____ 224
Abstecher durch das Wadi Bani Awf/Wadi Sahtan _____ 225
Rustaq _____ 226
Fort 226 • Souqs 227 • Ain al Kasfah 227

Reiserouten

Al Hazm _____ 228
Abstecher: Durch das Wadi Hoqain nach Al Hazm 229
Al Masnaah _____ 229
Al Suwayq _____ 230
Al Khaburah _____ 230
Saham _____ 231
Abstecher ins Wadi Hibi _____ 231
Sohar _____ 232
Geschichte 232 • Sehenswertes 233
Ausflüge von Sohar _____ 235
Vereinigte Arabische Emirate 235 • Berge und Wadis 235
Liwa _____ 236
Shinas _____ 236

Erweiterung zur Route 4: Fujairah/Ostküste der VAE _____ 237
Kalba/Khawr Kalba _____ 237
Emirat Fujairah _____ 238
Fujairah Stadt _____ 239
Fujairah Fort 239 • Fujairah Museum 239 • Dattelgärten 240
Zentralmarkt 240 • Goldsouq 240 • Ain al Madhab Garden 241
Heritage Village 241 • Stierkampfarena 241
Khawr Fakkan _____ 243
Bidiyah _____ 243
Dibba _____ 244

5.   DER NORDEN OMANS

Musandam-Halbinsel _____ 247
Khasab _____ 248
Fort 249 • Souq 249 • Hafen 249

Die Buchten Musandams _____ 252
Khawr Sham _____ 252
Kumzar _____ 253

Musandams Bergwelt _____ 254
Route 5: Von Khasab nach Al Rawdah _____ 254
Von Khasab nach Bukha _____ 256

Weiterreise in die VAE _____ 257
Shopping-Trip nach Dubai _____ 257

6.   DER OSTEN OMANS

Route 6: Durch die Region Sharqiyah _____ 261

Durch das Landesinnere nach Sur _____ 262
Variante 1: Abstecher in die Wadis _____ 262
Wadi Dima und Wadi Tayeen 263

Reiserouten

Variante 2: Route über Sinaw _____ 263
Rawdah, Samad und Al Fath 263 • Al Mudaybi 264 • Sinaw 264
Ibra _____ 265
Al Mudayrib _____ 267
Al Mintirib _____ 267
Wahiba Sands _____ 267
Wadi Bani Khalid _____ 271
Sur _____ 271
Fort Bilad Sur 272 • Fort Sunaysilah 272
Maritimes Museum 272 • Hafen 272 • Dhauwerften 273
Fatah al Khair 274 • Ayja 274

Entlang der Küste von Muscat nach Sur _____ 276
   Quriat _____ 276
   Bamah und Fins _____ 276
   Wadi Shab _____ 276
   Wadi Tiwi _____ 277
   Qalhat _____ 278

Von Sur in den Ja'alan _____ 280
   Ras al Hadd _____ 280
   Ras al Jinz _____ 281
   Al Ashkharah _____ 285
   Ja'alan Bani Bu Ali und Ja'alan Bani Bu Hassan _____ 286
   Al Kamil und Al Wafi _____ 288
   Masirah _____ 289

7.   DER SÜDEN OMANS

Route 7: Von Muscat an die Dhofar-Küste _____ 293
   Über Bidbid und Izki nach Adam _____ 295
   Al Ghabah _____ 296
   Hayma/Oryxreservat _____ 297
   Al Ghaftayn _____ 298
   Quitbit _____ 299
   Thumrayt _____ 299
   Salalah _____ 302
Ausgrabungsstätte Al Baleed 303 • Corniche und Weihrauchsouq 309
Khawr Salalah 309 • Neustadt 309 • Obstgärten 310 • Gräber 310
   Westlich von Salalah _____ 315
Mughsayl 315 • Auf der Zig-Zag Road nach Rakhyut 315
   Nördlich von Salalah _____ 316
Ain Jarziz 316 • An Nabi Ayoub 317 • Weihrauchbäume im
Wadi Dawkah 317 • Ausgrabungsstätte Ubar 317 • Al Hashman/
Rub al Khali 318
   Östlich von Salalah _____ 319
Quellen 319 • Taqah 320 • Wadi Darbat 320 • Khawr Rori/
Samhuram 321 • Tawi Atayr und Jebel Samhan 322 • Mirbat 324
Hasik 325

Reiserouten

8.   OMANS SEESEITE

Tauchurlaub in Oman _____ 327
    Natürliche Bedingungen _____ 327
    Infrastruktur _____ 327

Tauchgebiete _____ 328
    Musandam-Halbinsel _____ 329
    Lima Rock 329 • Pearl Island 330 • Ras al Hamra 330
    Ras Salti Ali 330 • Long Beach 330 • Khawr Ghubb Ali 330

    Region um Muscat _____ 331
    Ras al Sawadi 331 • Daymaniyat-Inseln 331
    Wrack der „Al-Munassir" 331 • Shark Point 332
    Fahal Island 332
    Dhofar-Küste _____ 333
    Raha Bay 333 • Eagle's Retreat 333 • Mirbat Reef 333

Ausrüstung _____ 334

9.   ANHANG

    Kleine Sprachhilfe _____ 337
    Literaturliste _____ 340
    Stichwortverzeichnis _____ 342
    Bildnachweis _____ 347

Weiterführende Informationen zu folgenden Themen

info

Die Wüste lebt	34
Die Dattel	37
Das Kamel	40
Verhalten bei einem Giftschlangenbiss	42
Erdöl	53
Der Khanjar	66
Religiöse Tabus beim Fleischverzehr	73
Kleines Obst-Lexikon	76
Luxus unter dem Wüstenhimmel	162
Halwa	215
Das Falaj-Bewässerungssystem	217
Einreiseformalitäten VAE	257
Beduinen	268
Zikaden	279
Meeresschildkröten	282
Der Arabische Tahr	287
Delfine	291
Khareef	300

Weihrauch	306
Der Arabische Leopard	323
Tauchen mit Kindern	328
Sicherheit beim Wracktauchen	332

Karten und Grafiken

Al Ain	205
Barka – Rustaq – Al Khaburah	218
Küstenregion Batinah und das Landesinnere	183
Musandam-Halbinsel	248
Muscat Altstadt	148
Muscat und Capital Area	146
Muscat Durchnittstemperaturen	120
Mutrah und Ruwi	152
Nizwa	187
Nizwa – Bahla – Ibri	188
Der Osten Omans	262
Salalah Zentrum und Übersicht	304
Sohar	233
Der Süden Omans	294
Sur	272

Umschlagkarten

Vordere Umschlagklappe Oman – Übersicht und Highlights
Hintere Umschlagklappe Muscat und Capital Area – Umgebungsplan

Legende

i Information	Schiffsanleger/Fähre	Markt/Einkaufen
★ Sehenswürdigkeit	Busbahnhof	Shopping Mall
☾ Moschee	⚓ Hafen	Festung/Fort
Ⓜ Museum	✈ Flughafen	Archäologische Stätte
wichtiges Gebäude	Uhrturm	Unterkunft
✉ Post	Leuchtturm	Essen und Trinken
Tankstelle	Strand	Einkaufen

Die Wüste lebt –
Natur zwischen Fels und Sand

Noch befindet sich der Name des etwa 300.000 km^2 großen Sultanates nicht unter den Top-Destinationen für Urlauber, doch kann sich dies möglicherweise in kurzer Zeit ändern. Immer mehr Menschen wünschen sich im Urlaub nicht nur beliebig austauschbare Strände und Hotels, sondern auch die Begegnung mit der Kultur des Reiseziels und vor allem mit seiner Natur. Beides ist in Oman gut möglich, wenn auch nicht immer in kurzer Zeit zu meistern, denn die Entfernungen sind enorm.

Das drittgrößte Land der arabischen Halbinsel erstreckt sich von der Musandam-Halbinsel im Norden entlang der Küste des **Golfes von Oman** nach Osten und dann am **Arabischen Meer** weiter nach Südwesten. Unmittelbar an die Küste grenzt im Landesinneren die Wüste. Aber nicht jene Wüste, die sich Kinder als riesigen Sandkasten vorstellen, und die so auch einen romantischen Charakter besitzt – hier ist es eine Geröllwüste, die allenthalben lebensfeindlich erscheint. Besonders bizarr präsentiert sich die Landschaft im **Hajar-Gebirge**, das sich im Hinterland von der **Musandam-Halbinsel** bis an die Ostküste erstreckt. Während es zum Meer hin aber immer noch genügend Wasser für die Tier- und Pflanzenwelt gibt, nimmt dies südlich des Gebirgszuges deutlich ab. Hier geht die Geröllwüste dann tatsächlich in jenen „Sandkasten" über, der geografisch schon ein Ausläufer des saudi-arabischen **Rub al Khali**, des Leeren Viertels, ist.

Leer ist auch das Gebiet südlich des Hajar, das hier schnell in die unwirtlich erscheinende **Jiddat al Harasis** übergeht, bevor es im äußersten Süden in das fruchtbare **Dhofar-Gebiet** mündet.

So lebensfeindlich bestimmte Teile Omans erscheinen mögen, so gilt dies doch im Wesentlichen nur für den Menschen. Pflanzen und Tiere sind entsprechend angepasst und können unter den gegebenen Umständen existieren. So wachsen in den fruchtbaren Küstenregionen neben Datteln auch Bananen und Kokospalmen, denen die hohen Temperaturen bei gleichzeitig extrem hoher Luftfeuchtigkeit kaum etwas anhaben.

Zahlreiche Zugvogelarten nutzen die Küsten Omans zu einem Stopp auf dem weiteren Weg oder überwintern gleich hier. An den Stränden des Sultanats nisten fünf von sieben weltweit vorkommenden Seeschildkrötenarten. Der Jebel Samhan im Dhofar ist eines der letzten, eventuell sogar das letzte Rückzugsgebiet des Arabischen Leoparden, im Hajar-Gebirge südwestlich von Muscat lebt immer noch der Arabische Tahr und in der **Jiddat al Harasis** wurde die als ausgestorben geltende Weiße Oryx-Antilope erneut in freier Wildbahn angesiedelt.

Somit ist Oman mit seiner einzigartigen Landschaft und seiner faszinierenden Natur ein spannendes Reiseziel für all diejenigen, die sich auch individuell aufmachen, Neues zu entdecken – ein klein wenig Mut und Entdeckergeist vorausgesetzt. Diesen Entdeckergeist braucht es zunehmend, denn Oman hat es sich zum ehrgeizigen Ziel gesetzt, den Anschluss an den internationalen Tourismus zu bekommen. Dazu wird geräumt, gebaut, bewässert und asphaltiert und zwar in atemberaubendem Tempo. Wo vor ganz kurzer Zeit noch eine Schotterpiste war, führt nun eine mehrspurige Autobahn durch die Wüste. In Salalah plant man einen neuen Hafen für Kreuzfahrtschiffe, der mehr Schiffe und Passagiere bewältigen kann als bisher, und so geht es weiter, bei jedem Besuch stößt man auf Veränderungen. Gute Reise!

Klaudia und Eberhard Homann

I. LAND UND LEUTE

Oman auf einen Blick

Name <	
Sultanat Oman (arab.: Saltanat Uman)	
Größe	
309 500 km²	
Lage	
Im äußersten Südosten der Arabischen Halbinsel zwischen dem 53. und 58. Längengrad und dem 17. und 26. Breitengrad. Im Westen grenzen die Vereinigten Arabischen Emirate (VAE) und Saudi-Arabien an Oman, im Süden der Jemen. Die natürliche Grenze im Osten bildet das Arabische Meer. Oman besitzt zwei Exklaven im Norden, die durch die VAE vom Hauptterritorium getrennt werden: Musandam an der Straße von Hormuz und Madha innerhalb der VAE.	
Hauptstadt	
Muscat	
Bevölkerung	
Etwa 4,18 Mio. Einwohner (Stand August 2015), davon etwa 56 % Omanis und etwa 44 % Ausländer (Expatriates) vor allem aus Indien und Pakistan.	
Staatsreligion	
Islam	
Sprache	
Arabisch ist Amtssprache, Englisch wird zumindest in den größeren Städten verstanden und leidlich gesprochen.	
Alphabetisierungsrate	
Männer 83 %, Frauen 67 %, Omanis unter 20 Jahre 100%	
Regierungsform	
absolute Monarchie (Sultanat) mit Sultan Qaboos als Staatsoberhaupt. Ihm zur Seite stehen ein von ihm ernannter Ministerrat und eine beratende Volksvertretung. Politische Parteien gibt es nicht. 1996 verkündete Sultan Qaboos eine Verfassung, die das Verhältnis zwischen Staat und Bürgern regelt.	
Gründung	
Als Gründungsjahr des heutigen, modernen Oman gilt das Jahr 1970, in dem Sultan Qaboos nach einem unblutigen Putsch die Macht von seinem Vater Sultan Said bin Taimur übernahm. Nationalfeiertag ist der 18. November, der Geburtstag des Sultans.	
Flagge	
Die Flagge setzt sich aus einem senkrechten roten Streifen (links) und drei waagerechten Streifen in den Farben Weiß, Rot und Grün (rechts) zusammen. Die linke obere Ecke zeigt das Staatswappen, einen Khanjar vor zwei gekreuzten Schwertern. Alle drei Waffen werden von einem Gürtel zusammengehalten.	
Währung	
Omani Rial (OR)	

Historischer Überblick

Frühgeschichte

Über die Frühgeschichte Omans weiß man bislang nur wenig. Archäologische Forschungen setzen eine politische und wirtschaftliche Stabilität voraus, die das Land erst in den 1970er-Jahren erreichte.

Fischer und Jäger

Erste **steinzeitliche Funde** lassen sich auf die Zeit um 10.000 v. Chr. datieren, sie konzentrieren sich in den Küstengebieten. Es handelt sich vorwiegend um sog. **Muschelhaufen**, Abfallberge, die vermutlich Reste von Mahlzeiten darstellen. Zudem fand man primitive Steinwerkzeuge und bearbeitete Muscheln, die möglicherweise als Schmuck dienten. Die meisten dieser Funde stammen aus **Begräbnisstätten**. Nahrungsfunde legen nahe, dass in den frühen Ansiedlungen vor allem Fischer lebten. Ihre Existenzgrundlage bildeten das Meer und die angrenzenden Mangroven. Auch die Jagd spielte eine Rolle. Werkzeug- und Waffenfunde weisen auf Jagdgesellschaften bzw. Viehzüchter auch im Hinterland hin – das Klima war in der Zeit bis 3.000 v. Chr. vermutlich sehr viel weniger trocken und heiß als heute.

Reichtum durch Kupfer

Ungefähr zu dieser Zeit muss es zu Kontakten mit Mesopotamien, dem heutigen Irak, gekommen sein. In Ur gefundene Tontafeln aus dem 3. Jt. v. Chr. berichten vom Handel mit **Dilmun** (heute Bahrain), der Region **Meluhha** (das Gebiet des Industals) und einem Reich namens **Magan**. Letzteres kann man bis heute nicht genau lo-

Rekonstruktion eines Rundgrabes aus der Umm-al-Nar-Periode bei Hili

kalisieren, denn in den alten Schriften wird lediglich ausgesagt, es handle sich um eine gebirgige Region südlich der Euphratmündung, die das begehrte Kupfer besaß. Dies trifft gleichermaßen für das Gebiet des heutigen Iran oder eine Gegend im südöstlichen Arabien zu, also für die heutigen Vereinigten Arabischen Emirate oder Oman. Jüngere Forschungen sprechen für Oman, denn in der Gegend um Nizwa entdeckte man Spuren von Kupferabbau, die auf das 3. Jt. v. Chr. zurückgehen (Schmelzöfen, Abbau- und Zerkleinerungswerkzeuge, Schmuck und Messer). Die Menschen lebten damals in den Unterläufen der großen Wadis. Dort konnte man auch bei lang andauernder Trockenheit mit primitiven Bohrungen Wasser erreichen. Sie betrieben Landwirtschaft durch Überflutungsbewässerung; archäologische Funde von Dattelkernen bezeugen, dass sie auch die Dattelpalme bereits als Kulturpflanze nutzten.

Kupferabbau

Hafeet- und Umm-al-Nar-Periode

Die omanische Frühgeschichte wird anhand von Grabfunden in Perioden aufgeteilt. Erste nennenswerte Funde lassen sich der **Hafit-Periode** zuordnen, die man auf die Zeit zwischen 3000 und 2700 v. Chr. datiert. Im Bereich des **Jebel Hafeet** bei Buraimi und dort besonders bei **Hili** fand man sog. **Bienenkorbgräber**, aus Bruchsteinen aufgeschichtete Kuppelbauten auf rundem Grundriss. In den Gräbern entdeckte Töpferwaren aus Mesopotamien bezeugen erneut die frühen Handelskontakte zwischen den beiden Regionen.

Noch mehr weiß man heute über die unmittelbar folgende **Umm-al-Nar-Periode**, die bis 2000 v. Chr. dauerte. Sie ist nach der Insel Umm al Nar bei Abu Dhabi (Vereinigte Arabische Emirate) benannt, auf der in den 1950er-Jahren die ersten Ausgrabungen unter der Leitung dänischer Archäologen stattfanden. Das Team legte etwa 50 aus sorgfältig behauenen Steinen errichtete **Rundgräber** frei, die zu den schönsten Grabbauten in der Golfregion zählen. Ihre glatten Wände sind teilweise mit Gravierungen verziert. Sie zeigen vor allem Tiere, darunter Schlangen und Antilopen, aber auch Kühe und vereinzelt Kamele. Die Darstellungen legen nahe, dass die Umm-al-Nar-Kultur zumindest ansatzweise Viehzucht betrieben und eventuell auch schon Kamele domestiziert hat, sodass der Warentransport über Land nicht mehr allein mit Eseln, sondern auch mit den sehr viel besser angepassten Kamelen durchgeführt werden konnte. Auch in den Rundgräbern der Umm-al-Nar-Periode entdeckte man zahlreiche Grabbeigaben, darunter Tonwaren aus Mesopotamien, Steingefäße, Bronzewaffen und Muschelschmuck.

Gräber aus bearbeiteten Steinen

Die bedeutendsten Funde kamen bei **Hili** (nahe Al Ain) ans Tageslicht, wo sie im archäologischen Park ausgestellt werden. Weitere Fundorte sind **Bat** und **Al Ayn** bei **Ibri** und das **Wadi Bahla**. Die Grabbeigaben zeigen nicht nur, dass auch in der Umm-al-Nar-Periode der Handel mit Mesopotamien blühte, sondern dass man die Technik der Tonbearbeitung auch in Oman aufgriff und zu hoher Blüte führte. Die Erzeugnisse wurden in die gesamte Golfregion exportiert. Gegen Ende dieser Zeit verschwindet dann der Name **Magan** aus der mesopotamischen Geschichtsschreibung, **Dilmun** spielt nun eine deutlich wichtigere Rolle. Da **Dilmun** aber über keine nennenswerten Kupfervorräte verfügte, kann man davon ausgehen, dass Oman weiterhin lieferte, ohne dass dies explizit Erwähnung fand.

Blühender Handel mit Mesopotamien

Bronze- und Eisenzeit

Grabfunde bestimmen auch das Bild der folgenden Geschichtsepochen, ihre Zahl ist jedoch spärlich, sodass vieles im Dunkel der Vergangenheit verborgen bleibt. Die Epoche von 2000 bis etwa 1200 v. Chr. bezeichnet man als **Wadi-Suq-Periode**. Im **Wadi Suq** wurden erstmalig Gräber dieser Zeit gefunden, die entweder einen runden Grundriss von 3 bis 4 m Durchmesser oder einen rechteckigen Grundriss aufwiesen. Die zugehörigen Grabbeigaben (Ton- und Steingefäße) unterschieden sich deutlich von denen der vorangegangenen Epoche, sodass man hier eine neue Kultur zu erkennen glaubte. Bislang konnte kein Nachweis einer dauerhaften Besiedelung einzelner Gebiete während dieser Zeit gefunden werden, daher hat man wenig Informationen über die **Wadi-Suq-** und die nachfolgende **Lizq-Periode**, die man schon der Eisenzeit (1300 bis 300 v. Chr.) zurechnet. Die Lizq-Periode wurde nach einer befestigten Hügelsiedlung bei **Lizq** im **Wadi Samad** benannt, die aus dieser Epoche stammt. Auch hier ließen Veränderungen in der Fertigung und Verzierung von Ton- und Steinwaren auf einen kulturellen Umbruch schließen.

Unerforschte Epochen

Persische Herrschaft

Im Lauf des 1. Jt. v. Chr., spätestens aber 563 v. Chr. geriet Oman unter persische Herrschaft. Achämeniden, Parther und Sassaniden regierten die Region und übten ihren Einfluss auch dann noch aus, als Alexander der Große Persien seinem Riesenreich einverleibt hatte. Im Fokus ihres Interesses stand die Kontrolle über die **Straße von Hormuz**, eine Meerenge von immenser strategischer Bedeutung.

Den Persern ist nicht nur der immer reger werdende **Handel u. a. mit Weihrauch aus Dhofar** zu verdanken, sondern auch die **Einführung des Aflaj-Bewässerungssystems**, das im persischen Reich schon lange in Gebrauch war. Der Weihrauchhandel und die nun von Überflutung unabhängige Landwirtschaft verhalfen dem Land zu einer immensen Blüte. Kamele und Pferde wurden jetzt intensiv eingesetzt, Siedlungen konnten langfristig angelegt werden und der Schiffsbau florierte.

Wirtschaftliche Blüte

Invasoren aus Süd- und Zentralarabien

Auch im Südwesten des heutigen Oman geriet um 200 v. Chr. einiges in Bewegung. Nachdem es im Gebiet des Südjemen mehrfach zu Überschwemmungen gekommen war, führte Malik bin Fahm Al-Azdi **6.000 Mann aus dem Stamm der Al-Azd** die Küste entlang, um ein neues Siedlungsgebiet zu finden. Bei **Qalhat** ließ er sich mit seinen Truppen nieder und bat die Perser um ihre Erlaubnis, hier dauerhaft sesshaft zu werden. Als ihm dies verwehrt wurde, kam es zu einer Schlacht, die in der Gegend des heutigen **Nizwa** ausgetragen wurde. Sie währte mehrere Tage und endete mit Maliks Sieg. Malik schwang sich nun zum Herrscher über weite Teile Omans auf und wählte **Nizwa** als Regierungssitz. Die Perser konnten sich langfristig nur in **Sohar** behaupten, das sich unter der Regentschaft des Sassaniden Ardashir I. zu einem bedeutenden Seehandelsposten entwickelte.

Schlacht bei Nizwa

Aufstieg zur Seehandelsmacht

Der **Seehandel** war für den wirtschaftlichen Aufschwung der gesamten Arabischen Halbinsel verantwortlich und sicherte der Region über Jahrhunderte hinweg Einfluss und Wohlstand. Regen Warenaustausch pflegte man vor allem mit dem Iran, dem Irak und Pakistan, aber auch mit Sri Lanka, Indien, dem Nahen Osten und der Mittelmeerregion. Oman spielte dabei nicht nur dank seiner langen Küstenlinie eine bedeutende Rolle, sondern kontrollierte zudem die **Straße von Hormuz**, jene Meerenge, die den Indischen Ozean vom Arabischen oder Persischen Golf trennt. *Florierender Seehandel*

Mesopotamier, Perser, Araber, Inder, Afrikaner, Griechen, Türken, Italiener, Portugiesen und Nordeuropäer näherten sich den Küstenregionen Omans, besetzten das Land kurz- oder längerfristig und verschwanden dann wieder auf den Weiten des Meeres, allerdings nie, ohne bleibende Spuren zu hinterlassen. Der Handel zwischen Indischem Ozean und der Mittelmeerregion brachte vielen Menschen Wohlstand, darunter vor allem den Bewohnern des **Dhofar**, der **Haupterzeugerregion für Weihrauch**. Bezahlt wurde dieses Luxusgut, nach dem vor allem das römische Imperium lechzte, fast immer mit edlen Metallen, was im 3. Jh. n. Chr. zu einer massiven Geldentwertung und einem Rückgang des Handelsaufkommens führte.

Weihrauch bestimmte schon früh die Geschicke Omans, wie diese alte Holzarbeit deutlich macht

Erst im 5. Jh. lebte der Seehandel wieder auf, diesmal **unter der Ägide persischer Seefahrer**, die den gesamten Handel zwischen Sri Lanka und der Golfregion beherrschten. Persien verlor erst im 7. Jh. an Einfluss, als die **Araber** nach der Verbreitung des Islam die **Kontrolle über den Seehandel übernahmen**. Arabische Seeleute waren auf ihren leichten und sehr einfach gebauten Schiffen im ganzen asiatischen Raum unterwegs und erreichten so ferne Orte wie Kanton in China, wo sich eine große arabische Kolonie entwickelte. Nur Seile aus Kokosfasern hielten die Planken ihrer oftmals großen Schiffe zusammen, beladen mit allerlei Handelswaren und bis zu 400 Seeleuten, die es sich mehr schlecht als recht auf den gestapelten Gütern bequem machten. Ihre Flexibilität machte es ihnen möglich, auch in stärkerem Seegang sowie in flachen Küstengewässern zu bestehen. Doch bei allen Vorzügen waren diese Schiffe auch sehr anfällig. So entschied letztlich immer das Schicksal, ob ein Schiff seinen Bestimmungshafen erreichte oder nicht. Kam es endlich an, brachte es für den Eigner (oft eine Gruppe von Kaufleuten) und meist auch die Region, in der das Schiff beheimatet war, enormen Wohlstand. Stand die Reise aber unter einem un- *Flexible, aber anfällige Boote*

Identitätsstiftendes Symbol einer Nation mit großer Schifffahrtstradition: Dhau im Hafen von Mutrah

günstigen Stern und das Schiff sank oder wurde von Piraten geraubt, so führte dies nicht selten zum Ruin der Kaufleute und manchmal auch des ganzen Hafens. Um die Risiken zu minimieren, machte man sich die vorherrschenden Winde zu Nutze. So verließen die Schiffe meist Ende November die omanischen Gewässer, um ihre 18-monatige Tour dann mit dem Nordost-Monsun im April oder Mai zu beenden. Sehr viel kürzer war da die Reise nach Afrika, die meist so geplant wurde, dass die Schiffe mit dem Südost-Monsun zwischen April und Mai heimkehrten.

Verbreitung des Islam

Gleichzeitig mit dem Aufstieg Omans zur Seehandelsmacht setzte auch die Islamisierung des Landes ein. Die heutige Staatsreligion Omans entstand im 7. Jh.: Um 610 hatte ein einflussreicher Kaufmann, der später als Prophet Mohammed in die Geschichte einging, in **Mekka** zum ersten Mal eine göttliche Offenbarung. Zunächst berichtete er nur seiner Familie davon, später dann, als die Offenbarungen sich

Göttliche wiederholten, wandte er sich mit den Gottesbotschaften auch an die Öffentlichkeit.
Offen- Seine monotheistische Glaubenslehre stieß jedoch bei Teilen der Bevölkerung auf
barung Ablehnung. Man fürchtete, dass Mekka seinen Rang als Wallfahrtsort für für Anhänger der polytheistischen altarabischen Religion verlieren würde. Nachdem es zu gewalttätigen Ausschreitungen gegen ihn und seine Anhänger gekommen war, verließ Mohammed **Mekka** 622 und siedelte nach **Medina** über. Von hier sandte er Botschafter in alle Nachbarstaaten, um seine Ideen zu verbreiten. 630 schickte er Amr bin Al As, einen der ersten Muslime, zu den damals über die Küstenregion herrschenden Fürsten Abd und Jaifar Al Yulanda. Ob sie freiwillig zur neuen Religion konvertierten oder ob handfeste militärische Drohungen sie dazu bewogen, bleibt bis heute ein Rätsel.

Belegt ist jedoch, dass Mohammed die Omanis als erstes Volk pries, das seine Lehren angenommen hatte. 632 starb der Prophet, ohne seine Nachfolge geregelt zu haben. Dies ließ Auseinandersetzungen entbrennen, die 657 zu einer ersten Spaltung des Islams führten. Neben den beiden Hauptgruppen, den **Sunniten** und **Schiiten**, entwickelten sich die **Charidschiten**, die die Gleichheit unter den Gläubigen befürworteten und jegliche familiäre oder stammesmäßige Bevorzugung bei der Auswahl des Kalifen strikt ablehnten. Gegenüber allen Andersgläubigen legten sie eine radikal ablehnende Haltung an den Tag. Die Grundideen der **Charidschiten** nahm Abdulla bin Ibad auf, ein in **Basra** lebender gläubiger Muslim. Er predigte, dass jeder gläubige Muslim zum Imam gewählt werden konnte und wandte sich zugleich gegen eine westliche Orientierung des Islam. Viele seiner Schüler kamen aus dem heutigen Oman und kehrten mit der Lehre bin Ibads, der **Ibadiya**, dorthin zurück. 751 wählten sie Yulanda bin Masud zum ersten Imam und stellten sich damit gegen die Herrschaft des Sultans; **Nizwa** wurde zur **Residenzstadt** und blieb dies für die nächsten drei Jahrhunderte. Bis heute ist das Jebel-Akhdar-Gebirge eine Hochburg der **Ibaditen** (Anhänger der Ibadiya).

Spaltung des Islam nach Mohammeds Tod

Reichtum durch den Chinahandel

Die Händler des Mittelalters beluden ihre Schiffe zunächst vor allem in **Basra** mit ihren Gütern, doch waren die Gewässer des Arabischen Golfes oftmals zu flach, um den großen Schiffen, die die lange Fahrt nach China bewältigen konnten, sicheren Hafen zu gewähren. So war man gezwungen, auf andere Häfen auszuweichen, zu denen auch **Sohar** zählte. Der heutige Golf von Oman, an dem Sohar liegt, hieß im 10. Jh. bezeichnenderweise „China-Meer". Hier trafen die Handelswaren aus Ostafrika auf jene aus Indien und China und letztlich auch der arabischen Welt. Sohar wuchs und gedieh, wirtschaftlich und damit auch städtebaulich. Als der Handel mit China aufgrund gewalttätiger Aufstände im Reich der Mitte zum Erliegen kam, baute man vor allem auf den **Handel mit Indien und Afrika**. Auf diesen Routen konkurrierte das iranische **Siraf** mit Sohar, doch war der Handel so rege, dass er für beide Häfen genug abwarf. Dieses Intermezzo währte, bis die Machthaber der Insel **Qais** (heute das iranische Kish) sowohl Siraf als auch Sohar den Rang abliefen.

Bedeutende Häfen

Im 13. Jh. wurden dann Schiffe erstmalig mit **Heckrudern** ausgestattet, die aber noch nicht mit einem Steuerrad bedient wurden, sondern über Seilzüge von den Seiten aus. Schiffe mit Heckrudern waren vor allem an Stränden den Schiffen überlegen, die mit seitlichen Rudern operierten. Etwa gleichzeitig änderte sich auch der Handel mit China. Statt den gesamten Weg zu segeln, traf man sich mit chinesischen Dschunken in **Malabar** und in **Häfen zwischen Sri Lanka und Indien**. Nur ein Jahrhundert später erreichten dann auch die ersten Dschunken aus China Ostafrika und die Dhofar-Region. Solche Fahrten dauerten bis etwa 1430 und wurden danach von China aus komplett eingestellt.

Chinesische Dschunken in Dhofar

Im 14. Jh. musste auch Qais seine Machtposition aufgeben. Seine Stelle nahm das **Handelsreich Hormuz** ein, die einzigartige Lage an der Passage zwischen Indischem Ozean und Arabischer Golf nutzend. Hormuz dehnte seinen Einflussbereich schnell auf Sohar und Muscat aus und gründete sogar neue Niederlassungen in **Qalhat** (östlicher Oman) und **Julfar** (nahe Ras al-Khaimah in den heutigen VAE).

Doch auch die Macht von Hormuz währte nur kurz, denn die Kostbarkeiten an Bord der Schiffe mussten gut geschützt werden. Viele Kaufleute zogen einen sicheren Hafen dem Ankern in flachen Küstengewässern vor – so gewann Muscat an Bedeutung, das eine weite, von Bergen gerahmte Bucht besaß. Die Ladung vieler Schiffe war von unermesslichem Wert: Als Ballast wurden Güter wie Datteln, Trockenfisch und Leder aus Arabien, edle Teakhölzer, Reis und Trockenfrüchte aus Indien, Kupfer und Zucker aus China und Harthölzer aus Afrika geladen. Doch was für sich schon Reichtümer versprach, verlieh dem Schiff nur Stabilität in rauer See. Die wahren Schätze lagerten erst darüber: Weihrauch und Perlen aus Arabien, Edelsteine, Schwerter, Baumwollstoffe, Gewürze und Duftöle aus Indien sowie Seide, Porzellan und Lackwaren aus China. Ganz besonders kostbare Fracht kam aus Afrika, denn von dort wurde die Nachfrage nach Leopardenfellen, Rhinozeroshörnern, Elfenbein, Gold und nicht zuletzt Sklaven befriedigt. Die Hauptabnehmer dieser Preziosen saßen in der islamischen Welt und zahlten mit Glas, Teppichen, Brokat, Parfüm und Waffen.

*Unermessli-
cher Wert
der Ladung*

Herrschaft der Portugiesen

1498 änderten sich dann die Machtverhältnisse, denn es gelang dem Portugiesen Vasco da Gama, das Kap der Guten Hoffnung zu umsegeln und den Indischen Ozean zu erreichen. Portugal strebte die **Errichtung eines Kolonialreichs in Ostasien** und die **Kontrolle über den Gewürzhandel** an und ließ zu diesem Zweck verschiedene Expeditionen die Seewege erkunden. Auf Vasco da Gamas Spuren wurde 1506 der Admiral Alfonso de Albuquerque mit fünf Schiffen auf Reise geschickt. Zur

Durchsetzung portugiesischer Interessen galt es zunächst, das Monopol arabischer Seefahrer im Ostasienhandel zu brechen. Albuquerque eroberte die heute zum Jemen gehörende **Insel Soquotra**, die die Einfahrt ins Rote Meer kontrollierte, und machte sich dann nach **Hormuz** auf, dem Tor zum Persischen Golf. Unterwegs plünderte und zerstörte er fast alle omanischen Hafenstädte – die Omanis hatten den schweren Schiffskanonen der Portugiesen nichts entgegenzusetzen. Mit der **Eroberung von Hormuz** 1507 begann die über **100-jährige Herrschaft Portugals über den Indischen Ozean**. Die Besatzer profitierten nicht nur vom Asienhandel, sondern auch von den bei Hormuz

*Eindrucksvolles Relikt aus der Zeit der portugiesischen Herrschaft:
Fort Mirani in Muscat*

und Soqotra erhobenen Zöllen. Um ihre Macht zu sichern, erbauten sie zahlreiche Forts entlang der Küsten, darunter auch die **Festungen Mirani und Jalali in Muscats altem Hafen.**

Im Laufe des 16. Jh. mussten die Portugiesen sich immer wieder gegen wechselnde Konkurrenten behaupten und taten dies auch mit großem Erfolg, obwohl das Heimatland 1580 an Spanien gefallen war. Doch im 17. Jh. begann ihr Stern zu sinken: 1622 verloren sie Hormuz an die von Großbritannien unterstützten Perser. In Oman gelang es dem Imam Nasir bin Murshid aus der Yaruba-Familie, **die verfeindeten Stämme zu einen** und mit ihrer Hilfe die Portugiesen aus allen Häfen außer Muscat zu verdrängen. 1650 eroberte sein ebenfalls aus der Yaruba-Familie stammender Nachfolger Sultan bin Saif auch diese letzte Enklave zurück. Seine Soldaten kaperten portugiesische Schiffe und richteten die Geschütze gegen deren eigene Stellungen. *Vertreibung der Portugiesen*

Yaruba-Dynastie

Sultan bin Saif setzte die eroberten Schiffe gegen portugiesische Handelsniederlassungen in Ostafrika und Indien ein. Er eroberte **Sansibar** (1652), **Bombay** (1655) und **Mombasa** (1698). Die Tradition der Seefahrernation Oman war damit wiederbelebt. Mit bunt zusammengewürfelten Mannschaften, zu denen immer auch europäische Deserteure gehörten, gelang es den Omanis, eine **schlagkräftige Seestreitmacht** aufzubauen. Diese konnte auch den europäischen Seestreitkräften unter französischer, britischer oder niederländischer Flagge Paroli bieten.

Durch ihre kriegerischen Erfolge erlangten Imam Nasir und sein Nachfolger Sultan bin Saif bei der Bevölkerung großes Ansehen. Dies führte dazu, das in der Folge stets **Angehörige der Yaruba-Familie zum Imam gewählt** wurden, obwohl die ibaditische Lehre eine Erbfolge eigentlich nicht vorsah. 1688 übernahm Sultan bin Saifs Sohn Bil'arub die Regentschaft von seinem Vater. Er war mehr Schöngeist und Wissenschaftler als Kriegsherr, so entstand ein Machtvakuum, das sein an militärischen Dingen interessierter Bruder Saif bin Sultan ausfüllte. Er ließ sich kurze Zeit später zum Imam wählen und vertrieb seinen Bruder Bil'arub aus der Residenz Nizwa nach Jabrin, wo dieser 1692 starb. Saif bin Sultan setzte mit seiner starken Flotte die Angriffe auf die portugiesischen Stützpunkte am Indischen Ozean fort. Während seiner Regentschaft (bis 1711) ließ er ein **ausgeklügeltes Bewässerungssystem** und **ausgedehnte Palmenpflanzungen** anlegen. *Militärisch erfolgreiche Familie*

Bis 1718 regierte dann erneut ein Spross der Yaruba-Familie, Sultan bin Saif II., mit strenger Hand. Diese Durchsetzungskraft war auch notwendig, denn wie schon in den Jahrhunderten zuvor weckte der Reichtum Omans fremde Begehrlichkeiten. Besonders die Perser versuchten erneut Fuß zu fassen – Sultan bin Saif II. ließ daraufhin die Festungen verstärken und steckte viel Geld in die militärische Aufrüstung. Damit zog er den Unmut vieler gläubiger Muslime auf sich, die um Gelder für ihre Moscheen fürchteten. Mit dem Tod bin Saifs II. endete die Herrschaft der Yaruba-Dynastie, die Oman eine Blüte bescherte. Während dieser Zeit entstanden **die bedeutendsten Festungen** des Landes, **etwa Rustaq, Nizwa, Jabrin** und **Al Hazm.** *Geld für Festungen statt Moscheen*

Bürgerkrieg

Nach dem Tod bin Saifs II. ging das Volk von einer Machtübernahme durch seinen Sohn Saif bin Sultan II. aus. Weil dieser aber noch minderjährig war, erkoren die Gelehrten Muhanna bin Sultan zu ihrem Favoriten. Sie riefen den jungen Saif zwar zunächst zum Imam aus, schmuggelten aber schon im Jahr darauf Muhanna bin Sultan in die Festung Rustaq und ernannten ihn dort zum **Gegen-Imam**. Für eine Weile lenkte er die Geschicke des Landes, bis sich Ya'arub bin Bil'arub, ein Sohn des ehemaligen Imams Bil'arub, in den Streit einmischte und zusammen mit Saif bin Sultan II. gegen Muhanna ins Feld zog. Nachdem er Muhanna bei Rustaq getötet hatte, wollte Ya'arub sich in Nizwa selbst zum Imam wählen lassen, musste aber zugunsten von Saif bin Sultan II. verzichten. Saif sollte sich als schlechte Wahl erweisen: Die **umstrittene Nachfolge des Imams** hatte alte **Rivalitäten** zwischen den **Ghafiri** und den **Hinawi** wieder aufflammen lassen, den beiden wichtigsten Stammesfraktionen des Landes. Der junge und unerfahrene Imam sah sich vor die unlösbare Aufgabe gestellt, die Auseinandersetzungen zu beenden. In seiner Not bat er Nadir Shah um Hilfe, den Herrscher von Persien. Der gewährte sie nur zu gerne, hatte er doch schon lange ein Auge auf die Reichtümer Omans geworfen. Die Perser besetzten weite Teile des Landes und befriedeten es so, doch anschließend setzten sie sich in der Batinah-Ebene fest. Saif musste nun die Stämme dazu überreden, gemeinsam gegen seine früheren Verbündeten zu kämpfen. Im Widerstand gegen die Perser tat sich Ahmad bin Said hervor, dem es gelang, die neunmonatige persische Belagerung von Sohar zu beenden. Er überließ den Persern Muscat und baute **Barka** zum Handelszentrum aus. 1747 kam ihm das Schicksal zu Hilfe: Persien wurde im Norden von den Osmanen angegriffen und musste viele Soldaten aus Oman an diese Grenze verlegen. Da man sich schon seit Monaten mit Respekt zu begegnen schien, lud Ahmad die Offiziere des persischen Heeres zu einem Festessen nach Barka ein. Als alle versammelt waren, ließ er die Türen verschließen und fast alle Perser von seinen Soldaten niedermetzeln. Das **Festmahl von Barka** verschaffte Ahmad bin Said großes Ansehen beim Volk. Er wurde zum Imam gewählt und begründete die **Al-Bu-Said-Dynastie**.

Krieg verfeindeter Stämme

Al-Bu-Said-Dynastie

In den folgenden Jahren gelang es Ahmad trotz aller Schwierigkeiten, Oman zu einen und seine ehemalige **Handelsmacht wieder aufleben zu lassen**. Er erreichte dies, indem er mit Portugal einen Vertrag über die Aufteilung der Interessensgebiete in Ostafrika abschloss. Als er 1783 in Rustaq starb, war die Nachfolge zunächst wieder umstritten, denn sein beim Volk beliebter Sohn Hillal war in Pakistan verschollen. Schließlich wählte man dessen Bruder Said zum Imam.

Vertrag mit Portugal über Ostafrika

Said lebte bis zu seinem Tod 1811 zurückgezogen in Rustaq und beschäftigte sich vorwiegend mit religiösen Dingen. Die weltliche Macht übte sein Sohn Hamad aus, der von Muscat aus weite Teile des Landes unter seine Herrschaft brachte und seine Aktivitäten auf die **Pflege der Handelsbeziehungen** konzentrierte. Hamad hatte kein Interesse am Titel des Imam, er etablierte stattdessen den Titel „*Sayyed*", was so viel wie „hoher Herr" bedeutete.

Als Hamad 1792 starb, trat sein Onkel Sultan bin Ahmad die Nachfolge an und etablierte die Handelsbeziehungen weiter. Da er innerfamiliäre Streitigkeiten fürchtete, kam er mit seinem Bruder Said überein, das **Land** in ein Imamat im Landesinneren und ein Sultanat an der Küste **zu teilen**. So konnte er sich ganz auf den Ausbau der internationalen Handelsbeziehungen konzentrieren, bei denen vor allem Frankreich und England um Oman buhlten. Letztlich gaben die britischen Kolonien in Indien und auf der malaiischen Halbinsel den Ausschlag, denn von hier bezog Muscat Waren, auf die Oman angewiesen war. 1798 schloss Sultan bin Ahmad ein **Abkommen mit den Briten**, das den Franzosen und Niederländern die Einrichtung von Stützpunkten im Golf untersagte. Dies begründete eine zunehmende **Abhängigkeit vom britischen Empire**, die sich auch militärisch bemerkbar machte.

Ausbau des Handels

Es gab aber noch einen weiteren wichtigen Grund, mit den Engländern gemeinsame Sache zu machen: Zum einen erlangte an der Küste des Arabischen Golfes die **Familie der Qasimi** Macht, die aus der Gegend des heutigen Sharjah und Ras Al Khaimah (beide VAE) kam und schnell Teile der persischen Küste eroberte. Die **arabischen Piraten** suchten im ganzen Persischen Golf nach Beute und griffen dabei immer wieder omanische und auch britische Schiffe an. Zum anderen wurde Oman von den aus Saudi-Arabien einwandernden **Wahabiten** bedroht, die sich mit den Qasimi verbündeten und mit ihnen gemeinsam schließlich sogar Buraimi besetzten. Der **Wahabismus** gab den Qasimi eine religiöse Legitimation für ihre Piraterie. Die Omanis und die Briten sahen sich vom gleichen Feind bedroht und verbündeten sich. Es kam zu vielen Seeschlachten vor den Küsten, bei denen Sultan bin Ahmad 1804 getötet wurde. Sein Sohn Said, der sich in der Folgezeit Sayyed Said bin Sultan nannte, wurde neuer Herrscher und ihm gelang es zusammen mit den Briten, die Qasimi niederzuschlagen. 1819 kam es zur entscheidenden **Seeschlacht bei Ras Al Khaimah** und **Sharjah**. Beide Städte wurden komplett zerstört, alle Schiffe der Qasimi versenkt und somit die Macht der Piraten endgültig gebrochen. 1820 schlossen die Briten mit allen Scheichtümern an der Golfküste **Friedensverträge**. Diese nannten sich fortan *Trucial States*. 1821 wurde auch die Wahabiten-Gefahr gebannt, als die Osmanen den Familiensitz der Al Saud in Diraiya zerstörten.

Kampf gegen Piraten und Wahabiten

Said der Große

Sultan Said, der auch Said der Große genannt wird, ging nun daran, seine Macht zu festigen. Er konnte riesige Areale im Landesinneren unter seine Herrschaft bringen, allein die Region **Dhofar** blieb ihm verschlossen. In der Folge konzentrierte er sich auf die omanischen Besitzungen in Ostafrika und dort besonders auf **Sansibar**, das **Zentrum des Gewürz- und Sklavenhandels**. Said hatte über seine Beziehungen zu England **Gewürznelken** aus Indonesien nach Sansibar eingeführt, die hier prächtig gediehen und Oman praktisch ein Handelsmonopol für diese begehrte Ware verschafften. Sansibar entwickelte sich zum wirtschaftlichen Zentrum des Sultanats, sodass Said es zur zweiten Hauptstadt erklärte und 1840 sogar seinen Regierungssitz hierher verlegte. Said pflegte von Sansibar aus internationale Beziehungen und entsandte 1840 und 1842 Schiffe in diplomatischer Mission nach London und New York. Der für Oman zweitwichtigste Handelszweig, der **Verkauf von Sklaven**, hatte zu diesem Zeitpunkt seinen Höhepunkt bereits überschritten. Die Briten schafften

Sansibar neuer Regierungssitz des Imam

die Sklaverei in ihren Kolonien ab, was auch Oman letztlich dazu zwang, auf diese lukrative Einnahmequelle zu verzichten. Dies hätte Sansibars Stellung nachhaltig schwächen müssen, parallel zum offiziellen Verbot des Sklavenhandels gab es aber nun einen **inoffiziellen Sklavenhandel**, der genauso ertragreich war. Unter Said dem Großen erreichte Oman seine größte Macht und Ausdehnung. Dies war aber nur mit Hilfe der Briten möglich, deren Einfluss in der Golfregion sich unter Saids Regierungszeit weiter festigte.

Niedergang des Handelsimperiums

Teilung von Sansibar und Oman besiegelt Niedergang

Nach dem Tod Sultan Saids 1856 kam es zu **Erbstreitigkeiten** zwischen seinen beiden Söhnen Thuwaini und Majid. Sie dauerten bis 1861, als die Briten Druck auf beide ausübten, das **Staatsgebiet** in das Sultanat Oman und das Sultanat Sansibar zu teilen. Das reiche Sansibar wurde zu Zahlungen an das ärmere Muscat verpflichtet. Die Handelsmacht wurde durch die Teilung nachhaltig geschwächt und der wirtschaftliche Niedergang des Landes nahm mit ihr seinen Anfang. 1869 kam es dann mit der **Eröffnung des Suezkanals** zur endgültigen Katastrophe, denn omanische Segelschiffe konnten mit den europäischen Dampfschiffen nicht konkurrieren. Den Todesstoß für die omanische Wirtschaft bedeutete das Verbot des Sklavenhandels gegen Ende des 19. Jh.

Mit dem Niedergang des Osmanischen Reiches verlor die Al Bu Said-Dynastie an Ansehen. Die Ibaditen-Führer riefen die Stämme im Landesinneren zum Aufstand gegen Muscat auf. Ein langer **Bürgerkrieg** zwischen Imamen und Sultanen entbrannte, bei dem die Briten immer wieder zugunsten des Sultans eingriffen. Der Konflikt endete erst 1920 mit dem **Vertrag von Seeb**, der die unterschiedlichen Einflussbereiche von Imam und Sultan festlegte. Die **Zweiteilung des Landes** sorgte 30 Jahre lang für Frieden.

Britischer Einfluss

Feindschaft zwischen Imam und Sultan

1932 trat Said bin Taimur das Amt des Sultans an. Die Briten setzen große Hoffnungen auf den gebildeten, fließend englisch sprechenden Herrscher. Im Gegensatz zu seinem Vater gelang es ihm auch, erfolgreich Geschäfte abzuwickeln und den Staatshaushalt zumindest ansatzweise zu konsolidieren. Entgegen allen Hoffungen konnte er dann aber doch nicht auch das Amt des Imam übernehmen, sondern erhielt 1954 mit Imam Ghalib bin Ali einen erbitterten Feind, der an den Grundfesten des Seeb-Vertrages rüttelte. Dies wog umso schwerer, als sich Said berechtigte Hoffnungen auf Einflussnahme im Hinterland gemacht hatte. In anderen Gegenden der Golfregion hatte man **Öl entdeckt**, und Said war gewillt, internationale Gesellschaften auch auf seinem Gebiet nach dem begehrten Rohstoff suchen zu lassen. Ganz anders sahen jedoch die Ziele des **Imam** aus, der mit Hilfe des Erdöls einen **unabhängigen Staat** errichten wollte. Er versuchte seine Machtansprüche mit **Unterstützung des saudi-arabischen Militärs** durchzusetzen, das schon zwei Jahre zuvor **Buraimi besetzt** hatte. Mit der Hilfe britischer Truppen vertrieb Said 1955 diesen Spuk aus der Wüste. Der Imam floh mit seinen wichtigsten Anhängern nach Saudi-

Arabien und wartete auf seine Chance. Zusammen mit Sulayman bin Himyar, dem Führer der Hinawi im Gebiet des **Jebel Akhdar**, kehrte er Ende 1956 zurück und bereitete das vor, was in den Geschichtsbüchern als **Jebel Akhdar-Aufstand** bezeichnet wird. Das Gebiet erklärte sich als autonom und wurde von Saudi-Arabien und Ägypten auch als solches anerkannt. Da weder der Sultan noch die Briten eine völlige Abspaltung des Landesinneren tolerieren wollten, gingen sie gemeinsam gegen die Unruhestifter vor. Bei **Nizwa** wurde der Aufstand niedergeschlagen, die Anführer flohen erneut in die Gebirgsregion des **Jebel Akhdar**. **Tanuf**, das Dorf, in dem sich die letzten Aufständischen verschanzt hatten, wurde von der Royal Air Force angegriffen und **in Trümmer gelegt**.

Niederschlagung des Aufstands

Isolationismus unter Sultan Said

Sultan Said hatte nun die alleinige Macht in Oman, aber sein großes Ziel, die Unabhängigkeit von England, war in umso weitere Ferne gerückt. Um sich dem britischen Einfluss zu entziehen, verlegte er seinen **Regierungssitz** 1958 nach **Salalah**. Von dort betrieb er eine Politik des Isolationismus, die Ausländern nach Möglichkeit die Einreise verweigerte und im Gegenzug Omanis an der Ausreise hinderte, sodass Kontakte mit der westlichen Kultur stark reduziert wurden. In die gleiche Richtung zielte das Verbot von Radios und Sonnenbrillen. Ab 1967 begannen die **Einnahmen aus der Erdölförderung** in die Staatskasse zu fließen. Said erließ aber strenge Sparverordnungen und verweigerte jegliche Investition in die Infrastruktur des Landes, also in Schulen, Krankenhäuser und Straßen.

Politik des Isolationismus

Während die Bevölkerung in und um Muscat noch einigermaßen versorgt war, litt man im **Dhofar** etwa 1.000 km weiter südlich bittere Not, zumal es kein Straßennetz zur Versorgung von Muscat aus gab. Ab 1964 kam es immer wieder zu Überfällen auf Militärposten, 1965 begann dann die **Rebellion im Dhofar**, in deren Zentrum die **Dhofar Liberation Front** stand. Militärhilfe kam aus dem benachbarten, marxistisch-sozialistischen **Südjemen**. Als der Krieg immer weiter eskalierte und das Volk entsprechend litt, wurde Sultan Said am 23. Juli 1970 von seinem eigenen Sohn gestürzt. Er ging ins Exil nach London, wo er 1972 verstarb. Qaboos bin Said übernahm die Macht und verlegte den **Regierungssitz** wieder nach **Muscat**.

Renaissance unter Sultan Qaboos

Qaboos erstes Ziel war die **Beendigung des Krieges**. Er erließ eine Amnestie für alle Gegner seines Vaters und versprach, umstrittene Edikte aus dessen Regierungszeit aufzuheben. Eine Miliz war rasch gebildet, die gemeinsam mit Truppen aus Jordanien und dem Iran den Kampf gegen die Rebellen aus dem **Jemen** aufnahm. Am 11. Dezember 1975 erklärte Qaboos den **Dhofar-Aufstand** für beendet, wenngleich es bis 1976 vereinzelt zu kleineren Feuergefechten mit versprengten Gruppen kam.

Nun galt es, den verkrusteten Regierungsapparat an moderne Erfordernisse anzupassen. Zunächst entfielen alle Restriktionen der alten Regierung, im Ausland lebende Omanis wurden aufgefordert zurückzukehren und ihr Wissen dem Staat zur Verfügung zu stellen. Nach außen hin dokumentierte man den Wandel mit einer neuen Flagge und dem neuen Staatsnamen „Sultanat Oman". Ab 1970 entwickelte sich das *Öffnung des* Land ganz enorm. Große Summen wurden in die **Infrastruktur investiert**. Auch *Landes* entlegene Gebiete bekamen Straßen, Elektrizität und Wasser, Krankenhäuser und Schulen wurden gebaut. Überproportional viele Gelder flossen in die Region Dhofar, um die bisherige Benachteiligung gegenüber anderen Landesteilen auszugleichen.

Oman heute

Innenpolitik

Oman ist ein **islamischer Staat**, der in vielen Bereichen auf dem Koran und der islamischen Rechtsprechung der *Shari'a* basiert. Obwohl modernisiert, ist das Land noch immer eine **Monarchie**, in der Sultan Qaboos als Staatsoberhaupt alle zentralen Entscheidungen trifft. Er hat die Ämter des Regierungschefs, des Außen- und Verteidigungsministers sowie des Oberbefehlshabers über Militär und Polizei inne. In Form von königlichen Dekreten erlässt er alle im Land geltenden Gesetze.

Alle politischen Belange werden durch die **Verfassung** geregelt, die der Sultan 1996 als *Basic Law of the State* niedergelegt hat. Sie beschreibt Oman als Sultanat mit einem Herrscher an der Spitze, der aber nicht ohne Verpflichtungen dem Volk gegenüber ist. Der Staat ist verpflichtet, dem Wohl des Volkes zu dienen, indem er sich in den Bereichen Gesellschaft, Wirtschaft, Kultur und innere sowie äußere Sicherheit engagiert und **Bürgerrechte** durch die Justiz schützt. Zudem sichert die Verfassung **Religionsfreiheit** zu, das Recht auf Asyl bei politischer Verfolgung sowie das Verbot von Diskriminierung. Aufgrund des Geschlechtes, der ethnischen Herkunft, der Rasse, der Religion, der Sprache oder der sozialen Herkunft darf niemand benachteiligt werden. Weitere Paragraphen sind der Schutz des Lebens und des Eigentums von Ausländern. Und schließlich legt das *Basic Law of the State* auch fest, wie die **Nachfolge des Sultans** geregelt werden soll.

Überlebensgroße Bilder von Sultan Qaboos prägen das Stadtbild in Muscat

Bei seinen politischen Entscheidungen steht dem Sultan der **Ministerrat** zur Seite, den er persönlich beruft. Zum aktuellen Zeitpunkt hat dieser Rat 30 Mitglieder, darunter auch drei Frauen. Geleitet wird er vom stellvertretenden Ministerpräsidenten Sayyid Fahd Al Said.

Ein weiteres Gremium ist die **Beratende Versammlung**, die *Madschlis al Schura*. Sie hat 84 Mitglieder, die in den 61 Verwaltungsbezirken (*Wilayat*) des Landes für jeweils vier Jahre gewählt werden (zuletzt 2011, die nächste Wahl ist für Oktober 2015 angesetzt). Die Beratende

Versammlung darf alle Vorhaben der Regierung prüfen und auch selbst Empfehlungen abgeben. Eine wichtige Rolle spielt dabei die im Fernsehen live übertragene, bei der Bevölkerung sehr populäre Fragestunde: Minister werden von Mitgliedern der Beratenden Versammlung zu Vorhaben befragt und müssen dazu Stellung nehmen. Neben der *Madschlis al Schura* gibt es noch die *Madschlis al Daula*, eine Art **Staatsrat**. Die mittlerweile 84 Mitglieder, darunter auch 15 Frauen, werden vom Sultan ernannt und können unter seinem Vorsitz gemeinsam mit der *Madschlis al Schura* als *Madschlis Oman* über wichtige Fragen der Innenpolitik beraten.

Öffentliche Fragestunde im Fernsehen

Ein wichtiges Ziel der Innenpolitik ist die sogenannte **Omanisierung**, die langfristige Reduzierung des hohen Beschäftigungsanteils an Gastarbeitern (Expatriates). Im Rahmen dieses Programmes sollen neue Arbeitsplätze in Regierung und Verwaltung geschaffen und Einheimische für diese Stellen ausgebildet werden. Auch im privatwirtschaftlichen Bereich soll die berufsbezogene Kompetenz der Omanis durch gezielte Ausbildungsmaßnahmen verbessert werden.

Einen entsprechend hohen Stellenwert hat die **Bildungspolitik**. Derzeit gibt es in Oman über 1.000 staatliche und 483 private Schulen, die von 600.000 Schülern besucht werden. Hinzu kommen 14 private Colleges, fünf private Universitäten (in Muscat, Salalah, Buraimi, Nizwa und Sohar) und seit 1986 die große Sultan-Qaboos-Universität in Muscat, die über acht Fakultäten verfügt (Erziehungswissenschaften/Islamwissenschaften, Landwirtschaft, Ingenieurwesen, Naturwissenschaften, Medizin, Geisteswissenschaften, Rechtswissenschaften, Wirtschaftswissenschaften). 2007 wurde als bislang jüngste Hochschule die private Universität OGTech in Muscat gegründet, ein Gemeinschaftsprojekt des omanischen Staates und der RWTH Aachen.

Gründung neuer Universitäten

Seit 2011 kam und kommt es in der arabischen Welt zu Veränderungen, die in den internationalen Medien als „Arabischer Frühling" bezeichnet werden. Auch in Oman wollte das Volk Reformen, dabei aber nie die Position des Sultans schwächen oder gar abschaffen. Bei etlichen Demonstrationen, die meist vergleichsweise friedlich verliefen, gab es vor allem den Ruf nach einem staatlich garantierten Mindestlohn und nach Bekämpfung der Korruption. Sultan Qaboos reagierte schnell auf die Proteste und setzte einen Teil der geforderten Reformen und strukturellen Veränderungen auch zeitnah durch. Die Situation beruhigte sich daraufhin schnell.

Außenpolitik

Im Gegensatz zur strikten Abschottung gegenüber dem Westen durch seinen Vater hat Sultan Qaboos Oman behutsam geöffnet. Das Land ist **Mitglied verschiedener internationaler Organisationen** (u. a. UNO, IWF, WHO) und unterhält zu über 120 Ländern diplomatische Beziehungen. Enge Kontakte werden nicht nur mit den arabischen Nachbarn gepflegt, sondern auch mit asiatischen und europäischen Staaten. Sultan Qaboos setzt auf **friedliche Koexistenz**, Toleranz und Nichteinmischung in die inneren Angelegenheiten anderer Länder. Er schloss Abkommen mit dem Jemen und Saudi-Arabien, die den Verlauf der gemeinsamen Grenzen endgültig festlegten. Oman unterstützt die Verhandlungen zwischen Palästina und Israel und war das erste arabische Land, das einen israelischen Ministerpräsidenten zu einem Staatsbesuch empfing (1993 Yitzhak Rabin).

Zeittafel

ab 10.000 v.Chr.	Muschelhaufen und einfache Steinwerkzeuge belegen eine steinzeitliche Besiedlung der Küste.
2.500–1.500 v.Chr.	Von Magan aus, das einige Forscher im heutigen Nord-Oman ansiedeln, wird Kupfer nach Mesopotamien und zum Indus-Becken exportiert.
1.000–500 v.Chr.	Durch den Handel mit Weihrauch erlebt die Provinz Dhofareine wirtschaftliche und kulturelle Blüte.
563 v.Chr.	Die Perser unter Kyros II. erobern Nordoman. Sie führen das Bewässerungssystem der *Aflaj* ein.
500 v.Chr.–400 n.Chr.	Höhepunkt des Weihrauchhandels durch große Nachfrage aus Mesopotamien, Ägypten, Griechenland und Rom.
2. bis 7. Jh. n.Chr.	Aus dem Süden der arabischen Halbinsel (Gebiet des heutigen Jemens) wandern Eroberer aus dem Stamm der Azd ein. Nizwa wird zum Zentrum ihres Machtbereiches. Die Perser erobern immer wieder Teile des Küstengebiets zurück, werden jedoch schließlich auf das Gebiet um Sohar zurückgedrängt.
630 n.Chr.	Durch Amr bin Al As gelangt der Islam nach Oman und erreicht weite Teile der Bevölkerung.
633 n.Chr.	Die Schlacht von Dibba schließt die Islamisierung des Landes ab.
657 n.Chr.	Erste Spaltung des Islams, das Landesinnere des heutigen Oman wird zu einer Hochburg der Ibaditen. In der intensiven Fernhandel betreibenden Küstenregion leben überwiegend Sunniten und Schiiten.
751 n.Chr.	Yulanda bin Masud wird zum ersten ibaditischen Imam gewählt.
8. bis 10. Jh.	Durch den Handel mit Japan, China und Ostafrika wird Sohar zu einer bedeutenden Handelsmacht. Mit den Schiffen der Kaufleute dringt der Islam in weite Teile Südost- und Ostasiens vor.
965	Persische Buyiden belagern und zerstören Sohar, um den unliebsamen Konkurrenten der eigenen Häfen Basra und Shiraf zu beseitigen.
1065–1140	Seldschuken besetzen Oman.
1256	Das Land gerät unter die Herrschaft des persischen Herrschers von Hormuz.
1509	Die Portugiesen erobern Muscat und andere Hafenstädte an der Küste des Golfes von Oman bis nach Hormuz. In den Folgejahren müssen sie ihre Vormachtstellung ständig gegen Osmanen, Perser und europäische Seefahrernationen behaupten.
1640–1649	Durch Imam Nasir bin Murshid werden die Portugiesen aus allen Hafenstädten vertrieben, nur in Muscat können sie ihre Stellung noch für einige Jahre behaupten.
1650	Sultan bin Saif aus der Yaruba-Dynastie erringt den endgültigen Sieg über die Portugiesen. Oman steigt wieder zur mächtigen Seehandelsmacht auf und vertreibt die Portugiesen sogar aus ihren ostafrikanischen Kolonien.
bis 1718	Omanische Händler profitieren vom Handel mit Sklaven aus Ostafrika.

1720	Machtkämpfe innerhalb der Herrscherdynastie führen zum Bürgerkrieg. Die zu Hilfe gerufenen Perser sorgen für Frieden, setzen sich in dem geschwächten Land aber als neue Herren fest.
1744	Imam Ahmad bin Said tut sich bei der neunmonatigen persischen Belagerung von Sohar als erfolgreicher Stratege hervor. 1746 besiegt er die Perser, indem er ihre Anführer beim sog. Festmahl von Barka töten lässt, und gründet die bis heute herrschende Al Bu Said-Dynastie. Der Ostafrika-Handel wird wieder aufgenommen.
18. Jh.	Die Stämme der Bani Yas und Qasimi lassen sich an der Küste der heutigen VAE (»Piratenküste«) nieder und bedrohen durch Überfälle auf Frachtschiffe die omanischen und britischen Handelswege.
1784	Die Al Bu Said-Dynastie verlegt unter Sultan Hamad bin Said ihre Residenz nach Muscat; Beginn der Aufspaltung in Imamat und Sultanat.
1809	Die Omanis schließen militärische Abkommen mit den Briten und greifen in den nächsten Jahren erfolgreich die Häfen der Piraten an.
1820	Verträge zwischen den Briten und den Scheichtümern sorgen dafür, dass die Küste fortan wieder als sicher gilt.
1822	Abschluss eines Vertrages mit den Briten zur Abschaffung des Sklavenhandels, der aber illegal weiterblüht.
1840	Said bin Sultan verlegt seinen Regierungssitz nach Sansibar, mitten ins Zentrum des ostafrikanischen Gewürz- und Sklavenhandels.
1856	Nach dem Tod Said bin Sultans kommt es zu erbitterten Streitigkeiten um die Erbfolge.
1861	Die Briten setzen die Teilung des Landes in ein Sultanat Oman und ein Sultanat Sansibar durch. Der wirtschaftliche Niedergang des Landes nimmt seinen Anfang.
1868	Teilung des Sultanats Oman. An der Küste regiert der Sultan, im Landesinneren der Imam.
1869	Die Öffnung des Suezkanals beschleunigt den wirtschaftlichen Verfall. Durch die Verlagerung der Schifffahrtsrouten verliert Oman Zolleinnahmen. Hinzu kommen das verschärfte Verbot des Sklavenhandels und stärkere Kontrollen.
1879	Eingliederung des Dhofar in das Sultanat.
1891	Das Sultanat Oman wird britisches Protektorat.
1891–1913	Die Isolationspolitik der Sultane verhindert ein Wiederaufleben der Wirtschaft.
ab 1913	Die Stämme im Landesinneren erheben sich unter der Führung des Imams der Ibaditen gegen die Al Bu Said-Dynastie in Muscat.
1920	Nach blutigen Auseinandersetzungen und dem Sieg des Sultans über den Imam besiegelt der Vertrag von Seeb die Teilung des Landes.
1952/53	Zwischen Oman, Abu Dhabi und Saudi-Arabien bricht ein Konflikt um die Oase Buraimi aus; Abu Dhabi und das Sultanat Oman bitten die Briten um Hilfe.
1954	Imam Ghalib bin Ali kämpft erneut um Unabhängigkeit vom Sultanat und erhält dabei Unterstützung aus Ägypten und Saudi-Arabien.

1955	Mit britischer Hilfe werden die Saudis aus Buraimi zurückgedrängt. Gleichzeitig schwelt im Landesinneren der Jebel-Akhdar-Aufstand des Imams gegen Sultan Said bin Taimur.
1959	Mit Hilfe britischer Truppen schlägt der Sultan den Aufstand nieder, die Flucht Ghalib bin Alis nach Saudi-Arabien beendet das Imamat in Oman.
Um 1960	Im Dhofar wird Erdöl entdeckt.
1964	Beginn des bewaffneten Kampfes der Dhofar Liberation Front (DLF).
1967	Erste Erdölexporte kommen aus Oman. Das Land gelangt rasch zu Reichtum.
1970	Nach einem unblutigen, von den Briten unterstützten Putsch gegen seinen Vater Said bin Taimur übernimmt Sultan Qaboos die Macht. Der Staatsname lautet fortan „Sultanat Oman".
1971	Oman wird in die UNO aufgenommen.
1972	Ein Putschversuch der Aufständischen im Dhofar scheitert.
1975/76	Nach einem zunächst befristeten Ende der Kämpfe wird 1976 endgültig der Waffenstillstand beschlossen.
1981	Als Reaktion auf den ersten Golfkrieg wird mit Beteiligung der VAE und Omans der Golf-Kooperations-Rat (GCC) gegründet.
1990/91	Im Zweiten Golfkrieg stellen Oman und die VAE Truppen zur Rückeroberung Kuwaits zur Verfügung. In beiden Ländern werden alliierte Truppen stationiert.
1996	Oman erhält seine erste Verfassung.
1997	Einführung des Frauenwahlrechts.
1998	Sultan Qaboos erhält den internationalen Friedenspreis.
2003	Die erste Frau wird zur Ministerin berufen.
2008/ 2009	Oman gewinnt aufgrund der stabilen politischen Situation einen nachhaltig hohen Stellenwert im Bereich des Tourismus. Viele Besucher kommen aus Deutschland.
2010	Im Mai kapern somalische Piraten das deutsche Frachtschiff „Marida Marguerite" vor der Küste von Salalah und halten die 22 Besatzungsmitglieder als Geiseln. Erst im Dezember kommen Besatzung und Schiff nach Zahlung von 5,5 Mio. US$ Lösegeld frei.
2011	Sultan Qaboos feiert seinen 70. Geburtstag und zugleich seine 40-jährige Regentschaft.
2012/2013	Mit Beginn des Schuljahres wird an einigen weiterführenden staatlichen Schulen Deutsch als zweite Fremdsprache angeboten.
2014	Da Oman schon seit längerer Zeit ein beliebtes Ziel für Kreuzfahrtschiffe ist, plant man einen neuen Hafen, in dem gleichzeitig drei große Schiffe liegen können, sodass pro Reede 11.000 Passagiere abgefertigt werden können. Zugleich sollen kleinere, sogenannte floating docks, bis zu 150 andere Schiffe und Yachten aufnehmen können.
2014/ 2015	Nachdem die niedrigen Ölpreise seit Herbst 2014 dem Staat Einbußen bescherten, gilt die Hoffnung einem steigenden Preis für Erdöl im Laufe des Jahres 2015.

Landschaftlicher Überblick

Geografie

Oman wird im Wesentlichen von drei Landschaftsformen geprägt: Etwa 3 % der Landfläche nehmen **fruchtbare Küstenebenen** ein. Zwischen Muscat und der VAE-Grenze erstreckt sich die **Batinah-Ebene**, die landwirtschaftlich intensiv genutzt und durch einen langen Sandstrand vom Meer abgegrenzt wird. Mehrere von Mangroven gesäumte Lagunen beheimaten eine artenreiche Vogelwelt. Ein weiterer **grüner Küstenstreifen** umgibt **Salalah** in der Provinz Dhofar. Dank des hier herrschenden Monsunklimas gedeihen auf den Plantagen tropische Früchte.

Gebirgslandschaft macht etwa 15 % des Territoriums aus. Das in einem 600 km langen Bogen parallel zur Küste verlaufende **Hajar-Gebirge** gipfelt im **Jebel Shams**, dem mit 3.009 m höchsten Berg des Landes. Er gehört zum **Jebel Akhdar**, dem Obstgarten Omans, der im ansonsten steinigen und kargen Hajar eine grüne Insel bildet. *Abwechs-* Der Hajar wird von Wadis durchschnitten, die zur Küste hin tief eingeschnittene *lungsreiche* Schluchten bilden, während sie nach Süden hin als weite Täler in die Wüste auslaufen. *Landschaft* Von Pflanzungen umgebene Oasen säumen ihren Lauf, die über kilometerlange *Falaj*-Kanäle mit dem Wasser aus den Bergen versorgt werden. Bei Muscat stößt das Hajar-Gebirge direkt ans Meer, ebenso auf der Musandam-Halbinsel, wo es eine zerklüftete Steilküste mit tief eingeschnittenen Meeresbuchten bildet. Diese Fjorde haben der Region den Namen „Norwegen Arabiens" eingebracht. Der zweite wichtige Gebirgszug Omans ist der **Jebel Qara**, der in der Provinz Dhofar parallel zur Küste verläuft. Er erreicht Höhen bis 1.800 m. Die meerseitigen Hänge des Kalksteinplateaus werden zwischen Juni und September, wenn sich der Monsun an ihnen abregnet, von sattem Grün überzogen. Im Hinterland der Berge erstreckt sich das Weihrauchgebiet, dem Oman in früheren Jahrhunderten seinen Wohlstand verdankte.

Der jährliche Monsun beschert der Landschaft um Salalah üppiges Grün

Die Wüste zeigt in Oman viele unterschiedliche Facetten

Die verbleibenden 82 % der Landfläche sind **Sand-** und **Fels-** bzw. **Geröllwüsten**, deren endlose Weite nur von einzelnen Oasen sowie von Ölförderanlagen durchbrochen wird. Den zentralen Teil Omans nimmt die **Jiddat al Harasis** ein, die Innere Wüste. Sie geht im Westen in die Sandwüste der **Rub al Khali** über, deren Dünenmeer zum größten Teil auf dem Staatsgebiet SaudiArabiens liegt. Eine weitere Sandwüste erstreckt sich im Osten Omans in der Provinz Sharqiyah: Die Sanddünen der **Wahiba-Wüste** erreichen Höhen von bis zu 200 m. In ihrem Inneren gibt es sandfreie Flächen mit einer erstaunlich vielfältigen Flora und Fauna, die sog. Woodlands.

Geologie

Oman ist ein Dorado für Geologen: Hier liegen Gesteine zutage, die alle Phasen der Gebirgsbildung repräsentieren. Viele davon enthalten Fossilien von Meereslebewesen. Der Grund: Der überwiegende Teil des Hajar-Gebirges im Norden des Landes besteht aus ehemaligem Ozeanboden. Diese Fragmente ehemaligen Meeresgrundes nennt man in der Fachsprache **Ophiolith-Komplexe**. Sie bestehen aus Gesteinen der ozeanischen Kruste, die normalerweise nur in mehreren Kilometern Wassertiefe zu finden sind. Solche Gesteine sind z. B. sogenannte **Cherts**, typische kieselige Sedimente, die nur in großer Wassertiefe entstehen können. Es handelt sich dabei um eine Form von Quarz, die sich aus den versteinerten Überresten kleinster Meeresorganismen bildet. Typischerweise bestehen Ophiolithe weiterhin aus submarinen Lava- und **magmatischen Gesteinen**. Normalerweise kommen die genannten Gesteinsarten im Verbund nur sehr selten auf der Erdoberfläche vor. In Oman bilden sie jedoch ganze Gebirgszüge, so um Muscat und Mutrah.

Einst der Grund des Ozeans

An die Oberfläche gelangte dieser ehemalige Meeresboden durch **tektonische Verschiebungen**. Vor etwa 90 Mio. Jahren kollidierten die Eurasische und die Arabische Platte, dabei schob sich das heutige Hajar-Gebirge auf. In einer späteren Phase der Erdgeschichte waren seine Gipfel erneut von einem flachen, warmen Meer bedeckt, dessen Bewohner nach ihrem Absterben **Sedimente** bildeten. Diese Sedimentgesteine wurden ans Tageslicht gehoben, als der Meeresspiegel erneut sank. In der Folge wurden durch Erosion tiefe Schluchten ins Gebirge eingeschnitten, die heutigen **Wadis**. Hier treten die Gesteinsschichten offen zutage, von keinerlei Vegetation verborgen.

Verdunstete Meere

In der Jiddat al Harasis sieht man vielerorts **Salzdome** aufragen, die große Ansammlungen von festem Steinsalz enthalten. Das Steinsalz ist ein Relikt verdunsteter urzeitlicher Meere, das später von Sedimenten überlagert und so großem Druck ausgesetzt wurde. Später entstanden durch tektonische Verschiebungen Schwächezonen in der Deckschicht, in die sich das Salz hineinschob. Wenn diese Salzstöcke die Erdoberfläche erreichen, zeichnen sie sich in der Landschaft als runde Hügel ab. Salzdome sind wichtige **Indikatoren für Erdöllagerstätten**: Sie bilden eine undurchlässige Gesteinsschicht, die als sog. **Erdölfalle** fungiert.

Erdöl entsteht durch Meeresorganismen, die nach ihrem Tod auf den Meeresgrund sinken und mangels Sauerstoffs nicht zersetzt werden. Sie bilden einen **Faulschlamm**, der durch die Ablagerung weiterer Sedimente großem Druck und hohen Temperaturen ausgesetzt wird. Unter diesen Bedingungen spalten sich die langkettigen Kohlenwasserstoffverbindungen in kurzkettige auf, die die Tendenz haben, durch Gesteinsporen nach oben zu wandern. In geeigneten geologischen Strukturen (Erdölfallen) sammeln sie sich unter undurchlässigen Schichten in Speichergesteinen und lagern sich dort in Form von Erdöl ab.

Entstehung des Öls

Klima

Das Klima variiert in dem relativ großen Staatsgebiet; an der Küste ist es feucht-heiß, trocken-heiß hingegen im Landesinneren. Im **Norden** und **Osten** Omans ist im **Sommer** (Mai bis September) mit Tagestemperaturen bis 48 °C zu rechnen, selbst in der Nacht kühlt es nicht unter 30 °C ab. Die Luftfeuchtigkeit erreicht Werte über 90 %, es kann zu heftigen Niederschlägen kommen, die aber meist nur kurz andauern. Im Winter (Oktober bis Anfang April) herrschen angenehme Temperaturen von 28–35 °C. Die Luft ist klar und trocken, Regenfälle sind selten.

Im Winter angenehme Temperaturen

Noch sehr viel heißer ist das **Landesinnere**, wo an Sommertagen nicht selten über 50 °C im Schatten gemessen werden, die Luftfeuchtigkeit aber im Gegenzug gering ist. Etwas kühler ist es im Gebirge, wo die Temperaturen nachts zuweilen unter die Frostgrenze sinken und meist ein leichter Wind geht.

Im feuchten Süden, der **Dhofar-Region**, liegen die Temperaturen ganzjährig um 30 °C, bei hoher Luftfeuchtigkeit. Diese lässt eine üppige Vegetation gedeihen, die man in einem Wüstenstaat nicht erwarten würde. Dies gilt besonders für die Gegend um **Salalah**, die oft in Nebelschwaden gehüllt ist. Die küstennahen Regionen des Dhofar werden zwischen Juni und September vom *Khareef* erreicht, dem Südwest-Monsun. Er bringt viel Feuchtigkeit mit sich, die die Farbe der Berghänge zu sattem Grün wechseln lässt. Das Meer ist allerdings wegen der starken Winde zu dieser Zeit sehr aufgewühlt, weswegen man vom Baden und Tauchen aus Sicherheitsgründen absehen sollte.

In der Monsunzeit ist die See an der Dhofar-Küste rau

info

Die Wüste lebt

Wohl kaum ein Lebensraum der Erde wird als so **lebensfeindlich** beschrieben wie die Wüste. Von diesem Image leben ganze Abenteuerbücher und -filme, denn schließlich geht es dort immer darum, Wasser zu sparen, zu finden oder aus Wassermangel umzukommen. Diese Darstellung ist zwar einerseits richtig – tatsächlich gibt es **extreme Wassermangelsituationen** – doch andererseits ist spätestens seit Erscheinen des berühmten Disney-Films bekannt, dass „die Wüste lebt". Was der Film der breiten Masse zugänglich gemacht hat, war Biologen schon lange bekannt: Es ist ein Grundprinzip der Natur, jeden sich bietenden Lebensraum auch zu besiedeln. Von der Flora und Fauna erfordert das zuweilen **große Anpassungsleistungen**. In den Wüsten Omans gilt es, mit dem Wassermangel und der großen Hitze zurechtzukommen.

Wie in allen Lebensräumen spielen auch in der Wüste die **Pflanzen** eine essenzielle Rolle. Nur sie sind in der Lage, die für alle Stoffwechselvorgänge in Lebewesen notwendige Energie zu erzeugen und zu speichern. Diese Energie wird von der Sonne reichlich zur Verfügung gestellt – schlechter ist es hingegen um den lebensnotwendigen Faktor Wasser bestellt. Die Wüstenflora hat sich auf unterschiedliche Weise **an den Wassermangel angepasst**. Da gibt es Pflanzen, die „gibt es gar nicht" – sie liegen fast das ganze Jahr über als Samen im oder auf dem Boden, bis endlich Niederschlag fällt. Nach dem Regen **keimen die Samen besonders schnell** und bilden im gleichen rasanten Tempo erst Blüten, dann Früchte und alsbald wieder neue Samen aus, die längere Trockenzeiten überstehen. Andere Pflanzen überdauern als Zwiebel oder Knolle Dürreperioden.

Anders behelfen sich Pflanzen, die ganzjährig oberirdisch sichtbar sind. Sie müssen Wasser möglichst schnell und effektiv aufnehmen – zu diesem Zweck besitzen sie **weit verzweigte Wurzelsysteme** oder **Pfahlwurzeln**, die mehrere Meter tief in den Boden reichen. Die Pflanzen stehen weit voneinander entfernt, um eine optimale Wassernutzung zu erreichen. Zum Speichern der Flüssigkeit haben sie ganz unterschiedliche Strategien entwickelt: Die in den Wüstengebieten der Arabischen Halbinsel verbreiteten Wolfsmilchgewächse (*Euphorbiaceae*) haben ein **schwammartiges Markgewebe**, das viel Flüssigkeit aufnehmen kann. Dem gleichen Zweck dienen **dicke, fleischige Blätter**. Um bei hohen Temperaturen einem Flüssigkeitsverlust durch Verdunstung entgegenzuwirken, haben die Blätter eine möglichst kleine Oberfläche und sind von einer harten Schicht überzogen. Die Spaltöffnungen sind häufig an die Blattunterseite verlagert und tief ins Gewebe eingesenkt. Manche Pflanzen haben eine **gerippte Oberfläche**, um einerseits Schatten zu erzeugen und andererseits den Wärmeaustausch mit der Umgebung zu erleichtern (Kühlrippenprinzip).

Die wenigen Pflanzen in der Wüste sind natürlich besonders von **Tierfraß** bedroht. Einige Arten beugen dem vor, indem sie **giftige** oder **ekelhaft schmeckende Säfte** (z. B. Latex) produzieren, die Tiere von einem zweiten Biss ins Pflanzengewebe abhalten. Andere schützen sich, indem sie **spitze Dornen** ausbilden. All diese Anpassungen entstanden natürliche nicht von gestern auf heute, sondern wurden in einem langen Prozess der Evolution von den Pflanzen hervorgebracht.

Ähnlich verhält es sich bei den **Tieren.** Auch sie haben besondere Merkmale und Verhaltensweisen entwickelt, um die andauernden Trockenzeiten zu überstehen. Wohl eines der bekanntesten Tiere ist in diesem Zusammenhang das **Kamel** oder Einhöckrige Dromedar (s. Infokasten S. 40).

Viele Wüstenbewohner sind **wechselwarme Tiere** wie Insekten und Reptilien. Sie kühlen ihren Körper nicht durch Schwitzen, wodurch sich der Flüssigkeitsverlust in Grenzen hält. Da sich Insekten zudem durch ihren **Chitinpanzer** und Reptilien durch **Hornschuppen** vor Verdunstung schützen, sind sie für das Leben in der Wüste bestens gewappnet.

Gleichwarme Tiere hingegen meiden die Hitze so weit es nur geht. Entsprechend sind sie vorwiegend **dämmerungs- oder nachtaktiv** und verbringen die heißen Tagesstunden im Schatten von Bäumen, unter Steinen, in Erdhöhlen oder Felsspalten. Eine ganz besondere Strategie verfolgt die Wüstenspringmaus: Sie verlegt ihren Winterschlaf in den Sommer, wenn die Hitze am größten und die Nahrung am knappsten ist. Bei vielen in der Wüste lebenden Säugetieren sind die exponierten Körperanhänge, vor allem die Ohren, sehr groß – dadurch ergibt sich ein zusätzlicher Kühlungseffekt. Mit ihrer recht dünnen Haut und nahe an der Oberfläche liegenden Blutgefäßen können diese Tiere bei Bedarf rasch und effektiv Wärme abgeben.

Einige Tiere können überleben, **ohne jemals zu trinken**. So decken insbesondere Fleischfresser wie Schakale und Wüstenfüchse ihren Flüssigkeitsbedarf durch ihre Beute. Die Wüstensandratte schafft die Körner, die ihre Nahrung bilden, in unterirdische Vorratskammern und wartet geduldig, bis sie genügend Bodenfeuchtigkeit aufgenommen haben, um das Trinkwasser zu ersetzen. Andere Nagetiere beschaffen sich das kostbare Nass auf chemische Weise: Mit dem Sauerstoff aus der Atemluft verbrennen sie das mit der Nahrung aufgenommene Fett, sodass Wasser und Energie freigesetzt werden.

Die in der Wüste lebenden **Vögel** stehen vor einem ganz anderen Problem: Während es in den gemäßigten Breiten gilt, die **Eier** warm zu halten, müssen diese in der Wüste **vor zu viel Wärme geschützt werden**, damit die Embryos nicht absterben. Greifvögel und Wüstenraben brüten in schattigen Felsspalten, Steinkäuze in verlassenen Nagerbauten. Flughühner suchen gezielt nach einem Nistplatz auf porösem Gestein, das sich aufgrund seiner zerklüfteten Oberfläche wenig aufheizt und nachts in zahlreichen kleinen Höhlungen Tau aufnimmt.

Grundsätzlich geht es bei Wüstentieren auch darum, **möglichst wenig Aktivität** zu entfalten, um den Körper nicht zusätzlich durch Muskelbewegung aufzuwärmen. Pflanzenfresser bewegen sich (außer auf der Flucht) naturgemäß langsam fort, doch Beutegreifer müssen sich bei der Jagd oft anstrengen. **Lautloses Heranschleichen**, am besten gut getarnt, und blitzschnelles Zuschlagen ist eine Methode, um die Dauer der Aktivität herabzusetzen. Eine andere ist das **Erbeuten mit Gift**, wie es z. B. bei den Schlangen vorkommt. Hier geht es darum, sehr schnell wirkende Gifte einzusetzen, die der Beute kaum Chancen lassen, sich noch weit zu entfernen.

Flora

Wegen ihres Duftes als Gartenpflanze beliebt: die Frangipani

Viele Oman-Reisende sind überrascht, wie grün der Wüstenstaat zumindest stellenweise ist. Das ist nicht immer so gewesen – seit die Gegend besiedelt ist, haben die Menschen mit begrenzten Wasservorräten zu kämpfen. Da man zunächst noch über keine Hilfsmittel verfügte, war man auf natürliche Wasservorräte angewiesen, um Nutztiere und Kulturpflanzen mit dem lebensnotwendigen Nass zu versorgen. Solche Vorkommen gab es im Gebirge, in den Unterläufen von Wadis und in Oasen. Da die Wege zu den Siedlungen jedoch weit waren, entwickelte man ein System von Bewässerungskanälen (*Aflaj*), das noch heute in Gebrauch ist. In der Folgezeit machten immer tiefere Brunnen die Wasserversorgung zunehmend einfacher und mittlerweile gibt es auch Meerwasserentsalzungsanlagen, die Trink- und Nutzwasser produzieren.

So grünt es in den Städten überall. In Gärten und öffentlichen Parkanlagen findet man **Palmen** (meist Dattel- und Fächerpalmen), **Flamboyants**, **Kasuarinen**, **Akazien**, **Palisander-**, **Eukalyptus-**, **Mesquite-** und **Ghaf-Bäume** sowie **Bananengewächse**, zu denen auch das **Indische Blumenrohr** gehört. Für Farbtupfer sorgen die Blüten von **Bougainvilleen**, **Oleander-**, **Frangipani-** und **Hibiskussträuchern** sowie mancherorts auch von **Orchideen**.

Alle genannten Arten sind hier ursprünglich nicht heimisch, sondern wurden **aus anderen Teilen der Erde eingeführt**. Einige pflanzte man zur Zierde an (z. B. Bougainvillea, Indisches Blumenrohr, Orchideen, Hibiskus, Oleander), andere spenden an Stränden Schatten (Kasuarine) oder wachsen sehr rasch (Eukalyptus), sodass man mit der Anpflanzung ganzer „Wälder" der Ausbreitung der Wüste Einhalt gebieten kann. An den ursprünglichen Küstenabschnitten dominieren **Mangroven**. Der bis zu 15 m hohe Baum kann im Gezeitenbereich wachsen, da er über spezielle **Salzdrüsen** verfügt, die es ihm ermöglichen, Meersalz kristallin auszuscheiden. Seine **Stelzwurzeln** erlauben es ihm, bei jedem Wasserstand Halt zu finden und nicht unterspült zu werden. An der Mutterpflanze keimen **schwimmfähige Stecklinge** mit ersten Blättern und Wurzeln, die irgendwann ins Wasser fallen und verdriften. Sie treiben dann so lange horizontal, bis sie auf eine Stelle mit günstiger Salzkonzentration treffen. Dort dreht sich die Wurzel nach unten und verankert sich im Schlick.

Anpassungsfähige Pflanze

Außerhalb der Städte und Oasen wachsen nur wenige Pflanzen und nur solche Arten, die an die Trockenheit angepasst sind. Da die Wüste sich immer weiter ausdehnt, gilt es, durch **Aufforstungsmaßnahmen** den Boden zu befestigen. Dazu verwendet

Die Dattel

Die Dattel ist die **Frucht der Dattelpalme** (*Phoenix dactylifera*), die schon seit etwa 6000 v. Chr. vom Menschen kultiviert wird. Wo genau sie ursprünglich herstammt, ist unklar. Frühe Nachweise ihres Vorkommens existieren fast im gesamten heutigen Verbreitungsgebiet, also dem afro-asiatischen Trockengürtel zwischen Marokko und Pakistan.

Die Dattelpalme ist **vielfältig nutzbar**: Die vielen ausladenden Wedel spenden willkommenen Schatten. Aus den jungen Blättern wird der Dattelkohl gekocht, ältere werden an das Vieh verfüttert oder als Flechtmaterial für **Körbe**, **Matten** und **Hüttendächer** verwendet. Die zähen Fasern verarbeitet man zu **Seilen**.

Der Stamm der Palme wird zu Brettern für den **Hausbau** zersägt, die Reste dienen als **Feuerholz**. Die Kerne der Früchte eignen sich als **Viehfutter** und werden in einigen Gegenden der Erde als Kaffeeersatz geröstet und aufgebrüht. Die größte wirtschaftliche Bedeutung haben jedoch die Früchte. Sie enthalten viel Eiweiß, Kohlehydrate und Zucker, was sie sehr wohlschmeckend und **nahrhaft** macht. Wasser und eine Handvoll Datteln sichern das Überleben, sodass die Beduinen die Früchte von jeher wie Kostbarkeiten hegen. Und noch ein weiterer Aspekt verdient Erwähnung: Wo Dattelpalmen angepflanzt werden, gebietet der Mensch der Wüste Einhalt, denn die Pflanze muss bewässert werden und fängt mit ihren Blättern den Staub. In ihrem Schatten haben auch andere Pflanzen eine Chance, dem heißen Atem der Wüste zu entgehen.

Omanischen Datteln wird im arabischen Raum eine **besonders hohe Qualität** nachgesagt. Um diese zu gewährleisten, ist eine **intensive Pflege der Palme** nötig. Zunächst einmal benötigt sie viel Wasser und muss während des Wachstums regelmäßig beschnitten werden, und dann erfordert auch die **Bestäubung** spezielle Unterstützung. Die Dattelpalme ist zweihäusig, d. h. an einer Pflanze befinden sich entweder männliche oder weibliche Blüten. Der Plantagenbesitzer muss die Blüten zusammenbringen, wobei es darauf ankommt, möglichst ertragreiche Pflanzen zur Bestäubung zu „animieren". Zu diesem Zweck bedient man sich seit dem Altertum einer effizienten Methode: Auf Märkten werden männliche Blütenstände besonders ertragreicher Palmen verkauft, die der Gärtner dann mit den weiblichen Blütenständen zusammenbindet.

Nach etwa einem Monat beginnen die Früchte zu wachsen, etwa sechs Monate später werden sie geerntet und auf dem Markt verkauft. Je nach Sorte gibt es verschiedene Geschmacksrichtungen, die man am besten bei den Händlern durchprobiert. Je nach Trocknungsgrad sind die Datteln **unterschiedlich lange lagerbar**: frisch geerntete Früchte beginnen nach etwa einer Woche zu gären, am Baum getrocknete halten sich auch mehrere Wochen lang.

Für eine Dattelpalme ist überall Platz

man Pflanzen, die aus einer ähnlichen Klimazone stammen. Bewährt hat sich die **Akazie**, deren gefiederte Blätter deutlich ihre Mimosenverwandtschaft zeigen. Sie treibt ihre Wurzeln über 30 m in den Boden, um an tief liegende Grundwasserschichten zu gelangen. In Oman findet man am häufigsten die *Salam* genannte *Acacia ehrenbergiana*, deren Blüten an gelbe Puderquasten erinnern, und die *Harda* genannte *Acacia tortilis* mit weißen Blüten, deren Blätter Nahrung für Kamele, Oryxantilopen und Gazellen bieten.

Bäume für trockenes Klima

Außerdem pflanzte man **Mesquite-Bäume** aus dem trockenen Südwesten der Vereinigten Staaten an sowie **Ghaf-Bäume** aus Pakistan, die ebenfalls sehr tief wurzeln. Als Bauholz verwendet man gerne das Holz der **Tamariske** (*Tamarix aphylla*), da es resistent gegen Termiten ist. Sehr verbreitet ist auch der **Christusdorn** (*Ziziphus spina-christi*), dessen Blüten den wilden Bienen als Nahrung dienen und einen ganz besonders guten Honig liefern.

Fast alle genannten Arten besitzen kleine, harte Blätter und eine dicke Außenhaut, um die Verdunstung zu reduzieren. Einige bilden Dornen aus, die zusätzlich vor Tierfraß schützen. Andere, wie z. B. der **Eukalyptus**, besitzen die Fähigkeit, ihre Blätter so zu drehen, dass sie der Sonne möglichst wenig Oberfläche zuwenden. Manche im unteren Bereich kahlen Bäume legen die Vermutung nahe, sie würden ihre Äste und Blätter zum Schutz vor Tierfraß erst ab einer gewissen Höhe wachsen lassen. Den wahren Grund für ihr Aussehen erfährt man spätestens dann, wenn man Kamele von Bäumen fressen sieht: Sie recken ihren Hals so hoch sie können und grasen in Reichweite alles ab. Der Baum bewahrt nur dort seine Blätter, wo die Tiere nicht mehr hingelangen.

Ein weiterer Schutzmechanismus von Pflanzen besteht in der Einlagerung von Giftstoffen. Der **Sodomsapfel** (*Calotropis procera*) z. B. besitzt recht große, fast immer saftig grüne Blätter, die wegen des enthaltenen Calatropins im Allgemeinen nicht gefressen werden. Einzig die Raupen des Monarch-Falters ernähren sich vom Sodomsapfel. Sie sind resistent gegen das Gift, lagern es in sich ein und werden dadurch selbst giftig – kein gefundenes Fressen für Vögel.

Andere Pflanzen werden vom Menschen genutzt, so z. B. der **Zahnbürstenbaum** (*Salvadora persica*), dessen feine Zweige von den Einheimischen zur Gebissreinigung eingesetzt werden. Hat man nicht gründlich genug geputzt, ist irgendwann Zahnweh die Folge. Dieses wiederum kann durch das Kauen getrockneter **Arta**-Blätter (*Calligonum comosum*) gelindert werden.

Pflanze zur Herstellung von Seife

Rimth (*Haloxylon salicornicus*) ist eine salzresistente Pflanze, die bei den Beduinen zur Herstellung von Seife verwendet wird. Die Früchte des **Wüstenkürbisses** (*Citrullus colocynthia*) taugen wegen der enthaltenen Giftstoffe nicht als Nahrungsmittel, finden aber in der Volksmedizin vielfältige Verwendung.

Trotz der genannten Vielfalt an Pflanzen, zu denen noch etwa 25 weitere Arten hinzukommen, ist die Wüste eher pflanzenarm. An feuchten Stellen gedeihen auch Grasarten wie z. B. *Panicum turgidum* oder *Pennisetum divisum*. Das sogenannte **Dünengras** besiedelt gerne Wanderdünen.

Fauna

Vögel

Vielfältiger als die Flora ist die Tierwelt Omans. **Über 60 Vogelarten** besiedeln das Gebiet, viele andere Vogelarten nutzen die Küsten als Überwinterungsgebiet bzw. als Stopp auf dem Weg nach Süden oder Norden. Hier sind besonders die Daymaniyat-Inseln vor der Batinah-Küste zu nennen. Zu den Standvögeln gehören verschiedene **Falkenarten, Adler, Bussarde und Habichte**, weiterhin **Eulen, Tauben**, bunte **Bienenfresser, Bülbüls** und vor allem **Hauskrähen** (*Corvus spendens*) und **Wüstenraben** (*Corvus ruficollis*). Die Rabenarten und den **Hirtenstar** (*Common Mynah* oder *Acridotheres tritis*) findet man vielfach in Siedlungen und Hotelanlagen, denn hier fallen reichlich Nahrungsabfälle für sie ab.

Reiche Vogelwelt

Säugetiere

Größere Säugetiere sieht man selten. Das ungünstige Klima lässt ihre Populationsdichte relativ klein bleiben und zum Schutz vor Austrocknung sind sie vorwiegend in der Dämmerung und in der Nacht aktiv. Die **Kamele**, die häufig am Straßenrand stehen, leben nur scheinbar frei. Ihre Brandzeichen kennzeichnen sie als Nutztiere, die zumeist Beduinenfamilien gehören. Allerdings waren schon ihre nicht domestizierten Vorfahren auf der Arabischen Halbinsel beheimatet (zum Kamel s. Infokasten S. 40).

Unter den wild lebenden Säugetieren genießen drei Arten in Oman besonderen Schutz: In der Jiddat al Harasis wurde ein Reservat für die **Arabische Oryxantilope** (*Oryx leucoryx*) eingerichtet (s. S. 297), eine große weiße Antilope mit spitzen, knapp 1 m langen Hörnern, die fast ausgerottet war und nur durch Zuchtprogramme im Zoo von Phoenix/Arizona soweit gerettet werden konnte, dass man Mitte der 1990er-Jahre Auswilderungen vornehmen konnte. Im Zentrum eines weiteren Artenschutzprogramms steht der **Arabische Tahr** (*Hemitragus jayakari*), eine scheue Wildziegenart, deren letzte Rückzugsgebiete am Jebel Nakhl im westlichen Hajar-Gebirge sowie am Jebel Aswad in der Sharqiyah liegen (s. Infokasten S. 287). Von besonderer Bedeutung ist das Jebel Samhan Nature Reserve im Dhofar. Durch das 4500 km² große Schutzgebiet streifen einige Exemplare des seltenen **Arabischen Leoparden** (*Panthera pardus nimr*, s. Infokasten S. 323). Am Jebel Samhan kommen auch der **Nubische Steinbock** und das **Schwarze Stachelschwein** vor, das es nur in Oman gibt.

Königin der Antilopen: die weiße Arabische Oryx

info

Das Kamel

Wohl kaum ein Tier wird so sehr mit der Wüste in Verbindung gebracht wie das Kamel, das zugleich das größte auf der arabischen Halbinsel beheimatete Säugetier ist. Es kommt hier in der einhöckrigen, auch als Dromedar bezeichneten Variante vor. Als **Nutz- und Lasttier** war das Kamel lange Zeit aus der arabischen Kultur nicht wegzudenken, es lieferte Milch und Fleisch, aus seinen Haaren wurden Zelte und Teppiche gewebt, das Kamelleder wurde zu Wasserbehältern, Sandalen und Riemen verarbeitet. Der getrocknete Kameldung fand als Heizmaterial Verwendung. Auf dem Rücken des Kamels konnte der Mensch die endlosen Weiten der Wüste durchqueren, ohne den ausdauernden Vierbeiner wäre kein Karawanenhandel möglich gewesen.

In Anpassung an die harten Lebensbedingungen der Wüste hat das Kamel eine Reihe **besonderer Merkmale** entwickelt. So besitzt es einen **Höcker**, der als Fettspeicher dient – auf diese Weise kann das Tier relativ lange ohne Nahrung auskommen. Früher dachte man, der Höcker würde Wasser speichern. Seinen Flüssigkeitshaushalt reguliert das Tier jedoch auf andere Weise: Zum einen scheidet es über Kot und Urin weniger Wasser aus als andere Säugetiere, weil die Niere bei dem Wasser entzieht und die Ausscheidungen daher stärker konzentriert sind. Zum anderen ist die **Körpertemperatur** des Kamels **variabel** und kann um mehrere Grad Celsius „hochgeregelt" werden, was das Schwitzen und den damit verbundenen Wasserverlust eindämmt. Im Gegensatz zum Menschen, bei dem das Schwitzwasser fast ausschließlich aus dem Blut stammt (das bei andauernder Dehydrierung dann zähflüssiger wird), scheiden Kamele beim Schwitzen aus

Hoch geschätzt und unentbehrlich: das Kamel

dem gesamten Körper Wasser ab, wodurch ihr Blut dünnflüssig bleibt und immer weiter an die Hautoberfläche gepumpt werden kann, um dort Wärme abzugeben.

Ein Kamel braucht selbst bei großer Hitze nur jeden vierten bis fünften Tag Wasser und kann bis zu 40 % seines Gewichtes an Wasser verlieren, ohne dabei Schaden zu nehmen. Für einen Mensch ist schon ein Verlust von 12% seiner Körperflüssigkeit lebensbedrohlich. Seine **Ausdauer** und **Genügsamkeit** machten das Kamel lange Zeit unentbehrlich für den Menschen, der mit seiner Hilfe lange und entbehrungsreiche Märsche durch die Wüste unternehmen konnte. Das Kamel wurde aber nicht nur als Lasttier eingesetzt, sondern war auch ein wichtiges **Handelsgut** und **Zahlungsmittel**. Heute dient das Kamel in erster Linie als **Statussymbol**. Bei Kamel-Schönheitswettbewerben kann ein Tier seinem Besitzer Millionen Dollar einbringen. Auch **Kamelrennen** sind in den Golfstaaten ein beliebter und prestigeträchtiger Zeitvertreib.

Durch übermäßige Jagd stark dezimiert und daher inzwischen ebenfalls sehr selten sind die **Arabische Gazelle** (*Gazella arabica*) und die **Sandgazelle** (*Gazella subgutturosa marica*). Auch die **Oman-Falbkatze** (*Felis silvestris gordoni*), die **Sandkatze** (*Felis margarita*) und den **Arabischen Rotfuchs** (*Vulpes vulpes arabica*) kann man nur mit Glück und Geduld beobachten. Einige dieser bedrohten Tierarten haben im Al Saleel-Nationalpark in der Region Sharqiyah ein sicheres Refugium gefunden.

Häufig sieht man dagegen Kleintiere wie den **Äthiopischen Igel** (*Parachinus aethiopicus*), den **Arabischen Wüstenhasen** (*Lepus capensis*) und den **Gerbil** (*Gerbillus cheesmani*), eine Wüstenrennmaus. Rennmäuse sind die größte Gruppe von Nagetieren, die an ein Leben in trockener Umgebung angepasst sind.

Reptilien

Mit relativ vielen Arten vertreten sind die **Reptilien**, zu denen der **Wüstenwaran** (*Varanus griseus*) und verschiedene Gecko-Arten gehören. Den **Hausgecko** (*Hemidactylus turcicus*) sieht man in Hotelanlagen häufig an Wänden und Decken Insekten fangen. Martialisch wirkt die **Agame**, deren dicker Schwanz dicht mit kräftigen Stachelschuppen besetzt ist.

Agame

Perfekt getarnt ist das bis zu 60 cm lange **Jemen-Chamäleon** (*Chamaeleo calyptratus*), das seine Körperfärbung mit Hilfe von Blut- und Farbstoffeinlagerungen blitzschnell der Umgebungsfarbe anpassen kann. Auf diese Weise verschmilzt es mit dem Untergrund. Auch die extrem langsamen Bewegungen tragen dazu bei, dass die Echse kaum auffällt. Das Jemen-Chamäleon hat ein eingeschränktes Verbreitungsgebiet im Süden Omans, wo es vor allem in den Feuchtwäldern der Green Mountains lebt. Hier findet es zahlreiche Insekten als Beutetiere und in der z. T. sehr dichten Vegetation einen perfekten Lebensraum, in dem es sich tagsüber meist in einer Höhe von 1–3 m aufhält. Die Grundfärbung des Tiers ist grünlich, an den Flanken sind gelbe, häufig braun umrandete Streifen und Flecken zu sehen. Charakteristisch ist der aufgerollte Schwanz, mit dem das Tier Äste umklammert, wenn es mit seiner Schleuderzunge Beute macht.

Jemen-Chamäleon

Häufig mit Schlangen verwechselt wird der **Skink**, dessen Extremitäten sehr kurz sind und bei bodenbewohnenden Arten auch gänzlich fehlen können. Dem **Sandfisch** oder **Sandskink** (*Scincus mitranus*) ermöglicht es die besondere Oberflächenstruktur seiner Schuppen, unter dem Sand zu schwimmen. Sandskinks legen keine Eier, sondern bringen ihre Jungen lebend zur Welt.

info

Verhalten bei einem Giftschlangenbiss

Schlangenbisse sind in Oman nicht sehr häufig, sollte man aber doch einen Biss erlitten haben, gilt es zunächst festzustellen, ob es sich bei dem Tier um eine Giftschlange gehandelt hat. Erkennen lässt sich dies an den Bissabdrücken: Zwei relativ große Abdrücke weisen auf Einstiche von Giftschlangen hin. Bei vielen in zwei Reihen hintereinander angeordneten Abdrücken handelt es sich mit einiger Sicherheit um eine ungiftige Schlange. Besteht Verdacht auf einen Giftschlangenbiss, empfehlen sich folgende Maßnahmen:

1. Bei Giftschlangenbissen muss alles getan werden, um die **Blutzirkulation zu verlangsamen**. Zunächst gilt es, dem Betroffenen die Angst zu nehmen – am besten mit sachlichen Informationen. Beruhigend zu wissen: Selbst hochgiftige Schlangen injizieren bei Verteidigungsbissen oft kein Gift, da es vom Körper energieaufwendig hergestellt werden muss. Hat die Giftschlange kurz vor dem Biss Beute gemacht, stand vielleicht gar kein Gift mehr oder nur eine geringe Menge zur Verfügung, sodass nicht mit fatalen Folgen zu rechnen ist. Beides trifft bei etwa zwei Dritteln aller Schlangenbisse zu.

2. Die Bissstelle **ruhig stellen**. Verbände, die die Blutzirkulation verlangsamen, sind – da sie unsachgemäß angelegt oft eher schaden als nützen – nur bei Bissen hochgiftiger Schlangen und wenn keine zeitnahe ärztliche Versorgung möglich ist, anzulegen. Dabei darf der Blutkreislauf keinesfalls komplett abgebunden werden.

3. Auch ein **Eisbeutel oder andere Kühlungsmethoden** können die Verteilung des Giftes im Blutkreislauf verlangsamen.

4. **Den Biss auf keinen Fall ausschneiden oder aussaugen** – ersteres führt nur zu einer noch schnelleren Verbreitung des Giftes in Gefäßsystem und bei zweiterem kann auch der Helfer sich über kleinste Verletzungen im Mund gefährden.

5. Falls vorhanden, die **Wunde mit antiseptischer Lösung reinigen**. Bei Verletzungen an Hand oder Arm vorbeugend Uhren und Ringe abnehmen, da mit Schwellungen zu rechnen ist.

6. **Alkohol, Kaffee und Schmerztabletten** auf Basis von Salicylsäure **sind zu meiden**, da sie einzelne Symptome verstärken können. Auch andere Medikamente (z. B. Morphine) können in Kombination mit dem Gift nachteilige Wirkungen entfalten.

7. **Unverzüglich ärztliche Hilfe aufsuchen** und nicht erst abwarten, bis Symptome auftreten. Wer allein ist, bewegt sich langsam, aber konstant fort. In Begleitung kann man sich stützen oder tragen lassen, um den Kreislauf nicht zu beschleunigen.

8. Bei unbekannten Arten sollte man sich das **Aussehen der Schlange** möglichst genau einprägen, da dann die Identifikation durch den Arzt einfacher ist und das richtige Gegengift (Antidot) gespritzt werden kann.

9. **Ein Antidot darf nur unter ärztlicher Aufsicht verabreicht werden**. Manche Menschen reagieren auf bestimmte Gegengifte mit einem allergischen Schock (anaphylaktischer Schock) und kollabieren.

Schlangen

Zu den **Schlangen**, die man in Oman finden kann, gehören zahlreiche ungiftige wie die **Arabische Sandboa** (*Eryx jayakari*), der **Wadi Racer** (*Platyceps rhodorachis*) und der **Thomas' Racer** (*Platyceps thomasi*), die **Eidechsennatter** (*Malpolon moilensis*), die ihre Nackenschilder bei Bedrohung aufstellt, die **Sandrennnatter** (*Psammophis schokari schokari*), die **Hooded Thread Snake** (*Leptotyphlops macrorchynchus*) sowie die **Arabische Katzennatter** (*Telescopus dhara*). Sie ernähren sich vor allem von Vögeln, Amphibien, Echsen, Insekten und Kleinsäugern. *Ungiftige Arten*

Zudem gibt es Giftschlangen wie die unterirdisch lebende **Erdotter** (*Atractaspis microlepidota*). Zur Familie der Giftnattern (*Elapidae*), erkennbar an ihren runden Pupillen, gehört die im Dhofar vorkommende, bis zu 2 m lange **Arabische Kobra**. Ihr Nahrungsspektrum reicht von Vögeln über Fische, Amphibien und Reptilien bis zu Säugern, sodass man diese Tiere nicht mehr nur in Wäldern findet, sondern auch als Kulturfolger in der Nähe menschlicher Siedlungen.

In einigen Teilen Dhofars kommt auch die **Puffotter** (*Bitis arietans*) vor, eine gedrungen wirkende, nur etwa 80 cm lange Schlange von extremer Giftigkeit. Sie ist leicht an ihrem deutlich vom Körper abgesetzten, fast dreieckig erscheinenden Kopf und den senkrechten Pupillen zu erkennen. Ebenso giftig ist die **Hornviper** (*Cerastes gasperettii*), die in ganz Oman verbreitet ist. Ihren Namen verdankt sie den oberhalb der Augen sitzenden, spitzen Schuppendornen. Auch die Hornviper wirkt mit ihrem maximal 80 cm langen dicken Körper eher plump, kann sich aber durch seitliches Schlängeln extrem schnell fortbewegen. Nachts geht sie auf Beutefang, wobei sie vor allem Gerbile und Echsen sucht. Tagsüber liegt sie versteckt in Höhlen oder vergräbt sich im Sand – was sie für Wüstenwanderer gefährlich machen kann, die versehentlich auf sie treten. Normalerweise spüren Schlangen aber schon leiseste Bodenerschütterungen und suchen das Weite. *Gefahr gering*

Noch perfekter beherrscht die **Sandrasselotter** (*Echis khosatzkii, Echis carinatus sochureki, Echis coloratus* und *Echis omanensis*) die Technik, sich seitenwindend fortzubewegen oder sich auf diese Weise blitzschnell im Sand einzugraben. Alle Arten sind gut an ihrem deutlich vom Körper abgesetzten Kopf erkennbar.

Insekten und Spinnentiere

Zahl- und artenreich vertreten sind auch die **Insekten**. Neben stechenden und blutsaugenden Plagegeistern wie **Mücken** und **Bremsen** gehören auch **Kakerlaken** zu den „Gästen" in bewohnten Gegenden. Sie sind lästig, aber nicht gesundheitsgefährdend. Anders sieht es da mit **Skorpionen** und **Spinnen** aus. Unter den Skorpionen ist der **Dickschwanzskorpion** am gefürchtetsten, denn er verfügt über große Giftmengen, die er aber nur im äußersten Notfall zur Anwendung bringt. Nachtaktiv wie der Skorpion ist auch die **Walzenspinne** (*Solifuga*), die handflächengroß werden kann. Sie besitzt keine Giftdrüsen, kann mit ihren großen Kieferklauen aber schmerzhafte Wunden verursachen. Die **Schwarze Witwe** (*Latrodectus mactans*) ist zwar nur etwa 1 cm lang, verfügt dafür aber über ein hochwirksames Gift. Ihr Körper ist schwarz und weist am Hinterleib eine charakteristische, leuchtend rote Zeichnung auf.

Unterwasserwelt

Faszinie-
rende ma-
rine Fauna

Einen genaueren Blick verdient die **Unterwasserwelt Omans**, die zu den arten-
reichsten im Indischen Ozean zählt. In den gut belichteten und warmen Küstengewässern haben Korallenpolypen optimale Lebensbedingungen, sodass ausgedehnte
Riffe entstehen konnten. Sie bieten einer bunten marinen Fauna Lebensraum, die eine
Unzahl an tropischen Fischen, Seeschlangen, Schildkröten, Krebstieren und Mollusken
umfasst.

Korallen

Die Artenvielfalt zeigt sich schon bei den verschiedenen **Korallenarten**: Klassische
Riffbildner sind die **Steinkorallen**, zu denen neben flächig wachsenden Formen wie
den **Tischkorallen** (*Acropora spicifera*) auch die **Geweihkorallen** (*Acropora elseyi*),
die **Folienkorallen** (*Turbnaria*) und die **Pilzkorallen** (*Fungia*) gehören. Sie bilden gemeinsam ein Grundgerüst, auf dem dann andere Arten siedeln. Besonders hübsche
Akzente setzen die **Weichkorallen** (*Alcyonacea*), die häufig wie Bäumchen mit Knos-
pen aussehen. Fächerförmig strecken
Hornkorallen (*Gorgonacea*) ihre Arme
ins Wasser, um Nahrung herauszufiltern.

In den nährstoffreichen Küstengewässern Omans wurden
90 Korallenarten gezählt

Farbige Akzente setzen **Seeanemonen**
(*Actiniaria*), die ihre Tentakel tagsüber
zum Nahrungsfang ausstrecken. Nachts
werden die Fangarme eingezogen. Die
Tiere erscheinen sesshaft, können sich
mit der Fußscheibe, die sie auf dem
Untergrund festhält, aber auch langsam
kriechend fortbewegen. Anemonen
leben häufig in Symbiose mit **Anemo-
nenfischen** (*Amphiprioninae*), die ihr
durch beherzte Attacken Fressfeinde
vom Leib halten. Im Gegenzug finden die
Fische zwischen den mit Nesselzellen
bewehrten Tentakeln der Anemone
Schutz vor Räubern.

Mollusken

Zwischen den Korallenstöcken verstecken sich viele kleine Meeresbewohner, u. a.
Schnecken, deren leere Gehäuse man auch häufig am Strand finden kann. Durch ihre
exotische Gestalt sofort ins Auge fallen die **Stachelschnecken** (*Muricidae*). Ihr Gehäuse ist mit vielen unterschiedlich langen Stacheln besetzt, sofern das Spiel der Ge-
zeiten sie noch nicht abgeschliffen hat. Die Tiere besitzen eine Drüse, deren Sekret
sich im Sonnenlicht rot bis violett verfärbt. Früher gewann man daraus den begehrten
Purpurfarbstoff.

Einst Zahlungsmittel, heute nur noch bei Sammlern begehrt, sind die glänzenden **Porzellanschnecken** (*Cypraeidae*). Man findet sie vor allem als Strandsubstrat, da die Tiere nachtaktiv und daher tagsüber praktisch nicht sichtbar sind.

Auch die **Kegelschnecken** (*Conidae*) stehen wegen ihrer prächtigen Zeichnung in der Gunst der Sammler sehr hoch. In lebendigem Zustand sind sie aber mit äußerster Vorsicht zu handhaben, denn sie gehören zu den giftigsten Tieren der Welt. Bei Berührung mit dem Gehäuse schießt die Kegelschnecke einen Rüssel mit einem kleinen *Giftige* Haken hervor, der sich aus einem Zahn der Raspelzunge entwickelt hat. Dieser Haken *Schnecke* ist hohl und steht mit einer Giftdrüse in Verbindung.

Ein weiteres faszinierendes Kapitel am Strand und im Meer bilden die **Muscheln**. Im Gegensatz zu den Schnecken sind sie überwiegend sessil, d.h. sie graben sich entweder ein Loch im Schlick, wie es z. B. die **Steckmuscheln** (*Pinnidae*) im Sand vor den Mangroven tun, oder sie setzen sich in den Korallenstöcken fest. Ebenfalls im Schlick eingegraben leben die kleineren **Herzmuscheln** (*Cardiidae*), deren kräftige, oftmals mit Längsrippen überzogene Schalen häufig hübsch gefärbt sind.

Sie sind verwandt mit den **Riesen- oder Zackenmuscheln** (*Tridacnidae*), die auch Mördermuscheln genannt werden. Fast immer ist mit diesem Begriff die Art *Tridacna gigas* gemeint, die bis zu 1 m lang werden kann. Man erkennt sie an den stark gewellten Schalen, die oft in Nischen zwischen den Korallen festsitzen. Sichtbar sind dann nur die grün oder blau gefärbten Mantellippen, die herrlich leuchten. Diese Farbgebung entsteht durch eingelagerte Zooxanthellen (Symbiosealgen), die die Muschel mit organischer Substanz und Sauerstoff versorgen. Unter optimalen Bedingungen kann *Tridacna gigas* so ein Gewicht von bis zu 1 t erreichen. Dieser enormen Größe ist auch der Name Mördermuschel zu verdanken. Lange Zeit kursierten Geschichten von Tauchern, die von den Muschelschalen festgehalten und am Auftauchen gehindert wurden. Tatsache ist, dass die Muschel zwar eine enorm starke Schließmuskulatur besitzt und damit einen Menschen vielleicht sogar festhalten könnte. Die Schließbewegung ist jedoch zu langsam, um *Tridacna gigas* zu einer Gefahr zu machen.

Die Riesen- oder Zackenmuschel ist die größte aller bekannten Muschelarten

Bei einer Beschreibung der am Riff lebenden Mollusken dürfen auch die **Kopffüßer** (*Cephalopoda*) nicht fehlen, die gemeinhin besser als Tintenfische bekannt sind. Ein bereits seit Urzeiten existierender Vertreter dieser Gattung und somit ein lebendes Fossil ist das **Perlboot** (*Nautilidae*). Dieses Tier ist die einzige Tintenfischart, die über ein Außenskelett verfügt und genau das wird ihr immer wieder zum Verhängnis, denn die hübsch gezeichneten, im Durchmesser bis zu 25 cm großen Gehäuse sind sehr dekorativ. Ein geöffnetes Gehäuse offenbart das Geheimnis der Nautiliden: Die spiralförmige Schale ist in mehrere Kammern unterteilt, von denen das Tier nur die äu-

Ein Tintenfisch beginnt sich durch Farbveränderung am Hinterleib zu tarnen

ßerste bewohnt. Wächst das Tier, scheidet es eine neue Scheidewand nach innen ab, sodass eine weitere Kammer entsteht. Perlboote besitzen über 60 Fangarme, die fast kreisförmig um die Mundöffnung angeordnet sind. Anders als bei Kalmaren sind die Tentakel nicht mit Saugnäpfen versehen, stattdessen sondern sie ein klebriges Sekret ab, um Beute festzuhalten. Die nachtaktiven Jäger kommen in Tiefen zwischen 50 und 650 m vor, können aber auch an der Oberfläche treiben. Im Laufe der Evolution haben sie eine Methode entwickelt, ihren Auftrieb stets zu tarieren. Perlboote sind inzwischen leider äußerst selten. Vom Kauf der Gehäuse sollte man im Interesse des Artenschutzes Abstand nehmen.

Zur Familie der Tintenfische gehören auch die **Sepien**, von denen man am Strand oft das innere Kalkskelett, den sog. Schulp findet. Im Wasser erkennt man die zehnarmigen Tiere gut an ihrem sackartigen, stark abgeplatteten Körper. Er ist von einem Flossensaum umgeben, am Ende sitzt der Kopf mit den Fangarmen. Mit Hilfe von Muskelkontraktionen können Sepien Pigmente in den Hautzellen verlagern, sodass sie sich dem Untergrund farblich anpassen. Zudem produzieren sie „Tinte", ein dunkles Sekret, das bei Gefahr in einer dichten Wolke ausgestoßen wird, um den Angreifer zu irritieren.

Stachelhäuter

Unübersehbar sind im Riff auch die **Stachelhäuter** (*Echinodermata*), zu denen neben den **Seesternen** (*Asteroidea*) und **Seegurken** (*Holothuroidea*) auch die **Seeigel** (*Echinoidea*) gehören. Ein häufiger Vertreter dieser Tiergruppe ist der **Diadem-Seeigel** (*Diadematidae*), dessen fast kugelförmigen, schwarzen Körper bis zu 14 cm lange Stacheln umgeben. Auf der Bauchseite sind sie erheblich kürzer. Hier befindet sich auch der Mund, mit dem der Seeigel den Untergrund abweidet. Algen und Mikroorganismen machen neben Aas den Hauptbestandteil der Nahrung aus. Die Stacheln des Seeigels fungieren schon für sich als Abwehrmechanismus, bei manchen Arten werden sie zudem von Giftdrüsen mit einem entsprechenden Sekret versorgt. Auch die Stacheln des Diadem-Seeigels weisen eine schwache Giftkonzentration auf, die dem Menschen aber nicht gefährlich werden kann. Schmerzhaft können hingegen Entzündungen sein, die durch abgebrochene und in der Haut steckengebliebene Seeigelstacheln verursacht wurden.

Stacheln auf dem Rücken

Seesterne sind wesentlich seltener als andere Stachelhäuter. Dies liegt an ihrer Beliebtheit als dekorative Sammlerobjekte, aber auch daran, dass sie als gefräßige Räuber systematisch bejagt werden. Bei Massenauftreten vernichten sie Muschelbänke, deren Schalen sie mit den Saugfüßchen an ihrer Körperunterseite knacken können.

Zudem fressen sie auch die Korallenpolypen – insbesondere der **Dornenkrone** (*Acanthaster planci*) fielen bereits ganze Riffgebiete zum Opfer. Der Seestern ernährt sich von Steinkorallen, indem er seinen Magen über sie stülpt und Verdauungsenzyme ausstößt. Das dadurch verflüssigte Gewebe nimmt er dann auf. Eine weitere Seesternunterart sind die filigranen **Schlangensterne** (*Ophiuroidea*).

Fische

Knorpelfische

Noch viel prächtiger oder eindrucksvoller als die bereits beschriebenen Lebewesen sind die Fische des Meeres. Grundsätzlich unterscheidet man zwischen **Knorpelfischen** (*Chondrichthyes*) und **Knochenfischen** (*Osteichthys*). Zur ersten Klasse gehören neben den **Haien**

Dornenkronenseesterne richten an Korallenriffen erheblichen Schaden an

(*Selachii*) auch die **Rochen** (*Rajiformes*). Beide sind in den Gewässern Omans vertreten. Am häufigsten sind sicherlich Vertreter der Familie der **Blauhaie**. Zu ihnen zählen der maximal 2 m lange **Weißspitzen-Riffhai** (*Triaenodron obesus*) und der ungefähr gleich große **Schwarzspitzen-Riffhai** (*Carcharhinus melanopterus*). Beide sind Riffbewohner, Jungtiere trifft man zuweilen auch in ufernahen Gewässern an.

In größeren Tiefen kommt der **Graue Riffhai** (*Carcharhinus amblyrhynchos*) vor, den man an der weißen Zeichnung der Rückenflosse und dem schwarzen Saum an der Schwanzflosse erkennt. Ein Hochseehai ist der **Blauhai** (*Prionace glauca*), der mehrere Meter lang werden kann und mit seinem schlanken Körper große Geschwindigkeiten erreicht. Er soll zwar für verschiedene Attacken auf Menschen verantwortlich sein, doch ist erstens sein Bestand mittlerweile stark gefährdet und zweitens kommt es kaum zu Begegnungen, weil sich der Blauhai küstenfern aufhält. Auch die Gefährlichkeit des **Tigerhais** (*Galeocerdo cuvier*) wird meist überschätzt. Eine besonders faszinierende Gestalt besitzt der **Hammerhai** (*Sphyrna*), der normalerweise in tieferem Wasser lebt. Man trifft ihn deshalb am ehesten in den Tauchgründen vor der Südküste Omans. Die besondere Kopfform ermöglicht es dem Tier, ein besonders breites Spektrum seiner Umwelt geruchlich und optisch zu erfassen. Allgemein als harmlos betrachtet werden die bodenlebenden **Ammenhaie** (*Orectolobiformes*), die mit ihrer rundlich-plumpen Gestalt, dem langen, flachen Schwanz und den Barteln am Maul von der klassischen Hai-Gestalt abweichen.

Haiarten vor Omans Küste

Der **Walhai** (*Rhinocodon typus*) ist mit bis zu 14 m Länge der größte lebende Fisch überhaupt und damit an sich schon eine Attraktion. Hinzu kommt seine hübsche Körperfärbung mit hellen Flecken und Streifen auf dunklem Grund. Der Walhai ist absolut ungefährlich, da er sich ausschließlich von Plankton ernährt. Mit weit geöffnetem Maul pflügt er (oft unmittelbar an der Oberfläche) gemächlich durchs Wasser und filtert mit seinem Kiemenkorb das im Wasser enthaltene Plankton heraus. Leider sind diese Tiere durch Bejagung schon sehr selten geworden.

Der Blauflecken-Stachelrochen hat eine besonders interessante Zeichnung

Die zweite Klasse der Knorpelfische bilden die **Rochen**, deren häufigster Vertreter in omanischen Gewässern der **Stachelrochen** (*Myliobatoidei*) ist. Besonders attraktiv ist der **Blauflecken-Stachelrochen**, dessen Körper mit blauen Flecken bedeckt ist.

Stachelrochen bevorzugen flache Gewässer in Küstennähe, wo sie sich oft bis auf die Augen in den sandigen Untergrund eingraben, unsichtbar für Feind und Beute. Treten Badende auf die Tiere, so verteidigen sie sich mit ihren Giftstacheln. Wer sicher gehen möchte, trägt Badeschuhe und geht nicht im Sand, sondern bewegt sich schlurfend vorwärts. Stachelrochen jagen vor allem Fische und niedere Tiere, während die Giganten unter den Rochen, die **Teufelsrochen** oder **Mantas** (*Manta spp.*) reine Planktonfresser sind, die deshalb auch fast nur im offenen Wasser vorkommen. Mit weit schwingenden Bewegungen ihrer Brustflosse gleiten sie durch das Meer, wobei die Auf- und Ab-Bewegung der Flossen an den Flug eines Vogels erinnert.

Knochenfische

Noch wesentlich vielfältiger sind Formen und Farben der riffbewohnenden Knochenfische. Als erstes begrüßen den Schnorchler meist Schwärme von **Fünfstreifen-Riffbarschen**. Wie der Name schon andeutet, wird der Körper dieser Fische von fünf schwarzen Streifen optisch in Segmente unterteilt.

Zu den Barschartigen gehören die **Lippfische** (*Labridae*), die vor allem durch ihre Farbenpracht auffallen. Man erkennt sie auch an ihrer langgezogenen Rückenflosse, die aber oft angelegt ist. Lippfische betätigen sich als Putzer, die Haut und Kiemen größerer Fische von Parasiten reinigen. Während der Nacht umhüllen sie sich mit einer durchsichtigen Schleimhülle, die sie geruchlich vor Räubern abschirmt.

Eine Unterfamilie der Lippfische und sind die **Papageifische** (*Scarinae*). Ihr Name spielt nicht nur auf ihre bunte Färbung an, sondern auch auf den papageienartigen Schnabel, mit dem sie von Korallen die oberste Kalkschicht samt Algen und Korallenpolypen abbeißen. Taucher können dabei ein Knirschen vernehmen. Manche Papageifische umgeben sich nachts mit einer Schleimhülle, die ihnen Schutz vor jagenden Muränen gewährt.

Farbenprächtiger Riffbewohner: der Papageifisch

Ebenfalls zu den Riffbarschen gehören die **Anemonenfische** (*Amphiprioninae*). Ihre enge Symbiose mit Anemonen wird dadurch möglich, dass sie schon als Jungfische Anemonenschleim auf ihren Körper übertragen und so immun für das Nesselgift des Wirtes werden. Die Anemone verbirgt den Fisch in ihren Tentakeln, dafür hält der Fisch im Gegenzug Fressfeinde von den Tentakeln fern, indem er alles attackiert, was in ihre Nähe kommt.

Anemonenfische scheinen harmlos, werden aber aggressiv, wenn man „ihrer" Anemone zu nahe kommt

Drückerfische (*Balistidae*) erkennt man am großen Kopf mit den weit zurückliegenden Augen, der bis zu einem Drittel der Körperlänge einnimmt. Mit ihrem kräftigen Gebiss können sie auch Muscheln und Stachelhäuter knacken. Mit zwei verhärteten Strahlen ihrer Bauch- und Rückenflosse können diese Fische sich in Felsspalten verkeilen und sind so für Fressfeinde nur schwer zu erbeuten. Zur Brutzeit stehen die Männchen senkrecht vor der Höhle und fächeln mit ihren Flossen den Eiern Frischwasser zu. Wer sich nähert, und sei er auch größenmäßig weit überlegen wie ein Taucher, wird angegriffen und muss mit Bissen rechnen.

Typisch für **Doktorfische** (*Acanthuridae*) sind der stark gerundete Kopf und die oft sichelartige Schwanzflosse. Da sie überwiegend mit den Brustflossen schwimmen, vermittelt ihre Fortbewegungsart den Eindruck eines ständigen Auf und Ab. Nahe der Schwanzwurzel besitzen sie messerscharfe Knochenfortsätze, die bei Territorialkämpfen ausgeklappt und zur Verteidigung genutzt werden können. *Spitze Knochen*

Zu den auffälligsten und prächtigsten Fischen im Riff gehören die bis zu 60 cm großen **Kaiserfische** (*Pomacanthidae*), die am Vorderkiemen einen kräftigen Stachel aufweisen. Ihr Maul läuft spitz zu und zeigt wulstige Lippen.

Bunte Gesellen sind auch die **Falterfische** (*Chaetodontidae*), deren Körper extrem schlank und hochrückig sind. Manche Arten besitzen ein pinzettenartig verlängertes Maul, mit dem sie auch tief in Ritzen verborgene Nahrung erreichen können. Um trotz der auffälligen Färbung nicht selbst Beute zu werden, haben einige Arten nahe der Schwanzflosse einen Augenfleck, der potenzielle Räuber über die Fluchtrichtung täuscht.

In den Gewässern vor der Ostküste gleiten häufig **Fledermausfische** (*Platax*) durchs Wasser. Ihr Körper ist sehr flach, die Rücken- und Afterflosse sind stark vergrößert. Bei Gefahr kippen die Fische zur Seite und imitieren ein im Wasser treibendes Blatt. Fledermausfische sind sehr neugierig; häufig schwimmen sie Tauchern nach oder versuchen, nach den von ihnen ausgestoßenen Luftblasen zu schnappen. *Tarnung als Blatt*

Feilenfische (*Monacanthidae*) haben einen seitlich abgeflachten Körper, der vorn und hinten spitz zuläuft. Wie die Drückerfische besitzen sie einen Flossenstachel, der schmerzhafte Wunden verursachen kann.

Hübsch gefärbt und seltsam kantig geformt sind die **Kofferfische** (*Ostraciidae*), von denen der **Blauschwanz-Kofferfisch** (*Ostracion cyanurus*) recht häufig vorkommt. Ihr Körper wird von einem Panzer aus sechseckigen Knochenplatten umhüllt, die fugenlos unter der Haut des Tieres liegen. Mit dem düsenartigen Maul erzeugen die Tiere einen Wasserstrahl, der den Sand aufwühlt und versteckte Nahrung bloßlegt.

Technik zur Nahrungsaufnahme

Ausgewachsene **Igelfische** (*Diodontidae*) können einen Durchmesser von bis zu 1 m erreichen. Ihr gesamter Körper ist mit Stacheln bedeckt, die nach hinten angelegt sind, sich aber aufrichten, wenn das Tier sich mit Wasser zu einem Vielfachen seiner Größe aufpumpt. Bei diesem Anblick vergeht den meisten Angreifern der Appetit.

Skorpionfische (*Scorpaenidae*) sind wegen des in ihren Stacheln enthaltenen starken Giftes mit Vorsicht zu behandeln. Von ihnen kommt in omanischen Gewässern der **Buckel-Drachenkopf** (*Scorpaenopsis diabolus*) vor. Durch ihre an den Untergrund angepasste Färbung sind die Tiere hervorragend getarnt und mit ungeübtem Auge kaum zu erkennen. Sie verharren völlig reglos, bis sich ein Beutefisch ihrem großen Maul nähert. Öffnen sie es dann jäh, so entsteht ein Sog, der die Beute in den Schlund hineinspült.

Perfekt getarnt

Die gleiche Fangtechnik benutzen auch die **Steinfische** (*Synanceiinae*), deren Gift noch stärker als das der Skorpionfische ist. Ihr farblich dem Untergrund angepasster Körper ist mit Auswüchsen überzogen, was sie von Steinen und Korallenschutt kaum noch unterscheidbar macht. Das große Maul ist nach oben gerichtet. In der Rückenflosse sitzen zwölf bis 14 mit Haut überzogene Giftstacheln. Zuweilen treten Schwimmer auf die Tiere und bekommen Giftstacheln in den Fuß. Dies ist sehr schmerzhaft und hat in einigen Fällen auch schon zum Tod geführt.

Feuerfische sind anmutige Schwimmer, die Bodennähe dem offenen Wasser vorziehen

Zu den auffälligsten Riffbewohnern gehören die **Feuerfische** (*Pteroinae*), denn ihr Körper ist meist leuchtend rötlich und weiß gefärbt. Die Flossenstrahlen an der vorderen Rückenflosse und den Brustflossen sind stark verlängert und ermöglichen es dem Fisch so, seine Beute in Nischen zu drängen, um sie dann blitzschnell einzusaugen. Die Rückenflossen des Rotfeuerfischs enthalten ein starkes Gift, das sogar für Menschen tödlich sein kann. Doch wenn man ihn in Ruhe lässt, greift der von Natur aus eher träge Fisch nicht an.

Muränen

Muränen (*Muraenidae*) gehören zu den Aalartigen und werden zwischen 20 cm und 4 m lang. Der gestreckte, schuppenlose Körper erinnert auf den ersten Blick an eine Schlange, doch kann man schnell den Flossensaum erkennen, zu dem Rücken-, Schwanz- und Afterflosse verwachsen sind. Tagsüber halten die Tiere sich meist in Höhlen versteckt, nur der Kopf schaut heraus. Ihr ständiges Maulaufreißen ist keine Drohgebärde, sondern dient der Frischwasserversorgung, da die Tiere über keine

Muränen lauern in Höhlen auf Beute

Kiemendeckel verfügen. An den Küsten Omans häufiger anzutreffen sind die **Falsche Netzmuräne** (*Gymnothorax favagineus*) mit breiten weißen Streifen auf dunklem Grund, die **Gelbkopf-Muräne** (*Gymnothorax undulatus*) mit auffällig gelb gefärbtem Kopf und die **Graue Muräne** (*Sideria grisea*) mit fast weißem Körper und weißem Augenring sowie einer charakteristischen Strichelzeichnung an Kopf und Hals.

Seeschlangen

Tatsächlich um Schlangen handelt es sich bei den **Seeschlangen** (*Hydrophiidae*), die sich durch einen seitlich abgeflachten Schwanz von ihren Artgenossen unterscheiden. (Fast) alle sind hochgiftig, aber nicht aggressiv. Am häufigsten sind die **Kurze Seeschlange** (*Lapemis curtus*), die **Gebänderte Seeschlange** (*Hydrophis cyanocinctus*) und die **Schnabelköpfige Seeschlange** (*Enhydrina schistosa*). Sie sind ständig im Wasser und vermehren sich lebendgebärend. Zu Begegnungen mit der **Arabian-Gulf-Seeschlange** (*Hydrophis lapemoides*) kann es hingegen auch am Strand kommen, insbesondere an den Küsten der **Musandam-Halbinsel** und an der Nordküste Omans. Das Tier kommt zur Eiablage an Land. Beim Hantieren mit Treibholz und größeren Geröllstücken am Strand sollte man daher immer die Möglichkeit in Betracht ziehen, dass sich darunter eine Seeschlange befinden könnte.

Nicht aggressiv

Krebstiere

Die Gezeitenzone zwischen Meer und Strand wird von **Krebstieren** wie der **Mangrovenkrabbe** (*Scylla serrata*) besiedelt. Wie die **Echte Schwimmkrabbe** (*Portunus pelagicus*) ist sie überaus groß und mit ihrem stark ausgeprägten Scherenwulst auch ausgesprochen wehrhaft.

Die Mangroven- bzw. Schlickvegetation ist außerdem Lebensraum der **Winkerkrabbe** (*Uca spp.*), die ihren Namen nicht von ungefähr trägt: Bei den Männchen ist eine Schere stets stark verlängert und zusätzlich auffällig gefärbt. Das Tier schwenkt diese Schere ständig hin und her, um paarungsbereite Weibchen anzulocken und andere Männchen abzuschrecken. So entsteht der Eindruck des Winkens.

Wirtschaftlicher Überblick

Die wirtschaftliche Situation des Sultanats Oman war in den letzten Jahrzehnten dramatischen Veränderungen unterworfen. Noch bis 1970 befand sich das Land quasi im Mittelalter, große Teile der Bevölkerung lebten in Armut. Seither hat es eine stetige Entwicklung gegeben, die in schrittweisen **Fünf-Jahres-Plänen** für eine Verbesserung der Infrastruktur sowie des Bildungs- und Gesundheitswesens sorgte. Für die *Schnelle Entwicklung* Zukunft hat Sultan Qaboos eine ambitionierte Agenda namens **Vision 2020** aufgelegt, die auf eine starke Erhöhung und Stabilisierung des Bruttosozialproduktes abzielt. Dabei liegt der Fokus auf einer weiteren Diversifizierung und Privatisierung der Wirtschaft. Und die Zeichen stehen gut, denn schon jetzt ist Oman ein Entwicklungsland mit mittlerem Einkommen, einem liberalen Wirtschaftssystem, das von der Weltbank die besten Noten im gesamten arabischen Raum erhält, und einem für Staatsangehörige kostenfreien Sozialsystem. Massive staatliche Subventionen und niedrige Einfuhrpreise für Waren tragen dazu bei, dass das Bruttoinlandsprodukt jährlich um 5 % ansteigt.

Wichtige Wirtschaftszweige Omans sind nach wie vor der Handel mit landwirtschaftlichen Produkten …

Bis in die frühen 1960er-Jahre war die omanische Wirtschaft nur schwach entwickelt und basierte vor allem auf **Landwirtschaft** und **Fischerei**. Die ausgeklügelten Bewässerungssysteme einerseits und das günstige Monsunklima im Dhofar andererseits machten Oman zwar weitgehend unabhängig von Nahrungsmittelimporten, sieht man vom Reis ab. Fisch, Datteln und andere Früchte konnten sogar exportiert werden – Hauptabnehmer waren und sind bis heute die VAE-Staaten. Das Land verfügte aber nicht über die nötige Infrastruktur, um große Entfernungen zu überbrücken und so den Handel auszubauen.

… und der Fischfang, der vielerorts noch auf traditionelle Weise betrieben wird

Mit den ersten **Erdölfunden** Ende der 1960er-Jahre setzte dann ein wirtschaftlicher Aufschwung ein – allerdings nicht in gleichem Maße wie in den Nachbarstaaten, denn die omanischen Vorkommen sind weniger reich und werden zurückhaltender abgebaut. Man sieht dies sehr deutlich an den Gastarbeiterzahlen. Liegt der **Ausländeranteil** in den VAE bei ca. 85 %, so sind es in Oman etwa 44 %. Die meisten dieser Expatriates stammen aus Indien, Pakistan und von den Philippinen. Hinzu kommen einige Tausend Europäer, Amerikaner und Australier, die in Oman vor allem Großprojekte managen und damit am weiteren Aufbau des Staates teilhaben. Ein wichtiger Punkt in Sultan Qaboos' Vision 2020 ist eine immer weiter fortschreitende **Omanisierung**, d. h. eine Besetzung der wichtigsten Arbeitsbereiche mit Omanis und eine schrittweise Senkung des Gastarbeiteranteils. 2013 wurden Regelungen beschlossen, die sicherstellen sollen, dass der Anteil ausländischer Arbeitnehmer an der Bevölkerung 33 % nicht übersteigt. Ob dieses Ziel erreicht werden kann, ist aber fraglich, denn auch jungen Menschen fehlt es zum Teil an den notwendigen Qualifikationen (daran wird im Schulsystem kostenintensiv gearbeitet) bzw. an der Motivation, z. B. im Tourismus auch einfachere Arbeiten zu verrichten, sofern man nicht besonders hohe Gehälter erwarten kann.

Mehr Jobs für Omanis

Die Vision 2020 nur mit Geldern aus dem Erdölverkauf zu finanzieren, ist angesichts der begrenzten Vorkommen langfristig wenig aussichtsreich und würde auch eine zu starke Abhängigkeit vom Weltmarkt mit sich bringen. So suchte man nach Alternativen und fand sie auch: Oman verfügt über reiche Vorkommen an **Erdgas**, das als *LNG* (*liquified natural gas* = Flüssiggas) auf den Weltmarkt gebracht und vor allem nach Südostasien verschifft wird. Dazu benötigt man große **Hafenanlagen**, wie man sie z. B. bei Sohar und Salalah geschaffen hat und nach wie vor ausbaut.

In diesen Hafenanlagen werden auch andere Güter umgeschlagen, zu denen nach wie vor Landwirtschafts- und Fischereierzeugnisse sowie einige **Bodenschätze** gehören. Neben Kupfer, Magnesium, Eisen und Zinn werden in Oman auch Gold und Chrom zunehmend rentabel abgebaut. Von jüngst im Süden Omans nahe der Küste entdeckten Gipsvorkommen ist zu erwarten, dass sie Salalahs Bedeutung als Exporthafen weiter steigern werden. In dem einstigen Fischer- und Beduinendorf **Duqm** an der Ostküste entsteht zudem zzt. einer der größten Häfen des Landes, der sich als internationaler Umschlagplatz etablieren will. Das zweitgrößte Trockendock des Mittleren Ostens ist bereits fertiggestellt. Eine Freihandelszone, Flughafen, Hotels und Wohngebiete für 100.000 Menschen sind ebenfalls im Bau.

Neue Großbaustelle

Erdöl

info

Wenn auch nicht in gleichem Maße wie andere Staaten auf der Arabischen Halbinsel, besitzt Oman doch **reiche Vorkommen** an Erdöl. Nach derzeitigem Wissensstand liegen sie bei einer Größenordnung von 5,6 Mrd. Barrel. Die Lagerstätten dieses Rohstoffes, der letztlich die moderne Welt am Laufen hält, liegen vor allem in den Ausläufern des Jebel Akhdar und in den Wüsten, die sich bis in den Dhofar ziehen. Zu den bedeutendsten zählt das Fahud-Feld in der Provinz Dhahirah. Offshore existieren zusätzliche Lagerstätten an der Grenze zum Jemen und im Golf von Oman.

Die omanischen Erdölvorkommen sind vor allem im Inland von guter Qualität, befinden sich jedoch in relativ kleinen Feldern mit komplexen geologischen Formationen, weswegen ihre Erschließung relativ kompliziert und kostenaufwendig ist. Die Regierung stellt jährlich erhebliche Summen bereit, um das Förderniveau von derzeit 850.000 Barrel pro Tag auf dem gleichen hohen Level halten zu können. Werden jedoch keine neuen, kommerziell relevanten Ölvorkommen entdeckt, so werden die Reserven **in absehbarer Zeit erschöpft** sein. Um dem zuvorzukommen, hat die Regierung in den letzten Jahren Explorationsaufträge an mehrere ausländische Firmen vergeben. Einen Rückschlag im Erdölgeschäft musste Oman wie alle anderen Erdölförderländer ertragen, als 2014 die Marktpreise für das schwarze Gold massiv zurückgingen.

Die **Abhängigkeit** vom Öl stellt den Staat vor Probleme: Dem schwarzen Gold (und Erdgas) verdankt Oman mehr als die Hälfte seines Bruttoinlandsproduktes, noch höher liegt der Anteil bei den Exporten. Wichtigstes Abnehmerland beim Erdöl ist China, gefolgt von Japan und Thailand.

Die **Einnahmen** aus dem Öl- und Gasexport haben es dem Staat bislang ermöglicht, umfassende Entwicklungsprogramme zu finanzieren und Wirtschaftszweige zu fördern, die vom Öl unabhängig sind. Die Weltwirtschaftkrise hat sich aber seit 2009 wegen niedriger Ölpreise auch auf Oman negativ ausgewirkt. Die dadurch verringerte Kaufkraft veranlasste die Regierung zu einer zurückhaltenden Ausgabenpolitik, in deren Folge die Diversifizierung und Privatisierung der Wirtschaft wieder in weitere Ferne rückte.

Dieser **Einschnitt** führte zu der Erkenntnis, dass es notwendig ist, die Unabhängigkeit vom Öl schnellstmöglich zu erreichen. Die Kassen des Sultans sind derzeit durch die allmähliche Erholung der Weltwirtschaft wieder gut gefüllt und es wird viel Geld für neue Projekte bereitgestellt, vornehmlich für den Bau von Schulen, Straßen, Krankenhäusern, Meerwasserentsalzungsanlagen und touristischer Infrastruktur. Die Regierung erhofft sich davon viele neue Arbeitsplätze, die mit omanischen Bürgern besetzt werden sollen.

Ambitio-
nierte
Projekte

Der **Handel** etabliert sich zunehmend als zweite Alternative zum Erdöl, wobei Oman auf seine alten Kontakte zu Indien, Pakistan und Ostafrika setzt. Neuester Wirtschaftszweig des Landes und sicherlich noch weiter ausbaufähig ist der **Tourismus**, mit dem 2020 drei Prozent des BIP erwirtschaftet werden sollen. Die Besucherzahlen weisen eine steigende Tendenz auf, der **Kreuzfahrttourismus** nimmt in den letzten Jahren stark zu, und auch die Anzahl der Pauschaltouristen steigt ständig. Besonders viele Touristen kommen **aus Deutschland**. Die touristische Infrastruktur lässt jenseits der Capital Area zum Teil allerdings noch zu wünschen übrig. Im Großraum Muscat ist ein touristisches Megaprojekt entstanden: **The Wave**. Der flächenmäßig einer Kleinstadt entsprechende Komplex mit mehreren Hotels und Apartmentanlagen sowie vielfältigen Einkaufs-, Sport- und Freizeitmöglichkeiten soll zahlungskräftige Touristen aus aller Welt anziehen. Kleinere, aber nicht weniger ambitionierte Projekte sind die exklusiven Fünf-Sterne-Resorts, die an ausgewählten Standorten – v. a. an der Küste, auf vorgelagerten Inseln und auf den Hochplateaus des Jebel Akhdar sowie des Jebel Shams – geplant oder schon im Bau sind, z. B. in der Hafenstadt Duqm an der Ostküste. Oman setzt auf qualitativ hochwertigen Tourismus und investiert vorwiegend in Beherbergungsbetriebe des Premium-Segments, in dem das Preisniveau sehr hoch liegt.

Gesellschaftlicher Überblick

Bevölkerung

Im Gegensatz zum Nachbarstaat VAE, in dem wenige Einheimische, dafür aber umso mehr Gastarbeiter leben, zeigt Oman eine eher **homogene Bevölkerung**, die vornehmlich **arabisch geprägt** ist. Schon in vorislamischer Zeit wurde das Land von den Stämmen der **Azd** und **Nizari** besiedelt, die aus Süd- und Zentralarabien einwanderten. Auf diese unterschiedlichen Vorfahren beriefen sich später die **Hinawi** und **Ghafiri**, die beiden wichtigsten Stammesfraktionen Omans, die sich bis in die 1950er-Jahre erbittert bekämpften. Der Grund für diese Auseinandersetzungen lag allerdings weniger in der Herkunft begründet – die Polarisierung beruhte vielmehr auf Erbfolgestreitigkeiten um das Amt des Imam (s. S. 22). Darüber hinaus spiegelt der Konflikt auch das Aufeinanderprallen zweier Lebenswelten wider, nämlich jener des Landesinneren und der Küstenebene.

Weniger Gastarbeiter

Zur arabischen Urbevölkerung kamen durch die ausgedehnten Handelskontakte Omans später **Inder**, **Belutschen**, **Perser** und **Afrikaner** hinzu. Bei den häufig auffallend dunkelhäutigen **Sansibaris** handelt es sich um Omanis, die über Generationen in Ostafrika und auf Sansibar lebten und später in ihre Heimat zurückkehrten. Weil sie häufig gut ausgebildet sind, nehmen sie im omanischen Sozialgefüge einen recht hohen Rang ein, obwohl sie außerhalb des Stammessystems stehen.

Viele auf omanischen Baustellen beschäftigte Gastarbeiter stammen aus Indien oder Pakistan

Gastarbeiter gab es in Oman somit schon lange, die massenhafte Einwanderung von ausländischen Arbeitskräften wurde aber erst durch den **Erdölboom** ausgelöst, der das Land in den 1970er-Jahren erfasste. In jüngster Zeit sind es **Tourismus** und **Baugewerbe**, die Immigranten vor allem aus Asien, aber auch aus Nordafrika anziehen. Die meisten sind im Billiglohnsektor beschäftigt – auf dem Bau, als Haushaltshilfe oder Putzkraft. Facharbeiter und Führungskräfte kommen überwiegend aus anderen arabischen Ländern und aus Europa, dort besonders häufig aus England.

Eine weitere Bevölkerungsgruppe Omans bildet keine Ethnie im eigentlichen Sinn, sondern definiert sich über ihre Lebensweise: Bis heute durchstreifen **Beduinen** die Berge und Wüsten des Landesinneren. Ihr Anteil an der Gesamtbevölkerung wird auf etwa 2 % geschätzt. Diese „Bedu" genannten Nomaden halten sich nur so lange in einem Gebiet auf, bis ihre Ziegen, Schafe oder Kamele den kargen Boden abgeweidet haben. Dann brechen sie ihre Zelte ab und ziehen weiter (zu den Beduinen s. Infokasten S. 268).

Religion – Der Islam

Liberale Ausprägung

Als Staatsreligion ist der Islam im omanischen Alltagsleben allgegenwärtig. Dabei bekennt sich der Großteil der Bevölkerung zur **ibaditischen Lehre**, die als gemäßigt und liberal gegenüber Andersgläubigen gilt. Fundamentalismus ist in Oman praktisch unbekannt und findet dort auch keinen Nährboden.

In Zeiten des internationalen Terrorismus empfinden viele Menschen den Islam als aggressive, teils sogar bedrohlich wirkende Religion und Weltanschauung. Den Autoren ist jedoch in über 25 Jahren, in denen sie islamische Länder bereisen, im Zusammenhang mit der Religion nie Unangenehmes widerfahren. Um „Fettnäpfchen" zu vermeiden, ist es für den Gast aber sicherlich von Nutzen, Grundlegendes über den Islam und die Gepflogenheiten seiner Anhänger zu wissen.

Im täglichen Leben präsent

Wer nach Oman reist, kann sich dem Islam nicht entziehen. Anders als in christlichen Ländern bestimmt die Religion nicht nur das spirituelle, sondern auch das gesamte gesellschaftliche Leben der Menschen. So ist auch das Wort „Islam" zu verstehen, das so viel wie „Unterwerfung" oder „Hingabe" bedeutet. Die völlige Hingabe an Gott ist die Lebensgrundlage der ca. 1,57 Mrd. Menschen, die sich weltweit zum Islam bekennen und als „Muslime" oder „Moslems" bezeichnet werden. Der Islam kennt nur einen einzigen Gott, der im Arabischen „Allah" genannt wird. Er steht als alleinige Autorität über den Menschen, nichts geschieht ohne seinen Willen. Während das Christentum neben Gott noch Jesus und den Heiligen Geist kennt, ist der Islam ein rein monotheistischer Glaube.

Die „völlige Hingabe" an Gott bedingt eine Einheit von Religion und gesellschaftlichem Leben, sodass eine Trennung von Staat und Religion nicht vorstellbar ist. Glaubensgrundsatz ist der **Koran** (*Qur'an*), der als letzte und unverfälschte Botschaft Allahs an die Menschen gesehen wird. Abraham, Moses und Jesus werden vom Islam als Propheten gesehen, die allesamt Botschaften Gottes übermittelt haben, wobei diese im Laufe der Jahrhunderte immer mehr verfälscht wurden. Die letzte göttliche Offenbarung empfing dann Mohammed, der letzte Prophet. Durch diese Offenbarung, den heutigen Koran, wird alles, was zuvor offenbart wurde, korrigiert bzw. ersetzt. Somit bestimmen die im Koran enthaltenen Grundsätze das gesamte Leben des Menschen, geben Hilfestellung in jeder Lebenslage, regeln das Miteinander in der Gesellschaft, die allgemeine Rechtsprechung (die sogenannte *Shari'a*) und auch das Miteinander von Mann und Frau.

Der Koran (hier handgeschriebene Suren im Museum) liefert bis heute gültige Richtlinien für das Alltagsleben

In den Augen der Muslime ist Allah nicht nur ihr Gott, sondern der Gott aller Menschen, da neben ihm keine andere Gottheit existiert. Mit dieser konsequent monotheistischen Sichtweise vereint der Islam quasi die gesamte Menschheit zur **Gemeinschaft der Gläubigen** (*Umma*) und gibt vor, keine Diskriminierungen aufgrund von Hautfarbe, Sprache o. Ä. vorzunehmen. Eine Unterscheidung zwischen den Menschen ist alleine auf der Grundlage des sittlichen Lebens möglich – der Einzelne zeichnet sich durch seine Ehrfurcht vor Gott und seine Rechtschaffenheit aus (womit der *Shari'a* eine besondere Bedeutung zukommt). *Einziger Gott*

Innerhalb dieser Gemeinschaft der Gläubigen ist Gott jedem Menschen gleich nah, weswegen Priester oder andere Mittler nicht vonnöten sind. Einen hervorgehobenen Status genießt im Islam nur der Prophet Mohammed, dem das heilige Buch des Koran offenbart wurde. Geistige Erben, wenn man sie denn überhaupt so bezeichnen darf, sind die **Imame**, die in Mohammeds Namen handeln und innerhalb der Glaubensgemeinschaft eine Vorbildfunktion einnehmen. Sie sind Vorbeter, kennen den Koran und damit die Gesetze Gottes ganz genau und können sie den Gläubigen erklären. Ursprünglich wurden diese Kenntnisse vom Vater an den Sohn weitergegeben, heute gibt es zudem Imam-Schulen.

Neben dem Koran spielt auch die **Sunna**, die Gesamtheit der Worte, Lebens- und Verhaltensweisen des Propheten Mohammed, wie sie in den **Hadithe** überliefert ist, eine fundamentale Rolle.

Geschichte des Islam

Der Islam ist untrennbar mit dem Propheten Mohammed verbunden. Er wurde ca. 570 n. Chr. in **Mekka** (im heutigen Saudi-Arabien) geboren. Sein Vater, ein Händler, stammte aus dem Stamm der Quraisch. Schon im frühen Kindesalter verlor Mohammed beide Eltern und wuchs bei seinem Großvater auf. Als auch dieser starb, nahm ein Onkel ihn in seine Familie auf. *Geburtsort Mohammeds*

Um 595 n. Chr. bot ihm die reiche Kaufmannswitwe Chadidscha, für die er als Karawanenführer gearbeitet hatte, die Ehe und damit finanzielle Unabhängigkeit an. So führte er zunächst ein wohlsituiertes Leben in Mekka, einer Stadt, in der sich die Beduinen aus der Umgebung trafen, um Handel zu treiben und die **Ka'aba** zu besuchen, die als Heiligtum galt. Neben vielen anderen Göttern wurde hier auch **Allah** angebetet.

Mohammed pflegte jährlich einen Monat im Gebirge zu verbringen, um Buße zu tun. Dabei soll ihm um 610 n. Chr. in einer Höhle erstmalig der Erzengel Gabriel erschienen sein und zu ihm gesprochen haben. Mohammed, dessen Name „der Vielgepriesene" bedeutet, muss damals etwa 40 Jahre alt gewesen sein. Mohammed berichtete zunächst nur seiner Frau von der **Offenbarung**. Sie schenkte seinen Worten Glauben und wurde seine erste Anhängerin. *Offenbarung in der Höhle*

In den Folgejahren hatte Mohammed immer wieder Offenbarungen, in denen Gott durch den Erzengel Gabriel zu ihm sprach. Er begann, das Gehörte öffentlich zu verkünden, und aus der Sammlung seiner Offenbarungen wurde schließlich ein Buch: der **Koran**.

Doch seine Glaubenslehre stieß im polytheistischen Mekka auf Ablehnung, sodass Mohammed gezwungen war, mit seinen Anhängern die Stadt zu verlassen. Diese Wanderung ins nördlich gelegene **Yathrib** nannte man *Hidschra* und mit ihr begann nach dem Beschluss des zweiten Kalifen Umar bin Al Chattab die islamische Zeitrechnung.

Nach der Ankunft Mohammeds wurde die Stadt Yathrib in **Medinat al-Nabi** (Stadt des Propheten) umbenannt, verkürzt **Medina**. Mohammed fand unter den Stämmen Yathribs rasch neue Anhänger und verkündete seine Botschaften, die mit den Gebräuchen der damaligen Zeit in keiner Weise vereinbar waren. Seine Predigten zielten darauf ab, soziale Missstände, Streitigkeiten und Kriege zwischen den Stämmen zu beseitigen und so die Umma zu erreichen. Dies führte sehr rasch zu einem Krieg mit den Stämmen aus Mekka, den die Soldaten Mohammeds nach vielen blutigen Schlachten schließlich gewannen. 628 n.Chr. wurde ein Friedensvertrag geschlossen,

Nach Besetzung Mekkas schnelle Verbreitung

Mohammed hatte gesiegt und konnte 630 n.Chr. auch **Mekka** besetzen. Mekka war von sehr großer Bedeutung, da sich hier schon seit langer Zeit die **Ka'aba** befand, der heilige Stein, der dem ursprünglich untergeordneten Gott **Allah** geweiht war. Von nun an war die Ka'aba das alleinige Heiligtum der Anhänger Mohammeds, die **Pilgerfahrten** begannen. Mit dem Sieg und den Pilgerfahrten begann sich der Islam in Windeseile auf der Arabischen Halbinsel auszubreiten und nur zwei Jahre später, im Todesjahr Mohammeds, war die gesamte Halbinsel islamisiert.

Nach dem Tode Mohammeds kam es zu Streitigkeiten um die Führung der Gläubigen, da der Prophet seine Nachfolge nicht geregelt hatte. Die ersten **Kalifen** (arabisch *Khalifa* = Nachfolger, Stellvertreter) waren Abu Bakr, Omar, Othman und Ali. Sie verhalfen dem Islam zu einer Verbreitung weit über den arabischen Raum hinaus. Doch die Ausweitung der Einflussgrenzen des Islams führte auch immer wieder zu Streitigkeiten, die im Mord am vierten Kalifen Ali, Schwiegersohn und Vetter Mohammeds, eskalierten. Die Folge war die **Spaltung** der Anhänger des Islam in **Schii-**

Verschiedene Glaubens-richtungen

ten und **Sunniten**. Die Schiiten (von arab. *schī'at 'Alī* = Partei Alis) erkannten ausschließlich die Nachkommen Alis als Führer an (und setzten damit die Blutsverwandtschaft mit Mohammed voraus), während die Sunniten das erbliche Nachfolgerecht ablehnten und stattdessen das Wahlprinzip hochhielten (aber Mitglieder des Stammes der Quraisch bevorzugten). Dieser Glaubensrichtung gehören heute 80 Prozent der Muslime an.

Schon im 7. Jh entstand aber noch eine dritte Glaubensrichtung, als sich die sogenannten **Charidschiten** von der Partei des Kalifen Ali abspalteten. Ihrer Meinung nach sollte ungeachtet der Blutsverwandtschaft mit dem Propheten und ungeachtet der Stammeszugehörigkeit der Würdigste zum Kalifen gewählt werden. Entsprechend wurden die Charijiten von Sunniten und Schiiten gleichermaßen verfolgt. Ein Rückzugsgebiet fanden sie im **Hajar-Gebirge** auf dem Gebiet des heutigen Oman, wo sich ihr Glaube rasch ausbreitete. Aus den **Charidschiten** gingen die **Ibaditen** hervor, die heute eine eher gemäßigte Ausrichtung des Islam leben.

Die Ibaditen gründen sich auf Abdallah bin Ibad, der seine Lehre als Fortführung des Glaubens von Mohammed und den ersten beiden Kalifen Omar und Abu Bakr sah. Bei dieser Glaubensrichtung steht die Gleichheit innerhalb der Gemeinschaft der Gläubigen (*Umma*) im Vordergrund. Die Ibaditen sind einerseits sehr strenggläubig, vertreten aber andererseits die Meinung, dass der Koran stets der Zeit entsprechend neu interpretiert werden kann. Sie lehnen es ab, den Glauben zum Anlass für Kriege und Auseinandersetzungen zu machen. Ihr Vorsteher ist der **Imam**, der von der *Umma* frei gewählt wird, und zwar aufgrund seiner geistigen Tugenden und seines moralischen Vorbildes. Häufig wurde der Titel „Imam" allerdings ehemaligen Stammesführern verliehen, die entsprechenden Rückhalt geben konnten, doch auch sie mussten sich zunächst zur Wahl stellen. Trotz seiner großen religiösen Macht besaß der Imam nur eine geringe Autorität in weltlichen Fragen. Da auch diese Autorität repräsentiert werden musste, bildete sich mit dem Sultanat ein zweites Amt heraus. Fand eine Person entsprechenden Rückhalt, konnte sie Imamat und Sultanat vereinigen, häufig kam es aber auch zu kriegerischen Auseinandersetzungen zwischen beiden. Zu Beginn des 20. Jh. war Oman sogar in zwei Teile gespalten: Die Küstenregion wurde vom Sultan beherrscht, das Landesinnere vom Imam. Erst in den 1950er-Jahren konnte diese Spaltung zugunsten des Sultanats aufgehoben werden, seitdem existiert das Amt des Imams in dieser Form nicht mehr.

Sultan und Imam

Die Glaubensgrundsätze

Grundsätzlich kann man den Islam als eine Religion bezeichnen, die nicht nur für Belange des Glaubens, sondern auch für viele Bereiche des täglichen Lebens Regeln vorgibt. Diese bestimmen nicht nur private Bereiche wie das Miteinander der Geschlechter, die Kindererziehung und das Verhalten daheim, sondern auch öffentliche Aspekte wie das Strafrecht (*Shari'a*). Jeder, der das islamische Glaubensbekenntnis (*Schahada*) gesprochen hat, ist ein Muslim und als solcher verpflichtet, nach bestimmten Grundsätzen zu leben.

Die zentralen Leitlinien im Leben eines Muslims werden vom **Koran** bestimmt. In den **114 Suren** sind alle religiösen und auch viele weltlichen Richtlinien festgehalten, nach denen sich der gläubige Muslim zu richten hat. Diese Richtlinien bilden die Basis für die islamische Rechtsordnung, die *Shari'a*. In ihr sind alle Bereiche des Lebens nach göttlichem Recht geordnet. Für die Durchsetzung der *Shari'a* sorgen sog. *Fatwahs*, religiöse Gutachten. Aus dem Koran geht unter anderem das Bilderverbot hervor (das von strenggläubigen Muslimen sogar auf Fotografien ausgeweitet wird). Zudem ist hier geregelt, wie ein Muslim sich idealerweise ernährt, welche Verhaltensweisen er zu meiden hat, wie sich das Familienleben abspielen sollte und wie Verträge abzuschließen sind. Der Koran wird aber nicht nur wegen der Inhalte, sondern auch wegen seiner hochentwickelten und ausdrucksstarken Sprache geschätzt. Es ist fast unmöglich, ihn zu übersetzen, ohne ihn gleichzeitig auszulegen, weil die Äquivalente der arabischen Worte in anderen Sprachen oft zusätzliche und abweichende Bedeutungsebenen haben. Somit gilt nur der arabische Text als Sprache der reinen Lehre.

Strenge Gesetze

Neben dem Koran ist vor allem für die Sunniten die **Sunna** eine wichtige Schrift, sie umfasst *Hadithe* (= Mitteilungen) über die Handlungsweise Mohammeds in bestimmten Lebenssituationen, über von ihm ausgesprochene Empfehlungen, Verbote und religiös-moralische Warnungen. Die Sunna wird vor allem dann zu Rate gezogen, wenn der Koran nicht ganz eindeutig ist. Auch für die Schiiten ist die Sunna eine verbindliche Rechtsquelle, sehr viel mehr Geltung hat bei ihnen aber das Urteil des Imams, den man in allen Lebenslagen zu Rate zieht.

Die Lehre

Grundsätzlich umfasst das Bekenntnis zum Islam die folgenden Aspekte: den Glauben an Allah als den einen und ewigen Gott, den Glauben an die Engel als Mittler zwischen Gott und den Menschen, den Glauben an Koran und Sunna als Niederschriften der verkündeten Worte Gottes, den Glauben an Mohammed als letzten und vertrauenswürdigsten Gesandten Gottes, den Glauben an den Jüngsten Tag und das Fortleben im Jenseits nach dem Tod und schließlich den Glauben an die göttliche Vorsehung, die ihren Ausdruck im *„Insha'allah"*, dem „Wie Gott will", findet.

Die fünf Pfeiler des Islam

Jeder Muslim hat fünf elementare Grundregeln zu befolgen, die als die fünf Pfeiler oder Säulen des Islam bezeichnet werden:

1. **Das Glaubensbekenntnis**. Es lautet „Es gibt keinen Gott außer Allah und Mohammed ist sein Gesandter". Mit diesem Bekenntnis unterwirft sich der Muslim allen weiteren Pflichten, die sich aus dem Islam ergeben.

Moschee in der Wüste: Auch unterwegs soll der fromme Muslim Gelegenheit haben, sein Gebet zu verrichten

2. **Das Gebet**. Es muss fünfmal täglich verrichtet werden: in der Morgendämmerung, zu Mittag, am Nachmittag, bei Sonnenuntergang und am Abend. Der *Muezzin* ruft (heute oft über Lautsprecher) zum jeweiligen Gebet auf. Grundsätzlich kann überall gebetet werden, doch gilt das gemeinsame Gebet in der Moschee als besonders gottgefällig. Beim Gebet verneigen sich die Gläubigen in Richtung Mekka, die in Moscheen durch die Gebetsnische (*Mihrab*), in Hotelzimmern meist durch einen Pfeil an der Zimmerdecke oder in einer Schublade angezeigt wird. Vor dem Gebet erfolgt die rituelle Reinigung mit Wasser oder Sand.

3. **Die Almosengabe**. Jeder erwachsene, gesunde und finanziell dazu fähige Muslim ist dazu verpflichtet, Bedürftige durch Spenden zu unterstützen. Dabei unterscheidet man zwischen freiwilligen Spenden (*Sadaka*) und der einmal jährlich zu entrichtenden, verpflichtenden Almosensteuer (*Zakat*). In Oman gilt für die *Zakat* ein Satz von etwa 2,5 % des Einkommens oder Vermögens als angemessen.

4. **Das Einhalten des Ramadan**. Im Ramadan, dem neunten Monat des islamischen Kalenders, sind alle Muslime zum Fasten verpflichtet. Zwischen Morgen- und Abenddämmerung darf weder gegessen noch getrunken werden. Ausgenommen sind lediglich Kinder, Alte, Kranke und Schwangere, die dann das Fasten zu gegebener Zeit

nachholen müssen. Nach Sonnenuntergang wird dann üppig mit Freunden getafelt. Neben dem Nahrungsverzicht sollte während des Ramadan auch das Verhalten von Askese und Zurückhaltung geprägt sein. Der Fastenmonat wird mit dem Fest des Fastenbrechens (*Eid-al-Fitr*) beendet.

5. **Die Pilgerfahrt nach Mekka**. Mindestens einmal im Leben sollte jeder Muslim, *Einmal im* der finanziell und gesundheitlich dazu in der Lage ist, eine Pilgerfahrt nach **Mekka** *Leben nach* unternehmen. Die *Haj* findet jeweils im zwölften Monat des islamischen Kalenders *Mekka* statt. Wer nach Mekka gepilgert ist, darf den Titel *Haji* tragen.

Die Moschee

Zentraler Ort der Glaubensausübung ist im Islam die Moschee. Das Wort „Moschee" leitet sich vom arabischen *Masjid* ab, was so viel wie „Ort der Niederwerfung" bedeutet. Es bezieht sich auf die Funktion des Baus als Gebetshaus. Die Moschee fungiert aber auch als Ort religiöser Diskussionen und Unterweisungen sowie als sozialer Treffpunkt der Gläubigen. Grundsätzlich kann jeder Raum als Moschee dienen, der im religiösen Sinne rein und allen Muslimen zugänglich ist.

Üblicherweise besteht eine Moschee aus dem **Gebetssaal** und einem oder mehreren **Minaretten**, von denen der *Muezzin* zum Gebet aufruft. Im **Hof** befindet sich der **Brunnen** für die Reinigungszeremonie. Vor dem Gebet muss der Gläubige sich waschen, um alles Unreine abzulegen – gemeint ist damit nicht nur der Straßenschmutz, sondern auch unreine (im Sinne von unkeuschen) Gedanken. Um solchen auch beim Gottesdienst keinen Raum zu geben, lässt man Männer und Frauen in getrennten Bereichen oder die Frauen in den hinteren Reihen beten.

Im Inneren der Moschee markiert die *Qibla*-Wand mit der **Gebetsnische** (*Mihrab*) die Gebetsrichtung, neben der Gebetsnische steht die frontal über eine Treppe zu erreichende **Kanzel** (*Minbar*), von der freitags gepredigt wird. Den einzigen Schmuck der Moschee bilden geometrische Ornamente, Arabesken oder Kalligraphien – meist Suren aus dem Koran. Darstellungen von Gott, Menschen und Tieren sind im Islam verboten. Dekorativen Aufwand betreibt man besonders bei den Freitagsmoscheen, in denen sich zum Freitagsgebet besonders viele Gläubige einfinden und die deshalb auch meist größer bemessen sind. Daneben gibt es in Städten mehrere kleine Stadtteilmoscheen.

Jede Moschee besitzt ein Minarett, von dem aus die Gläubigen zum Gebet gerufen werden

Schlichte Ausstattung

In Oman sind die Moscheen meist schlicht gehalten, da die eher puritanischen Ibaditen reiche Verzierungen ablehnen. Aus dem gleichen Grund fehlt auch oft das Minarett, zum Gebet gerufen wird vom Dach der Moschee. Ältere Moscheen sind häufig in der Nähe eines *Falaj* erbaut, was den Gläubigen die rituelle Reinigung vor dem Gebet erleichterte.

In Oman dürfen Moscheen grundsätzlich nur von Muslimen betreten werden, die einzige Ausnahme bildet die Große Moschee in Ghubrah (s. S. 160).

Traditionen

Stammeswesen

Sozialer Status durch Stammeszugehörigkeit

Neben der Religion ist Oman nach wie vor stark vom **Stammeswesen** geprägt, besonders im Landesinneren und im Süden. Alle Omanis arabischer Abstammung – und das sind die meisten – gehören einem patrilinear organisierten Stamm an. Jedes Stammesmitglied steht in der Verantwortung, zum Wohlergehen und inneren Zusammenhalt des Stammes beizutragen – u. a. durch finanzielle Leistungen – und durch Einhaltung gewisser Verhaltensregeln das Ansehen des Stammes nach außen zu wahren. Die Zugehörigkeit zu einem Stamm gewährt dem Einzelnen sozialen Rückhalt, ist aber auch mit der Einhaltung gewisser Pflichten und Normen verbunden. Auch im 21. Jh. wird sozialer Status in Oman dadurch definiert, welchem Stamm man angehört und welchen Rang man in diesem einnimmt, wenngleich moderne Faktoren wie Bildung, Beruf und natürlich Einkommen diese althergebrachte soziale Ordnung zunehmend beeinflussen.

Jedem Stamm steht ein **Sheikh** vor, der in vielen Fällen der Stammesälteste ist. Der Titel „Sheikh" wird aber auch anderen (zumeist älteren Männern) verliehen, die in der Stammesgemeinschaft hohes Ansehen genießen. Die Sheikhs eines Stammes bilden den *Majlis,* den **Stammesrat**. Stammesmitglieder, aber auch Fremde können dieser Versammlung Probleme und Streitfälle vortragen, der Rat bemüht sich dann um Lösungen bzw. trifft ein schlichtendes Urteil. Ein Stamm besteht aus zahlreichen **Unterstämmen**, die wiederum in **Großfamilien** aufgeteilt sind. In Oman spielt die **Al-Said-Familie** eine zentrale Rolle, die seit 1746 den Herrscher und in jüngerer Zeit auch die wichtigsten Regierungsbeamten stellt.

Wachsende Mittelschicht

Früher wurde die omanische **Oberschicht** von Angehörigen der Herrscherfamilie und Stammesführern gebildet, weiterhin von reichen Händlern, z. T. auch solchen mit ostafrikanischen und südostasiatischen Wurzeln. Hinzu kamen die religiösen Führer, die im Landesinneren quasi Herrschaftsmacht besaßen. Dieses soziale Gefüge erfuhr mit der Entdeckung des Öls und vor allem mit der Öffnung nach außen eine gewisse Lockerung, da nun mehr Familien am Wohlstand teilhatten und sich somit eine noch kleine, aber wachsende Mittelschicht etablieren konnte. Heute zählen zur Oberschicht auch hohe Angestellte des Öffentlichen Dienstes, obere Dienstgrade von Militär und Polizei, in der Privatwirtschaft zu Wohlstand gekommene Expatriates und Berater aus dem Westen, darunter viele Deutsche.

Rolle der Familie

Die Familie hat in Oman einen sehr hohen Stellenwert. Oberstes Ziel ist es, ihren Fortbestand nicht nur in der Gegenwart, sondern auch für die nächsten Generationen zu sichern. Dies gilt umso mehr, als die Kernfamilie und die weitere Verwandtschaft unmittelbar und mittelbar Schutz und Sicherheit nach außen wie auch nach innen gewährleisten. In kleinen Dörfern oder Oasen sind die Familienmitglieder zur Existenzsicherung aufeinander angewiesen und rücken schon deshalb eng zusammen, während es in größeren Städten eher der emotionale Rückhalt ist, der innerhalb der Familie gesucht wird.

Hoher Stellenwert der Familie

Auch bei **Hochzeiten** steht das Familienwohl im Vordergrund. Heiraten innerhalb der weiteren Verwandtschaft sind nach wie vor häufig, weil sie die Familienbande stärken. Bei einer Heirat geht es fast nie um Liebe, sondern um den Erhalt der Familie und um wirtschaftliche Absicherung. Entsprechend werden (auch in sehr gebildeten Familien) viele Ehen arrangiert, d. h. die Eltern suchen passende Kandidat/innen aus. Wichtigste Kriterien sind dabei der soziale Status und das Ansehen der Familie. Bevor die Trauung stattfinden kann, müssen sich Brautvater und Bräutigam über das Brautgeld einigen, das von der Familie des Bräutigams zu zahlen ist. Es soll die Brauteltern für den Verlust der weiblichen Arbeitskraft entschädigen und gleichzeitig eine Versicherung für die Braut im Fall einer Scheidung darstellen. Der Koran gestattet es einem Mann, bis zu vier Frauen zu heiraten, sofern er jeder ein gesichertes Auskommen bieten kann. In Oman ist aber die Einehe die Regel.

Hochzeit als Absicherung

Scheidungen sind in Oman nicht häufig, aber es gibt sie. Grundsätzlich kann eine Scheidung von beiden Seiten beantragt werden. Während der Mann aber nur dreimal vor Zeugen den Satz aussprechen muss: „Ich trenne mich von dir", muss die Frau einem islamischen Gericht ihre Gründe vortragen. Die geschiedene Frau kehrt mit einem Teil des Brautgeldes in ihr Elternhaus zurück. Kinder unter sieben Jahren bleiben bei der Mutter, ältere dagegen beim Vater.

Ältere Familienmitglieder genießen, wie alte Menschen überhaupt, Respekt und Achtung, wobei das älteste männliche Familienmitglied die höchste Autorität genießt. Für die jüngere Generation ist es eine Selbstverständlichkeit, sich um gebrechliche oder pflegedürftige Verwandte zu kümmern.

Bei einem **Todesfall** ist man bestrebt, den Leichnam noch am gleichen Tag zu beerdigen, wobei der Koran eine Erdbestattung vorsieht. Der Tote wird in Leintücher gewickelt und so auf die rechte Seite gelagert, dass sein Gesicht nach Mekka schaut. Nach der Bestattung beginnt eine dreitägige Trauerzeit, in der die Angehörigen Beileidsbesuche abstatten, Gebete sprechen und den Koran zitieren. Die engsten Verwandten tragen 40 Tage lang dunkle Trauerkleidung.

40 Tage Trauerkleidung

Geht es schließlich darum, ein **Erbe** zu verwalten, so richten sich die Ansprüche nach der *Shari'a*. Hier ist genau festgelegt, wer welchen Teil des Erbes erhält, wobei die Reihenfolge Sohn–Witwe–Tochter gilt, bevor andere Familienmitglieder bedacht werden. In den modernen Einflüssen unterworfenen Städten sind Abweichungen von den oben genannten Grundsätzen möglich. Auf dem Land hingegen, wo die wirtschaftliche Absicherung einen viel höheren Stellenwert hat, finden sie strenge Beachtung, wobei Witwen häufig ihr Erbteil an Söhne oder Brüder abtreten, um dann später im Alter von diesen versorgt zu werden.

Frauen in Oman

Im Sultanat Oman sind die Frauen besser gestellt als in vielen anderen arabischen Ländern

Die Rolle der Frau ist in Oman nicht nur durch den Islam bestimmt, sondern auch durch ihre Lebensumwelt. So haben Frauen, die in den eher unwirtlichen Gegenden des inneren Oman leben, sehr wohl **soziale Macht** und beteiligen sich auch entsprechend aktiv am gesellschaftlichen Leben, während Frauen in den Oasensiedlungen eher einem passiven und zurückhaltenden Rollenmodell unterworfen sind und somit auch weniger Einfluss im sozialen Leben haben. Noch einmal anders sieht es in den größeren Städten aus, in denen Frauen mittlerweile teilweise **gehobenen Berufen** nachgehen und dabei auch leitende Positionen einnehmen. Ganz selbstverständlich fahren sie Auto, tätigen allein Einkäufe und besuchen mit Freundinnen Cafés.

Innerhalb der Familie haben Frauen bei anstehenden Entscheidungen oft erheblichen Einfluss, nach außen halten sie sich aber deutlich zurück und überlassen den Männern die gesellschaftliche Teilhabe. Doch mit diesen Traditionen will Sultan Qaboos brechen: Seit den frühen Jahren seiner Herrschaft fördert er wie kaum ein anderer arabischer Herrscher die **Gleichstellung der Frauen** und weist in seinen Reden immer wieder darauf hin, wie wichtig es sei, Frauen in öffentliche Ämter und damit in politische Belange einzubinden. Ein erster Erfolg war die 1997 erfolgte Nominierung von Frauen für einen Sitz im Ministerrat. Ein weiteres Ziel des Sultans ist es, den Bildungsstand der Frauen zu verbessern – schon heute liegt ihr Anteil bei den Absolventen der Lehrerfachschule bei 50 Prozent.

Die Kleidung

Oman öffnet sich zwar vorsichtig der Moderne, ist aber bestrebt, seine nationale Identität zu waren. Dies schlägt sich u. a. in der Restaurierung historischer Bauwerke nieder, aber auch in der Pflege überlieferter Handwerkstechniken und Gebräuche. So ist traditionelle Kleidung in Oman eine Selbstverständlichkeit. Insbesondere bei wichtigen Anlässen wird sie auch von Neuerungen gegenüber aufgeschlossenen Omanis voller Stolz getragen. Bei westlich gekleideten Menschen handelt es sich in der Regel um Touristen oder westliche Expats bzw. um Einwanderer, die sich am westlichen Lebensstil orientieren.

Omanische Männer tragen traditionell ein knöchellanges, langärmeliges und gerade geschnittenes Gewand, die **Dishdasha**. Sie ist zumeist reinweiß, immer häufiger sieht man aber auch *Dishdashas* in Pastellfarben, Schwarz oder Blau. Das Gewand schließt am Hals mit einem runden Kragen ab, der mit einem kleinen Knopf verschlossen werden kann. An der Knopfschlaufe ist häufig eine kleine Quaste befestigt, deren Ende in Parfüm oder Duftöl getaucht wird, um den Träger des Gewandes mit Wohlgeruch zu umgeben. Unter der *Dishdasha* trägt der Omani eine Art Unterrock, den **Wizar**. Er besteht aus einer Stoffbahn, die wie ein Badetuch um die Hüften geschlungen und dann nach unten gefaltet wird. An den Füßen tragen fast alle Omanis, vom einfachen Mann aus dem Volk bis zum Sultan, luftige Ledersandalen.

Traditionelle Kleidung

Selten sieht man einen Omani ohne Kopfbedeckung. Zur Wahl stehen dabei die **Kumah**, eine runde, meist reich bestickte Kappe, oder der **Muzzar**, ein zu einem Turban gewickeltes Tuch. Der *Muzzar* wird bei formellen Anlässen getragen und besteht meist aus kostbarer Kaschmirwolle. Unter dem Turban tragen manche Männer noch eine *Kumah* oder eine einfache gehäkelte Kappe.

Zu wichtigen Anlässen tragen omanische Männer den **Bisht**, einen schwarzen oder beigen Überwurf, der auf der Vorderseite bestickt und mit einer goldenen oder silbernen Bordüre eingefasst ist.

Ebenfalls bei besonderen Anlässen getragen wird der **Khanjar**, der Krummdolch. Dessen Alter, das zur Herstellung verwendete Material und die Art der Verzierungen lassen Rückschlüsse auf den sozialen Status des Trägers zu. Befestigt wird er an einer einfachen Kordel oder einem kostbaren Ledergürtel mit Stickereien und Silberbeschlägen, dem **Sapta**.

Dishdasha, Kumah und Ledersandalen – in Oman wird fast
ausnahmslos traditionelle Kleidung getragen

info

Der Khanjar

Der Khanjar ist der traditionelle **Krummdolch**, den jeder omanische Mann nach Einsetzen der Pubertät tragen darf. Wurde er früher tatsächlich als Waffe benutzt, so ist er heute eher ein **Symbol nationaler Identität** – und gibt durch das bei seiner Herstellung verwendete Material bzw. die Art der Verarbeitung zugleich Auskunft über die gesellschaftliche Stellung seines Trägers.

Der Khanjar ist Bestandteil der traditionellen Kleidung, die omanische Männer bei festlichen und offiziellen Anlässen anlegen. Er wird stets links getragen, wobei die Klingenspitze nach rechts zeigt. Der **traditionelle Charakter** des Khanjar und sein hoher Symbolwert kommen auch in der Tatsache zum Tragen, dass dieser Dolch als beherrschender Teil das Staatswappen ziert.

Der Khanjar besteht aus der fast **rechtwinklig gebogenen Scheide**, der **beidseitig geschärften Klinge** und dem **Gürtel**, mit dem der Dolch umgeschnallt wird. Die Scheide ist meist aufwendig mit Silber- oder Gold verziert, der Griff kostbarer Stücke besteht aus mit Silber beschlagenem Rhinozeroshorn oder Elfenbein. Auch in den Gürtel sind feine Silberfäden eingewebt. Eine Besonderheit sind Ledergürtel in einer aus feinem Silberdraht gewebten Hülle.

Die zumeist wesentlich farbenfrohere Kleidung der Frauen besteht aus einer langen weiten Hose, der **Siwal**. Sie verengt sich an den Fesseln und ist oberhalb der Knöchel kunstvoll bestickt. Darüber wird eine langärmelige Tunika oder die **Khandoura** getragen, ein weites, bis über die Knie reichendes Überkleid, das meist ebenfalls reich bestickt oder mit Applikationen versehen ist.

Das Kopftuch **Lihaf** ist nur selten schwarz, sondern wird in allen erdenklichen Farben und Mustern getragen. Es bedeckt zumindest Kopf und Schultern, reicht aber manchmal auch bis zu den Knien, in Dhofar sogar bis zu den Knöcheln. Das Tuch wird unter dem Kinn entlang um den Kopf gewickelt und neben der Stirn mit einer Brosche, oft aus Gold, befestigt.

In die Öffentlichkeit nur mit Überwurf Geht eine Frau in die Öffentlichkeit, trägt sie über ihrer Kleidung einen weiten schwarzen Überwurf, die **Abaya**. Sie schützt die Kleidung vor Schmutz und ihre Trägerin vor zudringlichen Blicken. Im Fastenmonat Ramadan wird die *Abaya* besonders häufig getragen. Moderne Frauen tragen unter dem Überwurf zuweilen auch lange Hosen oder ein langes Kleid.

Anders als in anderen arabischen Ländern tragen omanische Frauen nur selten einen Schleier vor dem Gesicht. In manchen Regionen noch weit verbreitet ist hingegen die **Burqa**, eine Gesichtsmaske, die entweder nur Nase und Kinn oder das gesamte Gesicht bedeckt. Früher wurde die *Burqa* getragen, um das Gesicht zum einen vor Sonne und Staub, zum anderen vor den Blicken der Männer zu schützen. Heute ist sie in erster Linie ein Zeichen für die Verbundenheit mit der Tradition. In manchen Landesteilen werden auf von der Maske nicht bedeckte Hautflächen zusätzlich noch farbige Pasten aufgetragen.

Kultureller Überblick

Architektur

Was das architektonische Erbe betrifft, so hat die lange Isolation Omans sich auch positiv ausgewirkt. Im Gegensatz zu einigen Nachbarländern, die seit einigen Jahren mit Mammutbauprojekten um internationales Ansehen buhlen, ist man in Oman um die Erhaltung historischer Bausubstanz und die Pflege traditioneller Bauweisen bemüht. Natürlich hat die Moderne auch hier Einzug gehalten, was sich in der Erbauung monumentaler Hotelpaläste in einer Mischung aus neuzeitlicher Ingenieurbauweise und orientalischem Prunk niederschlug. Prominente Beispiele sind das Ritz-Carlton-Hotel **Al Bustan Palace** oder das **Grand Hyatt Hotel** in Muscat. Bei anderen Luxushotels behielt man aber eine niedrige Bauweise mit regionalem Charakter bei. Das schönste und am besten gelungene Beispiel für diese Richtung ist sicherlich das **Chedi Hotel**, dessen Lobby einem riesigen Beduinenzelt gleicht und so unmissverständlich klärt, in welchem Teil der Erde der Gast sich befindet.

Historische Bausubstanz erhalten

Bis in die 1970er-Jahre herrschte in Oman die traditionelle Bauweise vor, die vor allem durch die verwendeten Baumaterialien gekennzeichnet ist. Man errichtete Behausungen aus dem, was in der nächsten Umgebung zur Verfügung stand: Lehm, Korallenkalk, Mangrovenholz sowie die Stämme und Zweige von Palmen. Besonders in den heißen Landesteilen verbreitet waren einstöckige **Areesh-** (engl. *Barasti-*) Hütten, deren Gerüst zersägte Palmenstämme bildeten. Seitenwände und Dach

Ganz im Stil eines Beduinenzeltes gehalten: die Lobby des luxuriösen Chedi Hotel

Areesh-Hütten schützen in der sengenden Mittagshitze vor zu viel Sonne

bestanden aus Palmwedeln, die die Sonne abhielten, kühlenden Wind aber hindurchließen. Im Winter wurden die Außenwände mit regen- und winddichten Matten aus Pflanzenfasern und/oder Tierhaaren verstärkt.

Neben einfach gebauten *Areesh*-Hütten, die meist als Sommerlager dienten, gab es auch größere *Areesh*-Häuser, die durch Trennwände in unterschiedliche Bereiche geteilt wurden. So war der Schlaf- und Wohnbereich vom Haushalts- und Waschbereich getrennt. Zu größeren Höfen gehörten zusätzlich Viehställe und Lagerräume. Vor dem *Areesh* befand sich ein umzäunter Hof, in dem gekocht wurde und wo die Bewohner nach getaner Arbeit im Freien saßen.

Heute findet man bewohnte *Areesh*-Hütten nur noch vereinzelt auf der Musandam-Halbinsel und in den Wüstengebieten des Landesinneren. Häufiger sieht man leer stehende Hütten, die an den Küsten als kurzfristiger Aufenthaltsort für Fischer, als Vorratslager oder als Stall für das Vieh dienen.

In den Bergen lebten (und leben auch heute noch) Menschen in **höhlenähnlichen Behausungen**, die entweder natürlich vorgefunden oder in den Fels getrieben und nach außen mit eher provisorischen Türen verschlossen wurden.

Beduinen nutzen als mobile Behausungen **Zelte aus Ziegenhaardecken**, um sich gegen Sonne, Wind und auch Regen zu schützen. In den Hügeln des Dhofar schließlich gibt es einen besonderen Typus von **Rundbauten**, der nach wie vor genutzt wird. Diese Behausungen bestanden ursprünglich aus eng nebeneinander gesetzten Pflöcken, die mit Decken abgedichtet wurden. Heute verwendet man dazu neben Plastikplanen auch schon mal aufgeschnittene und flachgeklopfte Ölfässer.

Neben diesen eher temporären Behausungen kannte die traditionelle omanische Architektur selbstverständlich auch feste Bauwerke. Sie wurden aus **Lehmziegeln** und Mörtel hergestellt. Zur Herstellung der Ziegel musste der Lehm zunächst mit Wasser und Häcksel geknetet, dann in hölzerne Formen gestrichen und geglättet werden. In den Formen wurden die Zie-

Lehmarchitektur in unterschiedlichen Stadien des Verfalls zeigt dieses Dorf bei Nizwa

gel etwa eine Woche vorgetrocknet, dann löste man sie heraus und ließ sie an der frischen Luft und in der Sonne aushärten. Danach konnten sie verbaut werden. Als Mörtel diente ebenfalls Lehm, der zunächst in die Fugen eingebracht und später als mehrere Zentimeter dicker Außenputz aufgetragen wurde. Dieser sollte das Vordringen von Wasser in den inneren Kern der Ziegel verhindern: Ein Lehmverputz wird wasserabweisend, wenn er eine gewisse Menge an Feuchtigkeit absorbiert hat. *Traditionelle* Traditionelle Lehmhäuser weisen dicke Mauern, schießschartenartige Fenster im Erd- *Bauweise* geschoss und größere Fenster nur in den oberen Räumen auf – so boten sie Schutz vor der Hitze und vor etwaigen kriegerischen Übergriffen. Sie besitzen im Eingangsbereich meist einen *Majlis* genannten Raum, in dem Gäste empfangen und bewirtet werden. Der innere Bereich des Hauses bleibt der Familie, Verwandten und sehr guten Freunden vorbehalten.

Aus Lehmziegeln wurden neben Wohnhäusern auch Paläste, Wehrbauten und Festungen errichtet. Da es bei diesen Bauten auf Stabilität ankam, wurden in den Sockel häufig Feldsteine eingearbeitet. Besonders gut studieren kann man die Lehmziegelbauweise heute bei der Festung Bahla, die in der überlieferten Methode restauriert wird. Wohnhäuser aus Lehm findet man noch relativ häufig in kleineren Siedlungen auf dem Land, vereinzelt auch in Städten wie Salalah und Nizwa.

Eine Besonderheit in Oman sind die vielen eindrucksvollen **Wehranlagen**, von denen zwei zum UNESCO-Weltkulturerbe zählen. Meist zwischen 150 und 300 Jahre alt, zeugen sie auf eindrucksvolle Weise von einer wechselvollen Geschichte, in der sie Handelswege, Oasen, Quellen und das ganze Land vor Fremdherrschaft geschützt haben. Grundsätzlich ist zu unterscheiden zwischen den von Omanis errichteten Festungen im Landesinneren und den Forts, die von einheimischen und fremden Eroberern entlang der Küste erbaut wurden. **Kleinere Wehranlagen**, die nur temporär genutzt wurden oder nur eine kleine Siedlung verteidigen sollten, nennt man *Sur* (Plural *Aswar*). Sie bestanden aus einem Hof, der von dicken Mauern mit einem oder mehreren Türmen umgeben war. Je nach Bedeutung des Ortes kamen noch Grabenanlagen und/oder zusätzliche Mauerringe hinzu. Bei den **größeren Festungen, den Forts**, zeigt sich

Fort Rustaq bewachte früher die Handelsrouten und Quellen der Region

der europäisch-portugiesische Einfluss sehr deutlich. Sie zeichnen sich durch hohe zinnenbewehrte Mauern mit zahlreichen Schießscharten und runde Geschütztürme aus. Diese Bauformen spiegeln die Entwicklung neuer Waffentechniken wieder: So wurden mit dem Aufkommen von Kanonen die zuvor üblichen Ecktürme mehr und mehr von Rundtürmen verdrängt, weil seitlich auftreffende Kanonenkugeln an diesen weniger Schaden anrichten konnten. Durch die Aufstellung auf Türmen erreichten die Geschütze größere Reichweiten – so war es möglich, herannahende Feinde bereits in weiter Entfernung zu attackieren. Nahe an die Festung herangerückte Angreifer konnte man durch enge Schießscharten oder hinter den Zinnen hervor unter Beschuss nehmen, ohne sich selbst zu exponieren. Über den mächtigen eisenverstärkten Eingangstoren waren Pechnasen angebracht, kleine, nach unten offene Erker. Durch diese schüttete man bei Belagerungen den Angreifern siedendes Öl über die Köpfe.

Gewappnet für Belagerungen

Ähnlich europäischen Burgen besaßen auch die omanischen Forts im unteren Bereich keine Fenster, sondern nur vereinzelte Lüftungsschlitze. Im Inneren gab es neben Wohn- und Repräsentationsräumen auch geschützte Geheimräume, die wiederum mit Fluchttunneln verbunden waren. Längeren Belagerungen konnte man standhalten, da man in speziellen Vorratsräumen große Mengen an Nahrungsmitteln lagerte, insbesondere Datteln. Jedes Fort besaß zudem innerhalb des Mauerrings eine eigene Wasserversorgung.

Mehr als 500 Festungen und Festungsruinen sind in Oman erhalten, etliche davon werden seit den 1990er-Jahren mit viel Aufwand restauriert. Wo die Arbeiten bereits abgeschlossen sind, hat man die Forts mit allerlei historischen Möbeln sowie Alltagsgegenständen ausgestattet und als Museen der Öffentlichkeit zugänglich gemacht, Beispiele dafür sind **Jabrin** (s. S. 197), **Bait Na'aman** bei Barka (s. S. 216) und **Quriat** südöstlich von Muscat (s. S. 276).

Kunsthandwerk

Der Jahrhunderte während Austausch Omans mit zahlreichen anderen Nationen hat auch und gerade im Bereich des Handwerks bzw. des Kunsthandwerks nachhaltige Spuren hinterlassen. Ermöglicht wurde der Kontakt mit fremden Kulturen natürlich erst

durch die Seefahrt, für die wiederum der Schiffsbau Voraussetzung war. Oman ist berühmt für den **Bau traditioneller Holzboote, der Dhaus**. Bis heute werden sie in und um Sur in mehreren Werften gefertigt (s. S. 273). Beim Bau einer Dhau bediente man sich ursprünglich des folgenden Verfahrens: Ganz ohne Bauplan wurden zunächst mit Axt und Hobel Holzplanken angefertigt, die man in beschwerlicher Handarbeit individuell anpasste. Anschließend versah man die Planken per Handbohrer mit Löchern und verband sie mit Seilen aus Kokosfasern, die zuvor in Öl (aus Fischen, Kokos oder Sesam) getränkt worden waren. Auf diese Weise hergestellte Schiffe konnten auch starken Erschütterungen standhalten, wie sie durch heftigen Seegang, beim Zusammenprall mit anderen Schiffen oder beim Anlanden an Küsten vorkamen. Später verwendete man dann statt der Seile Holznägel und noch später lange Metallstifte, wohl wissend, dass man dadurch eine deutlich weniger flexible Verbindung erzielte. Zum Schluss dichtete man alle Ritzen und Löcher mit Harz bzw. stopfte sie mit Baumwolltüchern, die zuvor in Harz getränkt worden waren.

Historische Dhau in Al Baleed

Was den kunsthandwerklichen Bereich betrifft, so findet man in Oman vor allem **Töpfer- und Webwaren**, die ursprünglich natürlich ebenfalls einen alltäglichen Nutzen hatten. Die Tongefäße wurden zur Aufbewahrung von Lebensmitteln und Wasser benötigt, aus den handgewebten Stoffen stellte man Bekleidung, Decken und Teppiche her. Aus Palmblättern wurden Matten und Körbe geflochten.

Besonders bekannt ist Oman für seine **traditionellen Silberarbeiten**. Silberschmuck diente nicht nur der Zierde, sondern war auch eine wertbeständige Geldanlage. Deutlich wird dies durch die Münzen, die vielfach Bestandteil von Halsketten und Armbändern sind. Häufig handelt es sich dabei um Maria-Theresia-Taler, die wegen ihres standardisierten Materialwerts in weiten Teilen der Arabischen Halbinsel als Zahlungsmittel dienten. Nachdem die Münzen diese Funktion verloren hatten, schmolzen die omanischen Silberschmiede sie auch häufig ein und stellten andere Silberwaren aus ihnen her. Neben Halsketten, Arm- und Fußreifen sowie Ohrgehängen wurden aus Silber auch Talismane und Schatullen für Koranverse hergestellt. Auch die Scheiden besonders wertvoller *Khanjars* bestehen aus kunstvoll verziertem Silber. Heute werden statt Silberschmuck lieber glitzernde Preziosen aus Gold getragen. Bei den meisten im Souq zum Verkauf angebotenen Stücken handelt es sich um Importware aus Indien, teils wird aber auch noch Goldschmuck hergestellt, der sich stilistisch am traditionellen Silberschmuck orientiert.

Schaufenster mit glitzernden Preziosen im Goldsouq

Natürlich spielen auch **Handarbeiten** in Oman eine wichtige Rolle. Bestickte Borten schmücken die an Feiertagen getragenen Kleidungsstücke, ein besonders großer Aufwand wird aber bei der Verzierung der *Kumah* betrieben, der traditionellen Alltagskopfbedeckung männlicher Omanis. Sie besteht aus zwei aneinandergenähten Baumwollstücken, eines runden und eines länglichen, die dann von den Frauen der Familie sehr fein oder auch großflächig mit Motiven in gelber, roter, brauner, blauer oder schwarzer Farbe bestickt werden (s. Abbildung S. 78).

Zum Kunsthandwerk im weitesten Sinne zählen auch die **Räuchermischungen**, die im arabischen Raum zur Verbesserung des Raumklimas verwendet werden. In eigens dafür bestimmten Gefäßen werden Substanzen verbrannt, die Weihrauch und andere Harze, aber auch getrocknetes Pflanzenmaterial wie Blüten, Blätter, Samen, Rinde und Wurzeln enthalten. **Duftstoffe** dienen nicht nur als Parfüm, sondern auch als aromatische Bereicherung vieler Speisen. So etwa das Rosenwasser, das entsteht, wenn man Rosenblätter destilliert, um Rosenöl zu erhalten. In Oman hat die Herstellung *Edelparfüm* von Rosenwasser eine lange Tradition vor allem im Bereich des Jebel Akhdar, der mit *aus Felsen-* seinem milden Bergklima ideale Bedingungen für Rosengewächse bietet. Die Felsen- *rose* rose vom Jebel Akhdar ist auch Bestandteil von „Amouage", jenes in Oman hergestellten Edelparfüms, das aus 120 kostbaren natürlichen Substanzen besteht.

Getrocknete Limonen und andere Gewürze werden offen auf dem Markt verkauft

Arabische Küche

Die omanische Küche vereint Gerichte aus verschiedenen arabischen Ländern und traditionelle Speisen der Beduinen mit indischen, fernöstlichen und ostafrikanischen Einflüssen. Ihre wichtigsten Zutaten sind Hülsenfrüchte, Reis, Weizen, Datteln, Lamm, Huhn und Fisch. Eine wichtige Rolle spielen **Gewürze**, die omanische Seefahrer aus Indien oder aus Ostafrika mitbrachten. Jeder Koch hat seine spezielle Gewürzmischung, deren Zusammensetzung ein gut gewahrtes Geheimnis ist. Enthalten sind jedoch fast immer Koriander, Kumin und Kardamom, Ingwer, Zimt und Nelken, Pfeffer, Muskatnuss und Knoblauch sowie getrocknete Datteln und Limonen.

Weit verbreitet sind in Oman Stände, an denen man **Shawarma** bekommt, das beliebteste arabische Fastfood-Gericht. Es handelt sich dabei um Lamm- oder Hühnerfleisch, das vom senkrecht stehenden, rotierenden Rostspieß geschnitten wird, ähnlich dem türkischen Döner *Kebab*. Das Fleisch wird dann mit Salat, Zwiebeln, Gurken und Tomaten in eine Teigtasche gefüllt oder in einen Teigfladen gerollt. Dazu werden unterschiedliche Saucen angeboten, häufig auf der Grundlage von Joghurt. Bei der vegetarischen Variante wird die Teigtasche entweder mit **Foul** (Bohnenmus) oder **Falafel** (frittierte Bällchen aus Kichererbsenmus) gefüllt.

Ein Essen in einem arabischen Restaurant ist üblicherweise ein Büffet aus unterschiedlichsten Gerichten. Als Basis dient **Chubs**, frisch gebackenes Fladenbrot, zu dem unterschiedliche **Mezze** (Vorspeisen) wie **Hommos** (pürierte Kichererbsen mit Sesampaste), **Baba Ganoush** (Auberginenpüree), **Tabbouleh** (Weizenschrot mit Petersilie und Minze), **Wara Enab** (reisgefüllte Weinblätter) oder **Koussa Mahsi** (gefüllte Zucchini) und **Laham** (Fleischgerichte) serviert werden.

Fast immer handelt es sich dabei um Lamm (z. B. als **Maqbous**, Lammeintopf mit Reis, **Ghuzi**, gegrilltes Lamm auf Reis mit Nüssen, **Hareis**, besonders zartes geschmortes Lamm auf gegartem Weizen) oder Huhn. Der als Beilage zum Fleisch servierte Reis (**Aish** oder **Ruz**) wird gern mit Nüssen, Rosinen und Datteln verfeinert. Rindfleisch wird nur selten serviert (z. B. als **Kibde**, Rindfleischstreifen mit

Kichererbsenpüree (Hommos)

Religiöse Tabus beim Fleischverzehr

Der Koran verbietet den **Verzehr von Schweinefleisch** und von auf natürliche Weise gestorbenen Tieren. Die entsprechende Passage lautet „Verboten hat Er euch nur den Genuss von natürlich Verendetem, Blut, Schweinefleisch und dem, worüber etwas anderes als Allah angerufen worden ist" (Koran 2, 173).

Für gläubige Muslime stammt dieses **Verbot von Gott selbst** und darf somit nicht hinterfragt werden. Gelehrte und Wissenschaftler aus anderen Kulturkreisen haben aber immer wieder nach Gründen für die Entstehung dieser Tabus geforscht und im Laufe der Zeit unterschiedliche Erklärungsmodelle geliefert. So wurde z. B. angenommen, dass dem Verbot von Schweinefleisch die Furcht vor einer Infektion mit Trichinen zugrunde lag (Trichinose wird u. a. durch unvollständig gegartes Schweinefleisch übertragen). Ähnliche Motive vermutete man für die Tabuisierung des Fleisches tot aufgefundener Tiere, über deren Verenden keine Informationen vorlagen.

Andere Interpretationsversuche gehen von ökologischen und wirtschaftlichen Faktoren aus: Um 2.000 v. Chr. begannen im arabischen Raum u. a. durch Abholzung und Ausweitung der Landwirtschaft die Wälder zu schrumpfen. Damit wurde auch der Lebensraum der Schweine enger, die nun außerhalb der Wälder nach Nahrung und Wasser suchen mussten. Wollte der Mensch sie weiter züchten, hätte er die knappen Ressourcen an Wasser mit den Tieren teilen und ihnen von der eigenen Nahrung abgeben müssen – Mensch und Schwein sind biologisch gesehen beide Allesfresser. Somit ergab sich eine **Konkurrenzsituation**, die bei der Haltung von Rindern, Ziegen, Schafen oder Hühnern nicht auftrat, da diese erstens weniger Wasser benötigen und sich zudem von Pflanzen ernähren, die für den Menschen unverdaulich sind. Die Haltung dieser Tierarten erwies sich somit langfristig als rentabler.

Aus dem Verbot des Verzehrs von Blut resultierte die in islamischen Ländern übliche **Schlachtmethode des Schächtens**. Damit Fleisch *halal*, also im Sinne des Koran rein ist, muss das Tier vor Eintritt des Todes komplett ausbluten. Zu diesem Zweck wird dem unbetäubten Tier im Kehlbereich mit einem scharfen Messer ein großer Schnitt zugefügt, in dem in einem Zug Halsschlagadern, Venen, Luft- und Speiseröhre sowie die Vagusnerven durchtrennt. Der dadurch bedingte schlagartige Abfall des Blutdrucks soll die sofortige Betäubung des Tieres bewirken, da das Hirn nicht mehr mit Sauerstoff versorgt wird. Korrekt ausgeführt, führt diese Methode sehr schnell, nämlich in 15 bis 45 Sekunden zum Tod. Sie gilt daher als humanes, dem Tier langes Leiden ersparendes Verfahren (Tierschützer bezweifeln dies und fordern, vor dem Schächten moderne Betäubungsmethoden anzuwenden).

Das Verbot des Verzehrs von Blut liegt Wissenschaftlern zufolge in der Tatsache begründet, dass **ausgeblutetes Fleisch länger haltbar** ist. Blut ist ein Nährboden für Krankheitskeime und Fäulniserreger, deren schnelle Vermehrung durch das heiße Klima vieler muslimischer Länder begünstigt wird. Auch eine theologische Begründung wird häufig angeführt: In manchen Kulturen war es üblich, das Blut getöteter Tiere (oder auch getöteter Feinde) zu trinken, weil man es für die Quelle der Lebenskraft hielt. Von derlei heidnischen Bräuchen wollten sich jüngere Religionen wie der Islam und das Judentum distanzieren.

Kartoffeln, Zwiebeln und Tomaten), Schweinefleisch ist nach dem Koran verboten (man bekommt es teilweise in internationalen Hotels oder in Spezialabteilungen großer Supermärkte). Das Fleisch wird geschmort, gebraten oder gegrillt, dabei legt man es meist zuvor in eine Marinade ein. Neben Joghurt, Knoblauch und Limonen spielen hier vor allem Kardamon, Zimt, Kurkuma, Ingwer, Pfeffer, Safran, Tamarinde und Koriander Hauptrollen. So erhalten die Gerichte eine intensive Würze, sind aber lange nicht so scharf wie man es aus verschiedenen anderen asiatischen Küchen kennt.

Weitere beliebte Zubereitungsformen von Fleisch sind **Kebab** (Fleischspießchen) und **Kofta** oder **Kifta** (Hackfleischbällchen bzw. -röllchen).

Mashuai: Gegrillter Fisch auf Limonenreis

Selbstverständlich gibt es auch **Fischgerichte**. Auf den Tisch kommen neben Seebarsch, Thunfisch, Makrele, Red Snapper und Hai auch Tintenfisch, Muscheln, Garnelen, Hummer und Krebse. Fisch wird meistens gegrillt serviert. Sehr gut ist z. B. **Mashuai**, ein ganzer gegrillter Fisch mit Limonenreis. Bei **Samak Pablo** handelt es sich um Fisch in Kokosmilch mit Kurkuma.

In Oman ist es noch weithin verbreitet, **mit den Händen zu essen**. Dabei wird fast ausschließlich die rechte Hand benutzt, denn die linke Hand gilt als unrein (sie ist die Hand, mit der man sich als gläubiger Muslim im Intimbereich reinigt). Mit den Händen können selbstverständlich nur feste Nahrungsmittel gegessen werden, Pürees und Soßen werden mit dem zu jeder Mahlzeit gereichten Brot aufgenommen. Reis formt man zu handlichen Klümpchen, die dann mit dem Daumen von den Fingerspitzen in den Mund geschoben werden.

In den Restaurants der **Bin-Ateeq-Kette** wird omanische Küche auf traditionelle Weise serviert – man speist in kleinen Séparées, auf Kissen auf dem Boden sitzend. Bin Ateeq-Restaurants gibt es in Muscat, Niizwa und Salalah.

Nationalgericht Shoowa

Das omanische Nationalgericht **Shoowa** gibt es nur zu besonderen Anlässen, z. B. zu den Eid-Festen. Es handelt sich dabei um große Fleischstücke (meist Schaf oder Ziege), die in einer Marinade aus Dattelbrei, Essig, Knoblauch und **Bizar** – eine landestypische Gewürzmischung aus Kardamom, Koriander, Kumin, Zimt, Ingwer und Pfeffer – eingelegt und anschließend in Bananen- oder Palmblätter gewickelt werden. Das Fleisch gart dann in einem abgedeckten Erdloch auf Holzfeuer 24 oder sogar 48 Stunden lang. Dadurch nimmt es ein intensives Aroma an und wird gleichzeitig butterzart. Zu Shoowa isst man üblicherweise Reis.

Desserts

Was wäre ein gutes Essen ohne Nachspeise? Arabische Desserts sind sehr süß – die gebräuchlichsten Zutaten sind Honig, Sirup, Nüsse, Rosinen und Rosenwasser. Häufig aufgetischt werden **Umm Ali** (Brotpudding mit Milch, Nüssen und Rosinen), **Mehalabiya** (Pudding mit Rosenwasser und Pistazien) und **Esh Asaraya (**Käsekuchen mit Sahne). Die beliebteste omanische Süßspeise ist **Halwa**, eine kompakte, ebenfalls sehr süße Masse, die aus Butter, Eiern, Honig und Nüssen besteht. Hinzu kommen Gewürze wie Kardamom und Safran, das i-Tüpfelchen bildet Rosenwasser. Alle Zutaten werden in einem großen Kupferkessel unter ständigem Rühren mehrere Stunden lang gekocht.

Beliebt in der ganzen arabischen Welt: Umm Ali, ein süßer Brotpudding

Zum Dessert gibt es **Qahwa**, arabischen Kaffee. Er wird nach Art eines Mokka in der traditionellen Schnabelkanne zubereitet, mit Kardamom, Safran und zuweilen auch Rosenwasser gewürzt und anschließend in kleinen Tässchen serviert. Üblicherweise trinkt man die heiße Köstlichkeit ungesüßt, stattdessen werden Datteln dazu gereicht. Bei Einladungen ist es ein Gebot der Höflichkeit, mindestens drei Tässchen zu trinken.

Getränke

Als Getränk sehr beliebt ist **Tee** (*Shai* oder *Chai*), der stark gesüßt serviert wird. Im Gegensatz zu anderen arabischen Ländern trinkt man ihn in Oman auch häufig mit Milch. Die Milch wird aber nicht in den Tee gegossen, sondern mit den Teeblättern und diversen Gewürzen aufgekocht.

Arabischer Kaffee wird in der traditionellen Schnabelkanne zubereitet

Verbreitet ist auch **Laban**, ein mit dem indischen *Lassi* oder türkischen *Ayran* vergleichbares Erfrischungsgetränk auf Joghurtbasis. Der Joghurt wird mit Wasser verdünnt und mit Kardamon oder gemahlenen Pistazien gewürzt.

Der beste Durstlöscher ist **Wasser** – in einem Wüstenstaat wie Oman sollte man es in ausreichenden Mengen trinken. Einheimisches Wasser (*Local Water*) ist nicht nur preiswerter, sondern auch aus ökologischen Gründen den importierten Mineralwässern vorzuziehen.

Häufig werden auch frisch gepresste **Fruchtsäfte** angeboten, im von tropischen Plantagen umgebenen Salalah darüber hinaus **Kokosmilch**.

Kleines Obst-Lexikon

„East meets west" oder auch „Orient trifft Okzident" – was im Alltagsleben auf den Straßen erlebbar ist, findet seine gelungene Fortsetzung auf den Obstmärkten. Hier gibt es alle Sorten, die in Europa gedeihen, aber auch exotische Früchte. Die günstigen klimatischen Bedingungen lassen viele Früchte im Land selber gedeihen, andere können aus Süd- und Südostasien importiert werden. Im Folgenden werden verschiedene für Oman typische Früchte vorgestellt.

Datteln: Unübersehbar hängen die Fruchtstände an den überall kultivierten Dattelpalmen. Die Früchte sind zunächst grün, mit zunehmendem Reifegrad werden sie dann bräunlich-beige. Die etwa 3 bis 5 cm großen Früchte werden auf allen Fruchtmärkten in verschiedenen Sorten und Reifestadien angeboten. Am besten kostet man vor dem Einkauf, um die Sorte zu bekommen, die einem am meisten zusagt. Manche Datteln sind eher süß, andere haben eine mehlige Konsistenz. Wer frische Datteln als Souvenir mitnehmen möchte, sollte nicht zu reife Früchte kaufen, da sie sich nur wenige Tage halten. Am besten transportiert man sie im Handgepäck, um zu starke Temperaturunterschiede zu vermeiden. Plastiktüten sollten auch nicht zu fest verschlossen werden, um die Luftfeuchtigkeit in Grenzen zu halten (Verpilzungsgefahr).

Drachenfrucht: Die faustgroße, von einer pinkfarbenen Schale umhüllte Frucht wächst in Südostasien. Ihr festes, weißes Fruchtfleisch ist von zahlreichen schwarzen Samenkörnern durchsetzt. Dieses Fruchtfleisch kann man entweder (mitsamt der Samenkörner) aus der Schale herauslöffeln oder man schält die Frucht und schneidet das Fruchtfleisch in Stücke. Die Drachenfrucht hat einen dezenten, süßlich-erfrischenden Geschmack, der an Erdbeeren erinnern kann.

Durian: Ganz und gar nicht dezent ist die Durian, die auch als Stinkfrucht bezeichnet wird. Sie verströmt bei Reife einen Geruch, der von manchen als penetrant empfunden wird. Ihm ist es zu verdanken, dass viele Hotels das Mitbringen der Frucht verbieten. Der Geschmack der Durian wird von den einen als köstlich, von anderen als ekelhaft beschrieben. Wohlwollende Vergleiche rangieren zwischen „Vanillepudding mit Mandeln" und „süße Zwiebelsauce mit Sherry". Äußerlich fällt die Durian durch ihre Größe und Unförmigkeit ins Auge. Die gelblich-grüne Schale ist mit Stacheln besetzt, die ein altertümliches Kriegsgerät assoziieren lassen. Öffnet man die Schale, tritt darunter das blassgelbe Fruchtfleisch zu Tage, in dem sich die zwetschgengroßen Samen befinden. Man löffelt bzw. fischt sie mit den Fingern heraus und lutscht das Fruchtfleisch ab.

Kokosnuss: Jeder kennt sie, kaum einer erkennt sie an der Palme. Dort hängen nämlich nicht die braunen festen Kerne der Kokosnuss, sondern die je nach Reifegrad grünen bis braunen, gut fußballgroßen Nüsse. Entfernt man Schale und Bast (letzterer dient als Schwimmhilfe, da sich die Pflanze über das Wasser verbreitet), kommt darunter der Kern zum Vorschein. Achtung: Jährlich sterben an Stränden viel mehr Menschen durch herabfallende Kokosnüsse als z. B. durch Haiattacken. Wer sein Badelaken unter einer Kokospalme ausbreitet, sollte sichergehen, dass sie keine reifen Nüsse trägt.

Limette: Diese Zitrusfrucht ähnelt der Zitrone, ist aber kleiner und rundlicher. Ihre Schale ist je nach Reifegrad grün bis grün-gelb. Ihr Geschmack ähnelt dem der Zitrone, ist aber intensiver und würziger. Limetten werden nicht pur verzehrt, sondern ausgepresst, um Gerichten eine herb-fruchtige Note zu verleihen.

Litchi/Lychee: Die aus China stammende Frucht erinnert in Größe und Farbe an eine Erdbeere. Sie hat aber eine dünne, relativ harte und raue Schale, die sich wie bei einem Ei abpellen lässt. Der ungenießbare Samen wird von weißlichem, manchmal glasklarem festen Fruchtfleisch umhüllt, das man am besten ablutscht.

Mango: Fast jeder kennt wohl diese tropische Frucht, deren dünne glatte Schale je nach Herkunftsregion grün bis gelb ist und manchmal rötlich schimmert. Sie wird geschält, bis das orange-gelbe, faserige Fruchtfleisch zum Vorschein kommt. Es umhüllt einen großen, abgeflachten Kern, von dem man es entweder abnagen oder in Stücken abschneiden kann. Der Geschmack der Mango ist aromatisch-süß mit einer herb-säuerlichen Note.

Mangostane: „Königin der Früchte" nennen viele Malaien diese tomatengroße Frucht. Sie besitzt eine recht harte und dicke Schale von bräunlich-schwarzer bis violetter Farbe. Das weiße, saftige Fruchtfleisch ist in einzelne Segmente aufgeteilt, die sich leicht herauslösen lassen. Man nagt es vom innen liegenden Kern ab – der Geschmack ist mild-säuerlich. Achtung: Der rötlich-violette Saft der Schale hinterlässt auf der Kleidung Flecken, die sich nur schwer wieder entfernen lassen.

Maracuja: Die mandarinengroßen Früchte haben eine gelblich-orange, ledrige Schale, die im Reifezustand runzlig wird. Im Inneren finden sich zahllose Kerne, die in geleeartiges, saftiges Fruchtfleisch eingebettet sind. Am einfachsten halbiert man die Frucht und löffelt sie aus.

Papaya: Die melonengroße Frucht hat eine gelblich-grüne Schale und festes orangefarbenes Fruchtfleisch; im Inneren liegen Dutzende etwa erbsengroßer schwarzer Kerne, die von einem Häutchen umgeben sind. Unreife Exemplare werden wie Gemüse verwendet, reife Papayas schmecken süßlich. Auch die Kerne können gegessen werden, sie schmecken leicht pfeffrig und enthalten wertvolle, Eiweiß und Fett spaltende Enzyme.

Rambutan: Die Haarfrucht (malaiisch: *rambut* = Haar) stammt aus Südostasien und ist mit der Litchi verwandt. Auf ihrer rosafarbenen bis roten, leicht ledrigen Schale wachsen gekrümmte Borsten, die an Haare erinnern. Man öffnet die Frucht am besten, indem man sie mit Daumen und Zeigefinger beider Hände fasst und dann in entgegengesetzter Richtung dreht. Das milchig-durchscheinende Fruchtfleisch ist vom innen liegenden Kern schwer zu lösen, man nagt es am besten ab.

Salak: Die Früchte der Salakpalme stammen aus Indonesien. Sie sind etwa apfelgroß, an einer Seite leicht zugespitzt und glänzend bräunlich. Ihre schuppige Schale erinnert an die Haut von Reptilien, weshalb die Salak auch oft als „Schlangenhautfrucht" bezeichnet wird. Das feste Fruchtfleisch, das in drei Segmenten unter der Schale liegt, schmeckt ein wenig wie Apfel oder Birne.

info

Allgemeine Reisetipps von A–Z

 Hinweis

In den **Allgemeinen Reisetipps** finden Sie reisepraktische Hinweise für die Vorbereitung Ihrer Reise und allgemeine Tipps für Ihren Aufenthalt in Oman. Die **Regionalen Reisetipps** in den Kapiteln 3–8 geben detailliert Auskunft über Infostellen, Sehenswürdigkeiten, Adressen und Öffnungszeiten, Unterkünfte, Essen und Trinken, Einkaufen und Sportmöglichkeiten.

Anreise 80
  Mit dem eigenen Fahrzeug 84
Ärzte/Apotheken 86
Ausrüstung 86
Autofahren/Verkehrsregeln. 87

Bekleidung. 92
Behinderte. 92

Diplomatische Vertretungen 93

Einreisebestimmungen 94

Einkaufen 95
Elektrizität 97
Essen und Trinken 98

Feste und Feiertage 101
Fotografieren. 103
Frauen allein unterwegs 104

Geld. 104
Gesundheit 107

Information 108
Internet 110

Kinder 110

Maße und Gewichte 111
Medien. 111
Mietwagen 112

Nachtleben 114
Nahverkehr 115
Notfälle 116

Öffnungszeiten 117

Post. 118

Reiseveranstalter 119
Reisezeit 120

Sicherheit 121
Souvenirs. 122
Sport und Erholung. 124
Sprache 125

Telefonieren 126
Uhrzeit 127

Unterkunft 127

Verhaltenstipps. 131
Verkehrsmittel. 132
Versicherungen 133

Wellness 135

Zollbestimmungen 135

Das kostet Sie der Aufenthalt in Oman
Beförderung 136
Unterkunft. 138
Touren/Ausflüge 138
Essen und Trinken 139

A Anreise

▸ Mit dem Flugzeug

Zielflughafen in Oman ist immer **Muscat** (MCT). Die Landeshauptstadt wird von Deutschland, Österreich und der Schweiz außer mit **Oman Air** (zzt. täglich ab München und Frankfurt, fünfmal pro Woche ab Zürich) nicht nonstop, sondern nur mit Zwischenlandung in den Emiraten, Qatar oder Bahrain angeflogen. Nonstop-Flüge erreichen Muscat in 6,5 Stunden, bei Flügen mit Zwischenlandung (z. B. Swiss und Lufthansa) verlängert sich die Reisedauer auf ca. 9 Stunden, muss man umsteigen erhöht sich die Reisedauer noch einmal deutlich.

Die Flugpreise variieren je nach Saison, Fluglinie und Aufenthaltsdauer – ein Hin- und Rückflug ist ab ca. 600 € zu haben. Es lohnt sich stets, im Internet nach befristeten Sonderangeboten Ausschau zu halten. Ermäßigungen gibt es für Studenten und junge Menschen bis 26 Jahre (hier hilft kompetent und gut STA Travel, Langgasse 26, 65183 Wiesbaden, ☎ 0611/1726540, wiesbaden@statravel.de). In Deutschland sind Verbindungen ab Frankfurt oft günstiger als von anderen Flughäfen. Je nach Wohnort kann es sich daher rechnen, einen Flug ab Frankfurt zu buchen und mit einem Rail & Fly-Ticket oder einem anderen günstigen Bahnticket anzureisen. Eine weitere Alternative ist die Anmietung eines günstigen Mietwagens.

▸ Fluggesellschaften

Neben den Gesellschaften aus dem GCC-Raum wird Muscat auch regelmäßig von verschiedenen internationalen Airlines angeflogen. Die wichtigsten Fluglinien für Flüge nach Oman sind **Oman Air**, **Emirates**, **Etihad Airways**, **Qatar Airways**, **Gulf Air**, **Lufthansa**, **Swiss**, **British Airways**, **KLM** und **Turkish Airlines**. Viele große Airlines bedienen Oman im sogenannten Code-Sharing-Verfahren, bei dem zwei oder mehrere Gesellschaften eine Allianz bilden und sich dann einen Linienflug teilen (die derzeit größte Luftfahrtallianz ist Star Alliance). Jede der teilnehmenden Gesellschaften bietet den Flug unter einer eigenen Flugnummer an, dem Code. So können die Airlines ihr Streckennetz erweitern, ohne selbst mit eigenen Maschinen fliegen zu müssen. Im konkreten Fall bedeutet dies, dass der Fluggast zwar bei

☞ Tipp: Vielflieger-Programme

Wer clever ist, kann sich auf Reisen recht schnell einen zweiten Urlaub „zusammensammeln". Nötig ist dazu nur eine (kostenlose) Vielfliegermitgliedschaft, z. B. bei der Star Alliance. Fliegt man mit einer angeschlossenen Airline, so bekommt man eine bestimmte Anzahl an Meilen gutschrieben. Häufig arbeiten die Fluggesellschaften auch mit anderen Unternehmen wie Autovermietern und Hotels zusammen. Nimmt man eine Dienstleistung dieser Unternehmen in Anspruch und weist dabei seine Vielfliegerkarte vor, gibt es weitere Punkte auf dem Konto. Wer eine bestimmte Anzahl von Meilen angesammelt hat, wird mit einer Prämie belohnt. Dabei kann es sich um einen Freiflug handeln (für einen Flug nach Oman müsste man 40.000 Meilen gesammelt haben), um eine Erhöhung der Buchungsklasse (*Upgrade*) oder Ermäßigungen in Hotels und Restaurants.

Zusätzlich Punkte sammelt, wer Flug, Mietwagen und Hotel mit Kreditkarte bezahlt. Bestimmte Kreditkartenanbieter schreiben ihren Kunden pro ausgegebenem Euro Punkte gut. Mit diesen Punkten kann man gratis in Hotels übernachten oder Lifestyleprodukte ordern. Zudem gibt es etliche Fluggesellschaften, bei denen man Kreditkartenpunkte gegen Flugmeilen eintauschen kann. Das bekannteste Programm dieser Art ist Membership Rewards bei American Express.

Lufthansa bucht, aber von Austrian Airlines oder Swiss transportiert wird. Oder er bucht Emirates und fliegt mit Sri Lankan Airways. Das Code Sharing hat für den Passagier den Vorteil, dass er bei seiner bevorzugten Fluggesellschaft buchen und bei Problemen Beschwerde einlegen kann, obwohl diese die gewünschte Strecke eventuell gar nicht oder nur sehr eingeschränkt bedient. Ein Nachteil besteht in dem Risiko, von einer Gesellschaft transportiert zu werden, die man nicht gebucht hat und die qualitativ hinter der gewünschten Fluglinie zurückbleibt. Wer also (z. B. aus Sicherheitsgründen) mit einer bestimmten Gesellschaft fliegen möchte, sollte unbedingt auf ein mögliches Code-Sharing achten. Im Ticket ist dies meist durch eine zweite Flugnummer kenntlich gemacht oder durch den Zusatz „operated by" („durchgeführt von").

Oman Air	www.omanair.com
Emirates	www.emirates.com
Etihad Airways	www.etihadairways.com
Qatar Airways	www.qatarairways.com
Gulf Air	www.gulfair.com
Lufthansa	www.lufthansa.com
Swiss International Airlines	www.swiss.com
British Airways	www.ba.com
KLM	www.klm.com
Turkish Airlines	www.turkishairlines.com

Trotz der Vielzahl an Flugmöglichkeiten gibt es dennoch bestimmte Termine, an denen es zu Engpässen kommt. Wer an Weihnachten, zu Ostern, in der Hauptreisezeit oder am Ende des Ramadan fliegen möchte, sollte möglichst lange im Voraus buchen. Gleiches gilt für Weiterflüge nach Salalah während der Khareef-Saison.

☞ Ankunft in Muscat

Normalerweise wird man von einem Bus vom Flugzeug zum Terminal gebracht. Hier finden dann zunächst einmal alle Einreiseformalitäten statt. Im Terminal stellt man sich am Schalter an, um die Visagebühr zu bezahlen, entweder in omanischen Rial (OR oder OMR, vor dem Schalter befindet sich ein Geldautomat) oder mit Devisen. Ein Visum bis zu 10 Tagen kostet 5 OR, bis zu einem Monat 20 OR. Mit der ausgehändigten Quittung und dem Reisepass geht es dann weiter zum Einreiseschalter (*Immigration*), wo ein Beamter das Visum mit Gültigkeitsdauer im Pass vermerkt (bei Überschreitung der Aufenthaltsdauer wird eine Strafe von 10 OR/Tag fällig!). Nach der Passkontrolle begibt man sich zur Gepäckausgabe (Baggage Claim), anschließend zum Zoll. Hier werden alle Gepäckstücke wie beim Check-in geröntgt. Ist alles erledigt (bei der Einreise ist mit einem Zeitaufwand von ca. 1 Std. zu rechnen), tritt man schließlich in die Ankunftshalle (Arrival Hall). Hier findet man die Schalter von Banken, Hotelagenturen, Mietwagenfirmen und den möglicherweise bestellten Abholdienst zum Hotel.
Infos zur Einreise unter www.omanairports.com, www.rop.gov.om

Stop over

Der Kauf eines Stop-over-Tickets bietet die Gelegenheit, neben Oman noch weitere Länder der Golfregion kennenzulernen – gegen einen geringen oder ganz ohne Aufpreis (ein Zwischenstopp ist in der Regel gratis). So kann man z. B. mit **Emirates** einen Zwischenstopp in **Dubai** einlegen oder mit **Qatar Airways** in **Doha**. Diese Möglichkeit besteht sowohl auf dem Hin- als auch auf dem Rückflug. Infos zu Visaangelegenheiten zwischen den arabischen Staaten s. S. 94.

Sicherheitsvorschriften

Wegen der Flugsicherheit gelten insbesondere für das Handgepäck strenge Regeln. Untersagt ist das Mitführen von scharfen oder spitzen Gegenständen wie z. B. (Taschen-)Messern, (Nagel-)Scheren, Nagelfeilen oder Wanderstöcken, von stumpfen Gegenständen wie Baseball- oder Golfschlägern und von brennbaren Stoffen (Streichhölzer, Feuerzeuge etc.).

Zusätzlich gelten Bestimmungen, die Flüssigkeiten oder Substanzen von ähnlicher Konsistenz betreffen (Getränke, Gels, Cremes, Shampoo, Zahnpasta etc.). Sie dürfen nur noch in Einzelbehältern mit einer aufgedruckten Höchstfüllmenge von 100 ml mit an Bord genommen werden. Die Behälter müssen in einem transparenten, wieder verschließbaren (z. B. mit integriertem Reißverschluss) und maximal 1 Liter Inhalt fassenden Plastikbeutel verpackt und bei der Sicherheitsüberprüfung gesondert vorgelegt werden.

Solche Beutel sind am Flughafen erhältlich, alternativ können auch Gefrierbeutel mit Reißverschluss verwendet werden. Die Bestimmungen sind häufigen Änderungen unterworfen, aktuelle Infos findet man unter www.auswaertiges-amt.de.

Transfer vom Flughafen

Der **Muscat International Airport** liegt etwa 30 km von Old Muscat entfernt bei Seeb (Flughafenauskunft: ☎ +968-24519223 und 24519456, www.omanairports.com). Einen Shuttle-Service in die Stadt gibt es nicht, Minibusse und Sammeltaxis halten nicht am Ankunftsterminal, sondern einen kurzen Fußmarsch von diesem entfernt an der Küstenautobahn. Wer direkt am Flughafen abgeholt werden möchte, ist daher auf einen Hotel-Transfer oder ein Taxi angewiesen.

Ein **Hoteltransfer** ist die einfachste und bequemste Art, um vom Flughafen zur gebuchten Unterkunft zu gelangen. Bei organisierten Reisen übernimmt diesen Service der Veranstalter, der die Gäste von einem Bus am Flughafen abholen und zu den Hotels fahren lässt. Ein Nachteil ist hierbei der oft große Zeitaufwand, denn das gebuchte Quartier wird nicht zwangsläufig als erstes angefahren. Wer sich eine Stadtrundfahrt von Hotel zu Hotel ersparen will, kann einen sogenannten Privattransfer beim Veranstalter buchen oder beim Hotel bestellen. Bei dieser etwas kostspieligeren Variante wird man mit einem PKW oder Minibus am Flughafen abgeholt und direkt zum Hotel gefahren.

Wer keinen Shuttle reservieren konnte, nimmt am besten eines der **Taxis**, die vor der Ankunftshalle auf Kunden warten. Meist sprechen die Fahrer ein ganz passables Englisch. Die Fahrt nach Qurum, Al Khuwair und Ruwi schlägt mit etwa 9–11 OR zu Buche, für den Transfer nach Mutrah und Muscat muss man mit etwa 10–12 OR rechnen, die Fahrt nach Barr al Jissah kostet 15 OR.

Busse verkehren in einem etwa halbstündigen Rhythmus nach Mutrah und Ruwi. Sie halten an der Küstenautobahn. Häufiger fahren Minibusse und Sammeltaxis in alle Stadtteile. Eine Haltestelle gibt es für sie nicht, man winkt sie einfach vom Straßenrand aus heran. Eine Fahrt kostet etwa 0,50 OR.

Ein bereits zuvor gebuchter **Mietwagen** kann direkt am Flughafen übernommen werden. Alle großen Anbieter haben hier durchgehend geöffnete Schalter. Nach Erledigung der Formalitäten (alle Papiere rechtzeitig zusammenstellen und die Reservierungsnummer parat halten!) wird man zum Parkplatz geleitet. Vor der Übernahme sollte ein genauer Check des Fahrzeuges erfolgen. Späteren Ärger vermeidet, wer alle Schäden (und seien sie noch so geringfügig) auf einem Protokollbogen festhalten und sich von diesem eine Kopie geben lässt. Zu guter Letzt sollte man sich, bevor man losfährt, noch den Weg zum Hotel ganz genau erklären lassen.

Auch bei der Rückgabe des Wagens gilt es, genügend Zeit für eine abschließende Kontrolle und die Erstellung des Übergabeprotokolls einzuplanen. Nur so geht man sicher, später nicht für Schäden haftbar gemacht zu werden, für die man nicht verantwortlich war.

Ziel Musandam-Halbinsel

Wenn die Musandam-Halbinsel das Reiseziel ist, bestehen die folgenden Optionen:

Anreise über Muscat mit dem Flugzeug: Bei dieser Option muss in aller Regel eine Übernachtung in Muscat eingeplant werden, denn ein direkter Anschlussflug nach Khasab ist nicht ohne längere Wartezeiten zu bekommen (Oman Air fliegt einmal täglich auf der Strecke Muscat–Khasab, Abflug zzt. um 8.15 und 11.45 Uhr).

Anreise über Muscat auf dem Landweg: In diesem Fall fährt man mit dem zuvor gebuchten Mietwagen (Übernahme direkt am Flughafen oder nach einer Übernachtung im Hotel) zur Grenze Oman–VAE (etwa 400 km), dann durch die VAE zur Musandam-Halbinsel (etwa 100 km, Grenzposten Tibat), um die Tour dann wieder auf omanischem Territorium fortzusetzen (Details dazu s. S. 85 und S. 257). Die direktere Anreise über Dibba ist für Ausländer nicht möglich.

Anreise auf dem Seeweg: Seit 2008 verkehrt zweimal wöchentlich eine Katamaran-Fähre von Muscat nach Khasab (Fahrtdauer ca. 5 Std., zzt. Mo und Do ab Muscat und Mi und Sa ab Khasab, Abfahrt je 12 Uhr, ab 44 OR/return, Stand August 2015). Sie transportiert auch Pkws. Auch bei dieser Anreisevariante muss in den meisten Fällen zumindest eine Übernachtung in Muscat eingeplant werden. Infos und Buchung: National Ferries Company, ☎ +968-24495453, www.nfc.om. Aktuelle Infos zu Fahrplanänderungen auch unter www.facebook.com/nfc.om.

Anreise über Dubai mit dem Flugzeug: Wer in Khasab Quartier nimmt, kann ab Dubai einen Anschlussflug dorthin buchen. Häufig starten diese Anschlussflüge aber nicht direkt im Anschluss an den Langstreckenflug, sodass zumindest ein kurzer Aufenthalt in Dubai eingeplant werden muss (Details dazu s. S. 84).

Anreise über Dubai auf dem Landweg: Wer ein Hotel in Dibba oder Zighy Bay gebucht hat, fliegt am besten nach Dubai (Ankunft in Dubai s. u.) und reist von dort per Pkw an. Die Fahrt durch die Vereinigten Emirate ist etwa 130 km lang. Ein Privattransfer bietet die Möglichkeit, unterwegs kurze (Foto-)Stopps einzulegen.

Ankunft in Dubai

Der Flughafen Dubai (DXB) liegt 2 km außerhalb der City im Stadtteil Al Garhood. Er besteht aus zwei Terminals. Terminal 1 wird von den großen internationalen Airlines genutzt, Terminal 2 eher von kleineren Fluggesellschaften.

Nach Verlassen des Flugzeuges folgt man der Ausschilderung Immigration und Baggage Claim. Nur wer ein Visum bestellt hat (z. B. für einen längeren Aufenthalt) muss an der Rolltreppe zur Einreisehalle am Visum-Schalter vorbeischauen. Alle anderen Reisenden begeben sich zur Halle und stellen sich, nach Buchungsklassen getrennt, vor einem Schalter an. Dort wartet man, bis man von einem Beamten aufgefordert wird, heranzutreten. Nun bekommt man den Einreisestempel, der aussagt, wie lange man sich im Land aufhalten darf. Der nächste Weg führt zum Gepäckband direkt nebenan. Mit dem Gepäck geht es dann wenige Meter weiter zur Zollkontrolle, an der jedes Gepäckstück durchleuchtet wird.

Anschließend tritt man in die Ankunftshalle mit Wechselstuben, Hotelinformationen, Reiseagenturen und Mietwagenfirmen. Wer einen Transfer gebucht hat, wird spätestens hier von einem Reiseleiter erwartet und zum Bus geführt.

Wer einen Privattransfer bestellt hat, wird in der Regel schon vor dem Einwanderungsschalter empfangen und bei der Erledigung der notwendigen Formalitäten unterstützt. In der Ankunftshalle befinden sich auch die Schalter der Autoverleihfirmen. Reisende, die einen Mietwagen reserviert haben, bekommen hier alle weiteren Informationen. Busse und Taxis warten außerhalb der Ankunftshalle vor den Parkhäusern.

► Mit dem eigenem Fahrzeug

Anreise auf dem Landweg: Grundsätzlich ist eine Anreise mit dem eigenen Fahrzeug auf dem Landweg möglich. Sie erfordert aber einen gewissen Abenteuergeist und vor allem sehr viel Zeit – sowohl auf der Fahrt selbst, da der Weg weit ist, als auch schon bei der Reisevorbereitung, denn die notwendigen Dokumente (u.a. Visa, Carnet de Passage) sind nicht immer leicht zu bekommen.

Eine mögliche Anreiseroute führt über die Türkei, Syrien, Jordanien, Saudi-Arabien und die Vereinigten Arabischen Emirate, eine andere durch die Türkei und den Iran bis Bandar Abbas. Von hier kann man sich nach Dubai bzw. Sharjah einschiffen und dann durch die Emirate auf dem Landweg nach Oman einreisen. Aufgrund des Krieges in Syrien und anderen Gegenden der Region sowie der politischen Instabilität in einigen Ländern des Nahen und Mittleren Ostens rät das Auswärtige Amt aber derzeit von einer solchen Unternehmung ab.

Verschiffung: Wer nach Oman fliegt, dort aber mit dem eigenen Fahrzeug reisen möchte, hat die Möglichkeit, es per Schiff zu verfrachten. Dabei ist es schneller und preisgünstiger, den Wagen in die VAE zu schicken und von dort auf dem Landweg nach Oman zu fahren. In Hamburg oder Bremen/Bremerhaven werden die Fahrzeuge auf Container- oder Ro-Ro-Schiffe (Roll on Roll off) verladen. Die Art des Transportes richtet sich nach der Größe des Fahrzeuges, da Container Normmaße haben und im Regelfall nur eine Einfahrtshöhe von etwa 2,20 m bieten. Für größere Geländefahrzeuge reicht dies nicht aus. Für sie bleibt nur der Ro-Ro-Transport an Deck.

Etwa 16 Tage dauert es dann, bis das Fahrzeug wieder festen Boden unter den Rädern hat und der Besitzer mit deutschem Nummernschild über arabische Pisten brausen kann. Alle notwendigen Papiere besorgen die Speditionen, die auf Wunsch auch die Einreiseformalitäten in den Emiraten erledigen – allerdings gegen Aufpreis. Wer Kosten sparen will, übernimmt den „Papierkram" selbst. Möglich ist das aber nur beim Ro-Ro-Verfahren, da ansonsten eine ortsansässige Spedition damit beauftragt werden muss, den Container mit dem Fahrzeug aus dem Hafenbereich zu befördern.

Die Preise schwanken je nach Art des Fahrzeuges, bis zu einer Höhe von 1,60 m gibt es Pauschalen, darüber hinaus werden die Kosten nach Kubikmetern berechnet. Derzeit schlägt die Fahrzeugverschiffung – inklusive aller Formalitäten – mit etwa 1.700 € zu Buche, nach oben ist fast keine Grenze gesetzt. Deutlich günstiger sind Motorräder.

Verschiedene **Speditionen** bieten den Service an, in Bremen z. B. **Carl Hartmann**, Oelmühlenstr. 11–13, 28195 Bremen, ☎ 04 21-30 29 30, www.carl-hartmann.de, www.inttra.com.

▸ Anreise über die VAE mit Bus oder Mietwagen

Viele Touristen verbinden ihren Oman-Urlaub mit einem Aufenthalt in den Vereinigten Arabischen Emiraten. Es stellt prinzipiell kein Problem dar, von dort nach Oman einzureisen. Von Dubai verkehren täglich **Expressbusse** der ONTC (Oman National Transport Company) nach Muscat; die Fahrt dauert 6–7 Stunden (Infos unter www.ontcoman.com).

Alternativ kann man auch mit dem **Mietwagen** einreisen. In diesem Fall ist es Pflicht, über die Agentur eine **zusätzliche Haftpflichtversicherung** für Oman abzuschließen. Die Police ist beim Grenzübertritt vorzuweisen. Auf dem Schriftstück ist auch die Geltungsdauer angegeben, weswegen der Zeitpunkt der Einreise genau geplant werden muss.

Beim Verlassen der VAE muss an der Grenze eine **Ausreisesteuer** bezahlt werden, die erneut fällig wird, wenn man Oman wieder verlässt. An den Grenzübergängen ist zu bestimmten Tageszeiten mit längeren Wartezeiten zu rechnen, da sie z. B. am frühen Vormittag und am späten Nachmittag sehr stark frequentiert werden.

▸ Abreise

Auch wenn die Fluggesellschaft dies nicht ausdrücklich verlangt (im Ticket vermerkt), sollte man sein Ticket etwa 72 Std. vor dem Rückflug **rückbestätigen** lassen.

Bei der Ausreise ist eine **Flughafensteuer** in Höhe von 5 OR zu entrichten, die meist aber schon im Ticketpreis enthalten ist.

Erfolgt die Ausreise auf dem Landweg, so sind an verschiedenen Grenzposten **Ausreisegebühren** zu entrichten, z. B. an der Grenze zu Fujairah. Diese können per Kreditkarte (MasterCard oder Visa) oder bar gezahlt werden.

Ärzte/Apotheken

Die medizinische Versorgung in den entlegenen Landesteilen entspricht nicht überall europäischem Standard. In Muscat ist sie aber auf einem hohen Niveau. Viele Ärzte haben im

Ausland studiert und sprechen gut Englisch. Ein Problem besteht in dem noch unzureichend entwickelten Ambulanz-Transportwesen – Fahrten ins Krankenhaus müssen in der Regel selbst organisiert werden. Häufig kann die Hotelrezeption weiterhelfen; in lebensbedrohlichen Situationen kann man über die Notrufnummer ☎ 9999 Kontakt mit der Royal Oman Police aufnehmen.

Im Fall einer Erkrankung wendet man sich an einen **niedergelassenen Arzt** oder an eine **Privatklinik**. Dort wird man medizinisch versorgt oder in komplizierten Fällen in eines der besser ausgestatteten **staatlichen Krankenhäuser** überwiesen, die sonst für Ausländer nicht zuständig sind. Wer einen Arzt oder eine Klinik sucht, bekommt stets aktuelle Informationen auf der Website www.allianzworldwidecare.com. Sie listet allerdings nur Adressen im Großraum Muscat auf. Auch die deutsche Botschaft in Muscat verfügt für den Notfall über eine Adressenliste von Ärzten und Krankenhäusern in der Stadt. In anderen Städten hilft das Hotel, das meist Vertragsärzte hat oder zumindest eine Empfehlung geben kann.

Für alle über die Notfallversorgung hinausgehenden Behandlungen müssen Touristen selbst bezahlen, daher empfiehlt sich der Abschluss einer **privaten Reisekrankenversicherung**. Diese sollte im Falle einer schweren Erkrankung oder eines Unfalls auch den Rücktransport ins Heimatland einschließen.

Apotheken findet man in allen größeren Städten. In Muscat und Salalah sind sie teilweise rund um die Uhr geöffnet oder arbeiten nach einem Rotationsprinzip. Welche Apotheken Notdienst haben, wird in den Tageszeitungen bekanntgegeben, auch der Concierge am Hotelempfang kann meist Auskunft geben. Viele Hotels haben einen Vorrat gängiger Medikamente.

Die meisten gängigen Produkte europäischer Pharmahersteller sind in Oman zu bekommen. Wer spezielle Medikamente benötigt, sollte einen ausreichenden Vorrat mitführen. Für den Fall der Fälle kann es sinnvoll sein, sich den enthaltenen Wirkstoff und die Konzentration zu notieren (auf der Verpackung aufgedruckt), sodass der Apotheker nach einem vergleichbaren Medikament suchen kann.

Ausrüstung

Was an Ausrüstung nötig ist, hängt von der Art der Reise ab. Wer z. B. einen Badeurlaub plant und während des gesamten Aufenthalts in einem Hotel logiert, muss nur über die richtige Bekleidung nachdenken. So ist in gehobenen Hotels zu bestimmten Anlässen wie festlichen Dinners häufig formelle Kleidung erwünscht.

Viel mehr Interesse muss man der Ausrüstung widmen, wenn man individueller reist. Die erste Entscheidung gilt es schon beim **Gepäck** zu treffen: **Hartschalenkoffer** schützen die Kleidung gut und bieten beim Öffnen einen guten Überblick, sind aber relativ schwer und wegen ihrer Sperrigkeit manchmal schwer zu verstauen. Sie empfehlen sich daher nur bei längeren Aufenthalten am gleichen Ort. Als recht praktisch bei Rundreisen haben sich große **Reisetaschen mit Rollen** erwiesen. Sie sind durch einen großen Deckel meist ebenfalls gut einzusehen, gleichzeitig aber leicht und flexibel genug, um eine problemlose Unterbringung zu gewährleisten.

Ins Gepäck gehören in jedem Fall eine **Sonnencreme mit hohem Lichtschutzfaktor**, ein **Sonnenhut** bzw. eine Kappe und eine **gute Sonnenbrille**. Brillenträger sollten an eine Ersatzbrille denken, zumindest aber den Brillenpass einstecken, der über die Stärke der Gläser Auskunft gibt.

Wichtig sind zudem **Ladegeräte** für Mobiltelefone und Kameraakkus.

Eine **Taschenlampe** hilft nachts in der Wüste, aber auch bei Stromausfall im Fünf-Sterne-Hotel. Ein vielseitiges **Taschenmesser** eignet sich zum Schälen von Obst, zum Festdrehen loser Schrauben u.v.m. Eine Rolle **Klebeband** ermöglicht einfache Reparaturen.

Ein kleines **Vorhängeschloss** verriegelt in der Unterkunft zurückgelassenes Gepäck. Für Tagestouren sollte ein kleiner **Rucksack** (*Daypack*) mitgeführt werden. Beim Beobachten von Tieren – insbesondere von Vögeln – ist ein **Fernglas** nützlich, zum Schnorcheln benötigt man **Flossen**, **Brille** und **Schnorchel**. Dieses Equipment kann zwar geliehen werden, aber die wenigstens Menschen benutzen gern einen Schnorchel, den schon viele andere im Mund hatten.

Für Touren mit kleinen Booten (z. B. Schnorchelexkursionen) sollte man einen **wasserdichten Beutel** mitnehmen, der Papiere, Geld, Handtuch und Kamera vor Nässe schützt.

Bei Reisen mit dem Pkw gehören, sofern man nicht nur in der Stadt unterwegs ist, ein gefüllter **Benzinkanister**, **Wasser**, **Öl**, ein zuvor geprüfter **Ersatzreifen** sowie **Pannenwerkzeug** in den Kofferraum. Der Reifenwechsel sollte vor dem Start zumindest einmal geübt werden, damit es im Ernstfall problemlos von der Hand geht. Auch bei Tagestouren muss genügend **Trinkflüssigkeit** mitgeführt werden – pro Insasse etwa 2 Liter. Wasser eignet sich besser als gesüßte Getränke – es löscht den Durst am besten und kann zudem verwendet werden, wenn man sich die Hände waschen oder etwas reinigen möchte. Mit Kohlensäure versetzte Getränke können bei hohen Temperaturen im Auto leicht platzen, wenn die Klimaanlage nicht eingeschaltet ist.

Bei längeren Touren ist der Trinkwasservorrat aufzustocken. Zusätzlich benötigt werden gutes **Kartenmaterial** und/oder ein **GPS-Gerät**, **Kompass**, **Decken** (nachts wird es stellenweise empfindlich kalt) und in jedem Fall ein **Mobiltelefon** (nach Möglichkeit mit Ladekabel oder noch besser mit einem solarbetriebenen Ladegerät).

Autofahren/Verkehrsregeln

Prinzipiell ist Oman ein Land, das für Selbstfahrer gute Voraussetzungen bietet. Bestens ausgebaute, autobahnähnliche Highways durchziehen das Land und verbinden die Städte untereinander. Außerhalb der Städte gibt es nur wenige Abzweigungen, sodass man sich allein schon an der Himmelsrichtung gut orientieren kann. Die Ausschilderung erfolgt neben Arabisch auch in Englisch, ist allerdings nicht überall vorhanden. Die Verkehrszeichen und -regeln entsprechen weitgehend denen in Europa.

In Oman herrscht **Rechtsverkehr**, die vorgeschriebene **Höchstgeschwindigkeit** liegt bei maximal 50 km/h innerorts (Abweichungen werden durch Schilder angegeben) und maximal

80 km/h außerorts auf den einspurigen Straßen. Auf einigen Streckenabschnitten (gut ausgebauten Highways) gilt eine Höchstgeschwindigkeit von 120 km/h.

Immer wieder stellen **Radarfallen** Rasern nach. Auf den großen Highways und in den Städten sind sie stationär aufgebaut. Wichtig zu wissen: Die Kästen messen und fotografieren in beide Richtungen und zwar von hinten. Geschwindigkeitsübertretungen werden mit empfindlichen Geldstrafen geahndet. Mietwagenagenturen lassen sich bei Fahrzeugübergabe schriftlich die Berechtigung geben, auch lange nach der Rückgabe des Fahrzeuges noch Bußgelder von der Kreditkarte des Fahrers abzubuchen.

 Hinweis

Infos zu Mietwagen s. ab Seite 112.

Neben Radarfallen werden auch **Bodenschwellen** eingesetzt, um die Geschwindigkeit zu drosseln. Solche *humps* werden mit Schildern (*Humps ahead*) und Farbmarkierungen rechtzeitig angekündigt.

Eine dritte Maßnahme zur Reduzierung der Geschwindigkeit sind **Verkehrskreisel** (*Roundabouts*), die in Oman sehr verbreitet sind und auch bei Wegbeschreibungen (Abkürzung R/A) eine wichtige Rolle spielen. Sie sind häufig mit Kunstwerken geschmückt oder mit Blumen bepflanzt. Wagen im Kreisverkehr haben Vorfahrt, auch wenn sie sich auf der inneren Spur befunden. Es kommt häufig vor, dass ein Wagen sich zum Abbiegen nicht erst auf der Außenspur einordnet, sondern unvermittelt aus der Innenspur ausschert. Man fährt daher am besten nur in den Kreisverkehr ein, wenn kein anderes Fahrzeug herannaht – auch wenn ungeduldige Fahrer hinter dem eigenen Wagen ein Hupkonzert starten.

In arabischen Ländern und entsprechend auch in Oman gilt das Auto mehr als andernorts als **Statussymbol** – je größer bzw. PS-stärker, ums so besser. Daraus hat sich eine Mentalität entwickelt, die den größten/schnellsten Fahrzeugen die meisten Rechte einräumt – auch wenn dies nicht unbedingt mit den Verkehrsregeln in Übereinstimmung zu bringen ist. Im Zweifel ist man gut damit beraten, nicht auf sein Vorfahrtsrecht zu beharren und einen defensiven Fahrstil zu pflegen.

In Oman besteht **Anschnallpflicht**, das Telefonieren ist nur mit **Freisprecheinrichtung** erlaubt.

Bei **Alkohol am Steuer** herrscht **Null-Toleranz**. Es ist auch illegal, alkoholische Getränke im Auto mitzuführen, wenn man sich nicht gerade auf dem Weg vom Flughafen zum Hotel befindet. Wer angetrunken erwischt wird (der Nachweis kleinster Alkoholmengen im Blut genügt!), übernachtet in Polizeigewahrsam; bei Verwicklung in einen Unfall wird, auch wenn man ihn nicht verschuldet hat, jegliche Versicherung unwirksam. Hinzu kommen drastische Strafen. Weitere Details zum Thema Alkohol findet man auf der Webseite der Royal Oman Police (www.rop.gov.om).

Ein Kuriosum: Die Polizei kontrolliert in Oman nicht nur die Einhaltung der Geschwindigkeits- und Alkoholvorschriften. Zumindest im Großraum Muscat kann man auch eine Geldstrafe bekommen, wenn der Wagen zu **sehr verschmutzt** ist.

Zu den größten Gefahren im Straßenverkehr gehören **Tiere**. Immer wieder stehen an Überlandstraßen unvermittelt Kamele oder Esel auf der Fahrbahn, im Dhofar auch Rinderherden. Besonders bei schlechten Sichtverhältnissen oder in der Dunkelheit sollte man daher seine Geschwindigkeit verringern und bremsbereit fahren. Es ist üblich, bei Sichtung von Tieren am Straßenrand das Warnblinklicht einzuschalten und entgegenkommende Fahrer per Lichthupe zu warnen.

Kommt es zu einem **Unfall**, gleichgültig ob mit Mensch oder Tier, muss die Polizei benachrichtigt und ein Protokoll aufgenommen werden. Am besten lässt man das Fahrzeug bis zu ihrem Eintreffen am Unfallort stehen, um die Beweissicherung nicht zu behindern. Ein polizeilicher Unfallbericht ist verpflichtend. Ohne dieses Schriftstück darf keine Werkstatt Reparaturen ausführen und die Versicherungen zahlen nicht. Bei der Befragung durch die Polizei sollte man sich nur zum Unfallhergang äußern, keinesfalls aber zu einem möglichen eigenen Verschulden.

Nach heftigen Regenfällen oder bei starkem Wind kann die Straße plötzlich überschwemmt oder von Sand bedeckt sein. Wer dann zu schnell unterwegs ist, kann böse Überraschungen erleben.

Besondere Vorsicht ist nach Niederschlägen bei Straßen erforderlich, die in Wadis verlaufen oder sie queren. Hier kann es zu **plötzlichen Überflutungen** oder gar einer Flutwelle (*Flash Flood*) kommen, selbst wenn der Regen in einem weit entfernten Seitental niederging. In den Wintermonaten ist dieses Risiko am größten.

Häufig sieht man an **Wadi-Durchfahrten** rote, im unteren Bereich weiße Pfosten. Sie ermöglichen eine gewisse Orientierung, wenn das Wadi Wasser führt: Hat es den roten Bereich erreicht, ist eine Durchquerung nicht mehr möglich. Nur selten aber steigt der Wasserspiegel so hoch – wer nicht sicher ist, ob das Wadi durchquert werden kann, sollte auf andere, ortskundige Verkehrsteilnehmer warten oder die Wassertiefe vorsichtig zu Fuß erkunden und im Zweifelsfall besser umkehren.

Warnhinweis „Überschwemmungsgefahr"
an einem Wadi

Tipps zum Offroadfahren

Die folgenden Tipps sind nicht als Anleitung für Neulinge zu verstehen, sondern als Anregung für Fahrer, die bereits erste Offroad-Erfahrungen gemacht oder einen entsprechenden Kurs besucht haben.

Grundsätzlich ist darauf zu achten, dass das Fahrzeug sich in technisch einwandfreiem Zustand befindet. Öl, Wasser, Benzin und Luftdruck müssen überprüft werden – letzterer auch im Reservereifen. Bei Fahrten auf Sandpisten sollte der Reifendruck auf etwa 55 % des normalen Drucks gesenkt werden, da dies die Auflagefläche des Reifens im Sand vergrößert. Je trockener der Sand, desto höher ist das Risiko, sich festzufahren. Daher fährt man am besten am Vormittag oder Nachmittag.

Es empfiehlt sich, immer möglichst früh hochzuschalten, um Überhitzungen zu vermeiden – niedrige Gänge sind nur beim Anfahren und auf steilen Streckenabschnitten angezeigt. Je weniger man bremst, umso besser. Wer den Wagen ausrollen lässt, minimiert das Risiko, im lockeren Untergrund einzusinken. Nur wenn man trotz hoher Drehzahl immer schwieriger vorankommt, kann man kurz versuchen, ein Festfahren zu vermeiden, indem man in einen niedrigeren Gang schaltet. Keinesfalls sollte man in solchen Fällen aber Experimente machen – wer sich erst einmal festgefahren hat, kommt mit Motorkraft allein nicht wieder frei. Dann hilft nur noch graben. Vor und hinter den Reifen liegender Sand muss aus dem Weg geschaufelt werden, sowohl bei der Hinter- als auch bei der Vorderachse. Es hilft auch, ein Stück Weg vor dem Fahrzeug freizuschaufeln, damit die Räder sich nach dem Anfahren nicht gleich wieder eingraben. Ideal sind zu diesem Zweck Sandbleche, die bei Wüstenfahrten zur Ausstattung gehören sollten. Alternativ kann man umherliegende Palmwedel, Fußmatten aus dem Fahrzeug, Pappen oder Kofferraumabdeckungen nutzen. Wenn alles Graben nichts hilft, ist man auf ein anderes Fahrzeug angewiesen, das idealerweise über eine Seilwinde oder einen stabilen Abschlepphaken verfügt. Um notfalls Hilfe anfordern zu können, gehört ein voll aufgeladenes Mobiltelefon mit eingespeicherten Notrufnummern ins Gepäck.

Wer durch Dünengebiete fährt (was Erfahrung und Geschick voraussetzt), sollte nicht einsehbares Gelände zuvor zu Fuß erkunden und feststellen, wie es hinter dem Dünenkamm weitergeht – beginnt hier ein Steilhang, oder geht es in einen Kessel aus mehreren Dünen hinab?
Gleiches gilt, wenn ein Gewässer zu durchqueren ist. Nur zu Fuß lässt sich herausfinden, ob der Wasserstand die Wattiefe des Fahrzeugs (die Wassertiefe, die bei langsamer Geschwindigkeit durchfahren werden kann) nicht übersteigt. Gefundene Furten sind dann sinnvollerweise mit Pflöcken zu markieren.

Besondere Vorsicht sollte man bei Wadi-Durchquerungen walten lassen. Wadis sind trockene Flussbetten, in denen es nach Regenfällen plötzlich zu Überflutungen und zu sogenannten Flash Floods kommen kann. Diese Flutwellen stürzen mit großer Geschwindigkeit und Wucht durch das Wadi, bevor sie sich ins Meer ergießen oder im Sand versickern. Oft dauern solche Überschwemmungen nur kurz an, doch wenn man im Wadi von ihnen überrascht wird, können die Folgen fatal sein.

Bei Fahrten durch Geröll– und Steinwüste benötigt man ein Fahrzeug mit hoher Bodenfreiheit. Ein Unterfahrschutz verhindert zusätzlich, dass Felsbrocken Schäden am Bodenblech bzw. an Ölwanne und Schläuchen verursachen.

Aus Sicherheitsgründen ist es ratsam, vor jeder Tour seine geplante Route im Hotel zu hinterlassen und mitzuteilen, bis zu welchem Zeitpunkt man spätestens zurück sein möchte. Bei größeren Verspätungen sollte man kurz anrufen, sonst setzen sich eventuell Suchtrupps in Bewegung. Aus dem gleichen Grund sollte man sich auch dann kurz zurückmelden, wenn alles glatt verlief. Auf wenig befahrenen Strecken fährt man besser nur im Konvoi oder mit mindestens zwei Wagen, da man im Fall einer Panne sonst zuweilen lange auf Hilfe warten muss.

In der Capital Area müssen an vielen Straßen **Parkgebühren** gezahlt werden, die Bedienungsanweisungen auf den Parkscheinautomaten sind auch auf Englisch. Die großen **Parkhäuser** der Shopping Malls bieten ihrer Kundschaft den Service von Gratis-Parkplätzen.
Das **Tankstellennetz** in Oman ist entlang der asphaltierten Straßen dicht, bei Offroad-Fahrten sollte man ausreichend Benzin im Ersatzkanister mit sich führen. Selbstbedienung ist nicht üblich, der Tankwart erwartet aber für seinen Service kein Trinkgeld. Die Treibstoffpreise sind an allen Tankstellen gleich und sehr günstig: Pro Liter zahlt man zwischen 0,120 und 0,140 OR.

▸ Offroad-Fahrten

Viele Naturschönheiten Omans liegen versteckt in der Wüste oder in den Bergen. Wer sie nicht im Rahmen einer geführten Tour, sondern auf eigene Faust entdecken möchte, ist auf ein Allradfahrzeug und ausreichende Fahrerfahrung angewiesen. Wer eine Offroad-Tour mit einem Leihwagen durchführen möchte, sollte die Mietbedingungen des gewählten Unternehmens sehr genau studieren. Bei vielen Vermietern sind Offroad-Touren nicht gestattet, im Rahmen solcher Fahrten entstandene Schäden sind folglich nicht von der Versicherung abgedeckt (s. Mietwagen S. 112).

Gestattet sind Offroad-Fahrten z. B. bei SIXT (www.sixt.de). Der Vertreter des deutschen Mietwagenunternehmens in Oman, **Bahwan Travel**, bietet für Interessierte sogar spezielle Kurzkurse an, bei denen man das Fahren off road lernen kann. Wer mit dem Unternehmen bereits im Vorfeld Kontakt aufnimmt (www.bahwantravels.com) und konkrete Ideen zu einer Tour äußert, bekommt neben wertvollen Infos auch ein Fahrzeug, dessen Ausstattung perfekt auf die geplante Unternehmung abgestimmt ist. Wer z. B. von Muscat nach Salalah fahren möchte, erhält ein Fahrzeug mit Überrollbügeln und einem zweiten Ersatzreifen.

Offroad-Touren bergen jedoch Risiken, die gerade ungeübte Fahrer häufig unterschätzen. Wer noch über wenig Fahrpraxis verfügt, sollte sich besser geführten Offroad-Touren anschließen, die in Oman von mehreren erprobten Unternehmen angeboten werden (Adressen s. S. 119).

Wer mit staubverkrustetem Fahrzeug durch Muscat fährt, muss mit einem Strafzettel rechnen

B) Bekleidung

Obwohl Oman ein muslimisches Land ist, gibt man sich mittlerweile zumindest in der Hauptstadtregion relativ weltoffen. Selbst recht kurze oder knappe Bekleidungsstücke werden bei Besuchern aus dem Westen toleriert, ziehen aber häufig die Aufmerksamkeit auf sich. Wer dem entgehen und den landesüblichen Gepflogenheiten Achtung erweisen möchte, sollte **Schultern** und **Knie** in der Öffentlichkeit stets bedeckt halten. Im Übrigen gilt bei der Sommerbekleidung das Stichwort smart casual, was soviel wie leger, aber sauber und ordentlich bedeutet. Badekleidung wird nur am Strand bzw. am Hotelpool getragen, bei Frauen ist dabei ein Badeanzug dem Bikini, bei Männern Badeshorts der knappen Badehose vorzuziehen.

„Oben ohne" (*topless*) oder gar FKK sind ein **absolutes Tabu**, auch an den Pools und Stränden der großen internationalen Hotels. Bei Missachtung drohen neben hohen Strafen auch erhebliche Aggressionen seitens der einheimischen Bevölkerung.

Bei Reisen durch bislang noch **selten von Touristen frequentierte Gebiete** sind lange Hosen/Röcke und langärmlige, nicht zu knappe oder zu weit ausgeschnittene Oberteile ein Muss, sonst erntet man zumindest an Tankstellen oder in kleinen Restaurants böse Blicke.

Beim Besuch der Sultan Qaboos-Moschee sind lange Hosen bzw. Röcke und langärmelige Hemden oder Blusen Pflicht. Bei Frauen müssen auch Hals und Dekolletee bedeckt sein.

Neben leichter Bekleidung aus atmungsaktiven Materialien gehört auch in den Sommermonaten ein Pullover oder eine leichte Jacke ins Gepäck. Bei Temperaturen bis 50°C scheint dies paradox, aber viele Hotels, Malls etc. begegnen der Hitze mit voll aufgedrehten Klimaanlagen. Im Winter kann es auch im Freien am Abend kühl werden. In den Bergen sinken die Temperaturen nachts stark ab, hier tut ein Fleecepullover gute Dienste.

Trekkingsandalen sind fast immer das **perfekte Schuhwerk**, ergänzt um Flip-Flops für Strand und Pool. Bei Überlandfahrten auf Sandpisten sind geschlossene leichte Schuhe (z. B. Joggingschuhe) ein Muss, denn zumindest im Sommer kann zu heißer Sand zu Verbrennungen an den Füßen führen, unangenehm ist er allemal. Wer in der Wüste oder den Bergen Wanderungen unternehmen möchte, benötigt festes und robustes Schuhwerk.

Behinderte

Im Vergleich zu anderen arabischen Ländern ist Oman relativ **gut auf Reisende mit Handicap eingestellt**. Das Personal am Flughafen in Muscat ist auf die Ankunft behinderter Gäste vorbereitet. Viele Hotels, Einkaufszentren und öffentliche Gebäude sind für Rollstuhlfahrer zugänglich und stellen für Behinderte eigene Toiletten und Parkplätze zur Verfügung. In einigen großen Hotels gibt es behindertengerecht ausgestattete Zimmer und Toiletten – wer ein solches bucht, sollte es sich in den Unterlagen ausdrücklich bestätigen lassen.

Unterwegs ist jedoch mit Problemen zu rechnen. Viele Sehenswürdigkeiten sind aufgrund ihrer historischen Bauweise nur schwer oder gar nicht für Behinderte zugänglich. In den Souqs sind viele interessante Bereiche uneben gepflastert oder nur über viel zu enge Gassen erreichbar. Auf dem Land sind die Straßen oft gar nicht befestigt und sandig. Informationen und Ratschläge bekommt man bei der Association for the Welfare of the Handicapped Children, Muscat, P.O.Box 1056, ☎ 968-24 49 65 02, Email: awhoc@omantel.net.om.

Diplomatische Vertretungen   D

In Deutschland

Botschaft des Sultanats Oman

Clayallee 82, 14195 Berlin
☎ 030-8100510, 🖷 030-81005199
botschaft-oman@t-online.de
Öffnungszeiten: Mo–Fr 10–15 Uhr

In Österreich

Botschaft des Sultanats Oman

Währingerstr. 2–4, 1090 Wien
☎ 01-3108643/44, 🖷 01-3107268
embassy.oman@chello.at
Öffnungszeiten: Mo–Fr 9–15 Uhr

In der Schweiz

Generalkonsulat des Sultanats Oman

Chemin de Roilbot 3a, 1292 Chambésy
☎ 022-7589660/70, 🖷 022-7589666
missionoman@bluewin.ch

In Oman

Botschaft der Bundesrepublik Deutschland

Hillat al Jazeera (hinter dem Al Nahdha Krankenhaus), P.O. Box 128, PC 112, Ruwi
☎ +968- 24835000, 24832482, 24837374, Notruf +968-99321641 (auch per SMS), 🖷 +968-24835690, info@maskat.diplo.de, www.maskat.diplo.de
Öffnungszeiten: Konsularabteilung So–Do 9–12 Uhr, Botschaft So–Do 7.30–15 Uhr

Botschaft der Schweiz

Shatti al Qurum, Villa 1366, Way 3017, ☎ +968-24603267, 🖷 +968-24603298, mct.vertretung@eda.admin.ch, www.eda.admin.ch/muscat

Österreichische Botschaft

Österreich hat seine diplomatische Vertretung in Oman Anfang 2012 budgetbedingt geschlossen, es gibt nur eine Wirtschaftsvertretung. Konsularisch zuständig ist nun die **Botschaft in Saudi-Arabien**, Diplomatic Quarter Riyadh, ☎ +966-14801217, 🖷 +966-14801526, www.aussenministerium.at/riyadh, www.bmeia.gv.at/botschaft/riyadh.html.

E)   Einreisebestimmungen

Für die Einreise nach Oman benötigen Deutsche, Österreicher und der Schweizer einen noch mindestens **sechs Monate gültigen Reisepass**. Kinder müssen einen eigenen Reisepass besitzen, ein Kinderausweis oder der Eintrag im Pass der Eltern ist nicht ausreichend. Das zusätzlich verlangte Visum wird bei der Einreise am Flughafen erteilt, nachdem man einen kurzen Fragebogen ausgefüllt und eine Gebühr von 20 OR entrichtet hat (auch in Devisen zahlbar, allerdings ist der Kurs nicht besonders gut). Üblicherweise handelt es sich dabei um ein Visum zur einmaligen Einreise (**Single Entry Visum**), das zu einem Aufenthalt von maximal einem Monat berechtigt. Wer nur maximal 10 Tage im Land bleiben möchte, kann für 5 OR auch ein Kurzaufenthaltsvisum bekommen.

Wer innerhalb eines Jahres mehrmals einreisen möchte, kann ein **Multiple Entry Visum** beantragen, das 50 OR kostet (muss vorab bei der Botschaft beantragt werden). Dazu muss ein Reisepass vorgelegt werden, der noch mindestens ein Jahr Gültigkeit hat. Die Aufenthaltsdauer in Oman darf mit diesem Visum jeweils nur drei Wochen betragen, und es ist zu beachten, dass man vor einer erneuten Einreise drei Wochen außer Landes verbracht haben muss. Abstecher in die VAE sind damit also nicht möglich!

Express Visa werden nur durch eine konsularische Vertretung oder ein Unternehmen in Oman für den Antragsteller innerhalb von 24 Stunden ausgestellt, gelten dann für maximal zwei Wochen und können nicht verlängert werden. Ein solches Visum kostet 25 OR und wird in erster Linie Geschäftsreisenden erteilt.

Einzelheiten zur Erteilung omanischer Visa finden sich auf den Webseiten des Auswärtigen Amtes (www.auswaertiges-amt.de) und der omanischen Polizei (www.rop.gov.om).

Passagiere und Besatzungsmitglieder von Kreuzfahrtschiffen sind z. B. im Rahmen eines Landganges für Aufenthalte von max. 24 Stunden von der Visumpflicht befreit.

> **Einreise über die VAE**

Zwischen Dubai und Oman besteht ein **Visa-Abkommen** (*common visa facility*). Es gestattet Reisenden mit einem mindestens 21 Tage gültigen Visum des Emirates Dubai, ohne gesondertes Visum nach Oman einzureisen.

Wer über Qatar einreist oder nach einem Aufenthalt in Oman nach Qatar weiterreist, kann ein **Kombi-Visum** beantragen. Zu dem Einzelvisum im Pass kommt dann ein Zusatzstempel, der zur Einreise in das jeweils andere Land berechtigt. Man muss sich dann zwar erneut beim Immigration-Schalter anstellen, aber nicht ein zweites Mal bezahlen. Dieses Kombi-Visum kostet 18 OR. Das Visum wird ungültig, wenn der Inhaber in ein Drittland reist, die Reise also nicht unmittelbar vom einen in den anderen Staat erfolgt.

Für die Einreise aus anderen Emiraten der VAE nach Oman benötigt man ein **Visum**, das **am Grenzübergang** ausgestellt wird. Bei Ausreise aus Oman in die Vereinigten Arabischen Emirate (außer Dubai) ist zu beachten, dass ein für Oman erteiltes einmaliges Visum nicht zur Wiedereinreise nach Oman berechtigt, sondern ein neues Visum erfordert.

Bei einer Einreise aus den VAE per Mietwagen müssen am Grenzübergang eine **Unbedenklichkeitserklärung** der Agentur und eine Zusatzversicherung vorgewiesen werden.

Einkaufen

▸ Souqs/Souqstraßen

In Oman ebenso verbreitet wie in anderen arabischen Ländern sind sogenannte Souqs. Das Wort **Souq** wird in vielen Reiseführern mit „Markt" übersetzt. Dies ist nicht falsch – tatsächlich wird hier gehandelt, ver- und gekauft –, trifft die Realität dann aber doch nicht ganz. Denn mit dem Wort „Markt" verbinden Europäer in der Regel einen Wochenmarkt mit seinem Angebot an Lebensmitteln, manchmal auch Kleidung und anderen Gütern. Doch der Souq ist viel mehr.

Zunächst einmal ist er eine permanente Einrichtung, er wird nicht aufgebaut, sondern besteht aus mehreren Straßenzügen bzw. einem ganzen Stadtviertel mit zahllosen kleinen Läden. Hier wird fast täglich und von früh bis spät gehandelt, wenngleich die geschäftigste Zeit erst kurz vor Sonnenuntergang beginnt. Neben Lebensmitteln gibt es hier auch Gewürze, Medikamente, Duftwässer, Stoffe, Kleidung, Lederwaren, Schmuck und was das Herz sonst noch begehren mag. Meist werden gleichartige Waren unmittelbar nebeneinander angeboten, so gibt es eigens den Silberschmieden, Parfümeuren, Schustern etc. zugewiesene Ladenstraßen.

Souqs sind ein beliebter Treffpunkt und erfüllen für die Gemeinschaft neben der wirtschaftlichen auch eine wichtige kommunikative Funktion. Dass die Souqs auch bei Touristen so beliebt sind, liegt neben dem bunten Warenangebot auch an der exotisch anmutenden Basar-Atmosphäre. Es ist reizvoll, sich durch das Labyrinth winziger, in Halbdämmer getauchter Gassen treiben zu lassen, das von Menschengewimmel, fremdartigen Klängen und Gerüchen erfüllt ist.

Die traditionellen Souqs befinden sich in den Altstädten, daneben gibt es auch in den neueren Stadtvierteln Einkaufsgegenden mit souqähnlichem Charakter, die sich aber meist auf einen Straßenzug beschränken. Angeboten werden dort Neuwaren aus aller Welt, u.a. auch moderne Unterhaltungselektronik. Ein Beispiel für eine solche Ladenstraße ist die Souq Street von Ruwi.

Öffnungszeiten der Souqs sind üblicherweise von 8–12.30 Uhr und von 16–19.30 Uhr. Länger sind Souqs geöffnet, in denen auch viele Touristen einkaufen (wie z. B. in Muscat bis ca. 21 Uhr). Am Freitag sind die Souqs erst ab dem frühen Nachmittag geöffnet, nach dem Freitagsgebet. Dafür ist der Freitagnachmittag dann aber ebenso wie der Donnerstag besonders geschäftig.

Auch Einheimische nutzen den Souq zum Einkauf

Schmuckkauf

Schmuck ist in Oman eine **heiß begehrte Ware**, denn auf keine andere Weise kann man seinen Wohlstand besser kundtun als durch glitzernde Preziosen. Früher trug man in erster Linie Silberschmuck, heute ist es wie fast überall auf der Welt Gold, das die Augen zum Glänzen bringt. Da Gold nicht nur den sozialen Status repräsentiert, sondern auch als Brautgeschenk erste Wahl ist, findet man in allen größeren Städten entweder einen Goldsouq oder zumindest eine Reihe von Geschäften, die das edle Metall anbieten. Infolge niedriger Lohnkosten bei der handwerklichen Verarbeitung sind die Kaufpreise für Schmuck im Vergleich zu Europa gering. Allerdings muss man die für die EU gültigen Reisefreigrenzen beachten. Abgabenfrei dürfen Waren nur bis zu einem maximalen Gesamtwert von 430 € eingeführt werden.

Das **Design des Schmucks** orientiert sich eher am asiatischen (vornehmlich arabischen oder indischen) Geschmack, aber gerade das kann reizvoll sein. Zudem wird in Asien dem Gold häufig Kupfer beigemischt, wodurch es eine rötliche Färbung erhält.

Beim Kauf kann es ein wenig kompliziert werden, denn die **Preise** hängen zum einen vom aktuellen Tagespreis des Goldes (dieser sollte im Geschäft aushängen), zum anderen vom Gewicht des ausgewählten Stückes in Gramm ab. Auch der Reinheitsgrad des Goldes, der in Karat gemessen wird, sorgt für preisliche Differenzen. Die Karatzahl gibt den Goldgehalt in der Metalllegierung an. Der Goldgehalt wird in einer 24er-Teilung angegeben – einkarätiges Gold hat einen Goldanteil von einem Vierundzwanzigstel. Der Feingehalt ist dem Schmuckstück aufgestempelt: 333er Gold hat 8 Karat, 585er Gold 14 Karat, 750er Gold 18 Karat und 999er Feingold 24 Karat.

Auch beim **Kauf von Edelsteinen** spielt die Karatzahl eine Rolle, die in diesem Fall aber für das Gewicht des Steines steht. 1 Karat (abgekürzt Kt oder ct) entspricht 0,2 g und ist in 100 Einheiten unterteilt.

Neben dem **Gewicht** hängt der Wert eines Steines von drei weiteren Faktoren ab: Farbe, Reinheit und Schliff (im Englischen spricht von den 4 C's = Carat, Colour, Clarity, Cut).

Für die **Farbe** insbesondere von Diamanten gilt: je farbloser, desto wertvoller. Die Farbe der kostbarsten Steine wird mit „Hochfeines Weiß+" (engl. „River+") bezeichnet, gute Qualität kauft man mit „Feinem Weiß+" (engl. „Top Wesselton+"). Ganz unten auf der Skala stehen gelbliche Steine mit der Farbbezeichnung „Getönt 4" (engl. „Yellow").

Beim **Reinheitsgrad** geht es darum, ob der Stein mit der Lupe oder gar mit bloßem Auge sichtbare Einschlüsse aufweist. Der Grad IF (internal flawless) ist mit lupenrein zu übersetzen, VVS bedeutet very very small inclusions (sehr, sehr kleine Einschlüsse), VS very small inclusions und SI small inclusions. Die Stufen P1 bis P3 (Pique 1 bis 3) beschreiben eine Reinheitsstufe, bei der Einschlüsse zumindest für Fachleute mit dem bloßen Auge nur schwer bis sehr leicht zu erkennen sind.

Vom **Schliff** schließlich und der Qualität seiner Ausführung hängt die Brillanz eines Edelsteines ab. Durchsichtige Steine können Licht reflektieren, brechen und vielfarbig aufspalten. Dazu wird der Stein mit einer Vielzahl dreieckiger oder viereckiger Flächen (Facetten) versehen, nach unten spitz zulaufend und oben flach. Es kommt darauf an, durch genaues Berechnen von Flächen und Winkeln ideale Proportionen zu erzielen. Ist dies gelungen, wird die Brillanz als sehr gut oder gut bezeichnet (very good, good). Die Stufen mittel bis gering (medium, poor) bedeuten eine mehr oder weniger starke Brillanzminderung.

> ### Shopping Malls

Aus Beton erbaut und mit wertvollen Materialien wie Marmor ausgestattet, klimatisiert und grell beleuchtet, so erheben sich am Rand der großen Städte riesige Einkaufszentren in der Wüste, in denen man alles bekommt, was des modernen Menschen Herz begehrt. Alle großen Weltmarken unterhalten hier Shops, wobei der Schwerpunkt auf Designer- oder hochpreisiger Mode liegt. Ebenso vielfältig wie das Warenangebot sind die Unterhaltungsprogramme: Musik- und Tanzvorführungen, artistische Showeinlagen etc. begleiten den Einkaufsbummel. Für Kinder wurden spezielle Spielbereiche eingerichtet.

Wer beim Shoppen Appetit bekommen hat, findet eine breite Auswahl an Restaurants und in großen Food Courts Snacks aus aller Welt. Auch die internationalen Fastfoodketten sind vertreten.

Wer nun meint, solche Malls hätten kein orientalisches Flair, der irrt gewaltig – auch hier bleibt stets spürbar, dass man sich im Nahen Osten befindet. Weihrauchduft durchzieht die Gänge, in den Auslagen glitzert im arabischen oder indischen Stil kunstvoll verarbeiteter Goldschmuck und ein Großteil der Kunden trägt farbenprächtige traditionelle Gewänder.

> ### Supermärkte/Department Stores

In allen Städten gibt es kleinere Supermärkte, bei denen der Angebotsschwerpunkt auf Lebensmitteln liegt. Fleisch (kein Schwein), Fisch, Obst und Gemüse gehören hier zum Sortiment. Daneben gibt es Hypermärkte wie Lulu und Carrefour mit riesigen Verkaufsflächen und internationalem Warenangebot, in denen auch Non Food-Artikel wie Bekleidung und Haushaltswaren zu finden sind.

Neben diesen eher auf den alltäglichen Bedarf eingestellten Geschäften gibt es Kaufhäuser mit unterschiedlicher Spezialisierung. Von allem etwas in unterschiedlichen Preislagen findet man in den breit sortierten **Capital Stores,** während **Khimji's Megastores** mit Luxuswaren das gehobene Segment bedienen. Bei der Kette **Salman Stores** liegt der Schwerpunkt auf Küchengeräten und Haushaltswaren. Alle Kaufhäuser führen regelmäßig Sonderverkäufe durch, es lohnt sich daher, auf entsprechende Sale-Aktionen zu achten.

> ### Handeln

Das Handeln ist in Oman nur im Souq üblich und auch hier gibt es nur geringe Verhandlungsspielräume. Die großen Geschäfte und Supermärkte haben Festpreise. Wer im Souq Interesse an einem bestimmten Souvenir zeigt, bekommt vom Verkäufer einen Preis genannt und kann nun zunächst versuchen, diesen um etwa 20 % zu unterbieten. Jäh erlahmendes Interesse des Händlers zeigt an, dass das Angebot zu niedrig war – dann geht man wieder etwas höher. Als Regel gilt: Ein einmal gemachtes Angebot darf nicht wieder unterschritten werden. Nach längeren Verhandlungen einen Rückzieher zu machen gilt als unhöflich. Die Worte last price beenden das Verkaufsgespräch, an diesem letzten Angebot ist nicht mehr zu rütteln. In den meisten Fällen wird der Preis in Ordnung sein.

Elektrizität

Das unter staatlicher Aufsicht stehende Stromnetz versorgt Oman mit 220/240 Volt Wechselstrom bei 50 Hertz.

Die Stecker entsprechen der britischen Norm mit drei Polen, sodass deutsche Geräte nur mit einem entsprechenden Adapter angeschlossen werden können. Einzige Ausnahme sind Flachstecker, die manchmal kompatibel sind, wenn man etwas nachhilft. In größeren Hotels ist meist eine Steckdose mit einem Adapter versehen, andernfalls ist ein solcher auf Anfrage erhältlich. Stellt das Hotel keinen Adapter zur Verfügung, kann man ihn für wenig Geld in Supermärkten oder Elektrohandlungen erwerben.

Essen und Trinken

In Oman kommt eine bunte Mischung von Menschen aus der ganzen Welt zusammen. Entsprechend gibt es Spezialitätenrestaurants aus aller Herren Länder. Ein Schwerpunkt liegt dabei auf den Küchen Asiens und hier wiederum besonders auf der iranischen, pakistanischen, (süd-)indischen und südostasiatischen Küche. Ebenfalls sehr begehrt sind die Produkte amerikanischer Fast Food-Ketten, die in nahezu jeder größeren Stadt vertreten sind.

Im omanischen Alltag spielt die arabische Küche die Hauptrolle. Doch auch bei dieser handelt es sich um keine eigenständige Kochtradition. Sie umfasst Rezepturen aus einer ganzen Reihe von Länderküchen, die viele Gemeinsamkeiten haben, sich aber durchaus voneinander unterscheiden. Hinzu kommen Einflüsse aus Nord- und Ostafrika sowie dem Fernen Osten. Eine ganz eigene Esskultur haben wiederum die Beduinen entwickelt (zur arabischen Küche s. S. 72). Was Beliebtheit und Verbreitung angeht, so nimmt die libanesische Küche im gesamten arabischen Raum einen vorderen Rang ein. Sie gilt als besonders vielfältig und raffiniert.

› Restaurants

Überall in Oman gibt es kleine **Straßenrestaurants** und **Imbisse**, in denen man für wenig Geld eine Mahlzeit zu sich nehmen kann. Das Angebot ist international und reicht von indischen Reisgerichten über chinesische Teigtaschen und Shawarma (s. S. 72) bis zum Burger. Diese Lokale sind authentisch und volksnah, in der Regel aber eher schlicht – man besucht sie um satt zu werden, weniger um einen netten Abend zu verbringen.

Preiswert und unkompliziert isst man auch in den **Food Courts** großer Einkaufszentren, wo Selbstbedienungsrestaurants mit fernöstlicher, arabischer und westlicher Küche vertreten sind.

Am oberen Ende des Spektrums rangieren die **Hotel-Restaurants**, die internationale Küche auf höchstem Niveau und ein exklusives Ambiente bieten. Hier wird dem Gast jeder Wunsch erfüllt, wenn er angemessen gekleidet ist und über das nötige Kleingeld verfügt. Besonders beliebt sind hier die Büffets und Themenabende. Es gibt Frühstück- und Seafood-Büffets, Grillabende und Arabian Nights mit orientalischen Leckereien in entsprechender Dekoration, um nur einige Beispiele zu nennen. Besonders reichhaltig und in Hinblick auf das Gebotene preisgünstig ist oft der Sonntags-Brunch.

Auch außerhalb der Hotels gibt es **gehobene Restaurants** mit stilvollem Ambiente, Aircondition und englischsprachigem Personal. Nicht selten handelt es sich dabei um Inder. Adressen und Empfehlungen finden sich in den Infoblöcken unter den Orten im Reiseteil dieses Buches.

Auch auf **Vegetarier** wartet in Oman ein ausreichend großes Angebot. Es gibt viele Gastarbeiter aus Indien, die sich aus religiösen Gründen fleischlos ernähren. Daher nehmen viele Restaurants, nicht nur die indischen, vegetarische Gerichte in ihre Speisekarten auf. In arabischen Restaurants basieren die Hauptgerichte zwar meist auf Fleisch. Vegetarier haben aber die Auswahl unter diversen vegetarischen Beilagen oder Vorspeisen.

Strenge Vegetarier sollten beachten, dass vegetarische Gerichte häufig mit Tierfett gebraten oder auf einem Rost gegrillt werden, auf dem zuvor ein Tier gelegen hat.

Shisha-Cafés

Verbreitet sind in Oman Shisha-Cafés, in denen man sich mit Freunden trifft, um gemeinsam eine Wasserpfeife (**Shisha** oder Nargile) zu rauchen. Dabei muss man Zeit mitbringen – die Prozedur dauert etwa eine Stunde. Bei zu schnellem Rauchen wird der Tabak heiß und schmeckt bitter. Während die Wasserpfeife brennt, wird ausgiebig geplauscht. Ab und an wird das gedämpfte Geräusch des Redeflusses durch das Blubbern des Wassers unterbrochen, wenn jemand am Schlauch zieht. Zur Shisha können eine Reihe kleiner Gerichte und diverse Getränke bestellt werden, am beliebtesten ist Tee.

Shisha-Tabak ist deutlich feuchter als normaler Tabak und wird häufig aromatisiert, z. B. mit getrockneten Früchten, sodass der Rauch wesentlich angenehmer riecht als Zigarettenqualm. Da er mit Wasserdampf vermischt ist, wirkt er auch leichter. Dass das Shisha-Rauchen aber weniger schädlich ist, weil ein Teil der Schadstoffe vom Wasser zurückgehalten wird, ist inzwischen umstritten. Neuere Studien weisen darauf hin, dass über die Wasserpfeife sogar mehr Teer und Nikotin und zudem mehr giftiges Kohlenmonoxid aufgenommen werden als über Zigaretten.

Rauchen ist niemals gesund, doch fanatischen Gesundheitsaposteln sei Folgendes entgegengehalten: Eine einmalige Shisha-Sitzung bringt niemanden um, stellt aber ein echt orientalisches Erlebnis dar.

Kleidung im Restaurant

Wie überall in der Öffentlichkeit gilt es auch bei einem Restaurantbesuch der Tatsache Rechnung zu tragen, dass Oman ein islamisches Land ist. Grundsätzlich gilt die Devise *smart casual*, das heißt leger, aber angemessen. Shorts und T-Shirts sind ebenso wie Joggingschuhe tabu, ebenso wie allzu kurze oder freizügig geschnittene Kleidung. Je besser das Restaurant, desto strenger der Dress Code. In eleganten Hotelrestaurants wird zumindest bei festlichen Abendessen vom Gast formelle Kleidung erwartet. Bei Herren bedeutet dies lange Hose, Hemd und evtl. Jackett, bei Damen Hose oder Rock und lange Bluse.

Hygiene

Alle gastronomischen Einrichtungen in Oman werden **regelmäßig kontrolliert**. Man kann daher auch in Straßenrestaurants ohne Bedenken einen Imbiss zu sich nehmen. Im Einzelfall sollte man sich einfach auf die eigenen Augen, die Nase und den Geschmack verlassen. Ein zuverlässiges Signal für die Güte eines Lokals ist auch der Zuspruch durch die lokale Bevölkerung. Ist das Restaurant/der Imbiss von vielen einheimischen Kunden frequentiert, so kann man von guter Qualität ausgehen. In den großen Hotel-Restaurants spielen Hygiene-Aspekte eine genauso große Rolle wie überall auf der Welt.

Bezahlen/Trinkgeld

Auf Restaurantrechnungen sind insgesamt 17 % für *Municipality Tax* und *Service Charge* ausgewiesen. Die letztere entspricht dem **Trinkgeld**, sodass theoretisch keines zusätzlich gezahlt werden muss. In vielen Fällen wird die Service Charge aber nicht an das Personal ausgezahlt, sondern vom Restaurantbetreiber als zusätzlicher Verdienst einbehalten. Wer sicher gehen möchte, dass die Bedienung nicht leer ausgeht, übergibt dieser ein Trinkgeld in bar. Üblich sind, je nach Zufriedenheit, 5 bis 10 % des Rechnungsbetrages.

In gehobenen Restaurants kann mit **Kreditkarte** (vorzugsweise MasterCard oder Visa Card) bezahlt werden, in kleinen Restaurants wird, insbesondere außerhalb der großen Städte, nur Bargeld akzeptiert.

Alkohol

Im Vergleich zu anderen arabischen Ländern ist der Umgang mit dem Thema Alkohol in Oman liberal. Während er z. B. in Saudi-Arabien ausnahmslos streng verboten ist, haben in Oman viele große internationale Hotels und Restaurants eine **Schanklizenz**. Dort sowie in manchen privaten Clubs können Ausländer alkoholische Getränke konsumieren (zu entsprechend gehobenen Preisen). Auch auf dem Hotelzimmer oder in Privatwohnungen darf Alkohol getrunken werden.

In gastronomischen Betrieben mit Ausschanklizenz darf auch Alkohol verkauft werden. Ansonsten ist der **Erwerb von Spirituosen** nur im Duty Free Shop am Flughafen möglich und in handverlesenen Liquor stores, für die man aber ein Permit benötigt.

Bei aller Toleranz sind die Gesetze bezüglich alkoholisierten Autofahrens sehr streng. **Null-Toleranz** herrscht auch beim Genuss von Alkohol in der Öffentlichkeit. Weniger bekannt ist, dass auch der Transport von Alkohol im Auto einem Verbot unterliegt. Die einzige Ausnahme bildet die Fahrt vom Flughafen oder Liquor store in die Wohnung bzw. zum Hotel. Man muss dann aber durch eine Quittung nachweisen können, dass der Einkauf unmittelbar zuvor erfolgt ist. Achtung: Auch im Auto herumliegende leere Alkoholflaschen können Probleme verursachen, wenn man in einen Unfall verwickelt oder aus anderen Gründen von der Polizei kontrolliert wird.

Grundsätzlich verboten ist der Weiterverkauf von eingeführtem Alkohol. Bei der Einreise über den Landweg aus den VAE dürfen keine im Duty Free Shop erworbenen Spirituosen mitgeführt werden.

Sondersituation Ramadan

Während des muslimischen Fastenmonats Ramadan (s. S. 101f.) ist es zwischen Sonnenaufgang und Sonnenuntergang verboten, in der Öffentlichkeit zu essen und zu trinken. Dies gilt auch für Touristen und auch für Hotels, gleich welchen Standards. In internationalen Hotels wird das Frühstück dann entweder auf dem Zimmer oder in einem durch blickdichte Vorhänge abgetrennten Restaurantbereich serviert. Wer tagsüber essen möchte, kann ebenfalls dieses Restaurant nutzen oder den Zimmerservice bestellen. Nach Sonnenaufgang öffnen einige Restaurants, das Speiseangebot ist aber begrenzt und zum Essen werden nur alkoholfreie Getränke serviert. Wer auf einen Drink nicht verzichten möchte, ist auf die Minibar im Zimmer angewiesen. Auch Bars und Nachtclubs bleiben während des gesamten Ramadan-Monats geschlossen. Auch das Rauchen ist während des Ramadan tagsüber verboten.

Feste und Feiertage   F

Religiöse Feste

Die religiösen Feste werden nach dem islamischen Mondkalender festgelegt und verschieben sich daher gegenüber dem gregorianischen Kalender jedes Jahr um ein paar Tage. Die Festlegung der Daten dieser Feste wird bei einigen islamischen Rechtsschulen nicht nur von der astronomischen Rechnung, sondern auch von der tatsächlichen Sichtung des Neumondes abhängig gemacht. Dies führt dazu, dass ein exaktes Datum besonders beim Ramadan manchmal erst am Vorabend des Festes möglich ist. Wann die Feiertage stattfinden, kann man unter www.islam.de nachsehen.

Islamisches Neujahrsfest Al Hijra

Erinnert an den Beginn der islamischen Zeitrechnung, der durch die Auswanderung des Propheten Mohammed von Mekka nach Medina markiert wird und findet voraussichtlich in den nächsten Jahren an folgenden Tagen statt: 02.10.2016, 21.09.2017, 11.09.2018.

Eid al Fitr

Das Fest des Fastenbrechens ist neben dem Opferfest das wichtigste Fest des Islam, vergleichbar mit dem europäischen Weihnachten. Drei Tage lang wird das Ende des Ramadan gefeiert. Die Menschen kleiden sich feierlich, besuchen Verwandte und Freunde und tauschen Geschenke aus. Die Kinder bekommen Süßigkeiten. Es wird ausgiebig gegessen und getrunken. Das Datum ändert sich im gregorianischen Kalender von Jahr zu Jahr, in den nächsten Jahren fällt es auf folgende Termine: 05.–07.07.2016, 25.–27.06.2017, 15.–17.06.2018.

Eid al Adha

Das zweite wichtige Fest des Islam wird ähnlich aufwendig wie Eid al Fitr begangen und dauert vier Tage. Es wird am letzten Tag der Pilgerfahrt nach Mekka gefeiert und erinnert an den Propheten Ibrahim, der bereit war Gott seinen Sohn zu opfern. Als Gott Abrahams grenzenlose Hingabe sah, erließ er ihm die Tötung des Sohnes und gab sich stattdessen mit einem Widder zufrieden. Entsprechend opfert zu Eid al Adha jeder gläubige Muslim, der es sich leisten kann, ein Tier und verteilt einen Teil des Fleisches an Arme und Bedürftige. Auch dieses Datum ändert sich jährlich. 24.–27.09.2015, 12.–15.09.2016, 01.–04.09.2017, 21.–24.08.2018.

Geburtstag des Propheten Mohammed/Maulid al Nabi

Man erinnert sich an den Propheten als Vorbild, stimmt Lobpreisungen an und erzählt sich Geschichten über sein Leben. 22./23.12.2015, 11./12.12.2016, 30.11./01.12.2017, 19./20.11.2018.

Der einzige **christliche Feiertag** ist der 25. Dezember.

Ramadan

Der heilige Monat Ramadan ist der einzige Monat, der im Koran ausdrücklich erwähnt wird. Er fällt in den **neunten Monat des islamischen Kalenders**. In diesem erhielt Mohammed seine erste Offenbarung. Der Gläubige soll während dieser Zeit in sich gehen, die eigene Lebensführung einer strengen Prüfung unterziehen und seinen religiösen Pflichten besonders sorgfältig nachgehen. Zur Unterstützung der inneren Einkehr wird 30 Tage lang zwischen

Sonnenauf- und untergang strikt gefastet. Die Zeit des **Iftar**, des Fastenbrechens am Abend, wird in den Tageszeitungen bekanntgegeben.

Während die Tage von Verzicht geprägt sind, soll es den Gläubigen in den Ramadan-Nächten an nichts mangeln, denn es war Nacht, als Allah sich Mohammed offenbarte. Daher wird **nach Sonnenuntergang** der Kontakt mit Freunden gepflegt und ausgiebig geschlemmt. Häufig wird bis spät in die Nacht getafelt – entsprechend verlangsamt verläuft das Leben dann tagsüber. Aufgrund der verbreiteten Müdigkeit dauern die alltäglichen Verrichtungen etwas länger als üblich, das Arbeitsleben ist stark eingeschränkt.

Das Ende des Ramadan läutet **Eid al Fitr** ein, das **Fest des Fastenbrechens**, bei dem drei bis vier Tage lang im Überfluss gespeist wird. Häufig werden traditionelle Gerichte wie *Mishkik* (marinierte Fleischspieße), *Arsia* (Lamm oder Huhn mit Honig und Reis) und *Muqlab* (Innereien) serviert. Im Grunde nur zum Fest des Fastenbrechens zubereitet wird Shoowa, das omanische Nationalgericht (s. S. 74). Zu Eid al Fitr reisen viele Omanis in ihre Heimatdörfer, um mit der Familie zu feiern. Auf dem Land sieht man dann allerorten Rauch aus der Erde quellen, der auf einen Erdofen hinweist. Gemeinschaftlichkeit wird an den Eid-Tagen großgeschrieben. Häufig wird in kleinen Dörfern vereint eine große Grube gegraben, in die alle Familien ihr Fleischpaket legen. Ist das Fleisch nach 24 oder mehr Stunden gar, wird zusammen gespeist.
Der Ramadan findet voraussichtlich in den nächsten Jahren wie folgt statt: 06.06.–04.07.2016, 27.05.–24.06.2017, 16.05.–14.06.2018.

Staatlicher Feiertag

Nationalfeiertag/National Day

Neben den religiösen Festen der einzige staatliche Feiertag. Er wird am 18. Nov. begangen, dem Geburtstag des Sultans. Im ganzen Land finden Militärparaden und große Volksfeste mit folkloristischen Darbietungen, Pferde- und Kamelrennen statt. Die Städte sind mit riesigen Porträts von Sultan Qaboos, Flaggen und Lichterketten geschmückt.

Kulturfestivals

Muscat Festival

Festival der arabischen Kultur mit Musik und Tanz, Akrobatik, Kunsthandwerk- und Essständen, Sportveranstaltungen und Feuerwerk. Jedes Jahr für drei Wochen im Jan./Feb. an verschiedenen Stätten in der Stadt, u.a. im Al Amerat Park und Al Naseem Gardens (Infos unter www.muscat-festival.com).

Khareef Festival

Das Fest ist dem Khareef, dem Südwestmonsun (s. S. 300), und seinen segensreichen Auswirkungen auf die Provinz Dhofar geweiht. Auf dem Programm stehen Musik, Tanz und Dichterlesungen, Sporttuniere und ein Zirkus (alljährlich von Ende Juli bis Ende Aug. in Salalah).

Fotografieren

Motive gibt es reichlich, aber leider ebenso reichlich Fettnäpfchen, in die man treten kann. Der Koran untersagt, sofern er streng ausgelegt wird, Abbildungen von Personen. Bevor man Einzelaufnahmen von Menschen macht, sollte man daher stets deren **Zustimmung** einholen. Die Bitte um ein Foto sollte aber nur an Männer oder Kinder gerichtet werden, denn eine Frau anzusprechen wäre höchst unhöflich.

Sofern man sich nicht mit Worten verständigen kann, sollte man den anderen Menschen genau beobachten. Wer nicht fotografiert werden möchte, wird sich abwenden, abwinken oder mit mimischen Mitteln seinen Unwillen kundtun. Bereitwillig ablichten lassen sich in der Regel Kamelreiter bei Rennen oder Probeläufen. Wenig Probleme gibt es auch mit Expatriates aus nicht-muslimischen Ländern, wenngleich natürlich auch hier der Wunsch eines Menschen, nicht fotografiert werden zu wollen, respektiert werden muss.

Ein konkretes **Fotografierverbot** besteht für in Moscheen betende Menschen, streng untersagt ist es weiterhin, militärische Einrichtungen, Erdöl- und Gasförderanlagen, Häfen oder Flugplätze abzulichten. Auch an manchen öffentlichen Bauten sind No Photography-Schilder angebracht. Häufig handelt es sich dabei um Regierungs- oder Verwaltungsgebäude. Am Strand vor dem Grand Hyatt in Muscat darf nicht fotografiert wird, da er an das Diplomatenviertel grenzt.

Fotografierverboten sollte man unbedingt Folge leisten. Zuwiderhandlungen werden mit **Geldbußen** geahndet und können zudem zum Einzug vom Film oder Speicherkarte, manchmal auch der Kamera führen.

Fotozubehör wie Filme, Speicherkarten und Batterien ist in den größeren Städten erhältlich, manchmal aber etwas teurer als in Deutschland. Bei Spezialbatterien ist man auf größere Markenshops in den Shopping Malls angewiesen – wer sicher gehen möchte, bringt sie von zu Hause mit. Auch Diafilme sind nicht ganz einfach zu bekommen.

In Internetcafés und Elektronikgeschäften kann man Bilder auf **CD/DVD brennen**, sodass es in der Regel nicht nötig ist, mehr als eine oder zwei Speicherkarten mit auf die Reise zu nehmen.

Fotoapparate, unterschiedliche Objektive, Blitzlichtgeräte und Fototaschen sind in den Duty Free Shops der Flughäfen oft deutlich günstiger als daheim. Das Angebot ist aber stark standardisiert und auf häufig Nachgefragtes begrenzt – wer etwas Spezielles sucht, wird unter Umständen nicht fündig.

In manchen Innenstadtgeschäften kann man durch Handeln einen günstigeren Preis erzielen, manchmal bekommt man beim Kauf eines Fotoapparats Zubehör gratis dazu. Doch Achtung: Nicht immer ist die Bedienungsanleitung verständlich, nicht immer funktioniert alles einwandfrei (auf internationale Garantie achten) und nicht immer ist der Preis so gut, wie er scheint (man sollte sich vor der Reise über die Preise in Europa informieren). Zudem darf man den deutschen Zoll nicht vergessen, denn führt man Waren im Wert über 430 € aus Ländern ein, die nicht zur EU gehören, so werden Einfuhrzoll und Mehrwertsteuer fällig. Das Schnäppchen kann dann plötzlich sehr teuer werden.

Das bisher Gesagte gilt grundsätzlich auch für **Filmkameras** bzw. das Aufnehmen von Filmen. Offiziell müssen bei der Einreise Kameras dem Zoll vorgelegt werden, damit überprüft werden kann, welche Art von Aufnahmen bereits vorhanden sind. Alle Arten von pornografischen Aufnahmen sind strikt verboten. Entsprechendes Material wird beschlagnahmt.

Frauen allein unterwegs

Während Frauen in den VAE problemlos allein reisen können, sind unangenehme Situationen in Oman nicht ausgeschlossen. Wenn es zu Belästigungen kommt, ist allerdings meist unangemessene Bekleidung die Ursache. Allein reisende Frauen ziehen per se die Aufmerksamkeit auf sich, weil ihr Verhalten nicht den kulturellen Normen islamischer Länder entspricht. Ist ihre Bekleidung dann auch noch zu freizügig, so kann dies unverhohlenes Starren und im schlimmsten Fall offen bekundeten Unmut hervorrufen. Knappe Bekleidung, also Tops mit Spaghettiträgern, kurze Kleidchen, Röcke o. ä. sind allenfalls im Bereich der Hotelanlage zulässig, gleiches gilt für den Bikini. An öffentlichen Stränden ist ein Badeanzug immer die bessere Wahl. Auch offen getragene lange Haare erwecken erotische Assoziationen und gelten daher als unschicklich.

Männer länger direkt anzublicken kann als Aufforderung verstanden werden. Direkter Blickkontakt zwischen den Geschlechtern ist im Islam nur innerhalb der Familie schicklich.

Außerhalb der Städte sollte eine langärmelige Bluse, ein langer Rock oder eine Abaya stets griffbereit sein, denn es kann notwendig sein, sich rasch zu bedecken.

In den Städten Muscat und Salalah haben Frauen prinzipiell nichts zu befürchten, wenn sie sich unauffällig verhalten. Unbeleuchtete Straßen oder dunkle Ecken im Souq sind allerdings zu meiden, desgleichen sehr preiswerte Quartiere. Taxifahrten sollten möglichst nur in Begleitung unternommen werden, in jedem Fall nimmt man auf dem Rücksitz Platz. In Bussen und Sammeltaxis setzt man sich neben andere Frauen, am besten in der Nähe des Fahrers.

G) Geld

➤ Währung

Die Landeswährung ist der **Omanische Rial** (Abkürzung OR, häufig auch RO), der in 1000 Baisa oder Baiza (Bz) unterteilt ist. Banknoten gibt es im Wert von 50, 20, 10, 5 und 1 Rial sowie von 500, 250, 200 und 100 Baisa. Münzen gibt es zu 50, 25, 10 und 5 Baisa. Sie sind aber kaum gebräuchlich. Die Scheine sind sowohl mit arabischen als auch mit europäischen Zahlen bedruckt, die Münzen tragen nur arabische Ziffern. Am besten macht man sich vor dem ersten Gebrauch ein wenig mit dem Geld vertraut.

Häufig Anlass für **Verwechslungen**, insbesondere **bei Preisauszeichnungen**: In Oman ist die **britische Schreibweise für Dezimalzahlen** gebräuchlich, bei der die Stellen nach dem Komma durch einen Punkt abgetrennt (z. B. 1,5 = 1.5) werden. Das Komma wird hingegen verwendet, um Zahlen über 1.000 von rechts beginnend in Dreiergruppen einzuteilen (z. B. 1.234.567 = 1,234,567).

> ### Geldwechsel

Wer in Oman unterwegs ist, wird den Wert von **Bargeld** im wahrsten Sinne des Wortes wieder schätzen lernen, denn bislang spielen Kreditkarten hier im Alltag nur eine untergeordnete Rolle. Man akzeptiert sie zwar in internationalen Hotels, gehobenen Restaurants, großen Warenhäusern und Supermärkten, doch im Souq, in kleineren Restaurants und an den meisten Tankstellen wird Bargeld bevorzugt bzw. gefordert. Wer sich über längere Zeit außerhalb der touristischen Zentren aufhalten möchte, sollte sich daher mit genügend Bargeld versorgen. Bargeld tauscht man am besten erst in Oman. Möglich ist dies am Flughafen, in Hotels, Banken und Wechselstuben. Neben US-Dollar werden auch Euro akzeptiert. Ein paar Dollar in der Tasche sind aber von Vorteil, wenn man außerhalb der Zentren plötzlich Geld benötigt: Der Dollar ist wesentlich bekannter als der Euro und wird umstandsloser gewechselt, im Notfall kann man ihn sogar als Zahlungsmittel benutzen.

Der **Geldwechsel** am Flughafen und in den Hotels geht schnell und unkompliziert vor sich, die Kurse sind dort aber am ungünstigsten. Banken haben nicht immer geöffnet, zudem ist der Geldtausch hier mit Formalitäten verbunden, die eine gewisse Zeit in Anspruch nehmen.

Am besten tauscht man Geld in den **Wechselstuben** (*Exchange Offices* oder *Money Changers*), die man in allen größeren Städten an den Hauptstraßen, in Malls oder im Souq findet. Hier bekommt man die besten Wechselkurse, die Bearbeitung erfolgt zügig und die Öffnungszeiten sind kundenfreundlicher als die der Banken (in der Regel Sa–Do 8/9–12 und 16–19/20 Uhr).

Wo man tauscht, hängt natürlich auch davon ab, wann man zuerst Bargeld benötigt. Wer vom Hotel abgeholt wird oder einen Mietwagen übernimmt, kann den Bargeldtausch noch aufschieben, wer hingegen mit dem Taxi fährt, braucht sofort cash. Dann sind in der Regel noch rasch Getränke zu kaufen, für die außerhalb der Hotels bar bezahlt werden muss.

Im Souq unterhalten immer auch Geldwechsler ihre Büros

> ### Wechselkurs

Der Wechselkurs des Omanischen Rial ist an den US-Dollar gekoppelt, sodass mit fallendem Dollarkurs auch der Rial günstiger einzutauschen ist. Die aktuellen Kurse erfährt man in den Tageszeitungen oder im Internet unter www.oanda.com (*Currency Converter*). Auf dieser Seite sind die sogenannten Interbankenkurse verzeichnet, die auf der einen Seite Relevanz für den Devisenhandel mit Bargeld haben, auf der anderen Seite aber auch angeben, wie der Kurs bei Zahlung mit Kreditkarte ist. Denn wenn man 100 € im Wechselbüro eintauscht, bekommt man weniger Geld, als wenn man eine Ware von gleichem Wert mit der Kreditkarte zahlt, da der Money Changer auch etwas verdienen möchte. Dafür addieren sich bei den Kartenzahlungen noch die Aufschläge für Umrechnungen, die je nach Kartentyp unterschiedlich hoch sind.

Wechselkurs (Stand August 2015)			
1 €	0,42 OR	1 OR	2,36 €
1 CHF	0,40 OR	1 OR	2,50 CHF

▶ Reiseschecks

Reiseschecks (*Traveller Cheques*) bieten die größte **Sicherheit bei Verlust**, da man bei ihrem Kauf automatisch eine Versicherung abschließt, die für verloren gegangene oder gestohlene Schecks aufkommt. Für diese Versicherung wird eine Gebühr berechnet, die 1 % des Scheckwertes entspricht. Im Verlustfall muss man allerdings verschiedene Belege beibringen, um Ersatz bzw. eine Erstattung zu bekommen. Dazu gehören die Verkaufsquittung, die Liste der bereits eingetauschten Schecks etc. – Details sind den Versicherungsbedingungen zu entnehmen. Diese Belege sollten immer getrennt von den Schecks aufbewahrt werden.

Ein Nachteil von Reiseschecks besteht darin, dass man sich auf eine bestimmte Summe festlegen und den Geldbedarf für die Reise schon im Vorfeld sehr genau ermitteln muss. Hinzu kommt, dass Reiseschecks meist nur in Banken (mit viel bürokratischem Aufwand) oder in Hotels eingetauscht werden. Banken berechnen für die Transaktion eine Gebühr, im Hotel ist der Kurs einfach nur ungünstiger. Nur wenige Money Changer akzeptieren Reiseschecks und zahlen dann einen schlechten Wechselkurs.

▶ Geldautomaten

In größeren Banken gibt es **Geldautomaten** (ATMs = Automatic Teller Machines), an denen man mit Kreditkarte und PIN Bargeld abheben kann. Die Geldautomaten der National Bank of Oman und der Bank Muscat akzeptieren auch EC/Maestro-Karten. Diese Methode der Bargeldbeschaffung ist zwar am flexibelsten, kostet aber Gebühren, wobei mittlerweile einige Institute gebührenfreie Abhebungen mit der Kreditkarte im Ausland anbieten. Die Gebühren sind z. T. bei den Kreditkartengesellschaften höher als bei den Hausbanken (pro Abhebung mit EC-/Maestro-Karte ca. 4 €). Die Hausbank berechnet die Gebühren entweder als einen bestimmten Prozentsatz der abgehobenen Summe oder als pauschalen Festbetrag (detaillierte Auskunft dazu erteilt die Bank). Wird ein Festbetrag erhoben, sollte man auf einmal größere Beträge abheben – so lassen sich Gebühren sparen.

▶ Kreditkarten

Mastercard und **Visa Card** genießen in Oman die größte Akzeptanz, etwas seltener werden American Express- oder Diner's Club-Karten angenommen. Dies liegt an den unterschiedlich hohen Provisionen, die die Kreditkartengesellschaften von den Händlern verlangen. In großen Hotels, Restaurants, bei Autovermietungen und in internationalen Shops kann man mit dem Plastikgeld problemlos zahlen, in kleineren Geschäften und im Souq aber nicht.

Bevor man eine größere Anschaffung tätigt, lohnt es sich oft, mit dem Händler über die Art der Bezahlung zu reden. Manchmal werden bei **Barzahlung Rabatte** gewährt. Dann kann es lohnen, das Geld mit der EC-Karte am Automaten zu ziehen.

Man sollte im Gegenzug aber beachten, dass bei manchen Karten mit ihnen gekaufte Waren über einen bestimmten Zeitraum versichert sind. Andere Kreditkartengesellschaften (z. B. American Express) schreiben bei jedem Kauf Bonuspunkte gut, die später in Prämien wie Flugmeilen, Hotelgutscheine oder Waren umgetauscht werden können.

Gesundheit

Aktuelle Medizinische Hinweise findet man auf den Seiten des Auswärtigen Amtes (www.auswaertiges-amt.de) unter den Reise- und Sicherheitshinweisen.

Neben den **Standardimpfungen** gegen Diphterie, Tetanus und Kinderlähmung sind bei einer Omanreise keinerlei Impfungen nötig. Nur wer sich in einem Gelbfiebergebiet aufgehalten hat, muss eine entsprechende Impfung nachweisen. Reisende aus Afrika werden gelegentlich auf Malaria untersucht.

Oman gilt seit 2001 als **malariafrei**, gleichwohl sollte man außerhalb der Städte, vor allem in den Hügelregionen, in deren Wadis immer mal wieder Wasser steht, für Moskito-Schutz sorgen.

Bei der Ernährung gilt die Traveller-Regel **peel it, boil it or forget it** (*Schäl es, koch es oder vergiss es*) – so vermindert man das Risiko, Krankheitserreger über die Nahrung aufzunehmen. Geflügel sollte immer gut durchgebraten und Eier nur gekocht verzehrt werden, sonst besteht die Gefahr einer Salmonelleninfektion. Vorsicht ist auch bei nicht-pasteurisierten Milchprodukten geboten. Leitungswasser sollte nicht getrunken werden.

Da Oman unter Wasserknappheit leidet, wird der größte Teil des Brauchwassers mit Hilfe von Meerwasserentsalzungsanlagen gewonnen. Das Wasser wird oft in Tanks auf Hausdächern zwischengelagert, wo die starke Erwärmung zur Bildung pathogener Keime führen kann. In internationalen Hotels bereitet Wasser allerdings keine Probleme. Hier kann man auch Eiswürfel im Getränk akzeptieren, während dies außerhalb Muscats und der großen Hotels ein absolutes Tabu sein sollte.

Bei einem Ausflug in die Wüste unbedingt ausreichend Wasservorräte mitnehmen. Hier ein Blick auf das „Empty Quarter"

Durchfallerkrankungen müssen aber nicht zwangsläufig durch Keime verursacht worden sein, sondern sind oft auch eine Reaktion auf das extreme Klima oder ungewohnte Nahrungsmittel.

Es mag in einem Wüstenstaat überraschen, aber die am häufigsten bei Reisenden auftretenden Erkrankungen sind **Erkältungen**. Vielerorts wird der Hitze durch maximales Aufdrehen der Klimaanlage begegnet, weswegen der Temperaturunterschied zwischen innen und außen teilweise immens ist. Bei längeren Aufenthalten in klimatisierten Räumen sollte man nicht zu leicht bekleidet sein, auch sollte man sich nicht direkt dem Luftstrom der Klimaanlage aussetzen.

Eine echte Gefahr stellt die **Sonneneinstrahlung** dar, deren Stärke von Ortsunkundigen gern unterschätzt wird. Durch Sonnencreme mit einem hohen Lichtschutzfaktor und einem Sonnenhut kann man sich vor Sonnenbrand bzw. Sonnenstich schützen. Insbesondere in der Mittagshitze sollte man sich nicht zu lange an der prallen Sonnen aufhalten, sonst droht ein Hitzschlag.

Im heißen Klima Omans schwitzt man mehr als üblich, der Körper dünstet verstärkt Flüssigkeit und mit dieser auch Mineralien aus. Um diesen Verlust auszugleichen und eine **Dehydrierung** zu verhindern, sollte man reichlich Mineralwasser trinken – mindestens zwei Liter am Tag.

In den Wüstengebieten Omans kommen **Skorpione** vor, die nachtaktiven Tiere verstecken sich tagsüber unter Steinen oder Baumstämmen, kriechen aber auch in herumliegende Schuhe. Nach einer Nacht im Freien sollten diese erst einmal ausgeschüttelt werden. Bei Wanderungen durch den Sand ist man mit festem Schuhwerk gut beraten. Skorpionstiche sind schmerzhaft, aber nicht lebensbedrohlich. Manche Menschen reagieren allerdings allergisch auf das Gift. Treten Herzrasen, Atemnot, Muskelkrämpfe oder Übelkeit auf, sollte man sich unverzüglich zu einem Arzt begeben.

In Oman gibt es einige **Giftschlangenarten**, Begegnungen mit diesen Tieren sind aber selten. Verhaltensregeln im Falle eines Bisses s. S. 42.

ⓘ Information

Sultanate of Oman Ministry of Tourism

c/o Interface International
Karl-Marx-Allee 91a, 10243 Berlin
☎ 030-42088012, 🖷 030-42256286,
info@omantourism.de
www.omantourism.de, www.omantourism.at, www.omantourism.ch

Ministry of Tourism

P.O. Box 200, P.C. 115,
Madinat Sultan Qaboos, Muscat, Sultanate of Oman
☎ +968-80077799, 🖷 +968-24588880, info@omantourism.gov.om
www.omantourism.gov.om

Deutsch-Omanische Gesellschaft

c/o ARABIA FELIX Synform GmbH
Treffauerstraße 18, 81373 München, ☎ 089/30779200 und Kronenstr. 69, 10117 Berlin,
☎ 0179/2925074, info@deutschoman.de, www.deutschoman.de
Der Verein hat es sich zum Ziel gesetzt, die Zusammenarbeit zwischen Deutschland und
Oman auf kulturellem, wissenschaftlichem und sportlichem Gebiet zu fördern und organisiert
zu diesem Zweck Seminare, Ausstellungen, Sportevents und wechselseitige Besuche.

Oman Studies Centre

Dieselstr. 4, 75173 Pforzheim
oman@oman.org; www.oman.org
Auf Oman spezialisiertes Informations- und Dokumentationszentrum. Ziel der unabhängigen
Einrichtung ist es, den Zugang zu Publikationen über das Land zu erleichtern und For-
schungsarbeiten zu Oman zu unterstützen.

Informative Webseiten
www.omantourism.de
Landeskundliche Beiträge, Reiseinfos mit vielen Adressen, ausführliche Liste von Veran-staltern.
www.destinationoman.com
Englischsprachige Seite mit vielfältigen Infos zu touristischen Fragen.
www.trekkingoman.com
Informationen und hilfreiche Tipps zum Wandern in Oman in englischer Sprache.
www.omanet.om
Seite des omanischen Informationsministeriums mit vielen Beiträgen und Adressen, die auch für Touristen interessant sind.
www.omannews.com
Webseite der omanischen Presseagentur mit aktuellen Meldungen und aktuellen Veran-staltungstipps.
www.oman-tv.gov.om
Die offizielle Seite der omanischen Radio- und Fernsehanstalten.
www.auswaertigesamt.de
Infoportal der Bundesregierung mit allgemeinen Länder- und Reiseinfos sowie aktuellen Angaben zu Einreisebestimmungen und Sicherheitsfragen.
www.rop.gov.om
Website der Royal Oman Police mit aktuellen Angaben zu den Visabestimmungen und der Möglichkeit, Visa online zu beantragen.
www.wetteronline.de/oman
Aktuelle Informationen zur Wetterlage in Oman.
www.travel-nature.de
Informationen zu Oman und anderen Destinationen sowie tolle Bilder (auch zum Kauf).

Informativ sind auch die **Seiten der englischen Zeitungen**: www.muscatdaily.com/, www.timesofoman.com, http://main.omanobserver.om/

Internet

Wie überall auf der Welt hat das Internet auch in Oman inzwischen einen **hohen Stellenwert** bei der Kommunikation. Internetcafés sind verbreitet, zunehmend auch auf dem Land. Allerdings gilt die Regel: Je kleiner der Ort, desto langsamer die Geschwindigkeit der Datenübertragung.

In den größeren Städten gibt es – vor allem in Flughäfen, Hotels und Shopping Malls – **Wi-Fi-Zonen**, in denen man sich drahtlos ins Internet einloggen kann – in der Regel kostenfrei. Größere Hotels bieten ihren Gästen einen Internetzugang in der Lobby, im Business Center oder auf dem Zimmer – dann in der Regel gegen Gebühr. Alternativ kann man eine Prepaid-Karte bei **Omantel** kaufen (6 OR), mit der man sich dann kostenlos ins Web einloggen kann. Über das Telefon geschieht dies mit der Nummer 1311. Wenn man über kein Konto bei Omantel verfügt, kann man sich unter 1312 einwählen und zahlt dann im Minutentakt.

Einschränkend muss gesagt werden, dass man in Oman nicht auf alle Internetseiten Zugriff hat. Die Zensur sorgt dafür, dass Webpages, deren Inhalte gegen die religiösen, moralischen, kulturellen oder politischen Grundlagen des Staates verstoßen, nicht geöffnet werden können. In anderer Hinsicht gibt das Land sich sehr fortschrittlich: Die Fluggesellschaft Oman Air bietet ihren Passagieren seit Sommer 2010 als erste Airline der Welt auch an Bord uneingeschränkten, drahtlosen Internetzugang und vollen Handy-Empfang. Die neue Airbus-330-Flotte wurde mit einem modernen Breitband-System ausgestattet, das sowohl die Internet-Verbindung als auch das Handy-Netz während des Fluges unterstützt.

K Kinder

Araber sind sehr kinderfreundlich, entsprechend ist man auch in Hotels, Restaurants und Geschäften auf kleine Besucher eingerichtet. Viele Hotels bieten, zumindest in der gehobenen Kategorie, Familienzimmer und Kinderbetreuung an. Häufig gibt es Kinderspielplätze und separate Pools (*Family Pools* dienen einerseits der Sicherheit von Kindern, tragen andererseits aber auch der Tatsache Rechnung, dass nicht alle Urlauber laut planschende und spielende Kinder schätzen). In zahlreichen Restaurants gibt es Familienbereiche und Kindermenüs, aber nicht immer Kinderstühle. Shopping Malls bieten Spielbereiche für kleinere und größere Kinder sowie Toiletten bzw. Waschräume mit Wickeltischen.

Viele Strände fallen flach ab, sodass Kinder dort gefahrlos planschen können. Doch auch Rundreisen sind mit dem Nachwuchs möglich, sofern man die heißen Sommermonate meidet und keine zu langen Tagesetappen plant. Als besonders spannend werden Wüstentouren empfunden, insbesondere wenn sie Gelegenheit zu einem Kamelritt bieten.

Der deutsche Veranstalter Nomad-Reisen (s. S. 119) bietet zwei 15-Tage-Familienreisen in kleinen Gruppen an. Die eine richtet sich an Eltern mit Kindern von 6–14 Jahren und bietet neben Wüstenabenteuern spannende Höhlenerlebnisse und abwechslungsreiche Strandtage. Die andere, für Youngsters ab 14, umfasst u. a. ein 2-tägiges Wüsten-Trekking mit Kamelen sowie Shoppingtouren auf traditionellen Oasenmärkten und in den Malls in Muscat, Nizwa und Sur.

Maße und Gewichte   **M**

Längenmaße	
I Meile (mile, Abk. mi.)	1,609 km
I Yard (Abk. y. oder yd.)	0,91 m
I Fuß (foot, Abk. ft.)	0,305 m
I Inch (Abk. in.)	0, 025 m
Gewichtsmaße	
I Pfund (pound, Abk. lb.)	0,453 kg
I Unze (ounce, Abk. oz.)	28,35 g
I Karat (carat, Abk. ct)	0,2 g
Volumenmaße	
I Barrel (Abk. bl.)	163, 66 l (Bier, Wein u.ä.)
I Barrel (Abk. bbl.)	158, 99 l (Erdöl)
I Gallone (gallon, Abk. gal.)	4,54 l
I Pint (Abk. pt.)	0,568 l

Fast alle Maße und Gewichte entsprechen dem metrischen System, sind Reisenden aus Deutschland, Österreich und der Schweiz also geläufig. Daneben findet aber auch das englische Maßsystem Anwendung – eine Reminiszenz an die langen Jahre, in denen Oman unter britischem Protektorat stand. Häufig Anlass für Verwechslungen: Bei Dezimalzahlen in britischer Schreibweise werden die Stellen nach dem Komma durch einen Punkt abgetrennt (z. B. 1,5 = 1.5), das Komma wird hingegen verwendet, um Zahlen über 1.000 von rechts beginnend in Dreiergruppen einzuteilen (z. B. 1.234.567 = 1,234,567).

Medien

▶ Zeitungen/Zeitschriften

In Oman erscheinen neben den arabischen Tageszeitungen **Oman**, **Al Watan** und **Al Shabiba** auch die englischsprachigen Tageszeitungen **Muscat Daily** (www.muscatdaily.com), **Oman Daily Observer** (www.omanobserver.om), **Times of Oman** (www.timesofoman.com) und **Oman Tribune** (www.omantribune.com).

Der Schwerpunkt der Berichterstattung liegt naturgemäß auf Oman und der Golfregion, doch auch europäische Ereignisse finden Berücksichtigung. Die staatliche Nachrichtenagentur **Oman News Agency** informiert auf der Webseite www.omannews.gov.om über Neuigkeiten.

Time Out Muscat (www.timeout.com) ist ein periodisch erscheinendes Veranstaltungsmagazin, das über aktuelle Events und angesagte Ausgehadressen in der Hauptstadt informiert. Es liegt in Hotels aus oder ist im Buchhandel erhältlich.

Ausländische Zeitungen oder Zeitschriften, vorwiegend britische und deutsche, kann man in einigen großen Hotels, in Supermärkten und in Buchläden mit englischsprachiger Literatur bekommen, allerdings immer nur mit einigen Tagen Verspätung.

Fernsehen

Der staatliche omanische Fernsehsender **Oman TV** informiert in erster Linie über das eigene Land, seine Natur, Kultur und Politik. Häufig werden auch Beiträge zu religiösen Themen bzw. Koranlesungen gesendet. Dies geschieht selbstverständlich auf Arabisch. Eine englischsprachige Nachrichtensendung wird jeden Abend um 20 Uhr ausgestrahlt.

Wichtiger für Reisende sind die Programme, die man per Satellit empfangen kann. Dazu gehören BBC, CNN, Star TV, Star Plus, Star Movies, MTV und Deutsche Welle TV, in einigen Hotels auch ZDF und RTL. Wer eine bestimmte Sendung sehen möchte, muss die Zeitverschiebung beachten: So beginnt die Tagesschau in Muscat im Sommer erst um 22 Uhr, im Winter um 23 Uhr.

Radio

Englischsprachige Radiosendungen von Radio Oman können im Bereich um Muscat auf FM 90,4 und in der Gegend um Salalah auf FM 94,3 empfangen werden.

BBC World Radio sendet auf der Kurzwellenfrequenz 15,575, die Deutsche Welle kann man auf den Frequenzen 13,780 und 15,275 hören. Internationale Rundfunksendungen können aber nicht überall und oft nicht sehr deutlich empfangen werden. In der Zeit zwischen den Nachrichten wird häufig arabische Musik gesendet.

Wer auf längeren Fahrten durch das Land seine eigene Musik hören möchte, nimmt am besten einen MP3-Player und kleine Lautsprecher mit, die auf der Wagenablage platziert werden können. Dafür wird im Gepäck nicht viel Platz benötigt. Lautsprecher kann man auch noch vor Ort preiswert kaufen, z. B. bei E-Max, dem Multimedia-Geschäft im Muscat City Centre.

Mietwagen

Die internationalen Mietwagenfirmen unterhalten Vertretungen in der Stadt, in großen Hotels und an den Flughäfen.

Die Schalter im Ankunftsbereich des Flughafens von Seeb sind **rund um die Uhr geöffnet**, in jedem Fall findet man dort eine Telefonnummer vor, unter der man einen Mitarbeiter der Agentur erreichen kann.

Zeitsparender und auch kostengünstiger ist es, das Fahrzeug bereits im Heimatland zu buchen, entweder bei den internationalen Servicestellen oder über das Internet. Ein **Preisvergleich** lohnt in jedem Fall, da die Tarife erheblich differieren. 2015 rangierte der Preis für einen voll geländetauglichen Offroader (z. B. Nissan Pathfinder) zwischen 1.600 € und 1.900 €, jeweils für 15 Tage, inklusive 2.800 Kilometer und aller Versicherungen. Neben der Direktanmietung besteht auch die Möglichkeit, den Mietwagen über einen Reiseveranstalter (z. B. DER) zu buchen. Dort kostet ein Wagen etwa 330 € (Kleinwagen), knapp 380 € (Mittelklasse) bzw. 750 € (Landcruiser) für sieben Tage. Grundsätzlich gilt: Je länger man das Fahrzeug mietet, desto günstiger wird der Tarif.

Welche **Art von Auto** man anmietet, hängt von Zahl der Mitfahrenden und der Art der geplanten Reise ab. Mit Aircondition sind alle Leihwagen ausgestattet. Für längere Touren sollte der Wagen komfortabel sein: Wer nur im Stadtgebiet fährt, kann die kleinste Kategorie wählen. Bei Überlandfahrten ist ein **Offroader mit Allradantrieb** die richtige Wahl, z. B. ein Nissan Pathfinder, Toyota Landcruiser, Jeep oder Hummer. Achtung: Solche Touren erfordern entsprechende Fahrpraxis und müssen zuvor von der Verleihfirma genehmigt werden. Wer auf einer ungenehmigten Offroad-Fahrt Schäden verursacht, muss alle Kosten selber tragen!

Beim Abschluss des Mietvertrags ist genau darauf zu achten, welche Versicherungsleistungen im Tarif enthalten sind. Falls nicht im Mietpreis eingeschlossen, ist der Abschluss der folgenden Zusatzversicherungen ratsam: Mit einer sogenannten **CDW** (*Collision Damage Waiver*) kann die Selbstbeteiligung im Schadensfall wesentlich vermindert werden. Eine sogenannte **LDW** (*Loss Damage Waiver*) befreit von jeder Haftung. Eine **PAI** (*Personal Accident Insurance*), also eine Insassenunfallversicherung, ist nur dann nötig, wenn einer der Mitfahrenden keine Unfallversicherung besitzt. Einige Kreditkarten beinhalten ein komplettes Versicherungspaket, sofern man mit dieser Karte den Wagen anmietet. Wer sich vor der Abreise nach den genauen Konditionen erkundigt, kann viel Geld sparen.

Im **Mietpreis** sind meist nur 200 Freikilometer pro Tag enthalten, bei längeren Fahrten (z. B. einer Tour von Muscat nach Salalah) müssen daher evtl. Mehrkilometer einkalkuliert werden – jeder die Begrenzung überschreitende Kilometer ist extra zu zahlen.

Das **Mindestalter** zur Anmietung eines Wagens liegt in Oman bei 21 Jahren, für einen Geländewagen bei 25 Jahren. Bei manchen Firmen muss eine unterschiedlich lange Fahrpraxis nachgewiesen werden. Erforderlich sind nationaler und internationaler Führerschein sowie eine Kreditkarte zur Hinterlegung der Kaution. Eine Anmietung ohne Kreditkarte ist zwar möglich, der Gesamtpreis muss dann aber im Voraus gezahlt und eine hohe Kaution in bar hinterlegt werden. Manche Mietwagenagenturen lehnen Barzahlung prinzipiell ab.

Führerschein, Pass und Kreditkarte werden bei der Anmietung fotokopiert, die Verleihfirma bewahrt diese **persönlichen Daten** über den Zeitpunkt der Wagenrückgabe hinaus auf. Wird ein Verstoß gegen die Straßenverkehrsordnung (z. B. eine Geschwindigkeitsüberschreitung) erst nach der Ausreise des Mietwagenfahrers festgestellt, kann die Agentur die anfallende Geldstrafe der Kreditkarte belasten. Wird man von der Polizei erwischt, muss sofort bezahlt werden, bei schweren Delikten kann das Fahrzeug auch beschlagnahmt werden. Man muss sich bei der Anmietung damit einverstanden erklären, für durch eine solche Beschlagnahmung entstehende Kosten aufzukommen, d.h. die Leihgebühr so lange zu zahlen, bis der Wagen der Agentur wieder zur Verfügung steht.

Wer jedes Risiko vermeiden will, kann bei den großen Mietwagenunternehmen oder bei DERTOUR auch einen Wagen mit Fahrer buchen.

Die folgende Liste von **Mietwagenfirmen** verzeichnet einige internationale Agenturen. Bei lokalen Mietwagen-Anbietern bekommt man meist günstigere Preise, unterliegt aber manchen Einschränkungen. So untersagen einige Agenturen z. B. Fahrten nach Salalah, weil sie dort keine Niederlassung unterhalten und im Schadensfall keine Möglichkeit haben, den Wagen zu reparieren oder zu ersetzen.

AVIS	www.avis.com	☏ 01805-217702
Budget	www.budget.de	☏ 01806-217711
Hertz	www.hertz.com	☏ 01806-333535
Sixt	www.sixt.de	☏ 01806-252525
Europcar	www.europcar.de	☏ 040-520188000

Die Telefonnummern der Filialen vor Ort und weitere, lokale Anbieter findet man bei der jeweiligen Stadt im Reiseteil.

N Nachtleben

Ein Nachtleben wie man es aus den westlichen Ländern oder Dubai kennt, existiert praktisch nur in den touristisch geprägten bzw. westlich beeinflussten **Städten** Muscat und Salalah. Und auch hier ist das Angebot knapp bemessen.

Bars, **Discos**, **Lounges** oder **Clubs** mit Live-Musik sind im Wesentlichen auf die internationalen Hotels beschränkt und profitieren von deren Alkohollizenz. Zu den Besuchern gehören neben Gästen auch einheimische Geschäftsleute und Expatriates, Männer sind deutlich in der Überzahl. Oft wird ein Unterhaltungsprogramm geboten, das sich aus Auftritten – meist asiatischer – Live-Bands, Tanzvorführungen und Spielshows zusammensetzt.

In vielen Bars gibt es ausgedehnte **Happy Hours**, zu denen man Getränke, vor allem Bier und andere Alkoholika, deutlich vergünstigt bekommt.

Ansonsten geht man abends **Essen**. Besonders die **Hotelrestaurants** bieten wechselnde Themenabende an, bei denen die Gerichte in Form eines Büfetts serviert werden, meist umrahmt von aufwendiger Deko. Im Übrigen hat man die Auswahl unter den unterschiedlichsten nationalen Spezialitätenrestaurants.

Üblicherweise geht man am **Donnerstag** und **Freitag** aus, während der übrigen Woche sind abends wesentlich weniger Menschen unterwegs. Bar- und Restaurantbesitzer versuchen an diesen Tagen oft, mit Mottoabenden etwas mehr Kundschaft zu locken.

Ein **Kinobesuch** empfiehlt sich nur, wenn man eine Schwäche für Bollywood-Produktionen hat. Deren oft verschlungener Handlungsfaden wird immer wieder von Musik und mitreißenden Tanzszenen unterbrochen – so lassen sich die fehlenden Untertitel leichter verschmerzen.

Theatervorführungen und ähnliche Veranstaltungen finden, wenn überhaupt, weitgehend organisiert von internationalen Hotels oder im Rahmen von Festivals wie dem Muscat Festival und dem Khareef Festival statt.

Bliebe als abendliche Unterhaltung noch das **Shoppen** oder **Schaufensterbummeln** in den Malls oder im Souq, der **Spaziergang** durch den Park oder, sofern vorhanden, das Flanieren entlang der Hafen- bzw. Strandpromenade. Ein solches Freizeitprogramm entspricht den Vorlieben der Einheimischen.

Nahverkehr

Der **öffentliche Nahverkehr** in den Städten ist rasch beschrieben, denn entweder gibt es keinen, oder es gibt Taxis. Eine Ausnahme bildet nur **Muscat**. Dort sind neben den Taxis auch Stadtbusse und Minibusse (Sammeltaxis) im Einsatz. Während man letztere im Prinzip nur nutzen kann, wenn man im Bereich der großen Ausfallstraßen unterwegs ist, erschließen Stadtbusse den gesamten Großraum von Muscat.

Die **Minibusfahrer** reagieren auf Handzeichen vom Straßenrand aus. Man zahlt zwischen 0,20 und 0,50 OR (je nach Entfernung) und teilt durch Klopfzeichen mit, dass man sein Ziel erreicht hat. Feste Minibus-Stationen befinden sich am Flughafen, am Plaza in Ruwi und an der Corniche in Mutrah.

Die **Stadtbusse** der Oman National Transport Company verkehren von 6 bis 22 Uhr zwischen ausgewiesenen Stationen im gesamten Stadtgebiet. Eine Einzelfahrt kostet jeweils 0,20 OR.

Das weitaus **bequemste Verkehrsmittel** sind jedoch **Taxis**. Man findet sie an allen größeren Märkten, an den Malls, an der Corniche sowie an den Hotels. Wer zu einem bestimmten Zeitpunkt einen Wagen braucht, kann auch telefonisch ein Taxi bestellen. Diese Funktaxis haben, anders als die meisten anderen omanischen Taxis, ein Taxameter. Anbieter und Telefonnummern siehe Reisepraktische Informationen zu Muscat, S. 179.
Ein gewisses Problem besteht darin, dass viele Taxifahrer nur gebrochen Englisch sprechen. Es handelt sich dabei stets um Omanis, denn Ausländer bekommen keine Lizenz. Wenn man nicht ganz sicher ist, ob der Taxifahrer verstanden hat, wohin man gebracht werden möchte, sollte man den Concierge des Hotels um Hilfe bitten.
Die meisten omanischen Taxis haben keine Taxameter. Der Preis muss vor der Fahrt ausgehandelt werden. Für kurze Strecken ist mit etwa 3 OR, für lange Strecken mit 12 OR zu rechnen. Im Zweifelsfall kann man auch hier den Concierge um Vermittlung bitten bzw. ihn nach den üblichen Preisen fragen.

Notfälle

> **Notrufnummern**

Polizei und Feuerwehr: 9999

> **Medizinischer Notfall**

s. Gesundheit S. 107.

Bei Unfällen muss unbedingt die Polizei gerufen werden

Unfall

Im Fall eines Unfalls (auch bei Bagatellschäden) muss die Polizei gerufen werden, die ein Protokoll aufnimmt. Ohne offiziellen Unfallbericht darf keine Werkstatt eine Reparatur durchführen, und auch die Mietwagenagentur verlangt ein Protokoll, wenn für entstandene Schäden Versicherungsleistungen beansprucht werden. Das Schriftstück muss die persönlichen Daten aller Unfallbeteiligten und Zeugen sowie genaue Angaben zum Unfallhergang enthalten. Man sollte sich unbedingt eine Kopie aushändigen lassen, da man als Fahrer eines beschädigten Wagens jederzeit angehalten werden kann und dann das Protokoll vorweisen können muss. Der Unfallbericht sollte möglichst in Englisch abgefasst sein. Ist das nicht möglich, hält man den Unfallhergang selbst schriftlich in Englisch fest und lässt das Schriftstück von der Polizei abzeichnen.

Bei schweren Unfällen oder solchen mit unklarer Sachlage kommt es vor, dass die Polizei die Papiere einbehält oder sogar eine vorläufige Festnahme durchführt. In solchen Fällen sind die Botschaft des Heimatlandes und ein Anwalt zu verständigen.

Verlust von Papieren

Grundsätzlich sollte man vor Reiseantritt **alle wichtigen Papiere kopieren** und getrennt von den Originalen aufbewahren. So bekommt man im Verlustfall schneller Ersatz. Bei Verlust des Reisepasses wendet man sich an die Botschaft des Heimatlandes, um einen provisorischen Passersatz zu beantragen. Dazu muss man eine Kopie des verlorenen Dokuments oder einen Personalausweis und eventuell eine polizeiliche Verlustmeldung vorweisen. Der Verlust anderer Papiere muss nicht gemeldet werden, da man für einen verlorenen Personalausweis oder Führerschein ohnehin nur im Heimatland Ersatz bekommt. Adressen der diplomatischen Vertretungen s. S. 93.

Flugtickets können (meist gegen Gebühr) bei der jeweiligen Fluggesellschaft neu ausgestellt werden. Am besten legt man auch hier eine Kopie oder zumindest die genauen Daten vor. Mittlerweile werden fast nur noch E-Tickets erstellt, bei denen die Buchungsdaten elektronisch gespeichert und gar nicht auf Papier ausgedruckt werden. Bei dieser Option benötigt man zum Einchecken nur den Reisepass. Zur Sicherheit sollte man aber die (meist per E-Mail verschickte) Buchungsbestätigung ausdrucken und mitnehmen.

Verlust von Geld bzw. von EC-/Kreditkarten

Wer unterschiedliche Zahlungsmittel mit auf Reisen nimmt und seine Finanzen an verschiedenen Orten aufbewahrt, läuft kaum Risiko, plötzlich ohne Geldmittel dazustehen. Sollte durch **Diebstahl** oder **Verlust** die gesamte Reisekasse verloren gehen, so kann eine Auslandsüberweisung veranlasst werden. Die Botschaft ist bei der Erledigung der nötigen Formalitäten behilflich. Solche Transaktionen dauern aber meist mehrere Tage – man sollte daher einen „Notgroschen" in Form von Bargeld oder einer zusätzlichen Kreditkarte im Hotelsafe aufbewahren. In ganz dramatischen Fällen stellt die Botschaft einen Überbrückungskredit zur Verfügung – allerdings nur in begrenzter Höhe und mit der Verpflichtung zur umgehenden Rückzahlung.

EC- und Kreditkarten kann man bei Verlust **telefonisch sperren** lassen. Dabei müssen die Kreditkartennummer bzw. Kontonummer und Bankleitzahl angegeben werden. Auch diese Nummer sollte man sich daher vor Reiseantritt notieren bzw. die Karten kopieren.

Deutschen Staatsbürgern steht zur Sperrung von Karten eine **einheitliche Rufnummer** zur Verfügung: ☎ 0049-116 116 oder 0049-30 4050 4050.

Öffnungszeiten   O

Grundsätzlich gilt: Der **Donnerstagnachmittag** und der **Freitag** entsprechen in islamischen Ländern dem westlichen **Wochenende**. Das war in Oman bislang auch so, doch da in benachbarten Staaten wie den Vereinigten Arabischen Emiraten, Syrien, Ägypten und Algerien der Freitag und der Samstag arbeitsfrei sind, gibt es auf Anweisung des Sultans seit dem 1. Mai 2013 ein neues Wochenende, und zwar **Freitag** und **Samstag**. Ämter und Behörden sind an diesen Tagen geschlossen. Bei Geschäften lassen sich allgemeingültige Aussagen schwerer treffen, hier differieren die Öffnungszeiten von Händler zu Händler, besonders was die Mittagspausen betrifft. Üblich ist eine Schließung für die Dauer des Freitagsgebetes, ungefähr zwischen 11.30 und 13.30 Uhr.

Ansonsten gibt es **Kernöffnungszeiten**, an denen man sich orientieren kann: Geschäfte haben in der Regel Sonntag bis Donnerstag von 8/9 bis 13 Uhr und von 16 bis 20/21 Uhr geöffnet. In den Souqs machen vor allem kleinere Geschäfte zwischen 13 und 16 Uhr Mittagspause.

In kleineren Orten haben die **Souqs** manchmal nur vormittags geöffnet. Selbst in den **Shopping Malls** machen einige Shops lange **Mittagspausen**, obwohl die großen Malls selbst ganztägig geöffnet sind. Die großen **Supermärkte** sind hingegen die ganze Woche über durchgehend geöffnet.

Behörden haben Sonntag bis Donnerstag von 7.30/8 bis 13/14 Uhr geöffnet. **Banken** empfangen an diesen Tagen von 8 bis 12.30 Uhr Kunden. **Postämter** stellen ihren Service Sonntag bis Donnerstag von 7.30 bis 14 Uhr und von 16.30 bis 18.30 Uhr zur Verfügung.

In den **Botschaften** wird in der Regel einheimischen Gepflogenheiten entsprechend nur Sonntag bis Donnerstag von 8 bis 13 oder 14 Uhr gearbeitet, freitags und samstags sind Mitarbeiter in Notfällen aber über bestimmte Telefonnummern (Mobiltelefon oder Anrufbeantworter) erreichbar. Siehe auch Diplomatische Vertretungen S. 93.

> **Sondersituation Ramadan**

Während des Ramadan beginnt das Arbeitsleben am Morgen wesentlich später, dafür haben die Geschäfte am Abend wesentlich länger geöffnet (bis 22 Uhr oder sogar bis Mitternacht). Insgesamt sind die Arbeitszeiten verkürzt. Restaurants schließen tagsüber ganz.

Das Leben verlagert sich auf die Abendstunden – man trifft sich zum Essen und Plaudern, gern geht man auch in größeren Gruppen Shoppen. Die Einkaufszentren und Malls drohen während des Ramadan aus allen Nähten zu platzen, und die ohnehin angespannte Parkplatzsituation wird dann desolat.

P Post

In Oman gibt es keine Briefzustellung. Jeder verfügt über ein Postfach, von dem man sich seine Briefe abholt. Wer Post nach Oman schickt, muss daher in jedem Fall das Postfach (**P**.**O**.**Box**) und den **Mailing** oder **Postal Code** angeben.

Wer seinen Lieben daheim eine Nachricht zukommen lassen möchte, gibt seine Karten oder Briefe am bequemsten **im Hotel** ab. Dort wird zwar manchmal ein Zuschlag erhoben, aber man muss nicht erst einen der **Briefkästen** suchen, die in Oman die Form eines Khanjar-Griffes haben und entweder knallorange oder blau sind.

Es kann in weiter von Muscat entfernt liegenden Orten manchmal sehr lange dauern, bis so ein Briefkasten geleert wird. Eine im Hotel abgegebene Postkarte braucht etwa drei Tage bis zu ihrem Empfänger in Europa, während sonst **Laufzeiten** von sieben bis zehn Tagen üblich sind.

Omanische Briefkästen haben die Form eines Khanjar-Griffes

Postkarten nach Europa kosten 150 Bz, **Briefe** bis 10 g 250 Bz, bis 50 g 800 Bz.

Bei **Paketen** werden für das erste Kilogramm 6,30 OR, für jedes weitere Kilogramm 2 OR berechnet (man sollte mit Laufzeiten von etwa einer Woche für Luftpost rechnen). Wer größere Waren zu versenden hat, kann in Muscat und Salalah auf international arbeitende Kurierdienste wie DHL (www.dhl.com), TNT (www.tnt.com), Federal Express (www.fedex.com), UPS (www.ups.com) oder Aramex (www.aramex.com) zurückgreifen.

Briefmarken bekommt man in den Book Shops vieler Hotels und in den Postämtern. Die Postämter sind in der Regel sonntags bis donnerstags von 7.30 bis 14 Uhr und z. T. Freitagsvormittags geöffnet. Manche öffnen noch einmal vom späten Nachmittag bis zum frühen Abend. Erweiterte Abendöffnungszeiten haben die Ämter im Al Harthy Complex (19 bis 21 Uhr) und in Seeb (17 bis 24 Uhr).

Reiseveranstalter   (R)

▶ Deutsche Reiseveranstalter

Viele deutsche Reiseveranstalter haben Oman im Programm, als Einzeldestination oder in Kombination mit anderen arabischen Ländern. Daneben gibt es Veranstalter, die auf Oman bzw. den Nahen Osten spezialisiert sind:

- **LOGO! Reisen**, Rittersbacher Str. 84, 91126 Schwabach, ☎ 09122-5058, urlaub@logo-reisen.de, www.logo-reisen.de. Der auf Asien spezialisierte Reiseveranstalter bietet für das Sultanat Oman verschiedene Individual- und Gruppenrundreisen sowie Selbstfahrertouren an. Außerdem Städtereisen, Strandaufenthalte, Tauchen und Wüstentouren.
- **Bedu Expeditionen**, Neureutherstr. 10, 80799 München, ☎ 089-62439791, www.bedu.de, www.visit-oman.com. Oman-Spezialist, Geländewagenrundreisen, Wanderreisen, individuelle Arrangements aus Flug, Hotel und Mietwagen mit Routenberatung.
- **Nomad GmbH**. Reisen zu den Menschen, Albertinumweg 5, 54568 Gerolstein, ☎ 06591-949980, 🖷 9499819, info@nomad-reisen.de, www.nomad-reisen.de. Nomad ist seit 20 Jahren Spezialist für nachhaltige Rundreisen, Trekkings und Expeditionen in Arabien und den Ländern der Seidenstraße. Der Schwerpunkt liegt auf dem Sultanat Oman, das wie kein anderes arabisches Land orientalisch fühlt und modern lebt. Nomad bietet Reisen zu zweit (z. B. Geländewagenreise mit Dachzelt) oder in kleinen Gruppen mit max. zwölf Teilnehmern an und ermöglicht Begegnungen mit den omanischen Menschen in ihrem Alltag.
- **Geo-Tours**, Schopstr. 17, 20255 Hamburg, ☎ 040-4919832, 🖷 040-4903227, info@geo-tours.de, www.geo-tours.de. Expeditionsreisen mit Abenteuercharakter vorwiegend in Wüstengebieten, in Oman auch Touren für Selbstfahrer.
- **Profi Team Reisen GmbH**, Sonnenstr. 3, 85609 Aschheim, ☎ 089-9045051, 0170/7334636 (Mobil), info@profiteam.de. Seit über 20 Jahren organisieren die Orient-Experten exakt auf den Kunden zugeschnittene Individual- und Gruppenreisen „a la carte" in den Arabischen Raum.
- **TAKE OFF Reisen**, Dorotheenstr. 65, 22301 Hamburg, ☎ 040-4222288, 🖷 040-422 2209, info@takeoffreisen.de, www.takeoffreisen.de. Veranstalter für Abenteuer- und Erlebnisreisen in kleinen Gruppen und Spezialist für Individualreisen ab zwei Personen. Seit nun fast drei Jahrzehnten wird das Programm um immer neue spannende Angebote erweitert. Dabei wird darauf geachtet, dass landesnah, aber dennoch komfortabel gereist wird.

▶ Omanische Reiseveranstalter

- **Bahwan Tours**, P. O. Box 169, Muscat PC 100, ☎ 24789845 , www.bahwantravels.com. Einer der größten und zuverlässigsten Veranstalter in Oman, der hervorragende Touren anbietet, aber auch Reisen nach individuellen Wünschen zusammenstellt. Vertretung von SIXT.
- **Elite Travel & Tourism**, P. O. Box 36, Mina al Fahal PC 116, ☎ 24499797, www.eliteoman.com. Vor allem feststehende Programmpunkte.
- **Golden Oryx Tours**, P. O. Box: 568 Postal code 131, ☎ 24489853, www.goldenoryx.com. Tagesausflüge, Rundreisen, Safaris, Individual- und Gruppenreisen.
- **Majan Light**, P. O. Box 649, Al Ghubrah PC 130, ☎ 24495143, www.majanlight.com. Breites Tourangebot vom Stop-over-Package bis zur 10-tägigen Omanreise.

- **National Travel and Tourism**, P. O. Box 962, Muscat PC 100, ☎ 24660300, www.ntt omantours.com. Rundreisen, Kamel- und Campingsafaris.
- **Travco Oman**, P. O. Box 1155, Muscat PC 130, ☎ 24698500, www.travcotravel.com. Organisierte Rundreisen und individuell zusammengestellte Touren.
- **Zahara Tours**, P. O. Box 833, Ruwi PC 112, ☎ 24400844, www.zaharatours.com. Das Unternehmen vertritt deutsche Reiseveranstalter vor Ort und bietet auch deutschsprachige Führer an. Vertretung von AVIS.

Reisezeit

Blauer Himmel und warme Temperaturen sind in Oman ganzjährig zu erwarten. In den Sommermonaten können die Temperaturen jedoch auf 45 °C ansteigen, die Luftfeuchtigkeit erreicht Werte über 90 %. Ein angenehmeres Klima mit Temperaturen zwischen 20°C und 30°C herrscht im omanischen Winter, zwischen Oktober und März.

Eine **Ausnahme** bildet die Provinz Dhofar, denn hier bringt in den Sommermonaten der Monsun neben viel Feuchtigkeit auch moderate Temperaturen. Der häufige leichte Nieselregen und die üppig grünende Vegetation ziehen viele Besucher aus den GCC-Staaten an – wer während des Sommermonsuns eine Unterkunft in Salalah sucht, sollte seine Buchung unbedingt rechtzeitig vornehmen. Wegen der starken Strömung im Sommer kann in diesen Monaten an der Südküste Omans nicht gebadet werden.

Von den klimatischen Bedingungen her ist der **Winter die beste Reisezeit**, in diese Zeit fällt aber die Hauptsaison mit z. T. ausgebuchten Hotels und enorm hohen Zimmerpreisen.

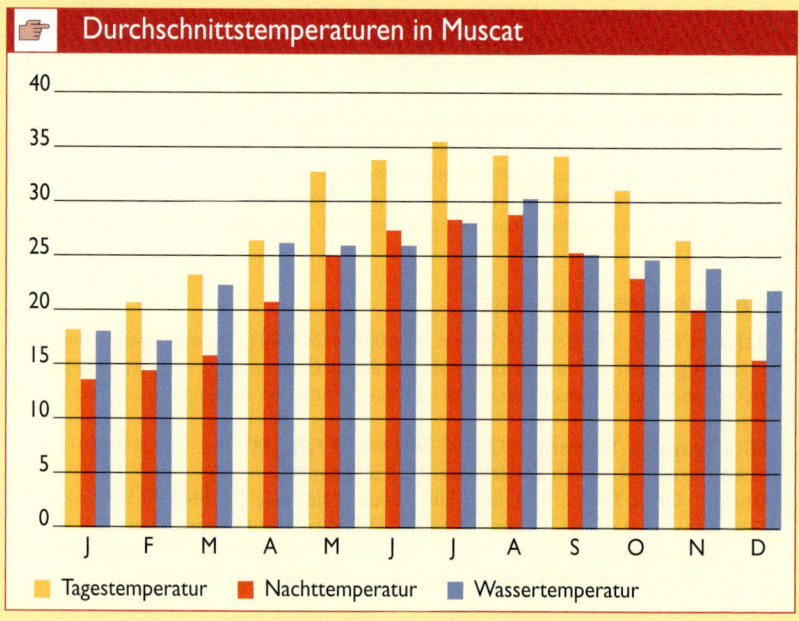

☞ **Durchschnittstemperaturen in Muscat**

■ Tagestemperatur   ■ Nachttemperatur   ■ Wassertemperatur

In den Sommermonaten ist das touristische Aufkommen wesentlich geringer, weil die große Hitze und die hohe Luftfeuchtigkeit viele Urlauber abschrecken. Die Hotels reagieren auf die sinkende Nachfrage mit niedrigeren Preisen. Wem Hitze nichts ausmacht, kann daher viel Geld sparen, wenn er seine Reise in den Sommermonaten plant. Auch sollte man schauen, wann Ramadan ist, da mit Einschränkungen zu rechnen ist (s. S. 102).

Sicherheit · S

Oman ist ein sehr sicheres Reiseland. Dies gilt vor allem im Hinblick auf Diebstähle und Gewaltverbrechen. Die niedrige Kriminalitätsrate hängt zum einen mit dem Lebensstandard zusammen, der – ähnlich wie in den Vereinigten Arabischen Emiraten – relativ hoch ist. Eine wichtige Rolle spielen aber sicher auch die hohe Präsenz der **Royal Oman Police** und die oft hohen Strafen, die bei Zuwiderhandlungen drohen.

Unachtsam sollte deswegen jedoch niemand sein. Wie überall auf der Welt gilt auch in Oman das Sprichwort „Gelegenheit macht Diebe!". Wer daher im Souq einkaufen geht oder andere Plätze aufsucht, an denen Gedränge herrscht, sollte es **Taschendieben** nicht allzu leicht machen. Geld gehört nicht in die Gesäßtasche, sondern in die vordere Hosentasche oder noch besser in einen Brustbeutel. Teurer Schmuck sollte nicht auffällig getragen, sondern zusammen mit anderen Wertsachen im Hotelsafe deponiert werden, wenn man ihn überhaupt mit auf die Reise nehmen muss. Kamera, Handy, Laptop oder GPS sollten auf unbewachten Parkplätzen nicht im Wagen gelassen werden.

Alleinreisende Frauen können Probleme mit zudringlichen Taxifahrern bekommen, sie fahren daher besser in Begleitung.

Religiöser Fanatismus stellt in Oman kein Problem dar. Vom Fundamentalismus saudi-arabischer Prägung ist man in Oman meilenweit entfernt. Wer die Gebräuche des Landes achtet und sich seinen Bewohnern gegenüber respektvoll und zurückhaltend verhält, wird kaum unangenehme Situationen erleben. Mit einer erhöhten Sensibilität in religiösen Angelegenheiten und in Fragen der Beachtung islamischer Traditionen ist während des Ramadan zu rechnen.

Touren in die Grenzgebiete im Dreiländereck Jemen/Saudi Arabien/Oman sollten laut Auswärtigem Amt, wenn überhaupt, nur mit mehreren Fahrzeugen unternommen werden. In der Vergangenheit ist es wiederholt zu Überfällen auf Alleinreisende gekommen. Von Reisen in den Jemen wird vom Auswärtigen Amt ausdrücklich gewarnt.

Bei **Bootsausflügen** vor der Westküste der VAE und in die Straße von Hormuz sind die Inseln Abu Moussa, Greater Tumb und Lesser Tumb strikt zu meiden. Sowohl die VAE als auch der Iran beanspruchen die Inseln für sich. Ausländische Bootsbesatzungen, die sich den Inseln von VAE-Seite genähert haben, sind von iranischen Sicherheitskräften festgenommen und zu Haftstrafen verurteilt worden.

Sämtliche **touristischen Aktivitäten** (Bootsausflüge, Tauchgänge) bei den auch unter dem arabischen Namen Al Hallaniat bekannten Inseln sind verboten. Nach Auskunft omanischer Behörden haben Zuwiderhandlungen strafrechtliche Konsequenzen.

An den Küsten herrschen im Sommer manchmal **starke Strömungen**; bevor man baden geht, sollte man sich daher vor Ort über mögliche Risiken erkundigen. Grundsätzlich gilt wie überall die Regel: nicht zu weit hinausschwimmen. Wer in eine Strömung gerät, sollte niemals versuchen gegen sie anzuschwimmen – das wird fast nie gelingen und ist extrem kräftezehrend. Stattdessen versucht man parallel zum Strand seitlich aus der Strömung herauszuschwimmen.

Auch **Haie** sind an den Küsten zu Gast, wegen des intensiven Jagddrucks auf diese Tiere allerdings nur sehr selten. Zu Unfällen kommt es so gut wie nie. Ausnahmen bilden Situationen, in denen Fischer mit ihrem Fang die Tiere anlocken und Schwimmer in der Nähe baden.

Das größte Gefahrenpotenzial ist in Oman der **Straßenverkehr** – die Zahl der Verkehrstoten hat sich in den letzten Jahren verdoppelt. Häufig werden die Verkehrsregeln missachtet, zu schnelles und rücksichtsloses Fahren ist verbreitet. Den Sicherheitsgurt anzulegen gilt bei vielen als uncool. Strengere Gesetze, vermehrt aufgestellte Radarfallen und hohe Bußgelder sollen dem entgegenwirken.
Oman war lange ein armes Land, das sich erst in den letzten 40 Jahren zum Schwellenland entwickelt hat. Das Auto ist für viele Familien ein wichtiges Statussymbol, mit dem man aber noch nicht adäquat umzugehen gelernt hat.
Auch bei der Stadtplanung kam die Verkehrssicherheit bislang zu kurz. An vielen großen Straßen gibt es keine Fußgängerüberwege oder Brücken, sodass die Straße auf der Fahrbahn überquert werden muss.

Zu weiteren Gefahren im Straßenverkehr s. das Kapitel Autofahren S. 87.

Aktuelle Hinweise zur Sicherheitslage findet man auf der Webseite des Auswärtigen Amtes (www.auswaertiges-amt.de).

Souvenirs

Seit 2008 dürfen Waren im Wert von 430 € zollfrei in die EU eingeführt werden. Shoppingbegeisterte können nun auch im Urlaub ihrer Leidenschaft – zumindest in gewissen Grenzen – frönen. Ein Wermutstropfen: Das Angebot an Luxuswaren ist deutlich begrenzter als in den benachbarten Emiraten und das Preisniveau liegt höher. Wer Designerkleidung, Schmuck, Teppiche oder hochwertige Elektronikartikel günstig kaufen möchte, sollte einen Abstecher nach Dubai ins Programm aufnehmen.

Groß ist in Oman hingegen das Angebot an **kunsthandwerklichen Erzeugnissen** und originellen landestypischen Mitbringseln. Souvenirjäger werden in den Souqs und auf Märkten fündig; wer historische Stücke sucht und auf Echtheit Wert legt, sollte sich an einen Antiquitätenhändler wenden. Letzte Sicherheit gibt ein Zertifikat.

Beliebt sowohl bei Männern als auch Frauen sind **traditionelle Kleidungsstücke**, die man in den unterschiedlichsten Größen, Qualitäten und Farben bekommt. Dazu zählen weite Hosen und Überkleider, bestickte Kappen, Turbantücher, Kopftücher und Gesichtsmasken (letztere bekommt man vor allem auf Beduinenmärkten).

Hoch entwickelt ist in Oman das **Silberschmiedehandwerk**. Die Palette der traditionellen Schmuckstücke umfasst Ohr-, Nasen-, Finger- und Zehenringe, Arm- und Fußreifen sowie Halsketten. In letztere wurden häufig Maria-Theresia-Taler oder andere historische Münzen eingearbeitet.

Moderner Schmuck besteht meist aus Rotgold, die Art der Verarbeitung entspricht dem arabischen bzw. indischen Stil. Die Preise sind vom aktuellen Tagespreis für Gold abhängig und werden nach Gewicht berechnet. (s. auch S. 96).

Ein besonderes Souvenir sind die traditionellen **Khanjars**, Krummdolche mit kunstvoll gefertigten Silberscheiden. Auch kleinere Dolche und **Messer** sind am Schaft oft mit Silber verziert (Achtung: Die Einfuhr von Hieb- und Stichwaffen unterliegt strengen gesetzlichen Bestimmungen, unbedingt im Vorfeld bei Polizei und/oder Zoll erkundigen!)

Henna ist ein Pflanzenfarbstoff, der traditionell zum Bemalen der Hände und Füße dient. Man kann sich entweder vor Ort bemalen lassen oder auf dem Markt ein komplettes Malset kaufen, zu dem neben Farbstoff und Pinsel Schablonen für die traditionellen Motive gehören.

Eine lange Tradition hat in Oman die Herstellung von **Duftölen** und **Parfüms**. Die Palette reicht vom Rosenwasser, das in jedem Supermarkt

Khanjars und vieles andere aus Silber, dekorativ hinter Glas

verkauft wird, bis zum Edelduft Amouage, den der Parfümeur Guy Robert im Auftrag von Sultan Qaboos kreierte. Er ist nur in ausgewählten Geschäften erhältlich, u. a. im Al Bustan Palace Hotel und im SABCO Center in Qurum.

In die Kategorie Düfte gehört auch **Räucherwerk,** insbesondere Weihrauch. Das Harz wird im Mubkhar abgebrannt, einem speziellen Behälter aus Ton oder Silber.

Fester Bestandteil der arabischen Alltagskultur ist auch die **Wasserpfeife**, in der ein spezieller, aromatisierter Tabak abgebrannt wird.

Mit a**rabischem Kaffee** und der zur Zubereitung verwendeten typischen Schnabelkanne kann man zu Hause orientalische Gastfreundschaft zelebrieren.

Flechtwaren wie Körbe, Schalen und Matten gibt es besonders auf der Musandam-Halbinsel in Hülle und Fülle, sie bestehen meist aus Palmfasern.

Töpferwaren kommen meist aus Bahla, da der Lehm der Region sich besonders gut verarbeiten lässt.

Handgeknüpfte **Teppiche** gibt es mit traditionellen Mustern, aber auch mit modernen Designs. Sie stammen meist aus dem Iran oder aus Pakistan.

Unter den kulinarischen Mitbringseln nehmen **Gewürze** den ersten Rang ein. Man bekommt sie in Oman preiswert und in hervorragender Qualität.

Wichtigstes landwirtschaftliches Erzeugnis Omans sind **Datteln**. Wenn man sie frisch auf dem Markt kauft, müssen sie innerhalb von fünf bis sieben Tage verzehrt werden, danach beginnen sie zu gären. Getrocknete Datteln sind länger haltbar und in aufwendigen Verpackungen auch ein tolles Mitbringsel für Daheimgebliebene.

Zum Mitnehmen eignet sich auch **Halwa**, die traditionelle omanische Süßspeise. Sie wird ebenfalls in Geschenkverpackung angeboten.

Sport und Erholung

Oman bietet reichlich Möglichkeiten zu **sportlicher Betätigung**: Man kann Trekking-, Mountainbike- und Klettertouren unternehmen, Wüstensafaris mit oder ohne Kamele durchführen und an Dhau-Ausflügen entlang der Küste teilnehmen. Am besten schließt man sich dabei den geführten Touren eines Veranstalters an (Adressen s. rechts). Viele begeisterte Fans, aber auch viele scharfe Kritiker haben Outdooraktivitäten wie Wadi Bashing und Dune Driving. Dabei heizt man in allradgetriebenen Geländewagen durch ausgetrocknete Flussbetten bzw. über die Dünen der Wüste.

Besonders gut sind aufgrund des warmen Klimas natürlich die Voraussetzungen für alle Arten von **Wassersport**. Hier gibt es nichts, was es nicht gibt: Wasserski, Windsurfen, Segeln, Kajakfahren, Hochseefischen, Schnorcheln und Tauchen (dem Thema Tauchen ist ab S. 326 ein eigenes Kapitel gewidmet). Viele Hotels und Sportclubs bieten Kurse an und verleihen Ausrüstung.

Und dann sind da noch die **Strände**, die zum Schwimmen und Sonnenbaden einladen. Kilometerlang erstrecken sie sich im Norden von der Grenze zu den VAE über Muscat bis nach Sur, nur stellenweise von den schroffen Klippen der küstennahen Gebirge unterbrochen. Neben Hotelstränden gibt es öffentliche Strände, die über touristische Infrastruktur wie sanitäre Anlagen, Sonnenschirme und Kinderspielplätze verfügen. Sie füllen sich zumindest an Wochenenden sehr rasch mit Einheimischen und Expats. Ruhe und Einsamkeit findet man an einigen abgelegenen Stränden, die nur mit dem Allradfahrzeug erreichbar sind. Dort kann man auch problemlos campen.

Während die Strände im Norden Omans von einigen Ausnahmen abgesehen dunkelsandig sind, gibt es im Süden auch herrliche hellsandige Strände. Außerhalb von Salalah entbehren sie aber meist jeglicher Infrastruktur. Vor dem Besuch entlegener Strandabschnitte sollte man sich unbedingt in den umliegenden Orten bzw. bei Reiseveranstaltern oder Tauchbasen nach Strömungen und anderen Gefahren durch das Meer erkundigen. Im Zweifelsfall sollte man sich auf ausgedehnte Strandspaziergänge beschränken.

➤ Veranstalter

(s. auch S. 119f)

- **Bedu Expeditionen**, 80799 München, ☎ 089/62439791, www.bedu.de. Trekking im Jebel Akhdar, Wüstensafaris in der Wahiba.
- **Bike & Hike Oman**, Muscat, www.bikeandhikeoman.com, www.facebook.com/bikeandhike oman, ☎ 24400873, Handy: 95165038, 98518778. Rad- und Wandertouren.
- **Desert Adventure**, Shatti-Al-Qurum, Al Saroj Street Way 3054, Villa 4321, Muscat, ☎ 24691300, www.desertadventures.com. Wüsten- und Wandertouren, Tauch- und Angelausflüge, Stadt- und Tagestouren.
- **Discovery-Fernreisen**, Berlin, ☎ 030/26 306058, www.discoveryweltweit.de. Mountainbiketouren im Hajar-Gebirge.
- **Global Tours**, Muscat, ☎ 24695959, www.globaltoursoman.com. Trekking- und Mountainbike-Touren.
- **Musandam Sea Adventure Tourism**, Khasab, ☎ 26730424, www.msaoman.com. Exkursionen mit traditionellen Dhaus entlang Küste der Musandam-Halbinsel.
- **Muscat Diving & Adventure Center**, Muscat, ☎ 24543002, www.holiday-in-oman.com. Trekking-, Kletter- und Mountainbike-Touren, Kamelsafaris und Dhau-Exkursionen.
- **Nomadic Adventures & Tours**, Al Wasil, Ibra, ☎ 99336273, www.nomadicdesert camp.com. Kamelsafaris mit arabischem Barbecue in den Dünen.
- **Nomad Reisen**, Gerolstein, ☎ 06591/949980, www.nomad-reisen.de. Mehrtägige Kamelsafaris in der Wahiba-Wüste.
- **Sub Aqua Dive Center**, Salalah, Crowne Plaza und Hilton Hotel, ☎ 23238000 und 99894031, www.subaqua-divecenter.com. Unterschiedliche Wassersportarten, Tauch- und Schnorchelexkursionen, Angelausflüge, Delfinbeobachtung, Picknickausflüge zu unbewohnten Inseln.

Sprache

Offizielle **Landessprache** ist Arabisch, in den großen Städten wird aber auch Englisch verstanden und zumindest ansatzweise gesprochen. Fast alle Straßenschilder sind in Arabisch und Englisch beschriftet.

Viele Omanis sansibarischer Abstammung sprechen Suaheli. Wegen der vielen Gastarbeiter sind auf den Straßen auch Baluchi, Urdu, Hindi und andere Dialekte des indischen Subkontinents zu hören.

Ganz anders sieht es im Landesinneren aus. Wer hier auf eigene Faust unterwegs ist, sollte zumindest ein paar Höflichkeitsfloskeln kennen. Jeder Versuch in der Landessprache zu kommunizieren, wird seitens der Bevölkerung mit Entgegenkommen quittiert. Selbst wenn es mit der Aussprache hapert, wird man die Bemühungen anerkennen.

Eine gute Investition ist ein kleines **Sprachlexikon**. Besonders auf die Anforderungen des Reisealltags zugeschnitten ist z. B. „Arabisch für die Golfstaaten" (Reise Know-How Verlag, 2007) mit Audio-CD zum Einüben der richtigen Aussprache.

T) Telefonieren

Das **Telefon-Festnetz** wird von der mittlerweile privatisierten Omantel (www.omantel.om) betrieben und ist hervorragend ausgebaut. Öffentliche Telefonzellen gibt es praktisch überall, sie funktionieren mit Telefonkarten (*Pay Phone Cards*), die in Geschäften und Supermärkten, an Tankstellen, bei Postämtern und Telefongesellschaften erhältlich sind. Es gibt sie im Wert von 2, 3 oder 5 OR. Eine Einheit kostet derzeit etwa 20 Bz, allerdings ist dies von Uhrzeit und Entfernung abhängig.

Bei **Ortsgesprächen** ist eine Einheit 9 Min. lang, bei **Ferngesprächen** mit bis zu 200 km entfernten Orten bis 20 Uhr 30 Sec., bis 6 Uhr 1 Min.; bei Ferngesprächen mit mehr als 200 km entfernten Orten bis 20 Uhr 20 Sec., bis 6 Uhr 1 Min.

In Hotels kann man den **IDD** (*International Direct Dialing*)-Service vom Zimmer aus nutzen. Das garantiert zwar ein ungestörtes Gespräch, man zahlt aber auch wesentlich mehr, denn neben den normalen Gebühren werden noch Bereitstellungskosten und gelegentlich weitere Service Charges berechnet. Diese Zusatzgebühren sind von Hotel zu Hotel verschieden, je höher die Kategorie, desto höher sind in der Regeln auch die Gebühren. Gespräche nach Europa kosten bis 20 Uhr 375 Bz/Min., bis 6 Uhr 275 Bz/Min.

Dank internationalem **GSM-Standard** kann man im gesamten Land (Ausnahmen sind sehr entlegene Gebiete ohne Netzabdeckung) mit dem deutschen Handy telefonieren. Der einzige Nachteil sind die hohen Gebühren, die durch das sogenannte Roaming entstehen, d.h. die Einwahl des Telefons in das fremde Netz (Details über die Roaming-Bedingungen erfährt man bei seinem Anbieter). Probleme kann es mit einigen Prepaid-Karten aus Europa geben, denn nicht alle gestatten das Roaming.

 ### Achtung

Hohe Kosten entstehen auch dann, wenn man angerufen wird, denn der Anrufer zahlt nur innerhalb des nationalen Netzes, alle weiteren Kosten gehen zu Lasten des Angerufenen. Kosten fallen auch dann an, wenn der Anruf auf der Mailbox eingeht. Man sollte diese daher für die Dauer der Reise ausschalten und mit potenziellen Anrufern vereinbaren, per SMS zu kommunizieren. SMS können kostenfrei empfangen werden.

Preisgünstiger als Roaming ist es, vor Ort die **Prepaid-Karte** eines omanischen Anbieters zu erwerben. Das funktioniert aber nur mit SIM-lock-freien Handys, d.h. Geräten, die für alle Karten freigeschaltet und an kein bestimmtes Netz gebunden sind. Besitzer eines solchen Handys kaufen beispielsweise eine Hayyak-Karte von Omantel oder eine Mousbak-Karte von Ooredoo. Beide bekommt man ab 5 OR, wobei jeweils 50% als Gesprächsguthaben auf der Karte ist. Sie können bei Bedarf mit Beträgen zwischen 1 OR und 10 OR (Omantel) bzw. 1 OR und 8 OR (Ooredoo) aufgeladen werden.

Die **Landesvorwahl** von Oman ist 00968. Städtevorwahlen gibt es nicht. Innerhalb der neuen achtstelligen Nummern kennzeichnen die ersten beiden Zahlen die Region. Vereinzelt existieren noch die alten sechsstelligen Nummern, denen dann die zweistellige Regionalvorwahl vorangestellt werden muss: Für die Region Dhofar (Salalah) ist das die 23, für Muscat und Umgebung die 24, für die Region Dakhiliya und Sharqiyah (Nizwa und Sur) die 25, für die Batinah (Sohar) und Musandam die 26.

Servicenummern	
Auskunft national	198
Auskunft international	143
Operator international:	195
Notfälle	9999
Flughafen Muscat	24341000
Fluginformation (24h)	24519223
Flughafen Salalah	23368001
Fluginformation	24518072
Internationale Vorwahlen	
Oman:	00968
VAE	00971
Qatar	00974
Deutschland	0049
Österreich	0043
Schweiz	0041

Uhrzeit U

In Oman gilt (ebenso wie in den VAE) die **Gulf Standard Time** (GST). Sie kennt keine Sommerzeit, sodass die Zeitverschiebung zu Mitteleuropa im Winter + 3 Stunden, während der europäischen Sommerzeit + 2 Stunden beträgt.

Unterkunft

› Hotels

Oman ist seit einigen Jahren ein boomendes Reiseziel. Die Besucherzahlen steigen, und die Hotelkapazitäten werden ständig erweitert. Inzwischen gibt es um die 200 Hotels und Gästehäuser in Oman, allerdings kommt es zur Hauptreisezeit noch immer häufig zu Engpässen.

Preiskategorien	
€	bis 25 OR
€€	bis 45 OR
€€€	bis 70 OR
€€€€	bis 90 OR
€€€€€	über 90 OR

Orientalische Pracht im Grand Hyatt Muscat …

…und moderner Purismus im Six Senses Hideaway Zighy Bay

Zwar entstanden vor allem in Muscat und Salalah eine Reihe neuer Hotels mit ausgezeichnetem Standard, sie gehören aber fast sämtlich der Luxusklasse an. An preiswerteren Unterkünften mangelt es hingegen, und wo es sie gibt, sind die Übernachtungspreise im Vergleich zum Gebotenen oft überzogen.

Wenn man nicht in einem der neueren Fünf-Sterne-Hotels wohnen möchte, bleiben in **Salalah** und noch mehr in **Muscat** als Alternative einige Adressen (oft internationale Hotelketten), deren Angebot aber eher auf Geschäftsreisende als auf Touristen abgestimmt ist. Dort hat man zwar tagsüber Ruhe am Pool, da die Businesskunden zu Meetings unterwegs sind, dafür fehlen aber die klassischen Angebote für Urlauber, insbesondere für Familien mit Kindern. Meist liegen diese Häuser zudem nicht an den Stränden, sondern eher in der Stadt oder auf dem Weg zum Flughafen.

Hotels sind auch in Oman nach dem international bekannten Sternesystem kategorisiert und entsprechend auch in der Preisgestaltung ausgerichtet. In den Fünf-Sterne-Häusern schlägt ein Doppelzimmer in den Wintermonaten mit 400 bis 800 € zu Buche. Deutlich niedriger sind die Preise in den heißen Sommermonaten – auch dann macht man keine Schnäppchen, aber das Preis-Leistungs-Verhältnis ist angesichts des perfekten Rundum-Services gut. In einem Vier-Sterne-Hotel kostet das Doppelzimmer ab ca. 150 € pro Nacht, im Drei-Sterne-Hotel bezahlt man ab 100 €, in einfachen Hotels, wie es sie an der Uferstraße von Mutrah gibt, kann man schon für 30 € übernachten. Dies ist aber nur Reisenden zu empfehlen, die an Komfort und Service keine großen Ansprüche stellen.

➤ Apartments

Preiswerter als Luxus-Hotels sind die Apartmentanlagen, die es ebenfalls vorwiegend in Muscat und Salalah gibt. Sie verfügen über Sport- und Freizeiteinrichtungen, manchmal über Restaurants oder zumindest ein Café, in jedem Fall gibt es aber einen Zimmerservice. Solche Apartments kann man auf Tagesbasis mieten, eine wochen- oder monatsweise Anmietung wird aber lieber gesehen.

Rest Houses

Arab Oryx betreibt auf dem Weg von Muscat nach Salalah bzw. ins Landesinnere Rest Houses, in denen man günstig übernachten kann. Die Kosten liegen bei ca. 15 OR für ein EZ und 20 OR für ein DZ. Im Schnitt verfügen diese Gästehäuser nur über 10 Zimmer, weswegen eine rechtzeitige Reservierung zu empfehlen ist. Die Zimmer sind einfach, aber sauber und verfügen über Aircondition. Den Rest Houses angeschlossen sind ein einfaches Restaurant und eine Tankstelle.

Jugendherbergen

Jugendherbergen existieren bislang in Salalah (Salalah Youth Hostel) und im Küstendorf Al Ashkharah, 35 km südöstlich von Ja'alan Bani Bu Hassan (Areen Hostel), weitere Einrichtungen befinden sich in Planung. Beide Häuser sind weniger Hostels als Familienhotels mit komfortablen Apartments. Europäische Backpacker trifft man hier selten.

Camping

In Oman gibt es bislang **keinen offiziellen Campingplatz**. Sofern man über die nötige Ausstattung verfügt, kann man aber in der freien Natur sein Lager aufschlagen. Es gibt genügend Gegenden, die so einsam sind, dass man niemanden stört – nur die Nähe von Dörfern sollte man meiden. Camper werden geduldet, solange sie sich unauffällig und korrekt benehmen. Das bedeutet, dass man sein Feuerholz mitbringt, ein Feuer niemals unbeaufsichtigt lässt und jeglichen Müll bei der Abreise wieder mitnimmt. Auch fernab von jeder Zivilisation ist das Alkoholverbot einzuhalten.

Campingtouren wird man in aller Regel mit einem Offroad-Fahrzeug unternehmen. Hier gelten die auf S. 90 erteilten Ratschläge.

Auf die **Campingausrüstung** soll hier nicht im Detail eingegangen werden, zumal sicherlich nur solche Reisende in Oman campen werden, die bereits andernorts Erfahrungen gesammelt haben. Ideal ist ein Igluzelt, das mit wenigen Haken am Boden auskommt. Je nach geplanter Route benötigt man Sandheringe und solche für felsigen Boden.

Viel wichtiger ist die **Wahl des Zeltplatze**s. Er sollte während des Tages etwas Schatten bieten, sich aber unter keinen Umständen in einem Wadibett befinden – nach Regenfällen kann man sonst von plötzlich heranrauschenden Wassermassen überrascht werden.

Wer am Strand campt, sollte sich vor dem Errichten des Lagers über die mögliche **Höhe des Wasserstandes** vergewissern. Das Zelt muss auf jeden Fall jenseits der Flutlinie aufgestellt werden, d. h. oberhalb der Spuren der letzten Hochwassermarke. Man sollte auch sicher gehen, dass der Strand nicht anderen Offroad-Fahrern als Teststrecke dient. Erkennbar ist dies z. B. an vielen grobstolligen Fahrspuren im Sand.

Beim Zelten im Sand kann starker Wind zu Problemen führen. Der verblasene Sand türmt sich vor jedem Hindernis auf, ein Zelt macht da keine Ausnahme. Tagsüber kommt man dann ohne Schaufeln nicht mehr ins Zelt hinein und nachts hat man Schwierigkeiten, ins Freie zu gelangen. Gegenstände, die man außen vor dem Zelt gelassen hatte, sind unter Umständen verschüttet und nicht mehr auffindbar.

Grundsätzlich wird das Zelt immer in sicherer Entfernung vom offenen Feuer aufgestellt. Für ein Campfeuer benötigt man Holz. Zu diesem Zweck darf neben eigens mitgebrachtem Feuerholz aber nur Totholz verwendet werden. Auf keinen Fall sollte man selbst Holz schlagen und dabei lebende Bäume oder Büsche beschädigen.

Hygiene

Auch wenn man in der Nähe des Zeltplatzes Wasser findet (z. B. ein Falaj), sollte man sich nur in einer Schüssel waschen, um keine Seifenrückstände in das Wasser gelangen zu lassen. Gleiches gilt für das Spülen von Geschirr.

Die Toilette wird möglichst mit einer Schaufel immer wieder neu gegraben. In felsigem Gebiet ist dies nicht immer möglich, dort ist Kreativität gefragt. Benutztes Toilettenpapier wird mit in die Grube geworfen oder noch besser verbrannt.

Schutz vor Tieren

Camping ist fast immer mit dem Wunsch nach Naturnähe verbunden. Doch manchmal rückt die Natur einem näher zu Leibe, als einem lieb ist. An den Küsten und ganz besonders in der Gegend um Salalah, vornehmlich im *Khareef*, tut sie dies in Gestalt von Stechmücken. Ein Insektenschutzmittel und/oder ein Moskitonetz können hier gute Dienste leisten.

Um keine Mäuse und Ratten anzulocken, sollte man Müll und Nahrungsmittel möglichst weit weg vom Zelt aufbewahren, am besten im Auto. Da Ratten auch schon mal Schuhe und andere Gegenstände aus Leder anknabbern, ist es ratsam, diese entweder im Wagen, im Zelt oder an Leinen hoch über dem Boden zu lagern.

In entlegenen Gegenden des Landesinneren hat man mit den bisher genannten Tieren weniger Kontakt. Hier kann man stattdessen auf Skorpione oder Schlangen treffen. Bevor man sein Zelt aufstellt oder sich in den Sand setzt, sollte man kurz den Boden abklopfen. Größere Steine oder Holz sollte man nicht unachtsam umdrehen, da sich die Tiere tagsüber gern darunter verstecken. Unliebsame Überraschungen vermeidet, wer Schuhe und Kleidung nicht außerhalb des Zeltes herumliegen lässt und sie vor dem Anziehen einmal umdreht bzw. behutsam ausklopft. Dies gilt besonders für Stiefel.

Organisierte Campingtouren

Wer den mit einer Campingtour verbundenen Aufwand scheut, aber dennoch einmal in der freien Natur nächtigen möchte, kann an einer organisierten Campingsafari teilnehmen. Solche Touren werden von vielen omanischen Veranstaltern durchgeführt, z. B. von Bahwan Travels, National Travel and Tourism und Zahara-Tours (s. S. 119f.).

Auch einige deutsche Reiseveranstalter bieten in Zusammenhang mit Kamelsafaris und Geländewagentouren Zeltübernachtungen an, beispielsweise Nomad Reisen und Bedu Expeditionen (s. S. 119).

Verhaltenstipps   V

Oman ist bei aller (zumindest in den touristischen Zentren herrschenden) Toleranz ein muslimisches Land. Reisende sollten sich den islamischen Gepflogenheiten anpassen, um in möglichst wenige Fettnäpfchen zu treten. Es erleichtert den Umgang miteinander, wenn man einige Regeln befolgt.

• Grundsätzlich gehen die Menschen hier (sicher auch aufgrund des heißen Klimas) das Leben mit mehr **Ruhe** an. Das kann für den Reisenden eventuell Verzögerungen mit sich bringen – es hilft aber nicht, verärgert zu reagieren, denn dies wird nicht verstanden. Besser gestaltet man seinen Zeitplan so, dass er immer genügend Spielraum lässt, und übt sich im Zweifelsfall in Geduld.

• Als **Begrüßungsgeste** reichen sich meist nur Männer die Hand, bei Frauen ist dies nicht üblich. Häufig wird von Arabern dann die rechte Hand zur Herzgegend geführt, um dem Gast zu signalisieren, dass er „von Herzen" willkommen ist. Wenn der traditionelle Kaffee oder Datteln gereicht werden, nimmt man diese nie mit der linken Hand entgegen, denn sie gilt als unrein. Aus dem gleichen Grund wird die linke Hand auch nicht zum Essen verwendet oder um etwas anzureichen.

• Beim **Sitzen auf dem Boden** ist es unhöflich, die Fußsohlen auf jemanden zu richten.

• Bei der **Kleidung** sollten vor allem Frauen darauf achten, dass nicht zuviel Haut gezeigt wird. Ein zu freizügiger Bekleidungsstil verletzt das Anstandsgefühl der Menschen und kann zudem als sexuelle Offerte verstanden werden. Auch Männer sollten nicht in kurzen Hosen und ärmellosen oder knappen T-Shirts in der Öffentlichkeit herumlaufen (mehr zur Bekleidung s. S. 92).

• Männer sollten es zudem **vermeiden**, arabischen Frauen länger direkt in die Augen zu sehen oder sie gar anzustarren – dies wird nicht nur als Entehrung der Frau, sondern auch ihrer Familie betrachtet.

• Anders als in westlichen Ländern ist der Austausch von **Zärtlichkeiten in der Öffentlichkeit tabu**. Händchenhalten gilt als unschicklich, Küssen kann gar mit Gefängnis geahndet werden. Zuweilen sieht man Männer, die einander bei den Händen halten – dies ist ein in arabischen Ländern üblicher Freundschaftsgestus.

• Während des **Ramadan** darf tagsüber nicht in der Öffentlichkeit gegessen, getrunken oder geraucht werden. Alkohol darf zu jeder Zeit nur in lizenzierten Räumlichkeiten, auf keinen Fall aber im Freien konsumiert werden. Trunkenheit am Steuer wird mit hohen Strafen geahndet, schon geringste Mengen Alkohol im Blut können dramatische Folgen nach sich ziehen.

• Auch im Hinblick auf Drogen verfolgt Oman eine **Null-Toleranz-Politik**. Drogenbesitz und -konsum ziehen sehr ernste Konsequenzen nach sich.

• Beim Einkauf auf Märkten gehört das **Handeln zum guten Ton**. Wer den ersten genannten Preis sofort akzeptiert, verliert sein Gesicht und nimmt dem Verkäufer den Spaß.

Verkehrsmittel

Das Verkehrswesen hat sich in Oman in den letzten Jahren stark entwickelt und wird nach wie vor ausgebaut. Noch immer ist man aber auf einen Mietwagen angewiesen, wenn man auch entlegene Gebiete in vertretbarer Zeit besuchen möchte, vom Komfort nicht zu reden.

Flugzeug

Oman Air fliegt von Muscat nach Salalah und nach Khasab auf der Musandam-Halbinsel (Infos und Tickets unter ☎ 24531111, www.omanair.com). Ungünstige Wetterbedingungen können zu Flugverzögerungen führen, und auch die Pünktlichkeit lässt manchmal zu wünschen übrig, sodass ein Inlandsflug nicht zu knapp vor einen internationalen Weiterflug gelegt werden sollte. Da die Kapazitäten auf den oben genannten Strecken oft stark ausgelastet sind, sollte man rechtzeitig buchen und Rückflüge immer bestätigen lassen.

Langstreckenbus

Fast alle größeren Orte in Oman können mit Überlandbussen erreicht werden. Im grenzüberschreitenden Verkehr fährt die Oman National Transport Company (ONTC) auch Dubai, Abu Dhabi und Al Ain an. Die Fahrzeuge sind in der Regel in gutem Zustand und besitzen eine Klimaanlage. Die Fahrpreise sind moderat. Infos erteilt die ONTC unter ☎ 24490046, Hotline 24490948 oder online unter www.ontcoman.com).

Mietwagen

s. S. 112

Taxi

Sammeltaxis verkehren von festen Abfahrtsorten (meist in der Nähe der Flughäfen und Busbahnhöfe) zu bestimmten Endpunkten. In der Regel handelt es sich um Minivans, die zwischen vier und acht Sitzplätzen anbieten. Das Taxi fährt in der Regel erst dann ab, wenn alle Plätze besetzt sind oder man selbst für alle Plätze zahlt. Bleibt ein Platz unbesetzt, nimmt das Sammeltaxi auch unterwegs noch Passagiere auf, die am Straßenrand warten. Sammeltaxis sind recht günstig und man kann mit ihnen praktisch jeden Ort erreichen.

Alternativ können auch normale Taxis für Überlandfahrten und Ausflüge gechartert werden. Dies ist etwas teurer, aber auch wesentlich komfortabler, schon weil häufige Zwischenstopps entfallen.

Schiff

Schiffe spielen im Inlandsverkehr bislang eine sehr untergeordnete Rolle. **Fährverbindungen** bestehen zzt. zweimal wöchentlich zwischen Muscat und Khasab auf der Musandam-Halbinsel (s. S. 83, www.nfc.om) sowie zwischen Khasab und Lima (zweimal wöchentlich, im Moment nur für Waren und Passagiere), Shinas und Khasab (zweimal wöchentlich), sowie zwischen Shannah und Masirah (mehrmals täglich).

Daneben gibt es **Ausflugsboote**, die zu ein- oder mehrtägigen Exkursionen entlang der Küste, zum Tauchen und Schnorcheln oder zur Delfinbeobachtung starten (Adressen bei den jeweiligen Orten im Reiseteil). An manchen Stränden kann man Fischerboote oder Kajaks für Erkundungen auf eigene Faust mieten.

› Fahrrad

Radenthusiasten können Oman prinzipiell auch per Drahtesel erkunden, was aber nur in einer größeren Gruppe sinnvoll und sicher ist. Über große Distanzen stößt man auf keinerlei Siedlungsspuren, und auch der Autoverkehr stellt eine Gefährdung dar (nicht alle Asphaltstraßen verfügen über einen Seitenstreifen, Pisten sind kaum befahrbar und daher keine Alternative). In jedem Fall ist eine gute Konstitution erforderlich: Auch wenn man die Mittagsstunden meidet, herrscht oft flirrende Hitze und auf weiten Strecken gibt es keinerlei Schatten. Die besten klimatischen Voraussetzungen für Radtouren bieten die Höhenlagen (Jebel Akhdar, Hajar-Gebirge, Jebel Qara in der Dhofar-Region), wo allerdings erhebliche Steigungen zu überwinden sind. Wer sich diesen Strapazen gewachsen fühlt, kann im Internet zahlreiche Erfahrungsberichte zu bereits durchgeführten individuellen Radreisen in Oman lesen. Alternativ kann man sich auch einer geführten Radtour anschließen (s. Sport und Erholung S. 124f.).

Versicherungen

Vor dem Abschluss einer Reiseversicherung gilt es sich genau zu informieren: Gerade in diesem Bereich werden viele Versicherungen angeboten, die unnötig sind, sofern man eine entsprechende Versicherung für das Heimatland besitzt. Viel solch überflüssigen Ballast enthalten z. B. die Rundum-Sorglos-Pakete, zu denen bei der Buchung einer Pauschalreise oft geraten wird. Bestimmte Zusatzversicherungen sind durchaus sinnvoll – fast immer ist es aber günstiger, sie einzeln abzuschließen.

Sparen kann man auch, wenn man die Versicherung nicht nur für die Dauer der Reise, sondern für ein ganzes Jahr abschließt. Manche Versicherer bieten zudem günstige Familientarife an. Dabei gilt es allerdings genau zu prüfen, wie viele Kinder bis zu welchem Alter mitversichert sind und ggfs. auch, wie sich die Versicherung gegenüber nichtehelichen Partnerschaften verhält.

› Reiserücktrittsversicherung

Die Reiserücktrittsversicherung springt ein, wenn man eine gebuchte Reise nicht antreten kann, weil man selbst, ein mitreisender Angehöriger oder ein nicht mitreisender Angehöriger schwer erkrankt oder verstorben ist. Je nach gebuchter Reiseleistung können dann hohe Stornokosten anfallen, die die Versicherung übernimmt (meist mit geringer Selbstbeteiligung). Die Versicherungsgebühr ist aber relativ hoch, und der Versicherungsfall tritt längst nicht bei allen Erkrankungen ein, vor allem auch nicht bei bekannter medizinischer Vorgeschichte. Der Abschluss einer Reiserücktrittsversicherung lohnt daher vor allem bei teuren und lange im Voraus gebuchten Reisen sowie bei bestimmten nicht abschätzbaren Risiken (z. B. kleine Kinder, die schnell einmal erkranken, oder sehr alte/schwer kranke nahe Verwandte).

› Reisegepäckversicherung

Kommen das Gepäck oder Teile davon abhanden, ersetzt die Versicherung unter bestimmten Umständen den entstandenen Schaden. Allerdings wird bei der Berechnung der zu erstattenden Summe nur ein Zeitwert zu Grunde gelegt. Zudem ist die Liste der Ausschlussgründe insbesondere bei wertvollen Gegenständen lang. So wird eine Kamera bei Diebstahl z. B. mit Einbruchsspuren oder Raub ersetzt, auch dann aber nur mit bis zu 50% der Versicherungssumme. Häufig wird Reisenden von der Versicherung Fahrlässigkeit unterstellt. Oftmals ist das Reisegepäck während des Fluges und auf dem Flughafen über die Fluggesellschaft versichert; wer eine Hausratversicherung hat, hat normalerweise auch Versicherungsschutz im Hotel oder der Ferienwohnung. Wer keine großen Werte mit sich herumträgt, kann daher eventuell auf eine Gepäckversicherung verzichten. Bei teuren Kameras kann sich eine spezielle Fotoversicherung lohnen, die aber nur von wenigen Gesellschaften angeboten wird (z. B. von AXA).

► Reisekrankenversicherung

Unterwegs krank zu werden ist nicht nur lästig, sondern im Zweifel auch teuer, denn anfallende Behandlungskosten müssen privat ausgelegt werden und man bekommt sie von einer privaten Krankenversicherung nur in Teilen, von gesetzlichen Versicherungen im Falle Omans gar nicht erstattet. Eine private Reisekrankenversicherung ist daher dringend zu empfehlen, vor allem wenn man mit Kindern reist.

Verschiedene Kreditkartenorganisationen bieten ab der Goldkarte ein umfassendes Versicherungspaket an, das auch eine Reisekrankenversicherung enthält (meist muss man die Reise mit der Kreditkarte bezahlt haben). Auch die Mitgliedschaft bei einem Automobilclub schließt oft eine solche Versicherung ein. Alternativ besteht die Möglichkeit, im Reisebüro oder bei Maklern eine Einzelversicherung abzuschließen, auch manche Banken bieten diesen Service. Achtung: Wer im Urlaub Abenteuersportarten nachgeht (dazu gehört auch das Tauchen), sollte sicher gehen, dass auch aus diesen resultierende Verletzungen abgedeckt sind. Eine Reisekrankenversicherung kann tageweise oder für das ganze Jahr abgeschlossen werden (die einzelne Reise darf sich dann meist nur über einen bestimmten Zeitraum erstrecken).

Im Fall der Fälle reicht man nach der Rückkehr die Belege über die entstandenen Kosten sowie die Diagnose des Arztes (in Englisch oder Deutsch) bei der Versicherung ein und bekommt die Auslagen erstattet. Alle Details entnimmt man den Policen. In der Regel umfasst eine solche Versicherung auch einen Krankenrücktransport, normalerweise allerdings nur im medizinisch notwendigen Fall, sprich, wenn der Patient im Land nicht adäquat versorgt werden kann.

► Fahrzeugversicherungen

Bei Leihwagen ist im Mietpreis meist eine Haftpflichtversicherung enthalten, eine Vollkasko fehlt in der Regel oder man hat eine hohe Selbstbeteiligung. Eine CDW (Collision Damage Waiver) reduziert die Selbstbeteiligung, eine LDW (Loss Damage Waiver) schließt sie ganz aus, auch bei Diebstahl (Näheres dazu im Kapitel Mietwagen S. 112). Diese Versicherungen kommen aber normalerweise nicht für Schäden auf, die z. B. durch Offroad-Fahrten verursacht wurden.

Auch bei Fahrzeugversicherungen gilt, dass Inhaber bestimmter Kreditkarten automatisch versichert sind, wenn der Leihwagen mit der Kreditkarte bezahlt wurde – Nachfragen lohnt in jedem Fall.

W) Wellness

Oman ist zwar kein ausgesprochenes Wellness-Ziel, doch hat man sich in den Hotels der gehobenen Kategorie auch auf diesen Trend eingerichtet. Häuser mit schön gestalteten Spas und von geschultem Personal durchgeführten Anwendungen sind das Shangri-La's Barr Al Jissah Resort & Spa und das Chedi Hotel bei Muscat, das Six Senses Hideaway Zighy Bay und das Marriott Resort bei Salalah.

Zollbestimmungen   Z

Strikt verboten ist die Einfuhr von Drogen, Waffen (darunter fallen auch Nachbildungen und Spielzeug), Pornografie und frischen Lebensmitteln, insbesondere von Schweinefleischprodukten. Gegenstände des persönlichen Gebrauchs und Devisen (mit Ausnahme der israelischen Währung) können unbeschränkt ein- und ausgeführt werden. Parfüms sind auf 100 ml, Zigaretten auf 400 Stück limitiert, beim Alkohol liegt die Freigrenze für erwachsene Nicht-Moslems bei 2 l. Nach Ankunft am Flughafen Muscat werden die Gepäckstücke durchleuchtet und gegebenenfalls geöffnet und durchsucht. Es kann dann zu Beschlagnahmungen kommen, z. B. bei als anstößig befundenen Videos oder Zeitschriften. Sie werden gegen Quittung einbehalten und können vor der Rückreise wieder abgeholt werden.

Etwas andere Regeln gelten bei der **Einreise auf dem Landweg**, aus den VAE. In diesem Fall ist die Einfuhr von Alkohol gänzlich verboten! Das Gepäck im Fahrzeug wird sporadisch durchsucht.

Bei der Einfuhr von Schmerzmitteln sowie halluzinogenen Medikamenten (Antidepressiva und andere Psychopharmaka) sollte ein mehrsprachiges ärztliches Attest des behandelnden Arztes unbedingt mitgeführt werden, da eine Reihe dieser Medikamente in Oman als illegale Drogen angesehen werden, deren Besitz und Einfuhr unter Strafe stehen.

Aus Oman **nicht ausgeführt** werden dürfen Fossilien, maritime Fundstücke, archäologische Ausgrabungsfunde und als historisches Kulturgut eingestufte Antiquitäten.

Bei der Wiedereinreise ins Heimatland gelten folgende Regeln:
Zollfrei sind 200 Zigaretten, 50 Zigarren oder 250 g Tabak, 1 l hochprozentiger Alkohol und 2 l Wein sowie Waren im Gesamtwert von 430 € bzw. 300 CHF.

Die Einfuhr von Produkten aus geschützten Tier- und Pflanzenarten (u.a. Korallen, bestimmte Muscheln und Schnecken, Schildpatt, Elfenbein) unterliegt dem Washingtoner Artenschutzabkommen.

Aktuelle Infos zu den Zollbestimmungen in Deutschland unter www.auswaertiges-amt.de oder www.zoll.de, in Österreich unter www.bmf.gv.at, in der Schweiz unter www.ezv.admin.ch.

Das kostet Sie der Aufenthalt in Oman

• Stand August 2015 •

Auf den folgenden Seiten finden sich Preisbeispiele für einen Urlaub in Oman, damit man sich ein realistisches Bild von den Kosten eines Aufenthaltes machen kann. Natürlich sind alle Angaben nur als Richtschnur aufzufassen, da Beförderungs-, Unterkunfts- und Lebensmittelpreise einerseits regional schwanken können (ein Hotelaufenthalt in Muscat ist z. B. deutlich teurer als in Salalah), und andererseits sehr stark von den persönlichen Bedürfnissen und Anforderungen abhängen.

Aktueller Wechselkurs	
1 €	0,42 Omani Rial (OMR oder OR)
1 OR	2,36 €
1 CHF	0,40 OR
1 OR	2,50 CHF

Außer für Flugtickets und Rundreisen werden die Preise in OR angegeben.

Beförderung

➤ Internationale Flüge

Nonstop fliegt nur Oman Air von Frankfurt und München nach Muscat, die Preise starten bei ca. 600 €. Günstig sind Flüge mit Emirates, der Fluglinie Dubais. Hier ist ein Hin- und Rückflug nach Muscat über Dubai schon ab etwa € 530 zu haben. Die Flüge bieten zudem Gelegenheit, die Oman-Reise mit einem Shoppingtrip in Dubai zu verbinden, indem man dort einen Stop-over einplant.

Sehr gut und ebenfalls relativ preiswert sind Qatar Airways, die über Doha regelmäßig Verbindungen nach Muscat unterhalt n. Ein solches Ticket bekommt man ab etwa 600 €. Auch in Doha lohnt ein Stop-over-Aufenthalt, um z. B. das Islamische Museum an der Corniche zu besichtigen. Für Qatar und Oman ist ein Kombivisum erhältlich (s. Einreise S. 94).

Vor der Buchung empfiehlt sich ein kurzer Vergleich im Internet, z. B. auf www.flug.de. Dabei in jedem Fall die Umsteigezeiten beachten – einige Verbindungen sind schon ab 480 € zu haben, dauern aber auch 18 Stunden und länger.

Die Flughafensteuer in Höhe von 5 OR ist in den meisten internationalen Flugtickets bereits eingeschlossen.

➤ Inlandsflüge

Ein Flug mit Oman Air von Muscat nach Salalah kostet hin und zurück um 78 OR, ein Flug von Muscat nach Khasab hin und zurück um 48 OR.

> Mietwagen

Die jeweils aktuellen Preise der großen internationalen Agenturen lassen sich am einfachsten im Internet recherchieren. Bei diesen Preisen muss stets darauf geachtet werden, ob Versicherungen, Freikilometer und sonstige Gebühren eingeschlossen sind. Am günstigsten war in den letzten Jahren jeweils Budget. Bei AVIS lagen die Preise nur bei Kleinwagen etwa gleich. Sehr gute Konditionen und Fahrzeuge bekommt man bei SIXT. Dazu gehören auch verschiedene Offroader, die auf Kundenwunsch hin speziell ausgerüstet werden, für Wüstentrips z. B. mit zusätzlichen Überrollbügeln, zwei Ersatzreifen, funktionierendem Werkzeug und Verbandskasten.

Im Folgenden einige Beispiele für Mietpreise, mit denen bei Anmietung vor Ort zu rechnen ist, jeweils mit unbegrenzten Kilometern. Hinzu kommen manchmal Kosten von 2–3 OR/Tag für die CDW, abhängig vom Fahrzeugtyp (sofern die Zahlung per Kreditkarte nicht bereits eine Versicherung für Mietwagen einschließt):

Eingeschlossen sind fast immer 200 Freikilometer/Tag. Jeder zusätzliche Kilometer wird mit 0,055 bis 0,100 OR berechnet.

Wagentyp	Tagesmiete	Wochenmiete
Kleinwagen	ca. 22 OR	ca. 120 OR
Mittelklasse-Wagen	ca. 26 OR	ca. 138 OR
Luxusklasse	ca. 32 OR	ca. 191 OR
Allradfahrzeug	ca. 63 OR	ca. 390 OR
Luxus-Allradfahrzeug	ca. 70 OR	ca. 420 OR

> Benzinpreise

Normalbenzin	ca. 0,12 OR je Liter
Super	ca. 0,13 OR je Liter
Diesel	ca. 0,16 OR je Liter

> Taxi

Taxipreise hängen in Oman vom individuellen Verhandlungsgeschick ab, da es meistens keine Taxameter gibt. Es gibt aber gewisse Richtlinien, an die seriöse Fahrer sich halten:
- Eine Taxifahrt vom Flughafen Muscat nach Ruwi, Qurum und Al Khuwair kostet etwa 8–10 OR, eine Fahrt nach Old Muscat oder Mutrah etwa 9–11 OR.
- Alternativ kann man ein Sammeltaxi (*Shared Taxi*) nehmen, dann kostet die einfache Strecke etwa 1 OR.
- Innerhalb der **Region Muscat** kann man mit Preisen zwischen 1 OR und 5 OR rechnen, bei Sammeltaxis ab etwa 0,50 OR.
- Bei Überlandfahrten richten sich die Preise nach der Strecke. Ein Taxi nach **Sohar** kostet etwa 18 OR, nach **Sur** etwa 20 OR. Preiswerter sind auch hier Sammeltaxen (etwa 3,80 OR bzw. 4,50 OR).

➤ **Privattransfers**

Minivan/Busse
Innenstadt: je nach Distanz zwischen 0,40 und 0,60 OR.

Überlandverkehr	
Muscat – Barka	0,30 OR
Muscat – Nakhl	1,00 OR
Muscat – Nizwa	1,60 OR
Muscat – Sohar	1,70 OR
Muscat – Sur	3,60 OR
Muscat – Salalah	8,00 OR

Unterkunft

Die Preise schwanken je nach Saison erheblich. So kostet ein DZ mit Frühstücksbüfett in einem Fünf-Sterne-Hotel während der Sommermonate umgerechnet etwa 180 €, ab Oktober steigen die Preise dann aber auf über 250 €.

Zimmerpreise pro Übernachtung	
Einfaches Hotel	ab 20 OR
Mittelklassehotel	ab 55 OR
First Class Hotel	ab 70 OR
Luxusklasse	ab 120 OR (nach oben ohne Grenze)

Bei den First Class Hotels lohnt es sich, im Internet nach Sonderangeboten Ausschau zu halten. So kann Luxus durchaus erschwinglich werden.

Touren/Ausflüge

Die folgenden Touren kann man entweder schon im Heimatland oder auch noch vor Ort bei einer Agentur buchen:

• **8 Tage Rundreise** ab/bis Muscat inkl. 6 Übernachtungen in Mittelklasse-Hotels, 6 x Frühstück, 1 x Halbpension, Transfers und Flug von/nach Deutschland ab 1.635 €.
• **10 Tage Rundreise** ab/bis Muscat inkl. 7 Übernachtungen in Hotels der Mittel- bis Luxusklasse und 1 Übernachtung im Camp, Halbpension (z. T. als Picknick), Transfers und Flug von/nach Deutschland ab 2.295 €.
• **10 Tage Geländewagen-Rundreise** ab/bis Muscat inkl. 6 Übernachtungen in Mittelklassehotels und 1 Übernachtung im Camp, Frühstück, Transfers und Flug von/nach Deutschland ab 1.935 €.
• **Tagestour Wüstensafari** Wahiba Sands 320 € pro Wagen (für 4 max. Personen)
• **Tagestour Festungen** 166 € pro Wagen (für 4 max. Personen)

Eintrittspreise

Für Omanis ist der Eintritt in von Staat verwaltete Sehenswürdigkeiten frei. Ausländer zahlen zwischen 0,50 und 1 OR.

Aktivitäten

- **Schnorcheln vor Muscat:** Leihausrüstung ca. 15–18 OR
- **Tauchen vor Muscat bzw. Salalah:** 2 Tauchgänge inklusive Ausrüstung und Bootstransfer etwa 35–45 OR.

Essen und Trinken

Restaurant (der mittleren Preisklasse)	
Frühstücksbüfett	ab 2,50 OR
Abendessen	ca. 1,80 OR
Softdrinks	ca. 0,60 OR
Flasche Wasser (1,5 l)	ca. 0,40 OR
Fruchtsaft	ca. 0,70 OR
Bier (soweit erlaubt)	ca. 2,70 OR
Wein (Glas, soweit erlaubt)	ca. 2,80 OR
Wein (Flasche, soweit erlaubt)	14 OR
Internationales Fast Food	
Hamburger	ca. 0,65 OR
Burger-Menü	ca. 2,15 OR
Pizza	ab ca. 1,60 OR
Speiseeis	ab ca. 1,80 OR
Arabisches/asiatisches Fast Food	
Shawarma	ca. 0,40 OR
Indisches Curry	ab 0,35 OR
Supermarkt/Markt	
Softdrink Dose	0,17 OR
Wasser (1,5 l)	0,20 OR
Trinkpäckchen Milchprodukte	0,20 OR
Trinkpäckchen Kaffee	0,20 OR
Schokoladenriegel (100 g)	0,30 OR
Datteln (1 kg)	ab 0,30 OR
Mango (1 kg)	ab 0,40 OR
Äpfel (1 kg)	ab 0,70 OR
Bananen (1 kg)	ab 0,40 OR

Reisen in Oman

Für eine Reise in das Sultanat Oman werden die meisten Urlauber aufgrund der Größe des Landes einen längeren Aufenthalt einplanen. Zielflughafen für Geschäftsleute, Kultur- und Naturreisende, Taucher oder Abenteuersuchende ist in aller Regel der internationale Flughafen von **Muscat**. Von hier aus sind es über 1.000 km bis in den Süden nach **Salalah** oder etwa 500 Straßenkilometer nach **Khasab** auf der **Musandam-Halbinsel,** die z. T. über das Staatsgebiet der **VAE** führen, da Oman ein zweigeteiltes Land ist.

Das Angebot an **organisierten Reisen** ist groß, für **individuelle Touren** bietet sich ein **Mietwagen** an. Unabhängigkeit ist so garantiert, bei Zwischenfällen auf der Reise ist man allerdings auf sich selbst angewiesen. Viele Ziele lassen sich auch mit dem **Fernbus** erreichen, was aber eine genaue Zeitplanung voraussetzt. **Inlandsflugverbindungen** bestehen zwischen Muscat und Khasab bzw. Salalah, sind aber nicht jederzeit zu bekommen.

Rasante Entwicklung der Infrastruktur

Oman, das erst seit wenigen Jahrzehnten für westliche Besucher geöffnet ist und noch kürzer über eine einigermaßen funktionierende Infrastruktur verfügt, entwickelt sich rasch. Das gilt in besonderem Maße für den **Ausbau des Straßennetzes,** der vor allem im Bereich der Küste in rasantem Tempo voranschreitet. Verkehrsverbindungen können sich schnell ändern, weil in Wadis Staudämme gebaut werden oder neue Schnellstraßen alte Pisten ersetzen. Deshalb sollte man unterwegs flexibel sein und sich am besten in jedem größeren Ort nach dem nächsten Zielpunkt erkundigen.

Wer nach Oman reist, hat grundsätzlich verschiedene Optionen, seine Reise zu gestalten, z. B. als ...

Kurzaufenthalt in Muscat (4 bis 5 Tage)

Eine Reise nach Muscat wird meist als **Strandurlaub** geplant und mit einer kürzeren Sightseeing-Tour kombiniert. Wer ein Stopover-Ticket gebucht hat, kann den Muscat-Besuch mit einem Shopping-Trip in **Dubai** verbinden, der den Aufenthalt dann um ein bis zwei Tage verlängert.

Von einem schönen Strandhotel in der Capital Area aus lassen sich das Meer und die herrlichen Poolanlagen genießen. Ein **Schnorchel- oder Tauchausflug** erschließt die bunte Unterwasserwelt, und für diejenigen, die lieber über der Wasseroberfläche bleiben, bietet sich eine Tour zur **Delfinbeobachtung** an.

Mindestens drei Tage benötigt man, um **Muscat** zu erkunden. Lohnende Stationen sind die **Festungen Jalali und Mirani** (die allerdings nur von außen besichtigt werden können), die **alten Wohnhäuser** (die sog. Baits), der **Sultanspalast** und das **Muscat Gate Museum.** Am Nachmittag kann der **Souq von Mutrah** besucht und vorher oder nachher entlang der **Corniche** am Meer flaniert werden. Vor dem Souq gibt es an der Corniche traditionelles arabisches Fastfood. Auf dem Souq selbst kann man den aromatischen arabischen Kaffee probieren. Unbedingt angemessen bekleidet sollte man die **Große Moschee** (Sultan Qaboos Grand Mosque) besichtigen. Auf dem Weg dorthin lohnt ein Besuch des **Natural History Museum**. Ein Einkaufsbummel im außerhalb der Stadt befindlichen **Muscat City Centre** sorgt weiter für Unterhaltung.

Aufenthalt von zehn Tagen

Neben der Erkundung der **Sehenswürdigkeiten von Muscat** bietet ein zehntägiger Aufenthalt die Möglichkeit zu ausgiebigen Touren in die nähere Umgebung. Eine ganztägige **Wüstensafari** mit Übernachtung im Camp, Touren zur **Schildkrötenbeobachtung**, nach **Nizwa** und in die **Berge** sind so möglich. Gegenüber der selbst geplanten und ausgeführten Kurzreise kann es aus Zeitgründen ratsam sein, das Angebot eines Veranstalters in Muscat wahrzunehmen.

Festungen Omans

Bei dieser Tour besichtigt man die Festungen von **Rustaq** (Stand August 2015 war das Fort wg. Renovierung geschlossen) und **Nakhl** und wohnt bei **Barka** einem Bullenkampf bei. Ein Bummel über den Souq von Rustaq darf nicht fehlen. Zwischen Nakhl und Rustaq lohnt der Blick in eines der oft ganzjährig Wasser führenden **Wadis** oder auf das typische, jahrtausendealte **Aflaj-Bewässerungssystem**.

Lagunen rund um Muscat

Bei dieser besonders für Hobby-Ornithologen interessanten Tour erlebt man die Stadt Muscat aus einer ganz neuen Perspektive, denn überall in den Außenbezirken findet man noch weitgehend unverbaute **Khawrs** (Lagunen), deren Brackwasser zahlreichen Vogelarten ein Refugium bietet.

Von Muscat nach Nizwa

Nizwa ist eine der sehenswertesten Städte Omans. Auf dem Besichtigungsprogramm sollten hier die gut erhaltene **Festung** und der **Souq** stehen, auf dem in größerer Vielfalt als anderswo omanisches Kunsthandwerk feilgeboten wird. Ausflüge führen in die landschaftlich reizvolle Umgebung von Nizwa; Highlights bilden hier der mit 3.009 m höchste Berg des Landes, der **Jebel Shams**, das auch als „Grand Canyon Arabiens" bezeichnete **Wadi Nakhr** und der „Obstgarten" Omans, der **Jebel Akhdar mit seinen malerischen Bergoasen und grünen Terrassenfeldern**.

Von Nizwa nach Bahla

Neben der **Festung Hisn Tamah** und den **Töpferwerkstätten** von **Bahla** lohnt hier besonders ein Abstecher in die Unterwelt Omans: Die **Al Hoota-Tropfsteinhöhle** gibt einen eindrucksvollen Einblick in die Geologie des Landes.

Bizarre Felsformationen begleiten auch eine Wanderung auf dem Hochplateau des **Jebel Shams**, bei der sich fantastische Blicke ins **Wadi Nakhr** bieten, den Grand Canyon Omans.

▒▒▒▒▒▒▒ Von Muscat in den Osten

Diese drei bis fünf Tage in Anspruch nehmende Tour entführt den Besucher in das alte Arabien. Historische Städte wie **Al Mudaybi** und **Ibra** locken mehr mit Flair als mit Sehenswürdigkeiten, auf dem Souq von **Sinaw** werden Souvenirjäger fündig. **Sur** ist eine Hafenstadt mit langer Schiffsbautradition, in der noch immer auf althergebrachte Weise Dhaus gebaut werden. Abends trifft man sich hier in der Captain's Bar auf ein Bier.

In **Ras al Hadd** und **Ras al Jinz** sollte man sich unbedingt die Eiablage der großen Meeresschildkröten ansehen. Von **Al Mintirib** aus kann man Abenteuertrips mit dem Offroader in die Weite der **Wahiba Sands** unternehmen. Nachts bettet man das müde Haupt dann luxuriös in den Betten des Desert Nights Camp oder unkompliziert in der recht einfachen Zeltanlage des 1000 Nights Camp.

Aufenthalt von drei Wochen oder länger

Wer unternehmungslustig ist und einen möglichst vielfältigen und umfassenden Eindruck vom Land, seinen Menschen und der Natur bekommen möchte, der sollte sich länger Zeit nehmen. Ob auf eigene Faust oder organisiert, lassen sich Touren in den entlegenen Norden des Landes zur **Musandam-Halbinsel** unternehmen, interessant ist auch die im Süden gelegene **Dhofar-Küste**. Man kann die Wüste erleben, indem man dort campt, oder auch einen Blick über die Grenze in die **Vereinigten Arabischen Emirate** werfen.

Neue Entdeckungen können fernab der touristischen Pfade gemacht werden. Zweifelsohne am spannendsten und eindrucksvollsten ist eine Tour auf eigene Faust mit dem **Mietwagen,** am besten mit einem Geländewagen, da ein solches Fahrzeug die größte Freiheit bietet. Das Straßennetz ist mittlerweile ziemlich gut ausgebaut, die Beschilderung ermöglicht eine weitgehend problemlose Orientierung.

Abseits der Zentren im Norden begibt man sich allerdings schnell in noch weitgehend unerschlossenes Terrain, und nicht jedem liegt es, ganz auf sich selbst gestellt zu sein und eventuell auftretende Probleme allein meistern zu müssen. Wer die Sicherheit einer Gruppe schätzt, kann sich einer **geführten Tour** anschließen, wie sie von zuverlässigen Veranstaltern in **Muscat** und **Salalah** angeboten werden (Adressen s. S. 119f.).

▒▒▒▒▒▒▒ Von Muscat in den Süden

Liebhaber von Fahrten durch die Wüste kommen auf der etwa 1.000 km langen Piste von **Muscat nach Salalah** voll auf ihre Kosten. Berg- und Sandwüsten wechseln einander ab. Bei **Hayma** kann man in einem Reservat **Oryx-Antilopen** begegnen und in den Resthouses unterwegs arabische Gastfreundschaft erleben. Auf der weiteren Tour streift man die Ausläufer der Wüste **Rub al-Khali**, erkennbar an den riesigen Dünenfeldern.

Ein Abstecher sollte zur Ausgrabungsstätte von **Ubar** führen. Etwas abseits der Nationalstraße 31 wachsen im **Wadi Dawkah Weihrauchbäume**. In Folge des Südwestmonsuns (Kharef) blüht und grünt die Gegend um **Salalah**, die landwirtschaftlich intensiv genutzt wird. Für Urlauber, die im Juli oder August hier weilen, ist ein Besuch des **Khareef-Festivals** ein Muss. Nähere Betrachtung verdienen auch die Gräber von **Nabi Ayoub** und **Nabi Umran** sowie die Ausgrabungsstätten **Samhuram** und **Al Baleed**. Ist man abends ermattet, helfen ein gutes Essen und ein Drink im Oasis Club. Angenehm und stilvoll nächtigen kann man im Hilton Salalah Resort, etwas außerhalb der Stadt.

Ein gigantisches Bauprojekt ist in **Duqm** im Gange, auch hier werden in absehbarer Zukunft eine ganze Reihe von Luxushotels entstehen. Auch an der Küstenstraße zwischen Hasik und Al Shuwaymiyah wurde kräftig gebaut, und man kann nun von Salalah fast immer an der Küste entlang bis nach Muscat fahren.

Von Bahla über Buraimi in die VAE

Diese Fahrt ist nur etwas für wirkliche Individualisten, denn sie führt in den äußersten Nordwesten des Landes, wo es neben einer recht gleichförmigen Wüstenlandschaft nur viel Einsamkeit gibt. Doch für manchen macht gerade das den Reiz aus. Zwei hochkarätige Sehenswürdigkeiten liegen allerdings am Wegesrand: die **Bienenkorbgräber von Al Ayn und Bat**, die zum UNESCO-Weltkulturerbe gehören. Unbedingt lohnend ist auch ein Ausflug nach **Al Ain** in den benachbarten Emiraten. Hier herrscht auf dem Kamelmarkt viel Atmosphäre, auf Kulturinteressierte wartet der **Archäologische Garten Hili**, alternativ kann man in einer der großen Shopping Malls dem Kaufrausch frönen.

Nach Fujairah und an die Ostküste der VAE

Der Blick über den „Tellerrand" führt an die Ostküste der VAE. In **Khawr Kalba** kann man Seeschildkröten beim Schwimmen beobachten und Fischern beim Einholen des Fanges zusehen. Bullenkämpfe finden regelmäßig in **Fujairah** statt, und **Dibba** besitzt neben einer eindrucksvollen neuen Moschee herrliche Strände.

Musandam-Halbinsel

Hierher muss reisen, wer die **Unterwasserwelt** Omans ertauchen möchte, denn die Fjorde der zerklüfteten Halbinsel sind ein Dorado für Sporttaucher und Schnorchler. Über Wasser lässt sich die buchtenreiche Küste stilecht auf einer **Dhau-Exkursion** erkunden. Abenteurer sollten mit dem Off-Roader in die Berge fahren und dabei die schroff-schöne Landschaft des **Wadi al Bih** genießen.

Ausflüge von Musandam in die VAE

Von der nördlichsten Region Omans aus lassen sich die Vereinigten Arabischen Emirate in relativ kurzer Zeit erreichen. Nur wenige Fahrstunden sind es bis **Dubai**, wo man neben dem **Burj Khalifa**, dem höchsten Turm der Welt, auch das Wahrzeichen der Stadt, das Luxushotel **Burj al Arab**, und vor allem die **Shopping Malls** in Augenschein nehmen sollte. Sightseeing und Shopping kann man in der **Mall of the Emirates** verbinden, denn in dem riesigen Einkaufszentrum gibt es neben günstigen Luxuswaren aller Art auch eine **Skihalle**, in die man durch große Glasfenster Einblick bekommt.

3. HAUPTSTADTREGION

Muscat und die Capital Area

Der Name Muscat (auf dt. auch Maskat) bedeutet übersetzt soviel wie „Ankerplatz". Er reflektiert die lange Geschichte der Stadt als **wichtigen Handelshafen**, in dem früher arabische Dhaus und portugiesische Fregatten ankerten, während heute große Containerfrachter und Kreuzfahrtschiffe das Bild prägen. Die ältesten historischen Quellen, in denen Muscat Erwähnung findet, stammen aus dem 9. Jh. In den folgenden Jahrhunderten wuchs die Stadt langsam, aber beständig, stand jedoch stets im Schatten von Sohar. Seine eigentliche Bedeutung erlangte Muscat erst im 15. Jh. durch den *Lange* **Indienhandel.** Damals ankerten hier viele Schiffe, um vor der langen Fahrt noch ein- *Handels-* mal Wasser aufzunehmen. Der omanische Navigator Ahmed bin Majid al Najdi no- *tradition* tierte begeistert: „Muscat ist eine Stadt mit Handel und guten Waren, wie sie nirgendwo auf der Welt gefunden werden kann." Und weiter: „Muscat liegt vor den Winden verborgen, sichert die Versorgung mit frischem Wasser, und seine freundlichen Einwohner lieben die Fremden." All diese Vorzüge weckten Begehrlichkeiten: 1507 er- oberten die **Portugiesen** die Stadt und gliederten sie ihrem Kolonialreich ein. Sie er- bauten **massive Befestigungen**, die noch heute teilweise erhalten sind. Zu ihnen gehören auch die beiden Festungen Mirani und Jalali, die den Zugang zum Hafen be- wachen. Doch alle Befestigungen konnten nicht verhindern, dass die Stadt 1650 von Imam Sultan bin Saif I. zurückerobert wurde und seither in omanischem Besitz blieb. Zwar versuchten auch im 17. und 18. Jh. verschiedene Seemächte, in Muscat Fuß zu fassen, erfolgreich waren aber nur die **Perser**, die die Stadt 1737 eroberten. 1744 be- reitete Imam Ahmed bin Said Al Bu Said auch dieser Episode ein Ende. Die nun herr- schende **Al-Bu-Said-Dynastie** machte Muscat zu ihrem **Regierungssitz**.

In der Folge entwickelte sich Muscat zum Zentrum eines bedeutenden **Handelsim- periums**, das wirtschaftliche Beziehungen mit Persien, Pakistan und Indien, aber auch mit **Ostafrika** und **Sansibar** pflegte. Auch zu westlichen Nationen wurden Kontakte gepflegt, u. a. zu Großbritannien, Frankreich und den USA. Diese **Blütezeit** hielt bis ins 19. Jh. an, als Oman sich nach dem Tod Sultan Saids in das Sultanat Oman und das Sultanat Sansibar spaltete. Mit dem Wegfall der Einnahmen aus dem Ostafrikahandel nahm der **wirtschaftliche Niedergang** des Landes seinen Anfang, den Todesstoß bedeuteten schließlich die Eröffnung des Suez-Kanals und das Verbot des Sklaven- handels. Das Land verfiel in einen über 100 Jahre währenden Dornröschenschlaf. 1959 gelang es Sultan Said bin Taimur mit Hilfe der Briten, die Herrschaft der Imame im Landesinneren zu brechen. Muscat war nun offiziell **Landeshauptstadt**, in Wirk-

Redaktionstipps

➤ **Landschaft**: Qurum Nature Reserve (S. 158), Felsküste östlich von Muscat mit einsamen Sand- buchten (S. 161)

➤ **Tierbeobachtung**: Vögel im Qurum Nature Reserve (S. 158) und in den Lagunen rund um Muscat (S. 163)

➤ **Kultur**: Festungen, historische Stadthäuser und Al-Alam-Palast in Old Muscat (S. 147f.), Na- tional Museum in Ruwi (S. 157), Oil & Gas Exhibi- tion Centre in Mina al Fahal (S. 158), Natural History Museum in Al Khuwair (S. 159), Große Moschee in Ghubrah (S. 160)

➤ **Aktivitäten**: Bummel durch den Souq von Mutrah (S. 155), Spaziergang entlang der Corni- che, der Uferstraße von Mutrah (S. 155), Tauchen bei Fahal Island und am Wrack der Al Munassir (S. 331f.), Baden am Strand vor dem Grand Hyatt oder dem Crowne Plaza (S. 175), Fahrt auf der Küstenstraße nach Bandar al Jissah (S. 161)

lichkeit residierte Said jedoch in Salalah. Um dem Einfluss der Briten zu entgehen, schottete der Sultan sein Land immer mehr nach außen hin ab. Muscat versank in düsterer Provinzialität: Ein Dekret des Sultans schrieb vor, dass die Stadttore mit Einbruch der Dunkelheit geschlossen werden mussten. Niemand durfte Muscat dann *Mittel-* mehr betreten oder verlassen. Fast mittelalterliche Zustände herrschten, als 1970 *alterliche* Sultan Qaboos die Macht übernahm. In der Folge erlebte Oman eine **Renaissance**, *Zustände* die von der Hauptstadt Muscat ausging. Qaboos wollte ein sichtbares Zeichen für den *bis 1970* Neuanfang setzen, ein Großteil der Altstadt wurde eingeebnet, um einen **modernen Palast- und Regierungsbezirk** zu errichten. Der Hafen von Mutrah wurde zum modernen Handelshafen mit Containerverlade-Terminals ausgebaut. Die rasante Expansion machte bald die **Erschließung neuer Siedlungsgebiete** notwendig: Vor den Toren der Stadt, wo sich ursprünglich nur Berge und Wüste ausbreiteten, entstand die **Capital Area**, ein Paradebeispiel moderner Stadtplanung. Wenn man heute von Muscat spricht, dann ist in der Regel der Großraum Muscat gemeint.

Dieses Gebiet ist durch breite Verkehrswege, gepflegte Grünanlagen, moderne Wohn- und Geschäftsviertel geprägt und verströmt ein Flair von Wohlstand. Es gibt nur vereinzelt Hochhäuser, und die modernen Bauten greifen arabische Architek-*Beispielhafte* turelemente auf, daher präsentiert sich das moderne Muscat nicht so gesichtslos *moderne* wie manche andere arabische Großstädte. Zwischen den neuen Vierteln erstrecken *Stadtplanung* sich noch immer größere Brachflächen, schroffe Bergrücken und Wadis reichen nahe an die Bebauung heran. Auf der Karte erscheint Muscat als ein Gigant: Den Kern bilden die **historischen Stadtteile Muscat** und **Mutrah**. Durch neue Viertel hat die Stadt sich aber weit ins Umland ausgedehnt: in nordwestlicher Richtung etwa 25 km bis zum internationalen Flughafen **Seeb**, in südöstlicher Richtung etwa 10 km bis **Al Bustan** und ins Landesinnere etwa 8 km bis **Ruwi**. Die meisten

großen Hotels befinden sich an der Küste zwischen Ghubrah und Qurum sowie süd- *Hotels meist*
lich von Old Muscat im Stadtteil Al Bustan. Sehenswürdigkeiten gibt es im gesamten *an der Küste*
Gebiet mit einer eindeutigen Konzentration im Bereich von Old Muscat und Mutrah,
während die beliebtesten Einkaufsviertel in Mutrah, Qurum und am Flughafen liegen.

Old Muscat

Festungen und Stadttore

Das historisch gewachsene Muscat entwickelte sich rund um den geschützten Naturhafen, den die hufeisenförmige Bucht von Muscat bildet. Die Berge schieben sich
hier nahe zusammen und lassen nur eine schmale Einfahrt frei. Auf den Felsen thro-
nen die beiden gewaltigen **Forts Jalali** (**1**) und **Mirani** (**2**), die von den Portugiesen
im 16. Jh. auf den Grundmauern älterer omanischer Befestigungen errichtet wurden.
Nachdem sie Hormuz an die Perser verloren hatten, bauten sie Muscat zum neuen *Forts*
Stützpunkt in der Golfregion aus. Vom Fort Mirani im Westen der Bucht aus ließen sich *machten*
sowohl die Bucht als auch das Gebiet vor der Stadt unter Beschuss nehmen. Mit den *Muscat fast*
hier aufgestellten Geschützen wurden herannahende Schiffe davor gewarnt, nach Ein- *uneinnehm-*
bruch der Dunkelheit die Stadt anzulaufen, denn dies war verboten. Kanonenschüsse *bar*
vom Fort Mirani kündigten auch das Schließen der Stadttore am Abend an.

Beide Festungen wurden renoviert, dürfen aber aufgrund der Nähe zum Sultanspalast nicht besichtigt werden. Fort Mirani wird heute von der **königlichen Garde**
genutzt. Fort Jalali beherbergt ein **Privatmuseum** des Sultans, das normalerweise

Das Fort Jalali wird am Abend stimmungsvoll illuminiert

nur Staatsgästen offen steht. Beim *Ministry of National Heritage and Culture* (www. mhc.gov.om) kann eine Sondergenehmigung beantragt werden, die aber nur in seltenen Ausnahmefällen erteilt wird.

Die Portugiesen befestigten Muscat aber nicht nur zur See, sondern auch zum Landesinneren hin. Sie umgaben die Stadt mit einer **Mauer**, die sich von Bergrücken zu Bergrücken spannte und von vier Stadttoren durchbrochen wurde. Im Laufe der Zeit verfiel die Anlage, wurde aber unter Sultan Qaboos im Rahmen eines Stadtverschönerungsprogrammes in Teilen rekonstruiert. Zwei der alten **Stadttore**, das Bait Saghir und das Bait Waljad, fielen der Stadtentwicklung zum Opfer, die übrigen beiden wurden den Erfordernissen des modernen Straßenverkehrs angepasst.

Schützende Mauer

Das **Bab Kabir** (**3**) ist heute das Haupttor, durch das die meisten Besucher nach Old Muscat gelangen. Neben dem **Bab Mathaib** (**4**) am Westende der Stadtmauer führt ein Tunnel zur Hafenbucht.

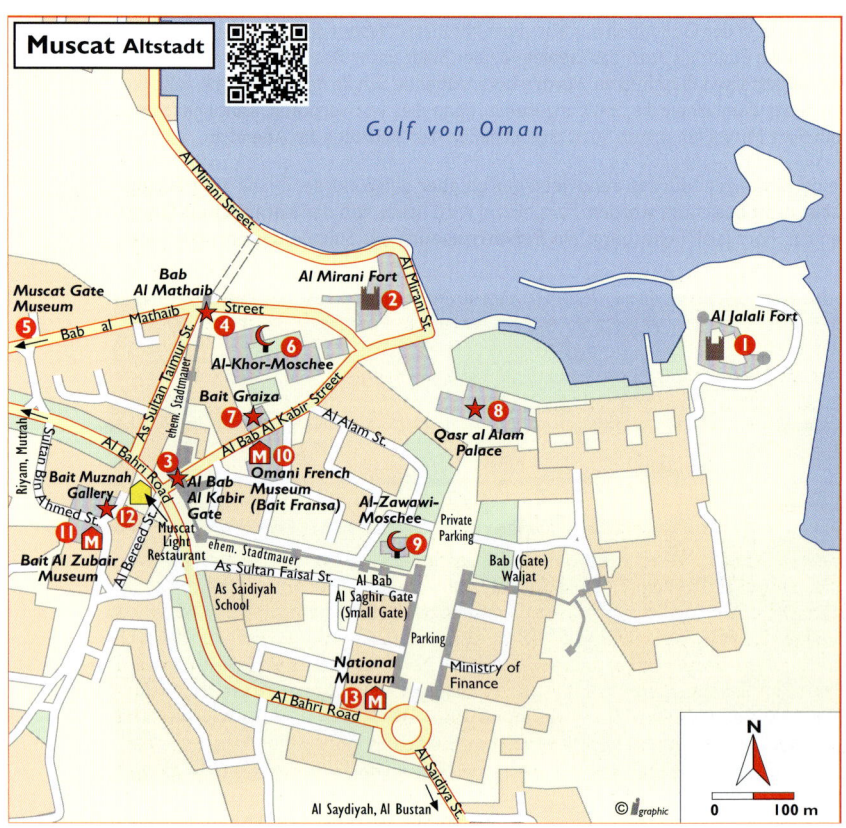

Ein neu errichtetes Stadttor beherbergt das Muscat Gate Museum

Muscat Gate Museum

Wer sich der Altstadt von Mutrah her nähert, stößt auf ein weiteres scheinbar altes Stadttor, das die Straße überspannt. In Wirklichkeit handelt es sich dabei um einen Neubau, der das 2001 eröffnete **Muscat Gate Museum** (**5**) beherbergt. Die Stadtgeschichte Muscats wird hier sehr anschaulich dargestellt, wobei die Wasserversorgung einen Schwerpunkt bildet. Auch auf die Al Bu Said-Dynastie wird ausführlich eingegangen. Weitere Exponate widmen sich den Moscheen, dem Seehandel und den Befestigungen. Ein Besuch des Museums lohnt aber nicht nur wegen der Ausstellung, sondern auch wegen des herrlichen Panoramablicks über Old Muscat, der sich vom Dach des Gebäudes bietet.

Museum im Stadttor

Muscat Gate Museum, *an der Hauptstraße von Mutrah,* ☎ *24739005, Sa–Do 8–11.30, 16.30–19 Uhr, Eintritt 500 Bz.*

Bait Graiza

Die Altstadt von Muscat lässt sich gut Fuß erkunden. Der Rundgang beginnt an der Uferstraße, wo sich zu Füßen des Sultanspalastes ein Parkplatz befindet. Von hier sind es auf der Al Bab al Kabir Street nur wenige Schritte zur **Al-Khor-Moschee** (**6**) – ihre blaue Kuppel bildet einen schönen Kontrast zum dahinter aufragenden Fort Mirani. Ein Stück weiter steht auf der gleichen Straßenseite das **Bait Graiza** (**7**), ein im 17. Jh. errichtetes Stadthaus. An seiner Stelle befand sich zuvor ein portugiesisches Handelshaus mit Kapelle – vom portugiesischen Wort *Igreja* für Kirche leitet sich der Name des Hauses ab. Der repräsentative Bau diente zunächst den Imamen, später der Herrscherfamilie als Residenz. Heute wird es von der Regierung als Gästehaus genutzt und kann daher nur von außen besichtigt werden. Bei den Eisenpollern vor dem Haus handelt es sich um in die Erde versenkte Kanonen. Sie waren ein Geschenk der indischen Regierung an Sultan Faisal bin Turki (1888–1913), der mit den Geschützen nichts anzufangen wusste und sie daher zweckentfremdete.

Repräsentatives Stadthaus

Überwiegend zu Repräsentationszwecken genutzt: der Al-Alam-Palast

Sultanspalast

Ein paar Schritte nach dem Bait Graiza biegt man links in die Al Alam Street ab. Sie führt an mehreren modernen Regierungsgebäuden vorbei zum **Qasr al Alam** (**8**), dem hermetisch abgeriegelten Palast des Sultans. Dem 1970 errichteten, von einem indischen Architekturbüro geplanten Bau mussten große Teile der Altstadt weichen, darunter auch das Viertel der indischen Händler mit einem großen Souq und einem alten Hindutempel. Weitere historische Gebäude fielen der 2005 vorgenommenen Palasterweiterung zum Opfer, darunter die 1890 errichtete Britische Botschaft und das Bait al Zawawi, ein besonders prächtiges Kaufmannshaus aus dem 19. Jh., in dem später US-Diplomaten residierten. Die umfangreichen Bauarbeiten stießen bei der Bevölkerung nicht immer auf Zustimmung.

Alte Gebäude fielen Palast zum Opfer

Im Zuge der Palasterweiterung wurde auch die mehrere hundert Meter lange, von Arkaden und Blumenrabatten gesäumte Zufahrtsallee angelegt. Fahrzeuge müssen am Kreisverkehr vor dieser Zufahrt parken (viele Plätze sind nicht vorhanden, im Zweifelsfall die Seitenstraßen nutzen), Fußgänger können aber bis zum schmiedeeisernen Tor des Palastes gehen und von dort aus die Pracht bewundern. Die in Blau und Gold gestaltete Fassade ist reich verziert, während das Flachdach eher unscheinbar wirkt, wäre da nicht der hoch aufragende Flaggenmast. Sultan Qaboos nutzt den Palast für offizielle Anlässe und zur Bewirtung von Staatsgästen, lebt aber nicht hier. Als Wohnresidenz dient ihm ein Palast in der Nähe von Seeb.

Gegenüber vom Al-Alam-Palast erhebt sich die kleine **Al-Zawawi-Moschee** (**9**), deren Minarett durch seine filigrane Gestaltung mit Säulen und Bögen besticht.

National Museum

Im November 2013 hat das neue **National Museum** (**13**) mit seinem „soft ope-
ning" begonnen. Ende 2015 soll es endgültig eröffnet werden. Das neue Museum befindet sich nahe dem Al-Alam-Palast in Old Muscat. In 13 Galerien werden auf über
25.000 qm Ausstellungsfläche archäologische Funde sowie zahlreiche Exponate zur
Geschichte des Landes und seinen Beziehungen zu den Ländern der Region gezeigt.
Der Einsatz moderner Medien soll es ermöglichen, einen interaktiven Zugang (auch
von Kindern) zu der Ausstellung zu erhalten. Öffnungszeiten und Eintrittspreise sind
derzeit noch nicht bekannt.

Bait Fransa

Auf die Bab al Kabir Street zurückgekehrt und dieser stadtauswärts folgend, stößt *Omanisch-*
man kurz vor dem Bab al Kabir auf das **Bait Fransa**, ein weiteres erhaltenes Stadt- *Französische*
haus, in dem lange die französische Botschaft untergebracht war. Heute informiert *Beziehungen*
hier das **Omani French Museum** (**10**) über die lange Geschichte der Beziehungen
zwischen Oman und Frankreich. Im Erdgeschoss spielen politische Aspekte eine
Hauptrolle, hier wird die Entwicklung der zwischenstaatlichen Verbindungen vom
ersten Kontakt bis zum Staatsbesuch des Sultans in Paris dargestellt. Im Obergeschoss
sind Fotografien vor allem des diplomatischen Korps, der Originaleinrichtung ent-
stammende Möbelstücke sowie omanische und französische Bekleidung des 19. Jhs.
ausgestellt. Die Exponate werden ausführlich auf Französisch, etwas knapper auf
Englisch erläutert. Ein Besuch des Bait Fransa lohnt aber nicht nur der Ausstellung
wegen: Es handelt sich hier um das einzige alte Stadthaus, das von innen besichtigt
werden kann. Besonders schön sind die liebevoll restaurierten, mit Schnitzereien
verzierten Holztüren und Fenstergitter.
Omani French Museum, *Qasr al Alam Street ,* ☏ *24736613, Sa–Do 8–13 Uhr, Eintritt 500 Bz. (Für 2015 wurden Renovierungsarbeiten angekündigt).*

Bait al Zubair

Ein weiteres aufwendig restauriertes Altstadthaus steht bereits außerhalb der Stadtmauern, gegenüber vom Bab al Kabir. Das **Bait al Zubair** (**11**) wurde zu Beginn des
20. Jhs. von der Familie Zubair erbaut, die hohe Beamte am Sultanshof stellte. Auf sie *Kulturge-*
geht auch die Sammlung zurück, die heute hier gezeigt wird und vorwiegend kultur- *schichtliche*
geschichtlichen Aspekten gewidmet ist. Die Exponate umfassen traditionelle Kleidung, *Ausstellung*
Schmuck, Waffen und Haushaltsgegenstände. Ein Highlight ist die Fotogalerie, die das
Leben in Oman seit den 1920er-Jahren abbildet. Einige der Aufnahmen können im
Internet unter der Webadresse www.myoman.com betrachtet werden. Im Außengelände wurden ein kleiner *Souq*, *Areesh*-Hütten, ein Fischerboot und ein *Falaj* nachgebaut. Angeschlossen sind ein Café und ein Souvenirverkauf.
Bait al Zubair, *Al Saidiyah Street* ☏ *24736688, www.baitalzubairmuseum.com, Sa–Do
9–18 Uhr, Eintritt 1 OR. Fotografieren ist verboten.*

Bait Muzna

Dem Bait al Zubair direkt gegenüber liegt die **Bait Muzna Gallery** (**12**). Sie ist in *Künstlertreff*
einem traditionellen Haus untergebracht, das ehemals für die Herrscherfamilie erbaut

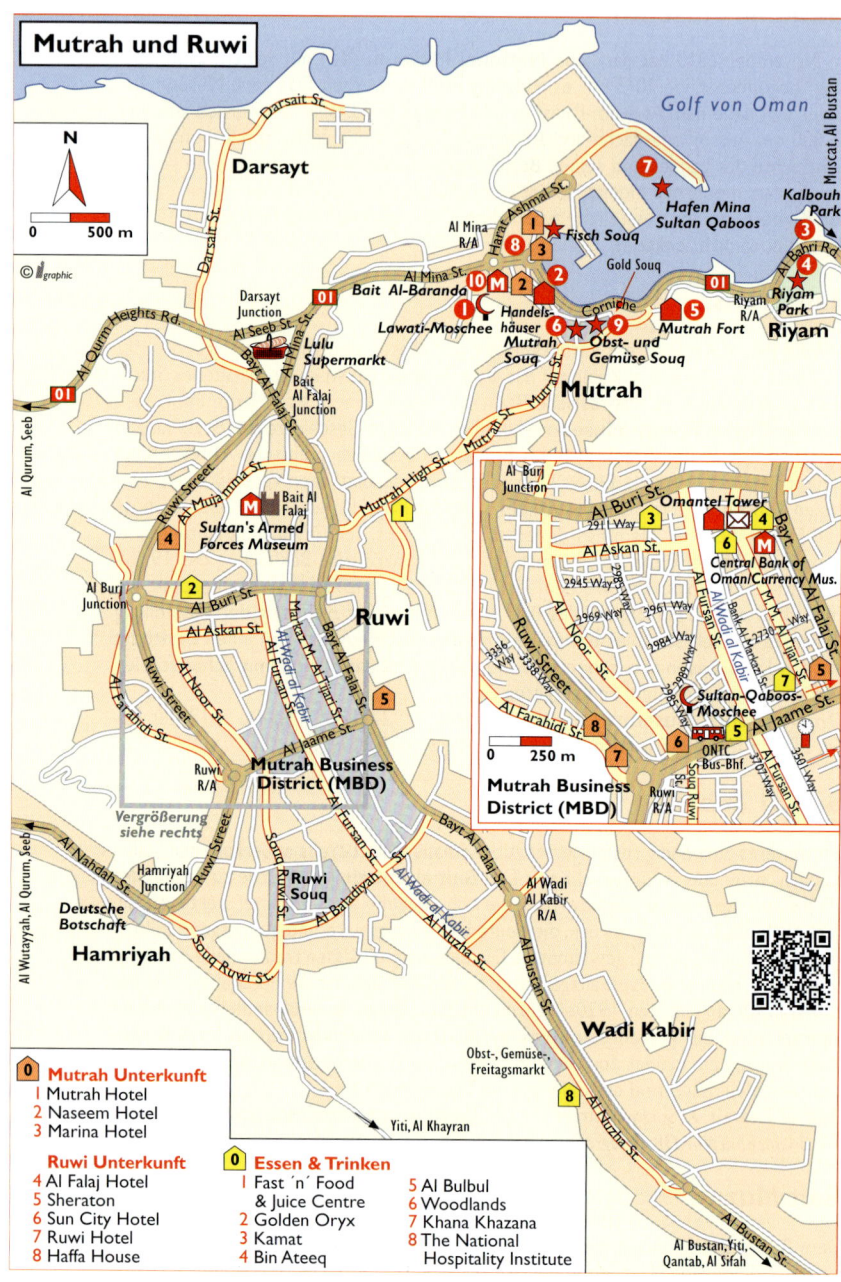

Mutrah und Ruwi

Golf von Oman

Darsayt

Darsayt Junction

Al Seeb St.

Al Qurm Heights Rd.

Bayt Al Falaj St.

N

0   500 m

© ilgraphic

Al Qurum, Seeb

Al Mina R/A

01

01

Darsayt Junction

Lulu Supermarkt

Bait Al Falaj Junction

Al Mina St.
Bait Al-Baranda

10 **M**

2

2

01

8

1

3

5

6

9

Fisch Souq

Gold Souq

Corniche

Handels-
häuser
Mutrah
Souq

Lawati-Moschee

Obst- und
Gemüse Souq

Mutrah Fort

Mutrah

Harat Ashmal St.

Muttrah St.

7

Hafen Mina
Sultan Qaboos

Kalbouh
Park

3

4

Riyam
R/A

Riyam
Park

5

Riyam

Al Bahri Rd.

Muscat, Al Bustan

Mutrah High St.

Bait Al
Falaj

M

4

Sultan's Armed
Forces Museum

Ruwi Street

Al Muja mma St.

Al Burj Junction

2

Al Burj St.

Al Askan St.

Al Noor St.

1

5

Al Jaame St.

Al Fursan St.

Bait Al Falaj St.

Market St.
Al Tijari St.

Ruwi

Ruwi
R/A

**Mutrah Business
District (MBD)**

Al Farahidi St.

Ruwi Street

Hamriyah
Junction

**Deutsche
Botschaft**

Al Nahdah St.

Al Wutayyah, Al Qurum, Seeb

Souq Ruwi St.

Ruwi Street

Ruwi
Souq

Souq Ruwi St.

Hamriyah

*Vergrößerung
siehe rechts*

Mutrah Business
District (MBD)

Al Burj
Junction

Al Burj St.

Omantel Tower

2911 Way

3

6

M

Central Bank of
Oman/Currency Mus.

Al Askan St.

2945 Way

2983 Way

1969 Way

2961 Way

298A Way

3556
Way

338 Way

1730
Way

1740 Way

Bank Al Kabir

Al Wadi al Kabir

Al Tijari St.

Al Fursan St.

560 Way

Ruwi Street

Al Noor St.

Al Farahidi St.

8

7

6

Sultan-Qaboos-
Moschee

ONTC
Bus-Bhf.

Ruwi
R/A

Al Jaame St.

5

7

5

0   250 m

Bayt Al Falaj St.

Al Wadi al Kabir

Al Wadi
Al Kabir
R/A

Al Nizha St.

Al Bustan St.

Wadi Kabir

Obst-, Gemüse-,
Freitagsmarkt

8

Al Nizha St.

Al Bustan St.

Yiti, Al Khayran

Al Bustan, Yiti,
Qantab, Al Sifah

⬡ Mutrah Unterkunft
1 Mutrah Hotel
2 Naseem Hotel
3 Marina Hotel

Ruwi Unterkunft
4 Al Falaj Hotel
5 Sheraton
6 Sun City Hotel
7 Ruwi Hotel
8 Haffa House

⬡ Essen & Trinken
1 Fast ´n´ Food
  & Juice Centre
2 Golden Oryx
3 Kamat
4 Bin Ateeq
5 Al Bulbul
6 Woodlands
7 Khana Khazana
8 The National
  Hospitality Institute

wurde. In den Räumlichkeiten werden einerseits Werke lokaler omanischer Künstler ausgestellt und andererseits Workshops für omanische und ausländische Künstler veranstaltet. Die Kunstlehrer besitzen z. T. internationale Reputation, auf jeden Fall aber großes Geschick in der Vermittlung von Wissen. Kunstwerke können hier auch erworben und bei Bedarf gleich gerahmt werden, daneben stehen kunsthandwerkliche Erzeugnisse und Antiquitäten zum Verkauf. Wer noch ein Mitbringsel sucht, sollte hier unbedingt vorbeischauen. Das Bait Muzna besitzt einen schönen Innenhof, in dem ein Café zur Rast unter Bäumen einlädt.

Bait Muzna Gallery, *Al Saidiyah Street,* ☎ *24739204, www.baitmuznagallery.com, Sa–Do 9.30–19 Uhr, Eintritt frei.*

Westlich von Muscat

Mutrah

In unmittelbarer Nachbarschaft zur Altstadt liegt Mutrah, begrenzt vom Meer und den schützenden Bergen im Hinterland. Der Stadtteil ist viel lebendiger als Old Muscat, was in erster Linie dem Souq und dem Hafen zu verdanken ist. Es macht Spaß an der Hafenmauer entlangzuflanieren und anschließend in das Gassenlabyrinth des Souqs einzutauchen, um das eine oder andere Souvenir zu erstehen, Weihrauchduft zu schnuppern, eine Kleinigkeit zu essen oder einfach nur das bunte Treiben zu beobachten. Zum orientalischen Flair trägt auch die historische Bausubstanz bei, die in Mutrah in größerem Umfang als in Muscat die Zeiten überdauert hat: die das Ensemble überragende **Lawati-Moschee (1)**, die noch heute mehrmals täglich Anlaufstelle der

Lebendiger Stadtteil

Das Bild der Corniche von Mutrah wird von der Lawati-Moschee dominiert

Gläubigen ist, die verschiedenorts aufragenden **Windtürme**, die noch die kleinste Brise einfingen und so das Haus kühlten, und die prächtigen **Handelshäuser aus dem 19. Jh. (2)**, der Blütezeit Mutrahs.

Der Aufstieg Mutrahs zum bedeutenden Handelsplatz erfolgte zu einem Zeitpunkt, als der omanische Seehandel einen Niedergang erlebte und der Inlandsmarkt an Bedeutung gewann. Mutrah war vom Binnenland leichter zu erreichen als Muscat, daher errichteten viele Kaufleute hier Handelshäuser. Heute schlägt das wirtschaftliche Herz des Viertels wieder im Hafen, in dem Container verladen werden und Kreuzfahrtschiffe aus aller Welt anlegen.

Mutrah erkundet man am besten am Abend, wenn der Souq voller Menschen ist und die Hafenfront stimmungsvoll beleuchtet wird. Reizvoll ist aber auch ein Fischmarktbesuch am frühen Morgen.

Kalbouh Park

Von Old Muscat kommend, beginnen die meisten Besucher ihren Rundgang durch Mutrah im Osten der Corniche. Direkt an der Küste erstreckt sich hier der **Kalbouh Park (3)**, eine bei Einheimischen beliebte kleine Grünanlage mit Palmen, Rasenflächen und bunten Blumenrabatten. An kleinen Kiosken kann man einen Snack bekommen und dann den ganzen Abend zwischen dem Meer und den schroffen Hängen der nahen Berge verbringen. Tagsüber genießt man von dem kleinen Park aus einen herrlichen Blick über Mutrah, richtig idyllisch ist er aber erst abends.

Riyam Park

Beliebter Park Um zum **Riyam Park (4)** zu gelangen, muss man die Corniche am Riyam Roundabout verlassen und auf der alten Passstraße nach Muscat ein kleines Stück südwärts fahren. Das große Restaurant Al Inshirah kennzeichnet den Parkeingang. Die öffentli-

Wahrzeichen von Mutrah: Der überdimensionierte Weihrauchbrenner im Riyam Park

che Grünanlage bietet einen kleinen Teich, viel Schatten, einen Spielplatz (in der milden Jahreszeit auch einen kleinen Vergnügungspark für Kinder), große Rasenflächen und einen herrlichen Blick über Meer und Hafen. Sie zieht jeden Abend viele Besucher an, die hier einen angenehmen Ausklang des Tages suchen. Schon von weitem sichtbar ist der gigantische, futuristisch anmutende **Weihrauchbrenner**, der zum Wahrzeichen Mutrahs avanciert ist. Vom Sockel hat man einen schönen Blick auf die Bucht von Mutrah (Zugang nicht immer offen).

Riyam Park, *Sa–Do 15–24, Fr 8–24 Uhr, Di ist der Park für Frauen und Kinder reserviert.*

Mutrah Fort

Vom Riyam Park führt ein Weg zum **Mutrah Fort (5)**, das etwas weiter westlich auf einem steilen Felsen oberhalb des Hafens thront. Die mächtige Festung wurde von den portugiesischen Besatzern um 1600 erbaut. Ihre Lage ermöglichte eine wirksame *Bollwerk zur* Kontrolle der Passstraße nach Muscat, daher bedeutete es einen großen Erfolg für die *Kontrolle der* omanischen Streitkräfte, als sie die Festung 1654 in ihre Gewalt bringen konnten. *Passstraße* Kurze Zeit später konnte die Kolonialmacht aus dem Land vertrieben werden. In den Folgejahren erweiterte man die Festung immer weiter, sodass nunmehr der gesamte Felsen ein großes Bollwerk darstellt. 1980 begannen die Restaurierungsarbeiten, bei denen traditionelle Materialien Verwendung fanden. Das Gebäude wird von der Regierung genutzt und kann daher nicht von innen besichtigt werden. Besonders am Abend und nachts, wenn sie von Scheinwerfern angestrahlt wird, bildet die imposante Anlage aber ein lohnendes Fotomotiv.

Am Fuße des Forts Richtung Old Muscat liegt das kleine, aber sehenswerte **Ghalya's Museum of Modern Art**, das in verschiedenen Räumen das traditionelle Leben der Omanis zwischen 1950 und 1975 darstellt sowie Wechselausstellungen zeigt (*geöffnet Sa–Do 9.30–18 Uhr, 1 OR,* ☎ *24711640, www.ghalyasmuseum.com*).

Souq

An der Corniche liegt der Eingang zum stimmungsvollen **Souq (6)** von Mutrah. Auch wer nichts kaufen möchte, sollte sich durch die dämmrigen, mit Weihrauchduft erfüllten Gassen treiben lassen oder von einem der Cafés aus das bunte Treiben verfolgen. Der Souq wurde 2006 renoviert, verbreitet aber noch immer orientalisches Flair. Gestikulierende Händler, feilschende Kunden, traditionell gekleidete Frauen und spielende *Gutes Kunst-* Kinder erfüllen die Gassen mit Leben. Den Zauber von 1001 Nacht beschwört auch *handwerk* das Warenangebot herauf: Was das Angebot an kunsthandwerklichen Erzeugnissen betrifft, so gilt der Souq von Mutrah als einer der besten des Landes. Duftöle, Räucherwerk und Gewürze, Stoffe und traditionelle Bekleidung, Silberschmuck, Töpferarbeiten und alte Waffen: Hier findet man alles, was das Herz begehrt.

Corniche/Al Lawatiyah

Verlässt man den Souq wieder zur Corniche und folgt ihr weiter westlich, so säumen stattliche **Handelshäuser** aus dem 19. Jh. die Hafenfront. Sie sind mit reich geschmückten Balkonen und Bogenfenstern versehen und werden abends stimmungsvoll angeleuchtet. Hinter dieser Häuserfront erstreckt sich das **Al Lawatiyah-**

Viertel, das von einer aus Pakistan stammenden schiitischen Glaubensgemeinschaft bewohnt wird. Das Minarett ihrer Moschee überragt die Dächer von Mutrah. Viele der Lawatis arbeiten im Souq als Händler. Ansonsten schirmt sich die Gemeinschaft aber gegen Andersgläubige ab. Eine hohe Mauer umgibt das als *Residential Area* gekennzeichnete Wohnviertel, und Fremde sind hier nicht gern gesehen.

Hafen/Fischmarkt

Moderner Hafen

Die westliche Bucht von Mutrah nimmt der **Hafen Mina Sultan Qaboos (7)** ein. Der größte Hafen Omans wurde mehrfach erweitert, um den Anforderungen der Moderne Genüge zu tragen. Heute liegen hier nur noch wenige Dhaus, dafür umso mehr moderne Container- und Kreuzfahrtschiffe vor Anker. Am nördlichen Ende des Hafens landen jeden Morgen ab 6 Uhr Fischer ihren Tagesfang an. Sardinen, Thunfische und Haie, Tintenfische und Krabben werden direkt vom Boot verkauft oder in die **Fischmarkthalle (8)** gebracht. Dort wird genauso lautstark angepriesen, gewogen, geschachert und schließlich gekauft, wie das vermutlich schon vor Jahrhunderten der Fall war. Unmittelbar neben dem Fischmarkt befindet sich der **Obst- und Gemüsemarkt (9)**. Er lohnt ebenfalls einen Besuch, denn hier werden fast alle Früchte gehandelt, die man in den tropischen und subtropischen Regionen Asiens findet.

Bait al Baranda

Museum zur Stadtgeschichte

Zwischen der Corniche und dem westlich aus Mutrah herausführenden Al Minah-Kreisverkehr steht das **Bait al Baranda**, ein prächtiges historisches Stadthaus mit hölzerner Veranda im 1. Stock. Es beherbergt heute ein ansprechend gestaltetes Museum zur Stadtgeschichte, das immer wieder auch landeskundliche Bezüge herstellt. So werden z. B. die Entstehung von Wadis oder die Wanderbewegungen von Sanddünen erläutert.
Bait al Baranda, *Al Mina Street,* ☎ *24714262 Sa–Do 8–13, 15–18 Uhr, Erw. 500 Bz. Fotografieren ist verboten.*

Muscats neue Stadtviertel präsentieren sich überraschend grün

Ruwi

Noch vor etwa 30 Jahren war das **Wadi Kabir** südwestlich von Muscat ein unwirtliches Fleckchen Erde. Dann kam der Aufschwung auch in Oman an und machte die Erschließung neuer Siedlungsflächen erforderlich. Muscat und Mutrah boten, von Meer und Bergen umgeben, keinen Spielraum mehr für eine Erweiterung. Man wich daher in das Tal von Ruwi aus, wo bislang nur eine alte Festung und eine Flugzeuglandebahn existierten. Mitten in der Wüste entstand ein modernes Geschäftsviertel, das heute als **MBD** (*Mutrah Business District*) bezeichnet wird. Es ist inzwischen über mehrspurige Schnellstraßen mit Muscat und Mutrah verbunden. In den geschäftigen Straßen sind Banken, Konzernverwaltungen, Niederlassungen von Fluglinien und Hotels ansässig. Die Architektur ist modern, es gibt jedoch keine Hochhäuser wie in den Businesszentren anderer Metropolen. Größte Gebäude und damit wichtige Orientierungspunkte sind das **Sheraton Hotel** und der **Omantel Tower**. Mit Ausnahme von zwei Museen gibt es in Ruwi keine Sehenswürdigkeiten im klassischen Sinn. Man bekommt jedoch einen guten Eindruck vom Alltag im heutigen Oman. Imbissbuden mit günstigen indischen und arabischen Snacks säumen die Straßen, und rund um die Ruwi High Street breitet sich der **Ruwi Souq** aus, wo man von Souvenirs bis zu Brillantringen fast alles bekommt. Am besten beginnt man die Erkundung des Ortsteils am großen **Omantel Tower** (auch **GTO Tower**) nahe der Post. Südlich der Al Burj Street, an der sich der Turm erhebt, beherbergt das Hauptgebäude der **Central Bank of Oman** das **Currency Museum**, dessen Ausstellung ausschließlich dem Geld gewidmet ist. Die Sammlung umfasst moderne und historische Münzen Omans, darunter auch seltene Münzen und Scheine aus dem Zahlungsverkehr der Kolonialzeit. *Münz-Museum*

Currency Museum, *Al Bank al Markzal Street,* ☎ *24796102, Sa–Mi 9–13 Uhr, Eintritt 250 Bz.*

Im Süden von Ruwi ragt an der Al Jaame Street die **Sultan-Qaboos-Moschee** auf, daneben befinden sich der ONTC-Busbahnhof, ein Taxistand und der alte **Uhrenturm**. Noch zwei Straßen weiter südlich beginnt der **Souq**.

Sultan's Armed Forces Museum

Nördlich der Al Burj Street beherbergt die Festung **Bait al Falaj** heute das **Sultan's Armed Forces Museum**, das sich der Militärgeschichte des Landes widmet. Im Erdgeschoss ist zudem eine Ausstellung über die Ursprünge des Islam zu sehen. Anschaulich dargestellt werden die kriegerischen Konflikte zwischen den unterschiedlichen Stämmen Omans und die Besetzung des Landes durch wechselnde Invasoren. Uniformen, Medaillen, Kanonen und andere Kriegswaffen veranschaulichen vor allem die jüngere Militärgeschichte. Einen Schwerpunkt bildet dabei der Krieg in der Provinz Dhofar, bei dem zahlreiche Waffen beschlagnahmt wurden. Im Innenhof des Forts wurden ein Feldlazarett und ein Feldhauptquartier rekonstruiert, ausgestellt sind weiterhin Flugzeuge, Helikopter, Armeeboote und diverse Fahrzeuge, darunter auch das erste Auto von Sultan Qaboos, ein schusssicher gepanzerter Cadillac. An das Museum grenzt eine Kaserne an – von hier stammen die Armeebediensteten, die Besucher durch die Ausstellung führen und die Exponate kenntnisreich erläutern.

Sultan's Armed Forces Museum, *Mujamma Street, Fort al Falaj,* ☎ *24312642, Sa– Do 8–13.30 und 15–18, Fr 9–11 und 15–18 Uhr, Eintritt 500 Bz.*

Mina al Fahal

Ausstellung zur Erdöl-förderung

Die Wüste westlich von Mutrah wurde erst seit den 1970er-Jahren in großem Stil besiedelt. Die neuen Stadtteile sind weitläufig angelegt und werden von vielen Grün-anlagen durchzogen. Sie umfassen gehobene Wohnviertel, moderne Geschäfts- und Einkaufsviertel sowie Verwaltungsbezirke. Von Mutrah in westlicher Richtung fahrend gelangt man zunächst nach **Mina al Fahal**, wo die omanische Ölgesellschaft PDO ihren Sitz hat. Eine moderne Raffinerie und Verladeterminals prägen das Bild. Auf dem Hafengelände informiert das **Oil & Gas Exhibition Centre** über die Förderung und Verarbeitung des Schwarzen Goldes. Bei dem an eine Festung erinnernden Nachbar-gebäude handelt es sich um ein modernes **Planetarium**. Hier kann man nach Vor-anmeldung an Vorführungen in englischer Sprache teilnehmen (☏ 24675542). Diese Vorführungen finden mittwochs zwischen 17 und 19 Uhr sowie donnerstags zwischen 10 und 11 Uhr statt.

Oil & Gas Exhibition Centre, *Sayh al Malih Street, Gate 2,* ☏ *24677834, www. pdo.co.om, Sa–Do 8–15 Uhr, Eintritt frei.*

Qurum

Schickes Wohnviertel

An Mina al Fahal schließt sich **Qurum Heights** an, ein schickes Villenviertel, an das im Westen das **Qurum Nature Reserve** angrenzt. Noch weiter westlich folgt **Shatti al Qurum** (Qurum Beach), ein langer Strandbereich, der von Hotels wie dem InterContinental und dem Crowne Plaza gesäumt wird. Nicht weit vom InterConti entfernt befindet sich das **Children's Museum**. Südlich der Autobahn erstreckt sich ein modernes Einkaufsviertel mit großen klimatisierten Shopping Malls.

Qurum Nature Reserve

Das **Qurum Nature Reserve** ist eine öffentliche Parkanlage mit exotischen Pflan-zen, einem See und Wasserspielen. Auf kleine Besucher wartet eine Reihe von Fahr-geschäften. An den Park grenzt ein **Naturschutzgebiet** an, das für die Öffentlichkeit nicht zugänglich ist. Hier stehen jene Salzwasserbäume unter Schutz, denen der Stadt-teil seinen Namen verdankt: Qurum ist das arabische Wort für Mangroven. Das Feucht-biotop bietet einer artenreichen Fauna Zuflucht. Naturliebhaber sollten sich mit einem guten Fernglas ausrüsten, um sowohl die Vegetation als auch die Tierwelt zumindest ansatzweise im gesperrten Bereich beobachten zu können.

Qurum Nature Reserve, *Sa–Mi 15–22, Do, Fr 9–22 Uhr, im Ramadan bis 24 Uhr, montags nur für Familien geöffnet.*

Gegenüber befindet sich der **Entertainmentpark Marah Land**, beliebt bei Fami-lien mit Kindern. Auf dem kleinen See kann man mit dem Boot fahren.
Marah Land, *Al Qurum 116,* ☏ *24564514, Sa–Mi 16–24 Uhr, Do./Fr 10-24 Uhr, Eintritt 500 Bz, zusätzlich Kosten für Fahrten, es gibt ein Paket mit 11 Fahrten für 1 OR.*

Children's Museum

Für die Kleinen

Für Familien mit Kindern attraktiv ist das **Children's Museum**, ein interaktiver Spiel-platz für junge und jung gebliebene Forscher. An zahlreichen Experimentierstationen

kann man spielerisch verschiedene Naturgesetze erproben. Phänomene wie die Flieh-
kraft oder Wärmeleitung werden anschaulich dargestellt.

Children's Museum, *Abfahrt zum InterContinental, dann der Beschilderung „Amphi-
theatre" folgen,* *24605368, Sa–Do 8-15 Uhr, Eintritt 500 Bz.*

👉 **Kulturtipp**

Weiter Richtung Westen liegt rechts des Highways das Ende 2011 eröffnete
Royal Opera House, das in seinem markanten orientalischen Gebäude 1.100
Besuchern Platz bietet und sowohl westliche Balletts, Opern und Konzerte
namhafter Ensembles als auch traditionelle arabische Aufführungen zeigt. Allein die Architektur ist einen Besuch wert. Tickets kann man auch schon von
zu Hause buchen unter www.rohmuscat.org.om.

Medinat al Sultan Qaboos

Südlich des Highways erstreckt sich der Stadtteil **Medinat al Sultan Qaboos**, ein
nobles Villen- und Geschäftsviertel, in dem viele Ministerien und Behörden ihren Sitz
haben.

Al Khuwair

Der Stadtteil **Al Khuwair** ist Sitz vieler
Ministerien und Botschaften, insbesondere
viele arabische Staaten unterhalten hier
Vertretungen. Wie Qurum verfügt auch Al
Khuwair über einen von internationalen
Hotels gesäumten, herrlichen Strand.
Wichtigste Sehenswürdigkeit ist das **Na-
tural History Museum**.

Natural History Museum

Das vom **Ministry of National Heritage and Culture** verwaltete **Natur-
kundemuseum** widmet sich der Flora

*Schmucke neue Häuser bestimmen das Bild im
Diplomatenviertel Al Khuwair*

und Fauna Omans. Zu sehen sind zahlrei-
che Tierpräparate, darunter eine Arabische Oryxantilope und ein Leopard. In einem
eigenen Raum werden die Schutzprogramme vorgestellt, welche die omanische
Regierung diesen gefährdeten Tieren gewidmet hat. Ein weiterer Saal präsentiert die
Wal- und Delfinarten, die in den Küstengewässern Omans vorkommen. Highlight ist hier
das riesige Skelett eines bei Barka gestrandeten Wals. In Glasvitrinen werden Muscheln
und Schnecken, ausgestopfte Vögel und Reptilien sowie Insekten gezeigt. Auf diese Weise
gelingt ein Einblick in eine Welt, die dem Reisenden sonst vielfach verborgen bleibt.
Weitere Exponate widmen sich der Geologie Omans. Um das Museum herum wurde

ein kleiner botanischer Garten angelegt, der einen repräsentativen Querschnitt durch die Flora des Landes darstellt. Hier ist u. a. ein Weihrauchbaum zu bewundern. **Natural History Museum**, *Al Wazarat Street,* ☎ *24641510, Sa–Do 8–15 Uhr, Eintritt 500 Bz.*

Ebenfalls auf dem Gelände des Natural History Museums befindet sich das **Sayyid Faisal Bin Ali Museum**, das sich der Geschichte der Forts in Oman und traditionellen Waffen widmet. ☎ 24641650, Sa–Mi 8–14 Uhr. Eintritt frei.

Ghubrah

Noch weiter westlich in Richtung Seeb fahrend gelangt man nach **Ghubrah**. Hier findet man neben Gewerbeansiedlungen und Wohnvierteln auch das hervorragende **Chedi Hotel** (s. Infokasten S. 162). Hauptattraktion des Viertels ist die **Sultan Qaboos Grand Mosque**, eindrucksvolles Zeugnis des Glaubens und zugleich eines der bedeutendsten Baudenkmäler des Landes. Die Moschee ist die einzige in Oman, die auch von Nicht-Muslimen besucht werden darf. Was in der omanischen Architektur ansonsten bislang nicht vorkommt, hat sich hier im Bereich der Religion Bahn gebrochen: der Gigantismus. 1992 fasste Sultan Qaboos den Entschluss, die größte Moschee der Welt zu erbauen. Nach sechs Jahren und vier Monaten war der riesige Bau fertiggestellt, der 20.000 Betende aufnehmen kann, darunter 750 Frauen in einem eigenen Gebetsraum. Das Innere ist mit weiß-grauem Marmor verkleidet, die Kuppel zieren dreieckige Glaselemente. Überragt wird das Bauwerk von einem 90 m hohen Minarett. Den Boden der Gebetshalle bedeckt ein riesiger Teppich, der 70 x 60 m misst. Der 8 t schwere Kronleuchter wurde von der Firma Swarovski gefertigt. Teppich und Lüster galten als größte der Welt, bis ihnen die Sheikh Zayed-Moschee in Abu Dhabi den Rang ablief. **Sultan Qaboos Grand Mosque**, *Sultan Qaboos Street, Besuchszeiten Sa–Do 8– 11 Uhr. Kinder unter 10 Jahren haben keinen Zutritt. Einlass nur mit angemessener Kleidung – Männer müssen lange Hose, Frauen einen bodenlangen Rock/ein bodenlanges Kleid oder lange Hosen und ein Kopftuch tragen, Arme und Dekolletee müssen vollständig bedeckt sein.*

Gigantische Moschee

Seeb

Das ehemalige Fischerdorf verdankt seine heutige Bedeutung dem Bau des internationalen **Flughafens**. Zwei neue Einkaufszentren, das **Muscat City Centre** und die **Markaz al Bahja Shopping Mall**, verliehen ihm zusätzliche Attraktivität. Bei der einheimischen Bevölkerung sehr populär ist der **Seeb Beach Park**, eine öffentliche Parkanlage mit künstlichem See an einem schönen Sandstrand. Berühmtheit erlangte Seeb zudem durch seine **Pferde-** und **Kamelrennbahn**. Im Winter werden gelegentlich Rennen ausgetragen. Im alten Ortskern gibt es einen sehenswerten **Markt**. Auf einer Fläche von 420 Hektar entsteht nahe dem Flughafen derzeit der **Oman Botanic Garden**. Dieser botanische Garten soll die größte Anlage seiner Art im arabischen Raum werden. Angekündigt ist u. a. eine breite Palette von 1.200 Pflanzenarten zu zeigen, von denen es 80 Arten nur in Oman gibt. 2006 begann man bei null und hatte 2011 schon 100.000 Pflanzen aus 350 Arten gezogen. Nachdem man lange nicht sagen konnte/wollte, wann der Garten eröffnet wird, ist mittlerweile 2016 als Jahr der Eröffnung geplant.

Einkaufen und baden

Südöstlich von Muscat

Sidab

Von Old Muscat führt eine Asphaltstraße Richtung Südosten. Sie windet sich an der Steilküste entlang und eröffnet immer wieder schöne Ausblicke in kleine Buchten mit verstreuten oder eng zusammenstehenden weißen Häusern. Nach etwa 1 km gelangt man nach **Sidab** mit seinem belebten Fischereihafen. Eine Bucht weiter liegt der **alte Jachthafen**, zu dem ein vornehmer Beach Club gehört. Die nächste Bucht nimmt *Edler* der **neue Jachthafen Marina Bandar al Rowdha** ein, auf dessen Gelände sich das *Beachclub* **Marine Science and Fisheries Center** befindet. Zu diesem Meeresforschungsinstitut gehört ein kleines Aquarium, in dem man Rifffische, Korallen und vor allem Schildkröten sehen kann. Der Jachtclub unterhält ein Restaurant und einen Swimmingpool, die gegen Gebühr auch Tagesgästen offenstehen. In Bandar al Rowdha starten Hochseeangeltouren und Dhau-Exkursionen.
Marine Science and Fisheries Center, Sidhab Street, ☎ 24740061, 24736449, Mo–Mi 8.30–14, Do nur bis 13 Uhr, Fr 15–19 Uhr, Eintritt frei.

Al Bustan

Noch etwas weiter südlich liegt in einer Senke zum Meer hin der Al Bustan R/A, an dem man sich links zum Meer hin in Richtung **Al Bustan Palace Hotel** orientiert. Auch wer hier nicht absteigen möchte (nicht jedes Reisebudget lässt Übernachtungspreise von über 300 € für ein Doppelzimmer zu), sollte man sich das Hotel als *Sehenswertes Hotel* Sehenswürdigkeit nicht entgehen lassen (s. Infokasten S. 162). Das alte Fischerdorf, das dem Hotelbau weichen musste, wurde weiter nördlich neu errichtet.

Qantab und Bandar al Jissah

Die Buchten südlich von Al Bustan sind nur auf der in Ruwi beginnenden Straße durch das Landesinnere zu erreichen. Auf dieser muss man vom Kreisverkehr aus ein Stück weit in Richtung Norden zurückfahren. Nach etwa 4 km (vom Al Bustan Palace Hotel aus) zweigt eine steile Passstraße nach **Qantab** ab, einem kleinen Fischerdorf mit wenig besuchtem Badestrand. Hier starten Bootsausflüge in benachbarte Buchten und zu vorgelagerten Inseln, alternativ kann man auch ein Boot leihen und auf eigene Faust die Küste erkunden. In der nächsten Bucht liegt der **Badestrand von Bandar al Jissah**, auch hier bieten Fischer Bootsausflüge an, ein Kiosk verkauft Getränke und kleine Snacks. Noch eine Bucht weiter hat das **Oman Dive Center** seinen Sitz. Die *Gute Tauch-* renommierte Tauchschule bietet Kurse aller Schwierigkeitsstufen, einzelne Tauchgänge *möglich-* und Tauchsafaris an (s. S. 175). Die südlichste der vier Buchten von Bandar al Jissah wird *keiten* vom luxuriösen **Shangri La-Resort** eingenommen, das drei luxuriöse Hotelanlagen umfasst (s. S. 167). Für jedermann zugänglich ist das hoteleigene **Heritage Village**, in dem ein arabischer Souq, Beduinenhütten und eine archäologische Stätte nachgebaut wurden. Im Souq finden Handwerksvorführungen statt.

info

Luxus unter dem Wüstenhimmel

Wohl in keiner anderen Weltgegend entwickelt sich der Luxustourismus so rasant wie in Arabien. Dies gilt besonders für die Emirate, die in der Hotellerie zur Weltspitze gehören. Hier entstanden in den letzten Jahren Hotelpaläste von verschwenderischer Pracht und gigantischen Ausmaßen. In Oman gibt es zwar bislang keine Hotelbauten von ähnlichen Dimensionen, durchaus aber höchsten Luxus. Nach außen hin verzichtet man auf orientalischen Prunk und gibt sich eher zurückhaltend, die Ausstattung im Inneren und der Service sind jedoch so geartet, dass auch der verwöhnteste Gast zufriedengestellt wird. Unter diesen Hotels ragen drei außergewöhnliche Häuser hervor:

Al Bustan Palace (s. S. 166). Das zur bekannten Ritz-Carlton Hotelgruppe gehörende Haus südöstlich von Muscat wurde Anfang der 1980er-Jahre erbaut, um als luxuriöse Konferenzstätte für die Machtinhaber der Golfstaaten zu dienen. In den obersten Etagen befinden sich entsprechend die Suiten für Emire und Staatspräsidenten sowie den Sultan Omans. Angeblich bestehen hier die Badezimmerarmaturen aus purem Gold. Doch auch in den anderen Zimmern und Suiten des Hotels mit dem achteckigen Grundriss und der gigantischen, 40 m hohen Lobby geht es prunkvoll zu. Ein luxuriöser Mix aus traditionellen arabischen und modernen Elementen verleiht den Räumlichkeiten das glamourös-exotische Flair für den perfekten Urlaub aus 1001 Nacht.

The Chedi Muscat (s. S. 169). Mitten durch eine „normale" Wohnsiedlung führt die Straße zu diesem Hotel, dessen Zufahrt nachts zwar mit Fackeln beleuchtet wird, das aber von außen zunächst nicht sonderlich luxuriös erscheint. Doch dann öffnen livrierte Mitarbeiter die meterhohen, schweren Eingangstüren und der Gast steht in einer Lobby, die einem riesigen Beduinenzelt ähnelt. Und dahinter eröffnet sich dann Ali Babas Höhle Sesam. Modernes Design trifft Arabien, so könnte man die Anlage mit streng geometrischen Strukturen in Bauten, Pools und Räumlichkeiten beschreiben. Weiß herrscht überall vor, unterbrochen nur vom Blau des Himmels, des Meeres und des Pools. An beiden Pools kann man unter kleinen Zeltdächern relaxen, der Chedi Pool ist Erwachsenen vorbehalten. Im Bad verwöhnen Bulgari-Produkte den Gast und wer eine Suite gebucht hat, bekommt während des gesamten Aufenthalts auch zwei iPods mit Dockingstation zur Verfügung gestellt.

Streng geometrisch gestaltet: der Pool des Chedi Hotel

info

The Six Senses Hideaway & Spa (s. S. 245). Weit weg von Muscat und, wenn man Lage und Service betrachtet, nicht einmal von dieser Welt, so präsentiert sich das Six Senses Hideaway an der Zighy Bay auf der Musandam-Halbinsel. Schon die Anreise ist anders als üblich: Zur Rezeption gelangt man mit dem Geländewagen, denn sie liegt auf dem Berg. Nach einem Begrüßungsdrink geht es auf der anderen Seite hinunter zur Bucht, wo man seine private Villa im omanischen Stil bezieht. Naturstein und Holz verleihen den Unterkünften jenen romantisch-archaischen Charakter, der so gut in diese unwirkliche Berglandschaft passt. Innen und außen besticht mordernster Komfort, zu dem auch ein ausgezeichneter Weinkeller und ein außergewöhnliches Spa gehören. Jede Villa verfügt über einen eigenen Pool, sodass man sich den Gang zum großen Pool fast schenken kann. Ein guter Grund, die eigene Villa zu verlassen, ist jedoch das „Sense on the Edge", ein exklusives kleines Restaurant hoch über der Bucht, in dem man sein Abendessen bei spektakulärer Aussicht genießt.

Ausflüge von Muscat

Festungen im Hajar-Gebirge/Nizwa

Zum Standard-Ausflugsprogramm von Muscat aus gehören Touren zu den **Festungen Nakhl**, **Rustaq** und **Al Hazm** im **Hajar-Gebirge** (s. S. 221ff.) sowie nach **Nizwa** (s. S. 186f.). Man kann sie gut auf eigene Faust unternehmen, alternativ bieten die meisten in Muscat ansässigen Tourveranstalter diese Ausflüge an.

Die Lagunen rund um Muscat

Für diesen etwa 250 km langen Ausflug sollte man sich einen ganzen Tag Zeit nehmen. Er ist in erster Linie für Naturfreunde interessant, vor allem Hobby-Ornithologen kommen voll und ganz auf ihre Kosten. Fast die gesamte Stecke ist mit dem Pkw befahrbar, nur der abschließende Schlenker durch das Wadi al Luhlu erfordert derzeit noch einen Geländewagen.

Von **Seeb** auf der Nationalstraße 15 südwärts fahrend, hält man sich am ersten Kreisverkehr rechts, um nach 2,5 km scharf links und dann sofort wieder links abzubiegen. Hier stößt man auf einen Golfplatz, an dem man vorüberfährt. Nach gut 6 km erreicht man die **Al-Ansab-Lagune** (auch Al Ansab Wetland), einen riesigen künstlichen See, an dessen Ufern zahlreiche Vogelarten beheimatet sind. Reiher, Watvögel und Enten sind hier ständig zu beobachten, zu den kleineren Arten zählen Isabellwürger, Hinduracke und Smaragdspint. Als Wintergäste finden sich Weißschwanzkiebitz, Teichwasserläufer und Zitronenstelze ein (am einfachsten ist es, eine geführte Tour zu buchen, die von verschiedenen Veranstaltern in den großen Hotels angeboten werden). Anschießend hält man sich auf der Asphaltstraße in Richtung Osten, um zur **Sultan Qaboos Grand Mosque** zu gelangen. In der Vegetation entdeckt man immer wieder den

Vogel-paradies

Hirtenstar, einen etwa amselgroßen Vogel, der als Kulturfolger überall zu sehen ist. Jenseits der Moschee erreicht man bei der Oman Oil-Tankstelle die Nationalstraße 1, der man bis zum Al Wazarat-Flyover hinter dem Lulu Hypermarkt folgt. Von hier aus ist es nur noch ein Katzensprung zum **Natural History Museum** im Stadtteil Al Khuwair (s. S. 159), in dem man viele Vogelarten in präparierter Form noch einmal ganz aus der Nähe betrachten kann. Anschließend führt die Tour zum **Qurum Nature Reserve** (s. S. 158). Am besten stellt man den Wagen hinter dem Restaurant Mumtaz Mahal ab und folgt durch eines der beiden Tore dem Fußweg in das Gebiet, das einerseits aus Mangrovenvegetation und Brackwasser, andererseits aus felsigem Untergrund und Sandboden besteht. In der üppigen Vegetation und auf dem künstlichen Gewässer halten sich zahlreiche Sing- und Wasservögel auf, die sich mit dem Fernglas oder einem Teleobjektiv beobachten lassen.

Abstecher in den Park

Nach diesem kurzen Abstecher geht es zurück auf die Küstenautobahn in Richtung **Ruwi**. Nach etwa 5 km ist die Abfahrt **Wadi al Kabir** erreicht, an der man den Highway nach rechts verlässt und über die Ruwi Souq Street Richtung **Al Hamriyah** fährt. Nach 800 m biegt man hinter einem Hühnerverkauf (Beschilderung „Live Chickens") rechts ab und folgt der sich durch eine Siedlung schlängelnden Straße den Berg hinauf in Richtung **Yiti**. Nach weiteren 4 km biegt man links auf eine Piste ab, die auf dem Höhenzug entlangführt. Rechterhand bietet sich von einem Parkplatz aus ein schöner Blick auf das am Meer liegende Luxushotel **Al Bustan Palace**.

Flamingos trifft man in den Brackwassergebieten an den Küsten Omans ganzjährig an

Weiter der Piste in Richtung **Yiti** folgend, fährt man zunächst durch eine begrünte Oasenlandschaft mit vielen Dattelpalmen, bis man das Ufer des Meeres mit einem Khawr erreicht. Diese fjordartigen Meeresarme sind der ideale Lebensraum für zahlreiche Wasser- und Watvögel, zu denen neben verschiedenen Reiherarten auch Flamingos gehören.

Wer mag, kann nach diesem kurzen Abstecher ans Meer noch weiter in Richtung Süden fahren. Dazu verlässt man den Ort zunächst auf dem gleichen Weg, auf dem man gekommen ist, biegt aber an der mit „Yankit" und „Al Sifah" beschilderten Abzweigung nach links ab. Diese Straße führt zu verschiedenen weiteren Fjorden, an denen man auch herrlich baden und schnorcheln kann.

Nach insgesamt 22 km ist **Al Sifah** erreicht, wo man im schicken **Sifawy Boutique Hotel** (s. S. 167) eine Pause einlegen kann (www.jebel sifah.com). Hier endet die Tour, und man kehrt nach Muscat zurück (ca. 45 km). Entweder nimmt man die gleiche Strecke, auf der man gekommen ist, oder man biegt kurz vor **Yiti** nach links ins **Wadi al Luhlu** ab. Die Tour zur Nationalstraße 17, die man nach ca. 25 km erreicht, gibt Gelegenheit zu einem echten Offroad-Abenteuer in Hauptstadtnähe. Sie erfordert allerdings ein Allradfahrzeug, das für den übrigen Ausflug nicht zwangsläufig vonnöten wäre.

Kurzes Offroad-Erlebnis

Reisepraktische Informationen zu Muscat

Telefonnummern		Karten
Vorwahl Muscat	24	S. 148, 152, Umschlagklappe hinten
Polizei Hauptquartier	24560021	
Polizei Muscat	24736611	
Station Ruwi	24701099	
Station Mutrah	24712211	
Station Seeb	24420099	
Notruf	9999	
Touristeninformation	80077799	

i Information

Ministry of Tourism

P. O. Box 200, P.C. 115, Madinat al Sultan Qaboos, North Ghubrah, ☎ *24588700,* 🖷 *24588880, www.omantourism.gov.om.*
Das Amt unterhält kein offizielles Informationsbüro für Touristen, erteilt aber Auskünfte und versendet Broschüren.

Banken/Geldwechsel

Besonders im Stadtteil Ruwi haben sich zahlreiche (internationale) Banken angesiedelt. Hier kann man Bargeld tauschen und auch problemlos Reiseschecks einlösen, wenngleich solche Transaktionen bei Banken sehr zeitaufwendig sind.

Fast alle größeren Hotels wechseln Geld an einem speziellen Schalter oder an der Rezeption, die Kurse sind hier aber vergleichsweise ungünstig.

Mitgebrachtes Bargeld tauscht man am besten in einer der Wechselstuben (Money Changer) ein, die man im Mutrah und Ruwi Souq, in größeren Malls und in den touristischen Zentren findet. Hier werden manchmal auch Reiseschecks eingelöst.

Alternativ kann man an Geldautomaten (ATMs) mit der EC-/Maestro- oder der Kreditkarte (PIN!) Bargeld ziehen. Man findet sie ebenfalls in Souqs, Malls und Supermärkten sowie entlang der Hauptstraßen.

@ Internet

In Muscat gibt es zahlreiche Internetcafés. Der Standard ist fast immer gleich: mehr oder weniger schnelle Verbindungen, manchmal auch mit Webcam und Headset, stets mit USB-Schnittstellen, aber nicht immer mit Kartenlesegeräten und auch nicht immer mit DVD-Laufwerk zum Brennen einer DVD mit den Urlaubsbildern. Eine Alternative zum Internetcafé sind die Business-Center der Hotels. Hier ist das Surfen zwar manchmal teurer, dafür aber ungleich komfortabler. In den internationalen Hotels gibt es für Gäste fast überall WiFi.

Krankenhäuser/Apotheken

Mit Ausnahme einer Erste-Hilfe-Versorgung müssen alle medizinischen Leistungen von Ausländern (teuer) bezahlt werden. Wer einen Arzt oder Medikamente benötigt, wendet sich am besten zunächst an die Hotelrezeption. In aller Regel haben die großen Hotels Vertragsärzte, mit denen sie zusammenarbeiten und die auf Wunsch sogar ins Hotel kommen. Eine Apotheke mit 24-Stunden-Bereitschaftsdienst ist die Muscat Pharmacy im Muscat City Centre.

Al Nahdha Hospital, *Al Nahdha Street,* ☎ *24837800. Hierher werden normalerweise Notfälle transportiert.*
Al Shatti Hospital, *in der Nähe des InterContinental Hotels, Shatti al Qurum,* ☎ *24604263. Sehr modernes privates Krankenhaus.*
Khoula Hospital, *Maydam al Fath Street, Ruwi/Wuttayah,* ☎ *24563625. Im Zentrum.*
Qurum Medical Centre, *Qurum R/A,* ☎ *24692898. Hier finden sich Fachärzte der verschiedensten Richtungen vom Augen- und Zahnarzt über den Gynäkologen und Kinderarzt bis zum Tauchmediziner.*

Postämter

Postämter sind von sonntags bis donnerstags von 8 bis 13.30 und freitags von 8 bis 11 Uhr geöffnet. Wer nur Postkarten verschicken möchte, wendet sich am besten an den Concierge des Hotels. Postämter findet man an folgenden Stellen:

Al Harthy Complex	☎ 24563534
Wadi al Kabir	☎ 24816275
Hamriya	☎ 24789311
Madinat al Sultan Qaboos	☎ 24697083
Mina al Fahal	☎ 24565465
Muscat	☎ 24738547
Ruwi	☎ 24701651
Seeb	☎ 24519922
Sultan Qaboos University Campus	☎ 24141111

Unterkunft

▶ Al Bustan (s. Karte in der hinteren Umschlagklappe)
Al Bustan Palace Ritz Carlton Hotel (10) €€€€€, *Wadi Kabir Al Bustan,* ☎ *24799666,* 🖨 *24799600, www.ritzcarlton.com. Das Luxushotel gilt in Oman als Topadresse, die oberste Etage ist ständig für Sultan Qaboos reserviert. Der orientalische Märchenpalast liegt in einer malerischen Bucht mit weißem Sandstrand, umrahmt von einem herrlichen Bergpanorama. Die Eleganz der 40 m hohen Lobby setzt sich in den 250 Suiten des Hotels fort. Dass die Restaurants des Hotels ebenfalls hervorragend sind, versteht sich von selbst, das chinesische Restaurant China Mood gehört zu den besten des Landes. Schöne Poollandschaft, stilvoller Wellness & Spa-Bereich, kleine Einkaufsarkade. Shuttlebus in die Altstadt von Muscat.*

▶ Qantab (s. Karte in der hinteren Umschlagklappe)
Shangri La's Barr Al Jissah Resort & Spa (11) €€€€(€), *Qantab*, ☎ 24776666,
🖨 24776677, www.shangri-la.com. *Die weitläufige Anlage, in der man problemlos den ganzen Urlaub verbringen kann, hat die Ausmaße einer arabischen Kleinstadt. Sie umfasst gleich drei Luxushotels und einen eigenen Souq mit noblen Boutiquen und Souvenirshops.*
Im Zentrum des Resorts liegt das **Al Bandar Hotel**, *dessen knapp 200 gut ausgestattete Zimmer zusammen mit der herrlichen Gartenanlage und dem interessant angelegten Pool einen entspannenden Urlaub versprechen.*
Die 180 Zimmer des **Al Husn Hotel** *verfügen sämtlich über einen eigenen Butler, der rund um die Uhr um das Wohl „seiner" Gäste bemüht ist. Die großen und vorzüglich ausgestatteten Zimmer haben Balkon oder Terrasse sowie Meerblick – auch vom Badezimmer aus.*
Das **Al Waha Hotel** *ist mit 262 Zimmern das größte der Anlage. Hier trifft man vor allem Familien, nach deren Bedürfnissen die Garten- und Poolanlage konzipiert wurde. Selbstverständlich gehören ein Babysitter-Service und ein Kids-Club (Little Turtles) zum Angebot. Aber Achtung: Deutschsprachige Kinder sollte man dort nur „abgeben", wenn man sich sicher ist, dass sie mit der fremden Sprache und den daraus möglicherweise erwachsenden Problemen keine Schwierigkeiten haben.*

▶ Al Sifah (s. Karte in der hinteren Umschlagklappe)
Sifawy Boutique Hotel (12) €€€€, *Jebel Sifah*, ☎ 24749111, 🖨 24749122, www.
sifawyhotel.com. *Recht neues Luxushotel am Strand, ca. 45 km südlich von Muscat (Anreise auch mit dem Boot möglich) mit 55 Zimmern, sehr schöne Poolanlage, verschiedene Restaurants. Aktivitäten u. a. Bootstouren, Schnorcheln. Etwas abgelegen und daher ideal für Ruhesuchende, aber weitere Hotels und Infrastruktur in der Umgebung sind in Planung bzw. Bau.*
Le Sifah Resort Apartments (13) €€€€, *Jebel Sifah*, ☎ 24749149, 🖨 24705544,
www.lesifah.com. *Gehört wie das Sifawy Boutique Hotel zum Jebel Sifah Resort, mit eleganten Apartments, einem Außenpool und einem privaten Strand.*

▶ Mutrah (s. Karte S. 152)
Mutrah Hotel (1) €€, *Mutrah High Street*, ☎ 24798401, 🖨 24790953, www.mutra
hotel.com. *43 Zimmer. Die Lage, das freundliche Personal und ein gutes Preis-Leistungsverhältnis machen dieses Hotel empfehlenswert.*
Naseem Hotel (2) €, *Mutrah Corniche*, ☎ 24712418, 🖨 24711728. *Die Freundlichkeit des Personals und die günstige Lage im Shopping-Bereich von Mutrah sind die Vorzüge des Hotels. Große, saubere Zimmer, manche davon mit herrlichem Blick auf den Hafen, entschädigen für eine ziemlich desolate Außenansicht. Ein Restaurant ist angeschlossen.*
Marina Hotel (3) €€, *Mutrah Corniche*, ☎ 24713100, 🖨 24711313, irfansyed1@
yahoo.com. *Ideal, um in das geschäftige Treiben am Hafen und im Souq einzutauchen. Unterkunft für abenteuerlustige Individualisten, die auf Komfort keinen großen Wert legen. Terrassenrestaurant in der obersten Etage, Nachtclub und Internetcafé.*

▶ Ruwi (s. Karte S. 152)
Sun City Hotel (6) €, *Al Jaame Street, Ruwi*, ☎ 24789801, 🖨 24789804. *Wer spät ankommt oder früh weiterreist, sollte in diesem Hotel am Busbahnhof von Ruwi Quartier nehmen.*
Ruwi Hotel (7) €€€, *Al Farahidi Street, Ruwi*, ☎ 24704244, 🖨 24704248, www.oman
hotels.com/ruwi. *Großes, modernes Hotel im Festungsstil mit 100 Zimmern. Einfache, aber zweckmäßige Ausstattung inklusive kleiner Küche, gutes Preis-Leistungs-Verhältnis. Angeschlossen sind jeweils zwei Restaurants und Bars.*

Haffa House Hotel (8) €€€(€), *Al Farahidi Street, Jibroo,* ☎ 24707207, 🖷 24707208, *www.shanfarihotels.com. Modern eingerichtete Zimmer in zentraler Lage. Swimmingpool auf dem Dach, Spa, Fitnessraum.*

Al Falaj Hotel (4) €€€(€), *Ruwi Street, nahe dem Armed Forces Museum,* ☎ 24702311, 🖷 24795853, http://omanhotels.com/alfalaj/. *Komfortables 4-Sterne-Haus mit 140 eher funktionalen Zimmern, Fitness-Center, Pool, Pub, Café und verschiedenen Restaurants (japanisch, indisch arabisch). In der Lobby gratis Internet. Viele Gruppenreisen und Geschäftsleute.*

Sheraton Oman Hotel (5), €€€€, *Ruwi,* ☎ 24772772, *www.starwoodhotels.com. Das Hotel wird seit Jahren „aufwendig renoviert", Infos auf der Homepage. Nach der Eröffnung sollen den Gästen Restaurants, eine Bar, Innen- und Außenpools sowie Wellness- und Fitnesseinrichtungen zur Verfügung stehen. Das höchste Gebäude im Stadtteil Ruwi ist hauptsächlich für Businesskunden attraktiv.*

▶ Qurum (s. Karte in der hinteren Umschlagklappe)

Ramada Hotel (1) €€€(€), *Al Saruj Street,* ☎ 24603555, 🖷 24694500, *www. ramadamuscat.com. Boutiquehotel für Geschäftsreisende und Urlauber. Mit Fitness- und Wellnessangebot, (kleinem) Outdoor-Pool, in Gehweite zum öffentlichen Strand. Bietet unter anderem Ausflüge, Sightseeing und Autovermietung an.*

Crowne Plaza (2) €€€€(€), *Qurum Heights,* ☎ 24660660, 🖷 24574462, *www. ihg.com. Das auf einer Klippe oberhalb des (öffentlichen) Strandes von Qurum gelegene Haus bietet seinen Gästen einen herrlichen Ausblick. Die Küche genießt einen guten Ruf, ein weiterer Trumpf ist der Infinity-Pool, der so angelegt wurde, dass man den Eindruck bekommt, in das darunterliegende Meer schwimmen zu können. Wer dies tatsächlich möchte, gelangt über eine steile Treppe zur kleinen hoteleigenen Bucht.*

Grand Hyatt (3) €€€€€, *Shatti al Qurum,* ☎ 24641234, 🖷 24605282, *www. muscat.hyatt.com. Luxuriöses Fünf-Sterne-Hotel im Diplomatenviertel, bei dem die meisten Zimmer Meerblick haben. Es fehlt an nichts, das bombastisch-prunkvolle Interieur ist allerdings nicht jedermanns Geschmack. Gigantisch ist die Lobby, deren Zentrum ein sich langsam drehendes Reiterstandbild bildet. Direkt vor der Haustür erstreckt sich ein langer und breiter, herrlicher Sandstrand. Einziger Wermutstropfen: Aufgrund der Nähe zu den Botschaften darf am Strand nur sehr eingeschränkt fotografiert werden!*

InterContinental (4) €€€€€(€), *Al Kharjiya Street,* ☎ 24680000, 🖷 24600012, *www. ihg.com. Als gelungene Mischung aus Business- und Strandhotel präsentiert sich das Hotel in Qurum. Die 265 Zimmer sind sehr gut ausgestattet, die Restaurants und vor allem der Fitnessbereich werden auch von vielen Expats gerne genutzt. Großes Sportangebot.*

▶ Ghubrah/Al Khuwair (s. Karte in der hinteren Umschlagklappe)

Majan Continental Hotel (5) €€€€, *Ghubrah, hinter der Sultan Qaboos Grand Mosque,* ☎ 24592900, 🖷 24592979, *www.majanhotel.com. Im traditionellen omanischen Stil erbautes Hotel, in dem man die komplette Ausstattung eines Mittelklassehotels findet. Mehrere Restaurants und Bars, Fitnessraum, Tennisplatz und Swimmingpool.*

Safeer Plaza Hotel Apartments (6) €€/(€), *Al Khuleia Street,* ☎ 24471000, 🖷 24471001, *www.safeerhotels.com. Saubere und gut ausgestattete Zimmer und Apartments. Sehr freundlicher Service. Gutes, abwechslungsreiches Frühstück. Leider kein Pool.*

Radisson Blu Muscat (7) €€€€, *Al Khuleia Street,* ☎ 24487777, 🖷 24487778, *www. radissonblu.com. Mittelgroßes Businesshotel im Geschäftsviertel Al Khuwair, nicht weit vom Flughafen entfernt. Zur Ausstattung gehören ein Fitnesscenter und ein schöner Pool, drei Restaurants, Bar und Nachtclub. Das Angebot orientiert sich an den Bedürfnissen von Geschäftskunden, das Hotel besitzt aber einen Beachclub, zu dem ein Shuttlebus verkehrt.*

Park Inn (**8**) €€€(€), *Al Khuwair, Sultan Qaboos Street,* ☎ *24507888,* 🖷 *24507889, www.parkinn-muscat.com. Modernes und freundliches Hotel mitten im Geschäfts- und Diplomatenviertel. Ganztägig geöffnetes Buffet-Restaurant, Bar, schöner Swimmingpool auf dem Rooftop.*

The Chedi (**9**) €€€€€, *Ghubrah – Al Khuwair,* ☎ *24524400,* 🖷 *24493485, www. ghmhotels.com. „Stylish" umschreibt den Gesamteindruck des Hotels sicherlich am besten. Schon beim Betreten der Lobby, die einem Beduinenzelt nachempfunden ist, kann man den Luxus des Hotels erahnen. In den geschmackvoll eingerichteten Zimmern fehlt es an nichts, noch luxuriöser sind die Suiten. Hier gehört ein stets gut gefüllter, auch alkoholische Getränke enthaltender Kühlschrank zur Ausstattung. Die großzügigen Bäder sind mit Bulgari-Pflegeprodukten versehen. Höchsten Ansprüchen genügt auch das Spa mit balinesischem und ayurvedischem Programm. Zum Hotel gehören zwei Pools, einer davon ein Infinitypool direkt am Meer, und ein langer Privatstrand.*

▸ Flughafenbereich

Golden Tulip Seeb €€(€), *Exhibition Street, in Flughafennähe,* ☎ *24514444,* 🖷 *24510055, www.goldentulipseeb.com. Wegen der Nähe zum Flughafen ideal für Besucher, die nur kurz in Muscat verweilen. Wer dennoch zumindest kurz den Strand besuchen möchte, findet den hauseigenen Beach Club auf der gegenüberliegenden Straßenseite. Alternativ gibt es einen Pool im Garten.*

Hotel Al Madinah Holiday €€€, *Al Azaiba Street,* ☎ *24529700,* 🖷 *24529800 www.holidayhotels oman.com. Etwas weit vom Zentrum entfernt, dafür aber in Flughafennähe und gut ausgestattet. 107 komfortable Zimmer, Restaurant, Bar mit voller Schanklizenz und Außenpool mit Sonnenterrasse.*

Holiday Inn €€€€, *Al Mawaleh South,* ☎ *22080555,* 🖷 *22080566, www.ihg.com. Modernes Hotel (2013 eröffnet) in Flughafennähe mit Außenpool, Fitnesscenter und Sauna. Freundliches Personal und gutes Frühstück.*

Essen und Trinken

> **Arabisch**

▸ Old Muscat (s. Karte S. 148)

Muscat Light Restaurant & Coffeeshop, *Al Saidiya Street, Old Muscat. Der ideale Platz für eine Verschnaufpause beim Bummel durch Old Muscat. Leckere Snacks ab 1 OR.*

▸ Ruwi und Mutrah (s. Karte S.152)

Fastfood 'n' Juice Centre (**1**), *Mutrah Corniche, Mutrah. Arabisches Fast Food wie Shawarma kann man hier, am Eingang des Souq, mit Blick auf das bunte Treiben am Markt genießen. Ab 1 OR.*

Bin Ateeq (**4**), *neben der National Bank of Oman, Ruwi,* ☎ *24702727. Das Ambiente lässt zu wünschen übrig, aber lecker sind die traditionellen omanischen Gerichte. Ab 2 OR. Auch in Al Nahidah Street, Al Khuwair,* ☎ *24478225.*

Al Bulbul (**5**), *Al Jaame Street, Ruwi. In diesem arabischen Café gegenüber dem Busbahnhof kann man sich mit leckeren Snacks stärken, während man auf die Abfahrt seines Busses wartet. Ab 0,50 OR.*

Al Boom, *Marina Hotel, Mutrah,* ☎ *24713100. Hotelrestaurant mit solider Küche und sehr schönem Blick über den Hafen. Ab 5 OR.*

The National Hospitality Institute (Al Daleh) (**8**), *Nuzha Street, Wadi al Khabir,* ☏ *24816313, www.nhioman.com. Hier stellen angehende Köche ihr Talent unter Beweis. Das Resultat ist ausgezeichnete Küche zu moderaten Preisen (ab 4 OR). Da das Restaurant nur So–Do von 13–15 Uhr geöffnet hat, sind die Tische schnell ausgebucht. Am besten telefonisch reservieren.*

▶ Qurum und Al Khuwair (s. Karte in der hinteren Umschlagklappe)

Automatic Restaurant (**6**), *am Sabco Centre, Qurum,* ☏ *24487200. Libanesische Gerichte wie Kebab, Falafel und Hommos. Hauptgerichte 2 OR.*

Turkish House (**13**), *Al Khuwair,* ☏ *24488071. Einfach eingerichtet, dafür aber sehr schmackhafte Gerichte in riesigen Portionen. Viele Expats kommen regelmäßig zum Essen hierher. Besonders empfehlenswert ist das Seafood. Ab etwa 3 OR.*

The Great Kabab Factory (**15**), *Al Khuleiyah Street, Al Khuwair,* ☏ *24478373, www.thegreatkababfactory.com. Im modern-schlichtem Ambiente werden hier leckere Kebabs indischen Stils auf die Teller gezaubert. Ab 5 OR.*

Le Mermaid, *Qurum Beach, am Grand-Hyatt-Tennisplatz,* ☏ *24602327. Sehr gute libanesische Snacks und Menüs ab 1 OR, dazu leckere „Mocktails" (alkoholfreie Cocktails) und/oder eine Shisha.*

▷ **Westlich/Europäisch**

▶ Qurum, Madinat al Sultan Quaboos, Al Khuwair
   (s. Karte in der hinteren Umschlagklappe)

Al Hawasina, *an der Tankstelle nahe Madinat al Sultan Qaboos,* ☏ *244699029. Sehr günstige Sandwiches (ab 0,50 OR) und Shawarma (ab 0,30 OR). Hier treffen sich vor allem junge Autofreaks, um Erfahrungen auszutauschen und ihre Fahrzeuge vorzuführen. Die Namen der Sandwiches spiegeln diese Leidenschaft wider, so heißt die mit Hühnchenbrust und French Fries gefüllte Variante „Hummer".*

Kargeen Café, *verschiedene Locations, Madinat al Sultan Qaboos,* ☏ *24692269, City Plaza,* ☏ *24694048, Al Harthy Complex,* ☏ *24560531, www.kargeencaffe.com. Das Wort Kargeen bezeichnet in der Landessprache eine Holzhütte – entsprechend ist das Ambiente. Auf der Karte stehen neben omanischer und arabischer Küche auch klassische europäische Gerichte. Ab 5 OR.*

Al Maida al Arabia (**7**), *Qurum Nature Reserve,* ☏ *24542453. Bei tollem Blick über den Park genießt man hier omanische und mediterrane Küche ab etwa 1,50 OR.*

Motif Beach Café (**9**), *Shatti Beach,* ☏ *24603992. Rattanmöbel stehen direkt auf dem Sand, Palmen rauschen in der leichten Brise – der perfekte Spot für den Strandtag. Frische Fruchtsäfte und leichte Salate ab 0,80 OR.*

Pizza Express (**10**), *Qurum, Oasis by the Sea,* ☏ *24696169, www.pizzaexpress.com.om. Wer im Hotelzimmer essen möchte und den Room Service zu teuer findet, kann sich leckere Pizza- und Pastagerichte liefern lassen oder bei einer der Filialen selbst abholen. Ab 5 OR.*

Tche Tche Café, *Shatti Beach, Shatti al Qurum,* ☏ *24602757. Das Restaurant ist etwas teurer, trumpft aber mit herrlichem Meerblick. Ab 5 OR.*

D'Arcy's Kitchen (**11**), *Way 2817, Shatti al Qurum,* ☏ *www.facebook.com/darcys kitchen. Internationale Küche, gutes Frühstück zu erfreulich günstigen Preisen. Sehr freundlicher Service. Ab 3,50 OR.*

Candle Café, *Qurum Beach, am Grand Hyatt Tennisplatz,* ☏ *96002233. Von Touristen und Einheimischen besuchtes Café mit Blick auf den Ozean, kühle Getränke und leichte Gerichte für den kleinen Hunger ab 1 OR.*

Safari Grill House (12), *Grand Hyatt Hotel,* ☎ 24641234. *Auf dem Dach des Hotels speist man bei herrlichem Blick über das Meer hervorragende Steaks und gegrilltes Seafood. Vergleichsweise günstig sind All-inclusive Angebote. Ab 20 OR.*

The Chedi Restaurant (18), *Chedi Hotel, Al Ghubrah,* ☎ 24524400. *Immer wieder gewinnt das Restaurant im Chedi Preise für Ambiente und Küche. Schon in der Lobby zeigt sich das Hotel von der besten Seite: Sie ist wie ein gigantisches Beduinenzelt gestaltet, das sich hoch über den Gästen auftürmt und in der Mitte mit einer bequemen Sitzlandschaft zum Relaxen einlädt. Wer sich dennoch zum Restaurant aufmacht und eine Reservierung besitzt, kann aus einer hervorragenden Karte die schmackhaftesten Gerichte von Orient und Okzident auswählen. Die Preise sind relativ hoch, aber vollkommen angemessen. Ab 15 OR.*

O Sole Mio (14), *Radisson Blu Hotel,* ☎ 24487777. *Wie der Name schon vermuten lässt, bekommt man hier italienische Gerichte der gehobenen Kategorie serviert, attraktiv sind an manchen Tagen All-Inclusive-Angebote des Restaurants. Ab 12 OR.*

▸ Östlich von Muscat (s. Karte in der hinteren Umschlagklappe)

Al Khiran Terrace (1), *Al Bustan Palace Hotel, Al Bustan,* ☎ 24799666. *Nach Meinung vieler Expatriates gibt es hier das beste Frühstücksbuffet der Stadt.*

Asiatisch

Zen Asian Bistro (4), *Avenues Mall, Sultan Quaboos Street,* ☎ 22060200, 🖨 244 78488. *http://zenbistro.asia. Asiatisches Fusion-Restaurant. Sehr gutes Sushi. Freundliches Personal, gutes Preis-Leistungsverhältnis. Hauptgerichte ab ca. 4 OR.*

Palayok (17), *in der Nähe der Shell-Tankstelle, Al Khuwair,* ☎ 22024468, www.palayok oman.com. *Traditionelle philippinische Küche, auch Frühstück. Ein zweites Restaurant ist in Ruwi, gegenüber vom O.C. Center.* ☎ 24797290. *Ab ca. 3 OR.*

Golden Spoon (16), *Sultan Qaboos Street, Al Khuwair,* ☎ 24482263. *http://www.gol denspoongroup.com. Europäische, chinesische und indische Delikatessen stehen auf der Karte, besonders beliebt ist das Mongolian Bar-B-Q. Ab 5 OR.*

▸ Ruwi (s. Karte S. 152)

Golden Oryx (2), *Rex Road, Ruwi,* ☎ 24702266. www.thegoldenoryx.com. *Neben dem guten Essen überzeugt hier die ansprechende traditionelle Gestaltung des Restaurants. Ab 5 OR.*

Indisch

▸ Qurum (s. Karte in der hinteren Umschlagklappe)

Its Indi (2), *Ramee Guestline Hotel (hinter dem Crowne Plaza),* www.rameehotels.com/ oman-hotels.html, ☎ 24564443. *Hier bereitet man die scharf gewürzten Gerichte aus der Region Kerala zu. Ab 5 OR.*

Mumtaz Mahal (8), *Way 261, Qurum,* ☎ 24605907, www.mumtazmahal.net. *Schon die Lage auf dem Hügel oberhalb von Qurum ist außergewöhnlich. Bei herrlichem Blick über Muscat genießt man traditionelle nordindische Gerichte, stilecht mit den Händen vom Bananenblatt. Ab 8 OR.*

The Bollywood (5), *Capital Commercial Center (CCC), Qurum,* ☎ 24565653. *Das Ambiente beschwört die Atmosphäre von Bollywood-Filmen, die Küche versucht ihre Magie in scharf gewürzten Masala-Gerichten und/oder frischen Säften einzufangen. Ab 5 OR.*

Passage to India (3), *Hatat House Compound, Wattayah,* ☎ 24563452, www.face book.com/passagetoindiaoman. *Der Schwerpunkt liegt hier auf der nordindischen Küche. Sehr lecker sind die Garnelen in Tomatensauce (Jhinga masala). Ab 5 OR.*

▶ Ruwi (s. Karte S. 152)

Kamat (3), an verschiedenen Orten, Rex Road, ☎ 24793355, Ruwi, ☎ 24783300 und Al Khuwair, ☎ 24479243. Sehr gute vegetarische nord- und südindische Küche mit authentischer Würzung und bei manchen Gerichten mit chinesischen Touch. Ab 5 OR.

Khana Khazana (7), South Ruwi, hinter dem Pizza Hut, ☎ 24813466, www.khanakha zanaoman.com. Je nach Geschmack wählt man hier zwischen Speisen aus verschiedenen Regionen des Subkontinentes oder Tandoori-Gerichten. Ab 5 OR.

Woodlands (6), Central Business District (CBD), Muscat, ☎ 24700192, www.ashao man.net/woodlands.asp. Südindische Gerichte finden sich auf der Speisekarte, zu der vor allem Geschäftsleute in der Mittagspause greifen. Eines der wenigen Stadtrestaurants mit Alkoholausschank. Ab 5 OR.

▶ Fast Food

Im **Mutrah Souq** kann man gut im **Al Ahli Coffee Shop**, ☎ 24713469, essen oder einen Fruchtsaft trinken. Es gibt leckere Sandwiches und andere kleine Snacks.

Das **Muscat CityCentre** (s. S. 177) beherbergt eine Vielzahl von Restaurants, vor allem Schnellimbisse, die Snacks aus aller Welt bieten. Dazu gehören das **Al Safeer Restaurant** mit orientalischen Köstlichkeiten und Baskin-Robbins mit Kaffee und umwerfend leckerem Eis. Kaffee und Kuchen gibt es außerdem bei **Café Republic**, **Cinnabon**, **Costa Coffee**, **Crepe Café** und **Starbucks**. Klassisches Fastfood bekommt man bei **Chicking**, **Hamburger Nation**, **Hardees**, **KFC**, **McDonald's**, **Santino's** und **Subway**. Asiatisches Fast Food servieren **Magic Wok** und **Shamiana**. Alle Restaurants findet man am Leisure Court. Besonders zu empfehlen:

Noodle House, obere Etage, ☎ 24558488. Vor allem indonesisch angehauchte Nudelgerichte werden hier appetitlich serviert. Ab 2,50 OR.

Magic Wok, ☎ 24558118. Fastfood auf Chinesisch. Man bestellt am Buffet, wobei man sich an den aushängenden Fotos orientieren kann, und genießt im Ambiente des Food Courts. OR 2,50 OR.

Santino's, ☎ 24558698. Wer beim Einkaufsbummel Appetit bekommt, is(s)t hier genau richtig. Pizzastücke, ganze Pizzen oder Pastagerichte, auch in Kombination mit Salat, gibt es ab 2,50 OR.

Chili's, auch Al Marba'a Mawaleh South, Seeb, ☎ 24558815. Amerikanische und Tex-Mex-Gerichte so richtig zum Sattessen. Vor allem Fleischliebhaber kommen hier auf ihre Kosten. Ab 5 OR.

▶ Außerhalb

Odyssey, Oman Dive Center, Bandar al Jissah (ca. 15 km außerhalb der Innenstadt Richtung Yiti), ☎ 24824240, www.omandivecentre.com. Zwischen Meer und Pool des kleinen Tauchresorts geben sich die Küchen der Welt ein Stelldichein. Viele Fischgerichte. Ab 5 OR.

Im **Shangri-La's Barr Al Jissah Resort** (Quantab, ☎ 24776565, www.shangri-la.com) gibt es eine große Auswahl an ausgezeichneten Restaurants:
Al Tanoor: Ein Highlight ist hier das Buffet mit traditionellen arabischen (vor allem omanischen) Gerichten, die durch Speisen aus der Türkei, Griechenland, dem Iran und Indien er-

gänzt werden. Sehr authentisch ist auch das Beduinenzelten nachempfundene Ambiente (ab 20 OR). Außerdem gibt es im Hotel das elegante Hotelrestaurant **Shahrazad**, das in orientalischer Atmosphäre exzellente Speisen aus der marokkanischen Küche serviert (ab 20 OR). Wer lieber italienisch mag: im **Capri Court** kann man moderne italienische Küche mit herrlichem Strandblick genießen (ab 20 OR). Und Seafood gibt es natürlich auch, im **Bait al Bahr** (ab 30 OR).

Für den süßen Hunger gibt es das **Mokha Café**, Shatti Al Qurm (im Grand Hyatt), ☎ 24641234, muscat.grand.hyatt.com/en/hotel/dining/MokhaCafe.html. Hier gibt es eine große und gute Auswahl an Kuchen und Gebäck sowie an Kaffee- und Teespezialitäten. Ab 5 OR.

The Crepe Café, Seeb, Corniche, ☎ 24522569. Direkt an der Corniche kann man sich mit Blick aufs Meer leckere Crêpes schmecken lassen – Urlaubsfeeling pur zu Beginn oder am Ende der Reise. Ab 1 OR.

Samar, Al Nadha Resort, Barka (s. S. 214), ☎ 26883760, www.alnahdaresort.com. Arabische Musik und Bauchtänzer bilden den Rahmen für ein Dinner unter dem Blattwerk des Banyan-Baumes, bei dem vor allem die Küche Omans im Vordergrund steht (Beginn 19 Uhr). Ab 5 OR. Außerdem gibt es ein Lokal im Brasserie-Stil, das Spezialitäten aus dem westlichen Mittelmeerraum serviert, das **Khalab** (ab 5 OR).

> **Nachtleben**

Ein Nachtleben ist in Muscat zwar vorhanden, blüht aber eher im Verborgenen. Es beschränkt sich im Wesentlichen auf Locations in bzw. an den großen Hotels. Etliche jüngere Omanis haben aber die Notwendigkeit erkannt, auch außerhalb der Hotels Night-Spots einzurichten, wenn man um Touristen werben möchte.

Al Ghazal Pub, InterContinental Hotel, ☎ 24680000, Sa bis Do 12–15 und 18–2 Uhr, Fr 14–2 Uhr. Hier treffen sich Expats und Omanis zu Snacks, Drinks und Livemusik. Getanzt wird zu westlichen Rhythmen.

Trader Vic's, InterContinental Hotel, ☎ 24680000, Fr–Di 18–1.45 Uhr, Mi und Do bis 2.45 Uhr. Sehr gute Drinks in angenehmer Atmosphäre.

Captain's Café, Golden Oasis Hotel, Wadi al Kabir, ☎ 24811655, tgl. 12–2 Uhr. Recht weit abseits der touristischen Pfade trifft man hier auf viele Geschäftsleute aus Asien, die sich bei preiswertem Bier und 90er-Jahre-Atmosphäre vergnügen.

Casa di Bacco Lounge Bar, Radisson Blu Hotel, ☎ 24487777, tgl. 12–15 und 18– 2 Uhr. Die Deko orientiert sich am Thema „Italien". Im Hotel gibt es außerdem ein Irish Pub, das **O'Malleys**.

Club Safari, Grand Hyatt, ☎ 24641234, tgl. 18–2 Uhr. Sehr relaxte Bar mit afrikanischem Ambiente und lockerer Musik. Happy Hour von 18–22 Uhr. Im gleichen Gebäude-Komplex gibt es außerdem die **Habana Sports Bar** mit Billardtischen und Sportübertragungen.

Copacabana, Grand Hyatt, ☎ 24641234, Sa–Do 22–3 Uhr, Eintritt für Hotelgäste gratis, sonst 15 OR (Männer) bzw. 10 OR (Paare). Tolle Disko, in der man oben bei einem Drink sitzen und unten tanzen kann. Es gibt wechselnde Themenabende, deren Spektrum von Bollywood Bash bis Salsa reicht.

John Barry Bar, Grand Hyatt, ☎ 24641234, tgl. 18–1 Uhr. Elegante Bar mit guten Drinks und Pianomusik.

Duke's Bar, Crowne Plaza, ☎ 24660660, tgl. 12–15 und 18–0.45 Uhr. Typisch englischer Pub mit diversen Biersorten.

Left Bank, *neben dem Mumtaz Mahal, Qurum,* ☎ *24693699, Sa–Do 12–15 Uhr und 18–2 Uhr, Fr 12–2 Uhr. Angesagte Cocktailbar.*

Long Bar, *Shangri-La's Barr al Jissah Resort & Spa,* ☎ *24776565, tgl. 18–2 Uhr. Bier, Wein und Cocktails.*

Piano Lounge, *Shangri-La's Barr al Jissah Resort & Spa,* ☎ *24776565, tgl. 18–2 Uhr. Sehr elegante Bar mit dezenter Piano-Musik.*

Odyssey, *Oman Dive Center,* ☎ *24824240, tgl. 12–23.30 Uhr. Tolle Beachbar mit herrlichem Blick auf den Sonnenuntergang.*

Pavo Real, *Madinat al Sultan Qaboos, neben Pizza Hut,* ☎ *24602603, www.pavoreal themexican.co. Sa–Do 12–15 und tgl. 18–24 Uhr. Drinks in mexikanischem Ambiente.*

Rock Bottom Café, *Ramee Guestline Hotel, Al Qurum Street,* ☎ *24564443, tgl. 12.30–15 und 19–3 Uhr. Amerikanische Musikkneipe mit Live Bands.*

Serai Pool Bar, *The Chedi,* ☎ *24524343, tgl. 9–22.30 Uhr. Der ideale Platz für einen romantischen Abend am Pool.*

Aktivitäten

Es gibt kaum eine Sportart, die man in Muscat nicht ausüben kann, sieht man einmal vom Wintersport ab. Wen es danach gelüstet, der muss entweder in das etwa fünf Autostunden entfernte Dubai fahren oder sich mit Schlittschuhlaufen begnügen.

Golf

Ghala Valley Golf Club, *bei Ghalah, südl. von Seeb,* ☎ *24591248, 92194957, www.gha lavalley.com, tgl. 9–21 Uhr. Green Fee für 9 Loch 20 OR, für 18 Loch 40 OR.*

AlMouj Golf Club, *The Wave, am Flughafen von Seeb,* ☎ *22005990, www.almoujgolf. com. 2014 eröffneter Rasenplatz. Green Fee für 9 Loch 34-37 OR, für 18 Loch 50 bzw. 60 OR.*

Ras al Hamra Golf Club, *Qurum,* ☎ *99106039, www.golfclub.pdorc.com. 2015 eröffneter Rasenplatz.*

Reiten

Qurum Equestrian School, *Qurum Park,* ☎ *99832199, 99422401, www.qe.hashi mani.com. Reitstunden und Ausritte entlang des Strandes.*

Schlittschuhlaufen

Ice Skating Centre, *Al Khuwair,* ☎ *24489492, tgl 9–22 Uhr. Eintritt 3,50 OR.*

Squash/Tennis

Viele Hotels (u.a. **Grand Hyatt**, **Crown Plaza**, **InterContinental** *und* **Al Falaj** *in Ruwi) besitzen Squash Courts und Tennisplätze, die auch an Nicht-Hotelgäste stundenweise vermietet werden.*

Wassersport

Fast alle größeren Hotels arbeiten entweder mit einem lokalen Veranstalter zusammen oder betreiben selbst ein Wassersportcenter. Hier wird in der Regel neben den üblichen Wassersportarten auch Tauchen angeboten. Zum Programm gehören zudem oft Bootsexkursionen zur Delfin- und Schildkrötenbeobachtung sowie Hochsee-Angelfahrten.

Segeln

Capital Area Yacht Club, *Sidab,* ☎ *24737712. Der Club organisiert regelmäßig Regatten.*

Muscat Civil Aviation Yacht & Beach Club, *Azibah Beach,* ☎ *24519424. In der Nähe des Flughafens.*

Hochseefischen
Moonlight Dive Centre, *Madinat al Sultan Qaboos,* ☎ 99317700, *www.moonlight dive.com. Hier kann man Boote mieten und vor der Küste allein angeln oder an organisierten Angelfahrten teilnehmen.*

Tauchen
Dem Thema Tauchen ist ab S. 326 ein eigenes Kapitel gewidmet.
Euro-Divers Worldwide, *Shangri-La's Barr al Jissah Resort & Spa,* ☎ 24776042, *www.euro-divers.com. Tauchausflüge entlang der gesamten Küste Omans.*
Global Scuba Dive Centre, *Civil Aviation Club,* ☎ 99317518, *www.global-scuba.com. Tauchausflüge zu den Daymaniyat Islands, nach Fahal Island, Bandar Khayran und zum Wrack der Al Munassir. Mit gut 30 OR für zwei Tauchgänge mit voller Ausrüstung ist das Tauchcenter recht günstig.*
Moonlight Dive Centre, *Madinat al Sultan Qaboos, am Grand Hyatt,* ☎ 99317700, *www.moonlightdive.com. Hier kosten zwei Tauchgänge 40 OR mit der kompletten Ausrüstung. Man kennt sich sehr gut am Al Munassir-Wrack aus.*
Muscat Diving & Adventure Center, *am Radisson Hotel, Al Khuwair,* ☎ 24543002, *www.holiday-in-oman.com. Hier kommen noch die Kosten für den Transport hinzu, sodass man etwa 48 OR für zwei Tauchgänge mit Ausrüstung veranschlagen muss.*
ED Oman Dive Centre, *Madinat al Sultan Qaboos,* ☎ 24824240, *www.extradivers-worldwide.com. Tauchkurse, Ausrüstungsverleih und Tauchausflüge zu recht günstigen Preisen – für zwei Tauchgänge zahlt man ab 31 OR, die Ausrüstung kann tageweise für 15 OR geliehen werden. Getaucht wird um die Fahal Insel und in der Gegend von Bandar al Khiran. Zum Tauchzentrum gehören 30 Bungalows, ein Restaurant mit Meerblick und eine auch bei Nicht-Tauchern beliebte Strandbar.*

Schwimmen
Zwischen Seeb und dem Qurum Nature Reserve erstreckt sich ein etwa 20 km langer **Strand**, *der an vielen Stellen zugänglich und mit Ausnahme der Hotelstrände öffentlich ist. Meist fehlt aber jegliche Infrastruktur. Die Strände werden auch von vielen Einheimischen frequentiert – westlich gekleidete Frauen ziehen hier schnell die Blicke auf sich, vor allem, wenn sie sich im Bikini sonnen. Ein nicht zu freizügiger Badeanzug ist in jedem Fall vorzuziehen. Etwas freier bewegen kann man sich in den Strandeinrichtungen größerer Hotels wie z. B. des Grand Hyatt oder des Crowne Plaza, die gegen Gebühr auch Tagesgästen offen stehen. Allerdings sollte man sicherheitshalber vorher anrufen, da sich das bei einigen Hotels inzwischen geändert haben könnte.*

Beach Clubs
Muscat Civil Aviation Beach Club, *Azibah Beach,* ☎ 24498882. *www.caaclub.org. Hier gibt es alle Einrichtungen, die zu einem Strandbad gehören. Eintritt 5 OR.*
Cliff Club, *Crowne Plaza Hotel,* ☎ 24660660, *tgl. geöffnet. Zum Club gehören neben den Pool- und Strandfacilities auch ein Gym, Tennis- und Squash Courts sowie eine Sauna. Tageseintritt 6 OR.*
Club Olympus, *Grand Hyatt,* ☎ 24641155, *tgl. geöffnet. Neben den Strandeinrichtungen gehören auch ein Gym, Sauna, Jacuzzi sowie Tennis- und Squash Courts zum Angebot. Tageseintritt 12 OR.*
Palm Beach Club, *InterContinental Hotel,* ☎ 24680000, *tgl. geöffnet. Auch hier gibt es ein Gym mit Jacuzzi sowie einen Health Club. Tageseintritt 10 OR.*

> **Stadttouren**

☞ Hinweis: Big Bus Tours

Seit 2013 kann man Muscat mit einem Hop-on, Hop-off-Bus erkunden, der an 10 Haltestellen mit den Hauptsehenswürdigkeiten hält. Der erste Bus startet am Souq von Mutrah um 9, der letzte um 17 Uhr. Die Frequenz liegt bei ca. 30 Minuten im Winter, kann im Sommer aber deutlich länger sein (bis zu 2 Stunden) – also am besten vorher erkundigen. 24 OR für das 24h-Ticket inklusive Audioguide für Erwachsene, 10 OR für Kinder. Infos unter www.bigbus tours.com.

Bahwan Tours, *Ruwi*, ☎ 24789845, *www.bahwantravels.com. Geführte Citytouren in Muscat.*
National Travel & Tourism, ☎ 24660300, *www.nttomantours.com. Sightseeingtouren in Muscat, halbtägige Wüstentouren u. a.*
Oman World Tourism, ☎ 24565288, *www.omanworldtourism.com. Citytouren und Tagesausflüge in die Wüste.*
Orient Tours – Oman, ☎ 24485066, *www.orienttours.ae. Der Reiseveranstalter aus den VAE (Sitz in Sharjah und Dubai) organisiert Stadttouren durch Muscat.*

> **Outdoor-Aktivitäten**

Bahwan Tours, *Ruwi*, ☎ 24789845, *www.bahwantravels.com. Fast alle Arten von Outdooraktivitäten von Offroad-Touren mit dem Allradfahrzeug über Wüstensafaris zu Fuß oder mit dem Kamel bis hin zu Tierbeobachtungen.*
Muscat Diving & Adventure Center, *Al Khuwair, nahe dem Radisson Hotel,* ☎ 24543002. *www.holiday-in-oman.com. Mehrstündige Ausritte mit Kamelen inklusive traditionellem Beduinenessen.*
Desert Discovery Tours, ☎ 92009427, *www.desertdiscovery.com. Dieses Unternehmen ist auf die Schildkröten-Beobachtung spezialisiert.*
Desert Thunder Travel & Tourism, ☎ 24546452 , *www.desertthunderoman.com. Alles, was die Wüste zu bieten hat, von Wadi Bashing bis zu Bergwandern, weiterhin Schildkröten- und Delfinbeobachtung.*
Muscat Desert Adventures Tourism, ☎ 24691300, *www.desertadventures.com. Neben Wüstentouren, auch mit Übernachtung, wird hier das gesamte Wassersportspektrum angeboten.*
Nomadic Adventures & Tours, ☎ 99336273, *www.nomadicdesertcamp.com. Spezialist für Wüstensafaris, auch off-road von Muscat nach Salalah.*

 Feste und Veranstaltungen
Neben den **islamischen Feiertagen** wird der **Nationalfeiertag/Geburtstag von Sultan Qaboos** in Muscat besonders feierlich begangen (s. S. 102).

*Alljährlich im Jan./Feb. findet das dreiwöchige **Muscat-Festival** (www.muscat-festival.com) statt, ein riesiges Volksfest, bei dem das nationale Kulturerbe im Mittelpunkt steht. Im Qurum Park, aber auch in anderen Locations werden Tänze und Musik, Akrobatik und alte Handwerke vorgeführt, hinzu kommen Dichterlesungen und Kunsthandwerksausstellungen. Jahr-*

märkte, Feuerwerke, Sportveranstaltungen und eine Oldtimershow ergänzen das Programm. Es gibt viele spezielle Events für Familien mit Kindern.

Einkaufen
➤ Shopping Malls

Al Araimi Complex, Al Qurum, ☎ 24566557, Sa–Do 9–22, Fr 16.30–22 Uhr. Viele große internationale Marken sowie Einzelhandelsgeschäfte für Elektronik, Schuhe, Sportartikel und Parfüm.

Al Harthy Complex, Al Qurum, ☎ 24564481, Sa–Do 8.30–13 und 16.30–22, Fr 9–11 und 16.30–22 Uhr. Hier kaufen vor allem Omanis ein. So wird z. B. auf einer Etage ausschließlich traditionelle Damenbekleidung angeboten.

Bareeq al Shatti Complex, Shatti al Qurum, Seeb–Ruwi Highway, ☎ 24699949, Sa–Do 10–22, Fr 17–22 Uhr. Neue Mall mit allem, was das Herz begehrt.

Qurum Shopping Centre, Al Qurum, gegenüber der Muscat International School, ☎ 24470700, tgl. 10–22 Uhr. Alle internationalen Marken sind vertreten, daneben gibt es einen großen Carrefour-Supermarkt (tgl. 9–24 Uhr) und ein Kino (Sa–Do 9.30–0.30, Fr 14–0.30 Uhr).

Al Khamis Plaza, Al Qurum, ☎ 24562791, Sa–Do 9–13 und 16.30–22, Fr 16.30–22 Uhr. Die kleine, nur zweigeschossige Mall hat ein besonders großes Angebot an Schuhen. Beispielsweise gibt es hier Shops von Nike, Clarks, Caterpillar und Reebok.

Capital Commercial Centre, Al Qurum, ☎ 24563672, Sa–Di 8.30–13 und 16–22, Mi und Do 8.30–13 und 16.30 –23.30, Fr 16–22 Uhr. Neben vielen unabhängigen Einzelhandelsgeschäften (schönen Schmuck und Souvenirs findet man z. B. bei Jawahir Oman), die praktisch alles von Elektronik über Unterwäsche bis zu Kameras verkaufen, gibt es hier auch einen kleinen Souq, auf dem Souvenirjäger fündig werden. Um den kleinen oder großen Hunger kümmern sich zahlreiche Fast-Food-Restaurants.

Jawharat al Shatti Complex, Shatti al Qurum, ☎ 24692113, tgl. 10–21 Uhr. Hier findet man vor allem omanische Outlet-Ware, aber auch Haushaltsgegenstände oder ausgefallene Geschenke (z. B. bei Pomegranate).

Markaz al Bahja, Al Mawaleh Roundabout zwischen Seeb und Muscat, ☎ 247715485, Sa–Do 10–22, Fr 14-22 Uhr. Neben typisch arabischen Konfektionsgeschäften finden sich auch westlich orientierte wie Marks & Spencer oder Hang Ten.

Muscat City Centre, Seeb (hinter dem Flughafen), ☎ 24558888, www.citycentre muscat.com. Sa–Do 10–22, Fr 14–22 Uhr. In dem Shopping Center findet man viele internationale Marken und einen großen Foodcourt unter einem Dach. Auch hier gibt es einen Carrefour-Supermarkt, der bis Mitternacht geöffnet ist, ein Kino sowie das sehr gute Elektronikfachgeschäft E-Max.

Muscat Grand Mall, Al Khuwair, ☎ 24498611, www.muscatgrandmall.com, Sa–Do 10–22, Fr 14–22 Uhr. Ende 2012 eröffnet, findet man hier alle Waren, die man zum täglichen Leben benötigt im Carrefour-Markt. Internationale Marken gibt es in den vielen Boutiquen.

Sabco Commercial Centre, Qurum, ☎ 24562761, So–Do 9.30–13 und 16.30–22, Fr 17–22 Uhr. Neben einem kleinen, aber lauten und z. T. aufdringlichen Souq gibt es hier auch eine Reihe internationaler Fachgeschäfte wie z. B. den Body Shop. Auf dem kleinen Souq bzw. bei den Einzelhändlern kann man mit etwas Glück schöne Souvenirs zu günstigen Preisen bekommen.

Souqs

Fisch-Souq, *Muscat Corniche am Hafen. Jeden Morgen bringen Fischer ihren frischen Fang an Land, um ihn hier auf dem Fischmarkt gegen Bargeld zu tauschen. Wer den Geruch und das lautstarke Handeln gut ertragen kann, bekommt hier einen guten Einblick in das Alltagsleben der Stadt.*

Gold-Souq, *hinter dem Mutrah Souq. Beide Souqs gehen unmerklich ineinander über. Eben hat man noch Paschmina-Schals gesehen, schon glitzert überall Rotgold in den Schaufenstern, das vor allem dem indischen Geschmack entspricht.*

Mutrah Souq, *gegenüber der Muscat Corniche. Heiß ist es in den schmalen Gassen dieses alten arabischen Souqs, dessen Warenangebot sich heute vor allem an Touristen aus aller Welt richtet. Wer hier Paschmina-Schals kaufen möchte, kann sich vertrauensvoll an Al Mobher al Hadeth wenden. Wer Kopfschmerzen bekommt, findet auch eine Apotheke von Muscat Pharmacy & Stores. Ein Bummel durch den Souq lohnt aber nicht nur des bunten Warenangebots, sondern auch der Architektur wegen. Der Markt besteht aus einem Labyrinth überdachter Gassen, die immer wieder in größere, ebenfalls überdachte Plätze münden. Diese Dächer sind kunstvoll verziert, ebenso wie die Gassenmauern teils mit kunstvollen Intarsien und Mosaiken geschmückt sind.*

Ruwi Souq, *Ruwi, Ruwi Souq Street. Elektronik, Gold und Silber, Geldwechselstuben und Geschäfte vornehmlich für den Bedarf indischer Arbeiter.*

Supermärkte

Carrefour, *z. B. im Muscat City Centre, in der Muscat Grand Mall und im Qurum City Centre. In den großen Supermärkten des französischen Konzerns kann man alle Waren bekommen, die man auf einer Reise in Oman benötigt. Auch Campingausrüstungen gibt es hier.*

Lulu, *Al Ghubrah Junction und Al Mina/Ruwi Street, http://oman.luluhypermarket.com. In den großen Märkten kann man ebenso gut einkaufen wie im Carrefour. Hier stehen regionale Waren im Vordergrund, der Schwerpunkt liegt auf Lebensmitteln, Haushaltswaren und allem anderen, was im Alltag benötigt wird. Man findet Lulu-Märkte z. B. am Bawshar R/A und an der Al Mina Street an der Darsayt Junction.*

 ### Verkehrsmittel
Flugzeug

Der internationale Flughafen von Muscat (☏ 2434 1000, Fluginformationen ☏ 2451 9223, www.omanairports.com) liegt westlich der Stadt im Stadtteil **Seeb**. *Zu den Hotels im Stadtteil* **Al Khuwair** *sind es etwa 22 km, nach* **Mutrah** *etwa 36 km und nach* **Old Muscat** *etwa 42 km. Zu Transfers in die Innenstadt s. S. 81, Inlandsflüge S. 132.*

Überlandbusse

Vom **zentralen Busbahnhof in Ruwi** *verkehren Busse der ONTC (☏ 24490046, www.ontcoman.com) nach Salalah (Fahrtdauer 13 Std.), Sur (4 Std. 15 Min.), Nizwa (2 Std. 20 Min.) und Buraimi (4 Std. 40 Min.). Weitere Verbindungen bestehen in die Nachbaremirate Dubai (5,5 Std.) und Abu Dhabi (6,5 Std.).*

Die Strecke **Muscat–Salalah** *wird auch von den Unternehmen Malatan Trading (Way 2985, ☏ 24702091) und Bin Qasim Transport (Way 2985, ☏ 24785059) bedient. Beide haben ebenfalls eine Busstation in Ruwi.*

Nach **Abu Dhabi und Dubai** *verkehren neben ONTC-Bussen auch Fahrzeuge der Comfort Line (☎ 24702191). Die Haltestelle liegt etwa zwei Querstraßen von der zentralen Station der ONTC in Ruwi entfernt.*

▶ Stadtbusse

Die Stadtbusse der ONTC verkehren zwischen 6 und 22 Uhr, eine einfache Fahrt kostet 200 Bz. Wichtige Linien sind die Route 1 ins Wadi Kabir, die Route 4 nach Qurum Heights, die Route 23/24 zum Flughafen Seeb, die Route 25 nach Al Khuwair und die Route 26 nach Qurum und Ghubrah. Die Busse starten in Ruwi in der Al Jaame Street bzw. in Mutrah am Ende der Corniche beim Fischmarkt.

▶ Taxis

Taxis haben in Oman kein Taxameter, der Preis ist Verhandlungssache. Am besten erkundigt man sich vor der Fahrt im Hotel nach einem Richtwert. Feste Vereinbarungen bestehen nur für die Fahrt vom/zum Flughafen. Eine Fahrt von Seeb in die City kostet etwa 10 OR, eine Fahrt zum entfernten Shangri-La's Barr al Jissah Resort etwa 15 OR. Taxis halten vor den großen Hotels und am Mutrah Souq, weitere Stände befinden sich in der Nähe der Bushaltestellen in Ruwi (Al Jaame Street) und Mutrah (Corniche in der Nähe des Fischmarkts). Es gibt auch Funktaxis mit Taxameter, die telefonisch angefordert werden können:

Comfort Line	☎ 24702191
Hello Taxi	☎ 24607011

▶ Mietwagen

Die meisten Taxis in Oman haben kein Taxameter, der Preis ist Verhandlungssache. Am bequemsten ist es, den Mietwagen schon im Vorfeld zu buchen und gleich bei Ankunft am Flughafen zu übernehmen (Details dazu s. S. 82, 112). Alle großen Anbieter unterhalten Niederlassungen am internationalen Airport, die rund um die Uhr geöffnet sind. Weitere Büros befinden sich in der Stadt, häufig in großen Hotels. Hier kann man auch noch nach Ankunft telefonisch einen Wagen bestellen und zum Hotel bringen lassen. So spart man sich Taxikosten und langes Suchen. Bei der Wahl eines Anbieters sollte nicht nur der Preis den Ausschlag geben. Wichtig ist z. B. auch das Vorhandensein von weiteren Stationen im Land, besonders wenn man mehrtägige Touren über Muscat hinaus plant.

Avis	☎ 24510342
Europcar	☎ 24521369
Hertz	☎ 24566208
Sixt	☎ 24482793
Thrifty	☎ 24521189
Value Plus	☎ 24597264
Xpress Rent a Car	☎ 24490055

4. DER WESTEN OMANS

Route 1: Von Muscat nach Nizwa

Tourinfo	
Start	Muscat
Ziel	Nizwa
Dauer	als Tagesausflug möglich, besser zwei Tage einplanen
Entfernung	ca. 200 km (einfache Strecke)
Anforderungen	Alle Streckenabschnitte können mit einem normalen PKW befahren werden. Die Autobahn bis Nizwa ist durchgehend vierspurig ausgebaut.

Die Touren 1 bis 3 können auch miteinander kombiniert werden. In diesem Fall gelten die nachfolgenden Angaben:

Tourinfo	
Start	Muscat
Ziel	Buraimi/Al Ain
Dauer	mindestens 3 bis 4 Tage
Entfernung	ca. 650 km (einfache Strecke)
Anforderungen	Fast alle Streckenabschnitte können mit einem normalen PKW befahren werden, einige interessante Abstecher z. B. in die Berge erfordern jedoch ein Allradfahrzeug mit entsprechender Ausrüstung.

Diese größtenteils zur **Provinz Dakhiliyah** gehörende Region im Landesinneren gehört zu den meist besuchten Gegenden des Landes, weil sie einerseits in gut erreichbarer Nähe zu Muscat liegt und zum anderen spektakuläre Landschaftseindrücke bietet. In der zerklüfteten, von grünen Tälern mit malerischen Oasen durchzogenen Gebirgsregion liegen der mit 3.009 m höchste Berg des Landes, der **Jebel Shams**, das **Wadi Nakhr** (auch als Grand Canyon Arabiens bezeichnet) und der Obstgarten Omans, der **Jebel Akhdar**. Die Hauptverbindungsstraße der Region mit der Küstenebene ist die Nationalstraße 15, es gibt aber mittlerweile eine ganze Reihe guter Asphaltstraßen – und es wird weiter fleißig gebaut. Die N15 führt von Seeb über den Sumail-Pass nach Nizwa und folgt einer durch die Wadis Sumail und Halfayn verlaufenden Route, die von jeher die wichtigste Verbindung zwischen der Küste und dem Landesinneren darstellte. Die

Redaktionstipps

➤ **Landschaft**: Terrassenfelder des Sayq-Plateaus im Jebel Akhdar (S. 184), Al-Hoota-Tropfsteinhöhle (S. 192), Canyonlandschaft des Wadi Nakhr am Jebel Shams (S. 194), Felsenpools mit leuchtend blauem Wasser im Wadi Abyadh (S. 223), bizarre Felsformationen im Wadi Bani Kharus (S. 224) und Wadi Bani Awf (S. 225)

➤ **Tierbeobachtung**: Vögel, Delfine und Meeresschildkröten am Khawr Kalba an der Ostküste der VAE (S. 237)

➤ **Kultur**: Festungen in Nizwa (S. 188), Bahla (S. 195), Jabrin (S. 197), Barka (S. 214), Nakhl (S. 221), Rustaq (S. 226) und Al Hazm (S. 228), Bienenkorbgräber bei Bat und Al Ayn (S. 199f.), historische Lehmarchitektur in Ibri (S. 200), Bullenkämpfe in den Batinah-Küstenorten (S. 216), Hafenstadt Sohar (S. 232)

➤ **Aktivitäten**: Bummel durch den Souq von Nizwa (S. 188), Ausflug zur Oase Al Ain in den VAE mit Besuch des Kamelmarkts und Bad in den heißen Quellen am Fuße des Jebel Hafeet (S. 204ff.), Baden bei Ras al Sawadi (S. 218), Tauchen vor den Daymaniyat-Inseln (S. 219), Offroad-Touren in die Wadis zwischen Nakhl und Rustaq (S. 222ff.), Ausflug nach Fujairah und an die Ostküste der VAE (S. 237ff.)

beiden Wadis durchschneiden das Hajar-Gebirge von Norden nach Süden und teilen es in einen westlichen und einen östlichen Teil (Hajar al Gharbi und Hajar al Sharqi).

Früheres politisches Zentrum

Das an der Südseite des Jebel Akhdar gelegene Gebiet war lange Zeit das politische und religiöse Zentrum des Landes. Von hier aus regierten die ibaditischen Imame das Land, wobei sie immer wieder in Konflikt mit dem Sultan in Muscat gerieten. Historische Zeugen dieser Machtkämpfe sind mehrere eindrucksvolle und gut erhaltene Festungen, z. B. bei **Nizwa**, **Bahla** und **Jabrin**. Der Jebel Akhkdar mit seinen vielen Wadis und Seitentälern bot sichere Verstecke und war militärisch nur schwer zu erobern. Zuletzt erwies sich dies während des Jebel-Akhdar-Aufstandes, als sich der Iman Ghalib bin Ali gegen den Sultan erhob.

Fast alle Veranstalter in Muscat bieten Touren ins Landesinnere als Tagesausflug an, doch um ein genaueres Bild von der Schönheit der Region zu bekommen, sollte man etwas mehr Zeit erübrigen. Es empfiehlt sich, für einige Tage Quartier in Nizwa zu nehmen und nach einer ausführlichen Besichtigung dieser geschichtsträchtigen Stadt Ausflüge in die Bergwelt zu unternehmen. In den abgelegenen Bergdörfern zeigt sich das Sultanat Oman noch von seiner ursprünglichen Seite.

Von Seeb nach Fanja

Vierspurige Straße

Die Nationalstraße 15 ins Landesinnere zweigt am Sahwa Tower Roundabout bei Seeb in südlicher Richtung von der Küstenautobahn ab. In der Nähe dieses Kreisverkehrs halten auch die Sammeltaxis nach Nizwa. Die 140 km lange Fahrt dauerte früher mehrere Tage. Seitdem die Straße vierspurig ausgebaut wurde, kann man die Strecke in etwa eineinhalb Stunden bewältigen.

Nur noch eine malerische Ruine ist dieser Wehrturm, der früher über die Dattelhaine von Fanja wachte

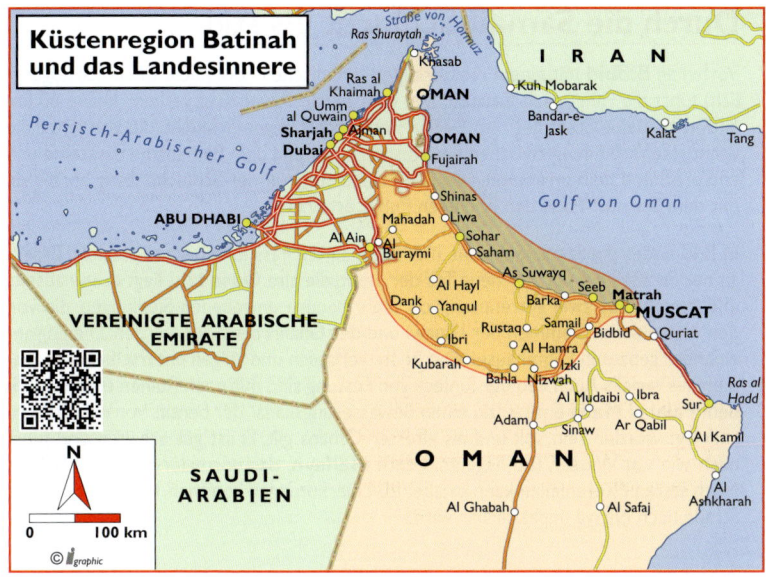

Etwa 1 km nach dem Verlassen des Kreisverkehrs erhebt sich rechts der Straße der Firmensitz von „Amouage", dem Unternehmen, welches das gleichnamige Parfüm herstellt. „Amouage" gilt als kostbarstes Parfüm der Welt: Es enthält besonders seltene natürliche Ingredienzien und wird in vergoldete Silberflakons abgefüllt. Die Fabrik kann besichtigt werden, im angeschlossenen Showroom stehen Amouage-Produkte zum (nicht gerade preiswerten, aber durchaus interessanten) Verkauf (So–Do 8.30–16.30, ☎ 24534800, nähere Infos unter www.amouage.com).

Knapp 30 km nach dem Kreisverkehr erreicht man **Fanja**. Die Fahrt dorthin ist sehr reizvoll: Rechter Hand schieben sich die Ausläufer des Hajar-Gebirges nahe an die *Alte Wehr-* Straße heran, beiderseits der Route erheben sich immer wieder alte Wehrtürme. Die *türme* kleine Ortschaft selbst liegt am Eingang zum **Wadi Samail** und wird von ausgedehnten Palmenhainen umgeben.

Den neuen Ortsteil passierend, erreicht man den **historischen Kern** der Oase, der sich vor eindrucksvoller Bergkulisse auf einem Felsrücken erstreckt. Er wird von einer **Mauer** und mehreren **Wehrtürmen** umgeben. Von dem am höchsten gelegenen Turm mit ungewöhnlichem ovalen Grundriss genießt man einen schönen Blick über das fruchtbare Wadi mit seinen grünen Palmenhainen und Falaj-Kanälen. Obwohl die Altstadt inzwischen verlassen ist, lohnt ein Bummel durch die engen Gassen, die von **alten Lehmhäusern** gesäumt werden.

Fanja ist bekannt für seine **Töpferwaren**, die auf dem lokalen Markt verkauft wer- *Souvenirs* den, ebenso wie **Flechtwaren** aus Palmwedeln, Früchte und Gemüse aus lokalem Anbau sowie Honig.

Durch die Samail-Schlucht bis Izki

Wichtiger Verbindungs- ort Vorbei an **Bidbid** mit einem restaurierten omanischen Fort (nicht öffentlich zugänglich) führt die Fahrt nach **Samail**. Die vom Sawah Tower-Kreisverkehr knapp 60 km entfernte kleine Stadt liegt am Beginn der gleichnamigen Schlucht, die von jeher die wichtigste Verbindung zwischen der Küstenregion und dem Binnenland darstellte und entsprechend heiß umkämpft war. Die Straße steigt in der Schlucht stetig an, bis sie mit dem **Samail-Pass** den höchsten Punkt erreicht.

In **Izki** endet die Samail-Schlucht, hier hat man die Passhöhe bereits passiert. Direkt an der Straße liegt nur der neue Teil der Stadt, die alte **Oase Izki** liegt etwas abseits und besteht aus zwei getrennten, von Wehrmauern umgebenen Siedlungen, die von den verfeindeten Stämmen der Hinawi und der Ghafiri bewohnt wurden. Die eng aneinander gebauten Lehmhäuser sind heute verlassen und zeigen unterschiedliche Stadien des Verfalls. Auch von der fünfeckigen Festung sind nur noch Ruinen erhalten. Mit dem **Falaj al Malki** besitzt Izki einen Bewässerungskanal, der bereits von den Persern angelegt worden sein soll und als ältester Omans gilt. Er ist gut erhalten und führt nach wie vor Wasser. Izki liegt im **Wadi Halfayn**, das normalerweise trocken ist. Nach starken Regenfällen kann es aber zu Überflutungen kommen, in deren Folge die Straße nach Nizwa unpassierbar wird.

Birkat al Mawz

Schützendes Fort Schon vor, aber auch noch hinter Izki kann man von der Nationalstraße 15 auf die alte Nationalstraße abbiegen, die nach Nizwa führt – vorbei an Birkat al Mawz, das knapp 120 km vom Sawah Tower R/A entfernt liegt. Birkat al Mawz war ein wichtiger Kontrollposten an der Straße ins Landesinnere, wovon noch heute die restaurierte Festung **Bait al Rudaidah** am westlichen Ortsausgang zeugt. Die Anlage erlangte erneut während des Jebel Akhdar-Aufstands Bedeutung, damals verschanzten sich die Truppen des Imam hinter ihren Mauern. Das Fort wurde Ende der 1980er-Jahre renoviert und kann heute besichtigt werden. Vor der Festung steht eine alte Moschee, dahinter verläuft ein Falaj, der bereits in der ersten Hälfte des 17. Jh. angelegt wurde. In der Altstadt von Birkat al Mawz stehen noch mehrere historische, vom Regen verwaschene **Lehmhäuser**. Dattelhaine und Bananenplantagen umgeben den Ort, der heute vor allem als Tor zum Jebel Akhdar Bedeutung hat. Hier starten Fahrten oder Wanderungen in die Bergregion, die als eine der beeindruckendsten Omans gilt.
Bait al Rudaidah, Sa–Do 8.30–14.30 Uhr, Eintritt 500 Bz. (Achtung! Das Museum ist derzeit wegen Renovierung geschlossen, Stand April 2015).

Abstecher in den Jebel Akhdar

Hinter dem Fort Bait al Rudaidah liegt der Eingang zum **Wadi al Muaydin**, an dessen Steilhängen eine 33 km lange, gute Asphaltstraße zum Jebel Akhdar hinaufführt. Zuvor muss man jedoch einen Militärposten passieren, an dem das Auto überprüft wird. Weiterfahren darf nur, wer mit Allradfahrzeug besitzt, denn auf den steilen Straßen kommt es immer wieder zu Unfällen – vor allem bei der Abfahrt, wenn unkundige Fahrer eines normalen Pkws zu stark bremsen, statt mit der Motorbremse zu arbeiten.

Früher war hier die Fahrt beendet, da die Bergregion während des Jebel-Krieges ein Zentrum der Kampfhandlungen war. Heute dienen die Kontrollen nur noch der persönlichen Sicherheit der Reisenden. Ist der Posten überwunden, führt die Straße auf den Bergrücken hinauf, dessen arabischer Name „grün" bedeutet. Er spielt auf die Tatsache an, dass die Terrassenfelder an seinen Steilhängen aufgrund der relativ häufigen Niederschläge für omanische Verhältnisse ungewöhnlich fruchtbar sind. *Fruchtbare Berghänge*

Der Bergrücken besteht aus zwei Plateaus. Auf dem unteren thront der Hauptort **Sayq**, von dem sich herrliche Blicke über Wadis und Terrassenfelder bieten. Dank des milden Klimas gedeihen hier Oliven-, Mandel- und Feigenbäume, ebenso Aprikosen und Granatäpfel. Von seiner schönsten Seite zeigt sich das Sayq-Plateau Ende März/Anfang April, wenn die Rosenfelder in voller Blüte stehen. Aus den vor Sonnenaufgang geernteten Blütenblättern der Rosen gewinnen die Einheimischen das für seine hohe Qualität berühmte Jebel-Akhdar-Rosenwasser.

Am Rand des Sayq-Plateaus steht in windumtoster Lage das **Jebel al Akhdar Hotel** (s. S. 186), in dem man Quartier nehmen kann, wenn man sich länger in der Region aufhalten und Wanderungen unternehmen möchte. Eine lohnende Tour führt auf markierten Wegen vom Dorf **Al Aqur** nach **Al Ayn** und **Sharijah**. Von Sayq führt eine kurze Wanderung ins **Wadi Bani Habib**. In den leer stehenden Häusern der verlassenen Siedlung **Bani Habib** suchte Ende der 1950er-Jahre Sulayman bin Himyar Zuflucht, der Anführer des Jebel-Akhdar-Aufstandes. *Schöne Wanderungen*

Am Weg nach Sayq liegt **Diana's Viewpoint**, einer der schönsten Aussichtspunkte im Jebel Akhdar (oder hier lag er zumindest bis vor kurzer Zeit. Im Moment befindet sich hier leider eine große Baustelle für einen Hotelneubau, der wohl 2016 eröffnet werden soll. Derzeit muss man sich also mit dem etwas verunstalteten Ausblick begnügen und auf Besserung nach der Fertigstellung hoffen). Er verdankt seinen Namen Lady Di, die hier auf einer Reise in den 1980er-Jahren mit Prinz Charles gepicknickt haben soll. Auf dem Weg dorthin biegt man von der Hauptstraße links Richtung Sahab Hotel (s. S. 186) ab. Nach etwa einem halben Kilometer hinter dem Hotel verlässt man diese Straße und biegt nach rechts ab (Richtung Al Aqur). Der Aussichtspunkt ist dann schon nach wenigen hundert Metern erreicht. Ein weiterer Aussichtspunkt liegt die Straße noch ca. 1 km weiter auf der rechten Seite.

Terrassenfelder auf dem Sayq-Plateau im Jebel Akhdar

Reisepraktische Informationen zum Jebel Akhdar

Telefonnummern		Karte
Vorwahl	25	S. 188/189
Polizei/Notruf	9999100	

Unterkunft/Essen und Trinken

Jebel al Akhdar Hotel (**1**) €, *Sayq*, ☎ 25429009, 🖹 2542911. *Das kleine Hotel ist ein ideales Standquartier für alle, die die Bergregion erkunden wollen. Die Ausstattung der 24 Zimmer ist einfach, aber funktionell. Zum Hotel gehört ein Restaurant. Swimmingpool und Sportstätten sind geplant.*

Sahab Hotel (**2**) €€€€, *P.O. Box 72, Jabal Al Akhdar, Nizwa*, ☎ 25429288, www.sahab-hotel.com. *Luxuriöses Hotel mit einem tollen Blick über das Gebiet, auch schon vom Pool aus. Im „Garten" kann man neben einigen einheimischen Gewächsen vor allem Versteinerungen finden.*

Alila Hotel (**7**) €€€€€, *Plot No.4 Al Roose, Jabal Al Akhdar, Nizwa*, ☎ 25344200, 🖹 25344211, www.alilahotels.com/jabalakhdar. *2014 eröffnetes Hotel der Luxusklasse in traumhafter Lage direkt am Canyon. Mit Wellnessbereich, Innen- und Außenpool, mehreren sehr gut bewerteten Restaurants und einer Bibliothek.*

Verkehrsmittel

Die Anreise mit öffentlichen Transportmitteln ist leider nicht möglich, sodass man entweder auf Reiseveranstalter in Muscat angewiesen ist, die Tagestouren in diese Region anbieten, oder mit dem Mietwagen fahren muss.

Nizwa

Die kleine Stadt mit ihren etwa 80.000 Einwohnern liegt etwa 140 km (bzw. zwei Fahrstunden) vom Sahwa Tower R/A entfernt, malerisch eingebettet zwischen die Hajar-Berge und dichte Palmenhaine. Die **grünen Gärten** verdankt Nizwa der Lage am Zusammenfluss zweier Wadis (Wadi Abyadh und Wadi Kalbouh), mit der ein relativ großer Wasserreichtum einhergeht. Falaj-Kanäle führen in alle Bereiche der Oase. Schon von Weitem sichtbar ist die blaue Kuppel der **Sultan-Qaboos-Moschee**, die das Zentrum dominiert. Nizwa zählt zu den sehenswertesten Städten Omans: Es besitzt ein mächtiges, zum Museum umgebautes **Fort** und in der ummauerten Altstadt traditionelle **Häuser in Lehmbauweise**. Berühmt ist Nizwa auch für seinen wöchentlichen Tiermarkt und für die kunsthandwerklichen Erzeugnisse, insbesondere Silberschmiedearbeiten, die im **Souq** zum Verkauf angeboten werden. Doch nicht nur Nizwa selbst lohnt die Besichtigung, auch in der näheren Umgebung der Stadt locken viele lohnende Ausflugsziele. Reizvolle Touren führen zu den historischen Orten **Bahla** und **Jabrin**, auf den **Jebel Akhdar** und den **Jebel Shams**.

Früheres Landes-zentrum   Nizwa war über Jahrhunderte hinweg das politische und religiöse Zentrum des Landes. Hier traten die Yulanda-Könige zum Islam über, und hier wurde 751 der erste Imam der Ibaditen gewählt, was die Machtposition des alten Handelspostens reflektierte und zugleich weiter stärkte. Als Sitz des Imams wurde Nizwa Landeshaupt-

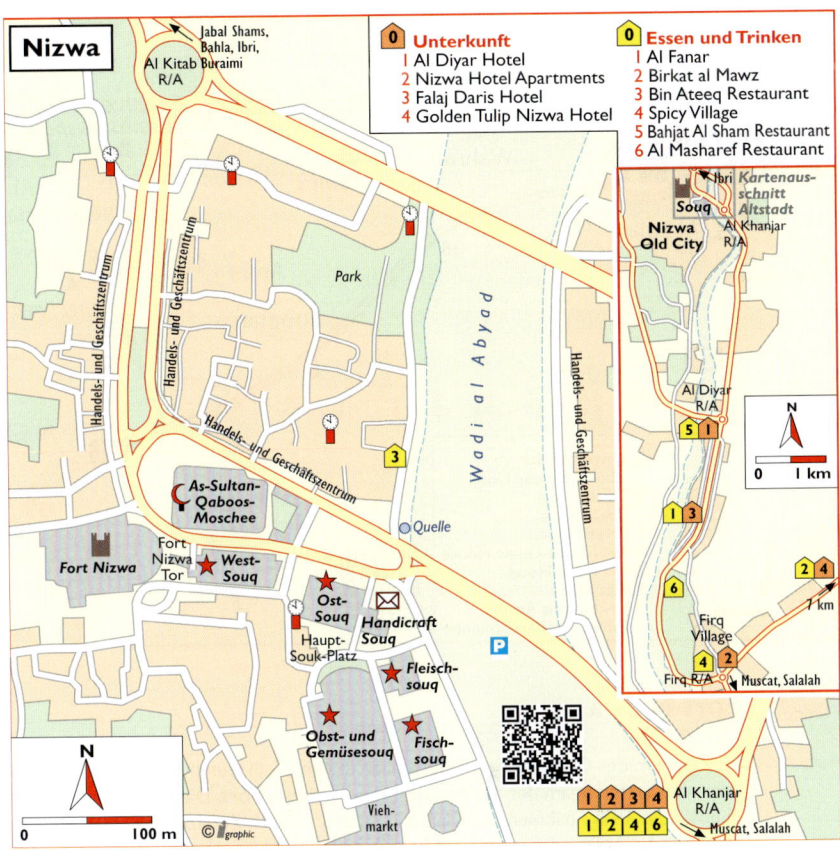

Nizwa

Jabal Shams, Bahla, Ibri, Al Kitab Buraimi R/A

Park

Wadi al Abyad

Handels- und Geschäftszentrum

Handels- und Geschäftszentrum

Handels- und Geschäftszentrum

As-Sultan-Qaboos-Moschee

Quelle

Fort Nizwa

Fort Nizwa Tor

West-Souq

Ost-Souq

Handicraft Souq

Haupt-Souk-Platz

Fleisch-souq

Obst- und Gemüsesouq

Fisch-souq

Vieh-markt

N

0   100 m

© graphic

Unterkunft
1 Al Diyar Hotel
2 Nizwa Hotel Apartments
3 Falaj Daris Hotel
4 Golden Tulip Nizwa Hotel

Essen und Trinken
1 Al Fanar
2 Birkat al Mawz
3 Bin Ateeq Restaurant
4 Spicy Village
5 Bahjat Al Sham Restaurant
6 Al Masharef Restaurant

Ibri

Kartenaus-schnitt Altstadt

Souq

Nizwa Old City

Al Khanjar R/A

Al Diyar R/A

N

0   1 km

Firq Village

Firq R/A   Muscat, Salalah

1 km

Al Khanjar R/A

Muscat, Salalah

stadt und blieb es bis ins 12. Jh. Dann trat Bahla an seine Stelle. Vom 17. Jh. an fungierte Nizwa unter der Yaruba-Dynastie wieder als Hauptstadt, musste aber 1955 endgültig seinen Rang abtreten, als es Sultan Said bin Taimur mit Hilfe britischer Truppen gelang, das ibaditische Imamat zu besiegen und die Machtansprüche Muscats so auch auf das Hinterland Omans auszudehnen.

Als der britische Abenteurer Wilfred Thesiger Mitte des 19. Jh. in das Gebiet kam, rieten ihm seine beduinischen Führer davon ab, die Stadt zu besuchen. Sie waren der festen Überzeugung, der Brite würde die extrem konservative Lebensweise der Bewohner Nizwas nicht annehmen können, deshalb vermutlich schnell größeren Problemen gegenüberstehen und möglicherweise sogar zu Tode kommen. Bis heute ist die Stadt, wenngleich zweitgrößter Touristenmagnet Omans, von Konservativismus geprägt. Nicht-muslimische Besucher müssen zwar sicher nicht mehr um ihr Leben fürchten, sollten sich aber der streng islamischen Grundhaltung in dieser Gegend bewusst sein und ihr Verhalten in der Öffentlichkeit entsprechend anpassen.

Konservativ geprägte Grund-haltung

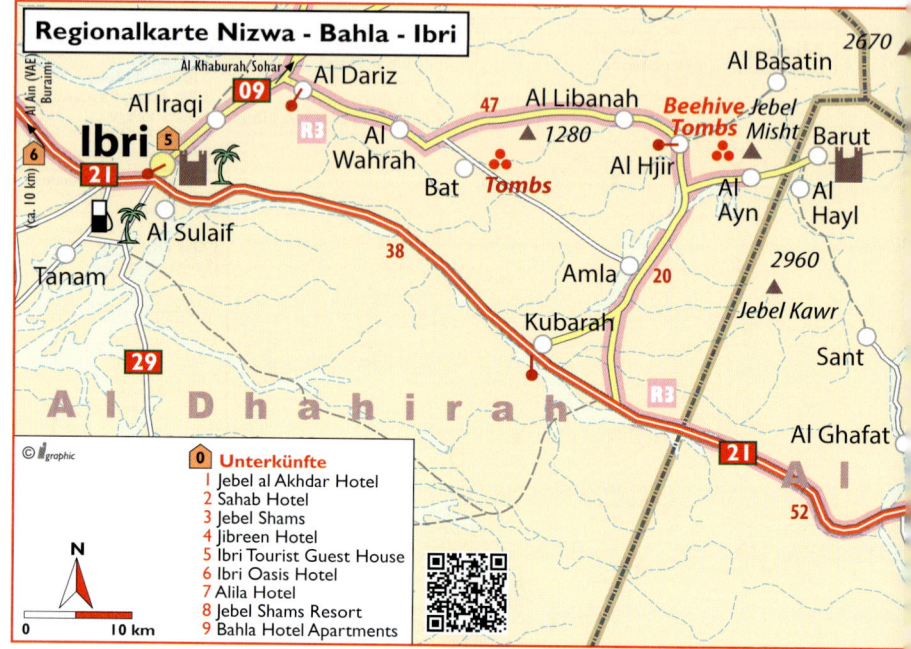

Regionalkarte Nizwa - Bahla - Ibri

Al Ain (VAE) Buraimi

Al Khaburah/Sohar
Al Dariz
Al Basatin
2670
09
Al Iraqi
47
Al Libanah
Beehive Tombs
Jebel Misht
Barut
Ibri
5
R3
Al Wahrah
1280
Al Hjir
Al Ayn
Al Hayl
21
Bat
Tombs
ca. 10 km
6
Al Sulaif
38
Amla
20
2960
Tanam
Kubarah
Jebel Kawr
29
Sant
A l   D h a h i r a h
R3
21
Al Ghafat
© *graphic*
0 **Unterkünfte**
52
1 Jebel al Akhdar Hotel
2 Sahab Hotel
N
3 Jebel Shams
4 Jibreen Hotel
5 Ibri Tourist Guest House
6 Ibri Oasis Hotel
7 Alila Hotel
0   10 km
8 Jebel Shams Resort
9 Bahla Hotel Apartments

Fort Nizwa

Fort aus dem 17. Jh.

Im Zentrum des Ortes steht unübersehbar das im 17. Jh. durch Sultan bin Saif Al Yaruba, den ersten Imam der Yaruba-Dynastie, errichtete **Fort**. Die Bauarbeiten an der imposanten Anlage nahmen zwölf Jahre in Anspruch. Nach Zerstörungen während des Jebel Akhdar-Aufstandes wurde das Fort in den 1990er-Jahren aufwendig restauriert. Durch ein massives Holztor betritt man den **hübschen Innenhof** mit Brunnen, Café und kleinem Souvenirgeschäft. Von hier aus kann man den runden **Festungsturm** besteigen, der mit einer Höhe von 30 m und einem Durchmesser von 40 m als größter Omans gilt. Von seiner Plattform genießt man einen herrlichen Blick über die Stadt und ihr Umland. Im ehemaligen Wohnbereich der Festung wurde ein kleines **Museum** eingerichtet, das sich der Geschichte der Region und unterschiedlichen Aspekten des Alltagslebens widmet.

Fort Nizwa, *Sa–Do 9–16, Fr 8–11 Uhr, Eintritt 500 Bz.*

Souq

Unmittelbar an das Fort schließt sich der **Souq** an, der in den 1990er-Jahren ebenfalls renoviert wurde, im sogenannten East Souq aber noch viel von seiner ursprünglichen Atmosphäre bewahrt hat. Der umfriedete Bereich besteht aus unterschiedlichen Einzelsouqs: In den Ladenboxen des modernisierten **West Souq** werden schwer-

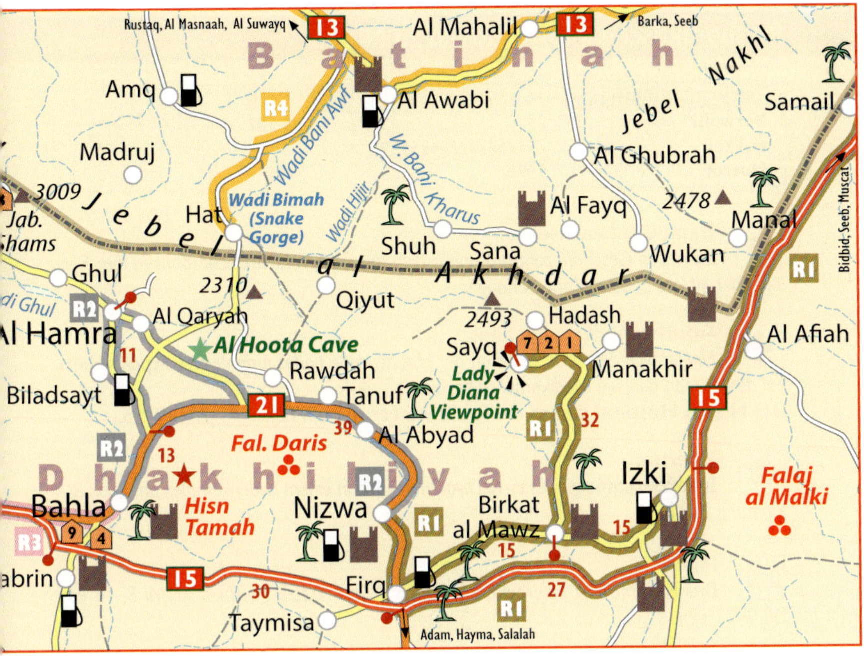

Map

Rustaq, Al Masnaah, Al Suwayq — **13**
Al Mahalil — **13** → Barka, Seeb

B a t i n a h

Amq
R4
Al Awabi
Jebel Nakhl
Samail

Madruj
Wadi Bani Awf
W. Bani Kharus
W. Bani Hijir
Al Ghubrah

3009
Jab. Shams
Jebel
Hat
Wadi Bimah (Snake Gorge)
Shuh
Sana
Al Fayq
2478 ▲
Manal

Ghul
al Akhdar
Wukan
R1

di Ghul
R2
Al Qaryah
2310 ▲
Qiyut
2493 ▲
Hadash
Al Afiah
Bidbid, Seeb, Muscat

Al Hamra
11
★ **Al Hoota Cave**
Sayq
7 2 1
Manakhir

Biladsayt
Rawdah
Lady Diana Viewpoint

21
Tanuf
Al Abyad
R1
32
15

Fal. Daris **39**

R2
13
★
R2
Izki
Falaj al Malki

D h a k h i l i y a h

Bahla
Hisn Tamah
Nizwa
R1
Birkat al Mawz
15

R3
9 **4**
Firq
15
27

abrin
15
30
Taymisa
R1

↓ Adam, Hayma, Salalah

---

punktmäßig Silberarbeiten zum Verkauf angeboten – neben altem Schmuck findet man auch Khanjars, die traditionellen Krummdolche. Typische Touristenstücke bekommt man ab etwa 30 OR, echt antike Stücke (Achtung: Zoll!) sind selten unter 100 OR zu haben. Zum Angebot gehören weiterhin Töpferwaren aus Bahla, Holzschnitzereien, Flechtwaren und Webarbeiten. Eine Ahnung vom Oman vergangener Tage bekommt man im unrenovierten **East Souq**, wo das Warenangebot in erster Linie aus Alltagsgegenständen und Gewürzen besteht. An manchen Ständen wird Jebel Akhdar-Rosenwasser feilgeboten. Eine Straße trennt den East Souq vom kleinen **Handwerkersouq**, wo man bei der Herstellung von Silberarbeiten und anderen kunsthandwerklichen Erzeugnissen zusehen kann. Klimatisiert und mit weißen Kacheln verkleidet ist der moderne **Obst- und Gemüsesouq**, in dessen Peripherie auch Datteln, Fleisch und Fisch gehandelt werden. Hinter der Obst- und Gemüsehalle findet jeden Freitagvormittag der **Viehmarkt** statt, der schon wegen der Geruchsentwicklung kaum zu verfehlen ist. Die meisten Händler sind dort zwischen 7 und 9 Uhr anzutreffen, danach sind die meisten Tiere verkauft.

Aus Lehmziegeln erbaute Wohnburg

Reisepraktische Informationen zu Nizwa

Telefonnummern		Karte
Vorwahl	25	S. 187
Polizei	25425222, 25425559	
Notruf	9999	

Bank/Geldwechsel

Im neuen Geschäftszentrum nordöstlich des Forts haben etliche Banken ihre Filialen. Hier gibt es zudem Money Changer.

Apotheken/Krankenhaus

Nordöstlich des Forts sowie an der Hauptstraße findet man diverse **Apotheken**, bei denen man gängige Medikamente bekommt.
Das **Nizwa Hospital** liegt an der Straße von Nizwa nach Bahla, ☏ 25449155.

Internet

Internetcafés gibt es im Al Diyar Hotel und in einem Ladenkomplex am Book R/A Richtung Bahla.

Post

Das Postamt liegt innerhalb des Souq, ☏ 25410302, geöffnet Sa–Mi 8–14 und Do 9–11 Uhr.

Unterkunft

Alle Unterkünfte befinden sich 3 bis 20 km vom Zentrum entfernt an der Hauptstraße nach Muscat bzw. an der Straße nach Birkat al Mawz (Busse pendeln für 100 Bz).
Al Diyar Hotel (1) €€, 3 km südlich des Zentrums, ☏ 25412402, 🖷 25412405, www.aldiyarhotel.com. Einfaches, sauberes und recht komfortables Hotel mit kleinem Pool und Internetcafé. Restaurant mit libanesischer Küche.
Nizwa Hotel Apartments (2) €€€€, Route 21 HAY Al Tourath (gegenüber dem Sportstadion), ☏ 2543 1558, 🖷 2543 1655, www.nizwahotelapartments.com. Ca 12 km vom Stadtzentrum gelegene, 2013 eröffnete Unterkunft mit 74 Apartments zur Selbstverpflegung und demnächst auch mit Fitnessstudio (Stand August 2015). Ein Lulu-Supermarkt ist ca. 4 km entfernt.
Falaj Daris Hotel (3) €€€, ca. 4 km südlich des Zentrums, ☏ 25410500, 🖷 25410537, www.falajdarishotel.com. Die 55 jüngst renovierten Zimmer verteilen sich auf einen älteren Gebäudeteil und einen Neubau. Beide grenzen jeweils an einen begrünten Innenhof mit Pool. Schöne Lobby im arabischen Stil, in der für Gäste stets arabischer Kaffee und Datteln bereitstehen. Gutes Restaurant mit Ausschanklizenz, Bar und Nachtclub mit arabischer Livemusik und Bauchtanzvorführungen.
Golden Tulip Nizwa Hotel (4) €€€, ca. 20 km vom Zentrum entfernt an der Straße nach Birkat al Mawz, ☏ 25431616, 🖷 25431619, www.goldentulipnizwa.com. Im Festungsstil erbauter, niedriger Gebäudekomplex mit 120 geräumigen, gut ausgestatteten Zimmern. Toll ist der Blick über den gepflegten Garten auf die Höhen des Hajar-Gebirges. Großer Swimmingpool, Restaurant mit Ausschanklizenz, Bar und arabischer Nachtclub mit Livemusik und Bauchtanz.

Essen und Trinken

Al Fanar (**1**), *im Falaj Daris Hotel (s. oben),* ☎ *25410500. Arabische und internationale Gerichte, die abends auch am Pool serviert werden. Auch alkoholische Getränke. Reichhaltiges Buffet für 9 OR.*

Birkat al Mawz (**2**), *im Golden Tulip Hotel (s. oben),* ☎ *25431616. Hotelrestaurant mit internationaler Küche, auch alkoholische Getränke. Menü ab 9 OR.*

Bin Ateeq Restaurant (**3**), *in der Nähe des Souq am Wadi,* ☎ *25410466. Traditionelle omanische Küche in authentischem Ambiente, man speist in kleinen Separées auf dem Boden sitzend. Dinner ab 4 OR.*

Spicy Village (**4**), *am Kreisverkehr südlich des Zentrums,* ☎ *25431694. Gute asiatische und arabische Küche zu moderaten Preisen. Ab 2 OR.*

Bahyat Al Sham Restaurant (**5**), *im Al Diyar Hotel,* ☎*25412402,* 🖨 *25412405, www.aldiyarhotel.com. Libanesische und indische Küche, gut und günstig.*

Al Masharef Restaurant (**6**), *an der N21, neben der Tanuf Residency und schräg gegenüber den Majan Apartments. Preiswerte türkische Gerichte, man kann auch draußen sitzen.*

Nachtleben

Al Wasit *und* **Sheesha Corner** (**Hubbly Bubbly**), *im Golden Tulip Hotel (s. oben). Bar (nur für Hotelgäste) und Nachtclub mit arabischer Livemusik.*

Castle Bar *und* **Sahara Lounge**, *im Falaj Daris Hotel (s. oben). Bar und Nachtclub mit Livemusik.*

Einkaufen

Im **Souq** *bekommt man neben Antiquitäten und Kunsthandwerk auch Textilien, Räucherwerk, Gewürze und Lebensmittel.*

Gegenstände des alltäglichen Bedarfs sind in den Geschäften entlang der **Hauptstraße** *erhältlich und im* **neuen Geschäftszentrum**, *das einen Platz nordöstlich des Forts umgibt.*

Verkehrsmittel

➤ Überlandbusse

ONTC-*Busse fahren zweimal täglich (8 und 14.30 Uhr) von Muscat nach Nizwa und in umgekehrter Richtung (8.30 und 17.30 Uhr). Die Fahrt dauert etwa zweieinhalb Stunden und kostet 2 OR. Zwei Busse verkehren täglich nach Bahla und Ibri, einer nach Buraimi und Dubai. Die Haltestelle der Fernbusse befindet sich im neuen Geschäftszentrum nordöstlich des Forts.*

Alternativ kann man in die Fernbusse zusteigen, die zwischen Muscat und Salalah verkehren. Sie machen üblicherweise Rast an der Hauptstraße, etwa 5 km außerhalb des Zentrums. Es empfiehlt sich, zuvor beim ONTC-Büro in Ruwi telefonisch einen Sitzplatz zu reservieren (☎ 24708522). Dort erfährt man auch die aktuellen Abfahrtszeiten.

➤ Sammeltaxis/Minivans

Am Sawah Tower R/A bei Seeb starten Sammeltaxis nach Nizwa (Taxi etwa 2 OR, Minivan 1 OR, ab/nach Ruwi jeweils etwa 500 Bz mehr).

In Nizwa halten die Sammeltaxis im Wadi unterhalb des Zentrums. Von hier aus werden Muscat und alle Orte in der Umgebung angesteuert. Die Fahrt von Nizwa nach Ibri kostet im Taxi 2,50 OR, im Minivan 1,50 OR.

Route 2: Von Nizwa nach Bahla

Tourinfo	
Start	Nizwa
Ziel	Bahla
Dauer	als Tagestour möglich
Entfernung	ca. 160 km
Anforderungen	Diese Tour sollte mit einem Allradfahrzeug in Angriff genommen werden, obwohl es immer wieder auch mit normalen Pkws versucht wird. Die Strecke ist ab dem Buch-Kreisverkehr an der Straße Nizwa–Bahla gut ausgeschildert. Öffentliche Verkehrsmittel gibt es nicht.

Tanuf

Ruinen der Geisterstadt Tanuf

Von Nizwa aus in nordwestlicher Richtung fahrend, gelangt man nach knapp 20 km zunächst nach **Tanuf**. Hier wurde Suleyman bin Himyar geboren, der Anführer des Jebel Akhdar-Krieges. Das am Eingang zum **Wadi Tanuf** liegende alte Tanuf war wie Birkat al Mawz ein Rückzugsort für die Truppen der Aufständischen. Mehrere Fluchtwege führten von hier ins Gebirge. Das Dorf wurde von der britischen Luftwaffe zerstört und nach dem Kriegsende nicht wieder aufgebaut. Die Einwohner gründeten in unmittelbarer Nähe eine neue Siedlung.

Die meisten Besucher kommen, um die **Geisterstadt** zu besichtigen, deren Lehmhäuser heute unterschiedliche Stadien des Verfalls zeigen. Lediglich zwei Moscheen und ein in den Fels gehauener Falaj-Kanal sind noch erhalten. Von einer Anhöhe aus bietet sich ein schöner Blick auf das heute friedvoll wirkende Ensemble. Das Wadi Tanuf kann mit dem Allradfahrzeug oder im Rahmen einer kleinen Wanderung erkundet werden. Steile Felswände begrenzen die enge Schlucht, die Szenerie ist beeindruckend. An seinem Ende geht das Tal in das **Wadi Qashah** über, das ebenfalls zum Wandern einlädt. Hier gibt es mehrere Felsenpools, in denen man sich erfrischen kann.

Al-Hoota-Höhle

In Richtung Al Qaryah weitere 15 km nordwestwärts fahrend, gelangt man anschließend über Rawdah zur **Al-Hoota-Höhle**, der bislang einzigen Karsthöhle Omans, die für den Tourismus geöffnet wurde. Bis zu 750 Besucher täglich können an einer Führung teilnehmen und die mächtigen Stalaktiten und Stalagmiten bewundern. Das Höhleninnere ist stimmungsvoll illuminiert. Mit einer kleinen Bahn fährt man zunächst zum Höhleneingang, dort beginnt ein etwa 40-minütiger Rundgang, auf dem man auch zu einem unterirdischen See gelangt, in dem blinde und fast farblose Höhlenfische leben. Im Besucherzentrum gibt es einen Souvenirshop und ein Restaurant, in dem man sich nach der Höhlenexkursion stärken kann. Eine kleine Ausstellung informiert über die Entstehung des Naturwunders.

Al-Hoota-Höhle, *Sa–Do 9–13 und 14–18 Uhr, Fr 9–12 und 14–18 Uhr, Eintritt 5,50 OR, vorherige Anmeldung erforderlich:* ☎ *24490060, 24498 258.* **Achtung**! *Die Höhle war zuletzt noch immer wegen Renovierungsarbeiten geschlossen (Stand August 2015).*

Bizarre Kalkgebilde in der Al-Hoota-Höhle

👉 Abstecher

Fährt man von den Höhlen weiter nördlich Richtung Hat, erreicht man den Aussichtspunkt **Sharafat al Alamayn** mit einem tollen Blick auf das Hajar-Gebirge. Bis hier ist die Straße asphaltiert. Erfahrene Offroad-Fahrer (und auch für diese bei Regen nicht zu empfehlen) können von hier eine steile Piste hinunter nach Hat fahren und dann weiter durch das Wadi bin Awf und Wadi Bimah (Snake Gorge) bis zur Hauptstraße bei Awabi (Streckenbeschreibung aus der anderen Richtung s. S. 224f). Kurz vor dem Aussichtspunkt liegt an der Straße das einfache **Al Hoota Rest House** (☎ 24536376).

Al Hamra

Die Tour führt nun weiter in Richtung Nordwesten nach **Al Hamra**, eine der ältesten und zugleich besterhaltenen Lehmsiedlungen Omans. Man erreicht den historischen Ortsteil, indem man von Al Hoota kommend am zweiten Kreisverkehr links abbiegt. Al Hamra ist für seine zwei- und dreigeschossigen **Lehmziegelhäuser** im jemenitischen Stil bekannt, die zum Teil kunstvoll geschnitzte Holztüren besitzen. Einige der Bauten sind über 300 Jahre alt. In einem der Häuser, dem **Bait al Safah**, wurde ein kleines Heimatmuseum eingerichtet. Die Lehmbauten sind unter anderem *Alte Lehmsiedlung* deswegen so gut erhalten, weil Al Hamra nie in kriegerische Auseinandersetzungen verwickelt war. Im Unterschied zu vielen anderen omanischen Städten besitzt die Stadt keine Befestigungsmauern und kein Fort. Zu der Oasensiedlung gehörte auch ein traditioneller Souq, der heute aber weitgehend verlassen ist. Die meisten Geschäfte sind in den neuen Ortsteil umgezogen.

Bait al Safah, *keine festen Öffnungszeiten,* ☎ *99010373, Eintritt 3,50 OR.*

Spektakulär gelegen: die Bergoase Misfah

Misfah

Von Al Hamra führt eine 9 km lange asphaltierte Serpentinenstraße nach **Misfah** hinauf, eine der schönsten Bergoasen Omans. Die aus Naturstein errichteten Häuser kleben abenteuerlich am Berghang. Kleine Terrassenfelder, die durch in den Fels gehauene Falaj-Kanäle bewässert werden, umgeben den Ort. Zu seinen Füßen erstrecken sich ausgedehnte Dattelgärten. Vor dem Ort erreicht die Straße ein Plateau, von dem sich ein schöner Blick auf das Ensemble bietet. Wer durch die Gassen laufen möchte, sollte vom Fotografieren Abstand nehmen und sich äußerst zurückhaltend verhalten. Dezente Kleidung ist ein Muss. Der starke Anstieg der Besucherzahlen in den letzten Jahren stieß nicht bei allen Bewohnern Misfahs auf Begeisterung. Mittlerweile gibt es eine urige, dafür aber nicht grade günstige Unterkunft, das in einem alten, restaurierten Lehmhaus untergebrachte **Misfah Old House** mit 12 Zimmern, die nur mit Matratzen bestückt sind, zum Teil mit Gemeinschaftsbad (vorher anmelden bei Ahmed Al Abri, ca. 60 OR, ☎ 92800120, 99348440, bandbmisfah@gmail. com). Auch Verpflegung, das omanische Essen wird von Familien aus dem Dorf gekocht.

Abstecher zum Jebel Shams

Ein weiterer lohnender Abstecher führt von Al Hamra auf ein Hochplateau des **Jebel Shams**. Aus etwa 2000 m Höhe bietet sich ein grandioser Blick über das **Wadi Nakhr**, eine zerklüftete Schlucht, die nicht ohne Grund auch als „Grand Canyon Omans" bezeichnet wird. Ihre steilen Felswände fallen bis zu 1.000 m tief ab. Jenseits der Schlucht erhebt sich der eigentliche Gipfel des Jebel Shams, der mit 3.009 m der höchste Berg des Landes ist. In den Sommermonaten kommen viele Einheimische hierher und genießen bei einem Picknick die Kühle. Reizvoll ist schon die knapp 40 km lange Fahrt zum Gipfelplateau, die zunächst durch das **Wadi Ghul** zum gleichnamigen Bergdorf führt.

Höchster Berg des Landes

Der verlassene alte Ortsteil von **Ghul** klebt wie ein Schwalbennest am Hang. Zu seinen Füßen erstrecken sich Palmengärten und Felder. Kurz vor dem Ort wurde ein Staudamm erbaut, der die Wasserverwertung verbessern und vor Überflutungen schützen soll. Hinter Ghul führt die Straße an mehreren kleinen Bergdörfern vorbei, deren Einwohner am Straßenrand die für die Region typischen **Decken** zum Verkauf bieten. Sie werden von den Männern mit der Hand gewebt, die benötigte Wolle liefern Schafe und Ziegen. Der ostwärts führende Abzweig zum Hochplateau ist schließlich mit „Al Katheem" und „Al Hail" ausgeschildert. Von dort geht es noch etwa 4 km steil bergauf.

Wanderung mit fantastischen Aussichten

Vom Aussichtspunkt auf dem Hochplateau führen **Wanderwege** an der Abbruchkante entlang, die stellenweise gute Nerven erfordern. Ein markierter und nicht allzu anspruchsvoller Weg beginnt am Ende der ausgebauten Strecke bei einem verlassenen Weiler. Er führt ebenfalls am Plateaurand entlang, fantastische Ausblicke bietend. Wer die Gegend ausführlicher erkunden möchte, kann im **Jebel Shams Heights Resort** übernachten.

Atemberaubende Ausblicke bieten sich bei einer Wanderung auf dem Hochplateau des Jebel Shams

Reisepraktische Informationen zum Jebel Shams

Telefonnummern		Karte
Vorwahl	99 (mobil)	S. 188/189
Polizei/Notruf	9999	

Unterkunft/Essen und Trinken

Jebel Shams Heights Resort (3) €€€, *am Canyon, etwa 40 km vom Beginn der Straße entfernt,* ☎ *92721999, 96686303, www.jabalshems.com. Inzwischen etwas in die Jahre gekommenes kleines Camp mit beheizbaren Natursteinchalets und fest installierten Zelten. Die Mahlzeiten werden im Gemeinschaftszelt eingenommen. Wer ein eigenes Zelt mitbringt, sollte beachten, dass die Temperaturen im Winter unter null Grad sinken können.* **Jebel Shams Resort** (8) €€€, ☎ *99382639, http://jebelshamsresort.com/, 48 km vom Al Hamra Roundabout entfernt. Unterkunft in Chalets oder Zelten, Restaurant.*

Bahla

Von Al Hamra sind es etwa 20 km nach **Bahla**, einer von grünen Gärten umgebenen Oase, die für ihre Töpferwerkstätten und ihre gigantische **Festungsruine** bekannt ist. Die Stadt ist von einer **Wehrmauer** umgeben, die noch heute auf einer Länge von 13 km erhalten ist und als längste Omans gilt. Sie umschließt nicht nur den Ort, sondern auch die Oasengärten und soll vor etwa 600 Jahren von einer Frau namens Gheitha geplant worden sein. Die eindrucksvollen Wehranlagen spiegeln die große Bedeutung, die Bahla in der Geschichte des Landes hatte: Vom 12. Jh. an war die Oase Hauptsitz des mächtigen Stammes der **Bani Nebhan** und 1406 avancierte sie zur Hauptstadt Omans. Das alte Bahla mit seinen verfallenen Lehmhäusern erstreckt sich zu Füßen der Festung, hinter dem Fort dehnt sich der neue Ortsteil aus. Hier befinden sich neben Geschäften und Restaurants auch die **Töpferwerkstätten**.

Einstige Hauptstadt

Hisn Tamah

Die **Festung Hisn Tamah** verdankt ihr heutiges Erscheinungsbild dem 17. Jh., hatte aber bedeutend ältere Vorgängerbauten. Als eindrucksvollstes Zeugnis omanischer Lehmarchitektur zählt sie zum **UNESCO-Weltkulturerbe**. Lehmbauten erfordern ständige Ausbesserungen – bis ins 18. Jh. wurde die Anlage sorgfältig instandgehalten, dann verlor Bahla an Bedeutung, und die mächtigen Mauern verfielen. Das Fort wurde aufwendig restauriert und kann inzwischen auch von innen besichtigt werden. Allerdings sind die Räume noch sehr karg. Die von marokkanischen Architekten überwachten Arbeiten zogen sich auch deshalb so lange hin, weil man sich beim Wiederaufbau traditioneller Techniken bediente. Die Lehmziegel werden nach überlieferter Methode gepresst und an der Sonne getrocknet.

Fort Hisn Tamah, *Sa–Do 9.30–16.30, Fr 8–11 Uhr. Eintritt 500 Bz.*

Bahlas historische Lehmarchitektur wird nach überlieferter Methode restauriert

Souq

Lohnend ist ein Besuch des **Souq**, in dem nach traditioneller Methode handgefertigte Stricke und **Fadl** gehandelt werden – Metallplatten, auf denen die Mahlzeiten einer Familie angerichtet werden. Auch Obst und Gemüse aus lokalem Anbau sind im Angebot. Besonders lebendig geht es am Donnerstagvormittag zu, wenn der **Viehmarkt** stattfindet. Der Souq erstreckt sich gegenüber dem Fort auf der anderen Seite der Hauptstraße nach Ibri.

Töpferwerkstätten

Wegen der reichen Tonvorkommen in der Umgebung der Stadt gilt Bahla von jeher als Zentrum der Töpferei. Bis heute setzen einige Familienbetriebe diese Tradition fort, allerdings mit modernen Produktionsmethoden. Statt der fußbetriebenen Töpferscheiben verwendet man nun elektrische, und die Brennöfen werden statt mit Holz mit Gas befeuert. Gleich geblieben sind aber die Formen der Gefäße, so werden nach wie vor die traditionellen Wasserbehälter hergestellt, die zunächst noch unglasiert sind. Die **Töpferwerkstätten** befinden sich am nördlichen Rand der Neustadt von Bahla, dort, wo die Palmgärten beginnen.

In der Neustadt bieten zahlreiche Töpferwerkstätten ihre Erzeugnisse feil

Reisepraktische Informationen zu Bahla

Telefonnummern		Karte
Vorwahl	99 (mobil)	S. 188/189
Polizei/Notruf	9999	

Unterkunft

Bahla Hotel Apartments (**9**) €€, am Ortsausgang in Richtung Nizwa, ca. 500 m nach der großen Moschee auf der rechten Seite. Einfache Zimmer und Apartments. Für einen kurzen Aufenthalt durchaus zu empfehlen.

Jibreen Hotel (**4**) €€€, an der Hauptstraße zwischen Bahla und Jabrin, ☎ 25363340, www.jibrenhotel.com. Kleines Mittelklassehotel, das allen Anforderungen genügt. Im Restaurant gibt es vorwiegend arabische, indische und chinesische Gerichte.

Essen und Trinken

Neben dem Restaurant im Jibreen Hotel gibt es nur einfache Lokale, die sich meist beim Souq oder an der Ortsausfahrt nach Ibri angesiedelt haben.

Verkehrsmittel

Von Bahla verkehren zweimal täglich **Busse** nach Nizwa und weiter nach Muscat sowie in westlicher Richtung nach Ibri. Die Haltestelle befindet sich oberhalb des Forts. Zwischen Nizwa und Bahla verkehren regelmäßig **Minivans** (Fahrtdauer etwa 45 Minuten, 400 Bz pro Strecke). **Sammeltaxis** kosten 500 Bz und **Taxis** 3 OR. Die Fahrzeuge halten in der Nähe der Bushaltestelle.

Abstecher zum Fort Jabrin

Von der Hauptstraße Bahla–Ibri zweigt nach etwa 6 km eine Straße in Richtung Süden ab, auf der man nach weiteren 4 km **Fort Jabrin** erreicht. Der eindrucksvolle Bau wurde 1670 vom Imam Bilarab bin Sultan errichtet, nicht als Wehranlage, sondern als Sommerresidenz. Wesentlich mehr als der Politik war Bilarab den Wissenschaften zugetan, weshalb er renommierte Astronomen, Mediziner, Historiker und Rechtsgelehrte nach Jabrin einlud, einige davon auch aus dem Ausland. Von der Kunstbegeisterung des Imam zeugen die Innenräume, die mit ornamentalen Deckenmalereien, Stuckarbeiten, geschnitzten Treppengeländern und Fenstergittern verziert sind. Vor allem seiner Innenarchitektur verdankt Jabrin die Ernennung zum UNESCO-Weltkulturerbe.

UNESCO-Welterbe

Bilarabs schöngeistige Neigungen erregten das Missfallen der Sheikhs, die deshalb seinen Bruder dazu aufstachelten, den Imam abzusetzen. Saif bin Sultan belagerte Fort Jabrin monatelang, bis Bilarab 1692 in seinem Gefängnis verstarb. Er wurde im Fort begraben, der Überlieferung nach in der Nähe des Haupteingangs. Bis 1728 wurde das Bauwerk von Imam Mohammed bin Nasir Al Ghafiri genutzt, danach ließ man es verfallen. 1980 begannen die Restaurierungsarbeiten. Heute kann der ehemalige **Wohnbereich des Herrschers** besichtigt werden, der Repräsentations- und Privaträume, Lernzimmer und Bibliotheken sowie eine kleine Moschee umfasst. Von den **Wirtschaftsräumen** sind die große Küche und der Lagerraum für Datteln besonders sehenswert. Dort wurde der Dattelsaft einst in Kanälen zu Vorratsbehältern geleitet,

Aufwendig restauriert

um anschließend in der Palastküche beim Kochen Verwendung zu finden. Der Palast besaß weiterhin mehrere **geheime Fluchtgänge**. Einige Räume wurden mit zeitgenössischen Möbeln und Alltagsgegenständen eingerichtet und vermitteln so ein lebendiges Bild vom höfischen Leben im Oman vergangener Tage. Mitten durch den Palast führt ein heute leider trockener **Falaj**, der nicht nur als Wasserleitung diente, sondern auch zur Kühlung der Räume. Er verlief auch durch den Raum, in dem das Lieblingspferd des Sultans untergebracht war.

Falaj zur Kühlung

Fort Jabrin, *Sa–Do 9–16, Fr 8–11 Uhr, Eintritt 500 Bz.*

Route 3: Von Bahla nach Buraimi/ nach Al Ain in den VAE

Tourinfo	
Start	Bahla
Ziel	Buraimi/Al Ain (VAE)
Dauer	als Tagesausflug möglich, besser zwei Tage einplanen
Entfernung	ca. 245 km (einfache Strecke)
Anforderungen	Fast alle Streckenabschnitte können mit einem normalen Pkw befahren werden, auf einige interessante Abstecher in die Berge muss dann allerdings verzichtet werden. Ideal ist ein Allradfahrzeug mit entsprechender Ausrüstung.

Die im Folgenden beschriebene Region ist Teil der **Provinz Dhahirah**, die im Norden Teile des westlichen Hajar umfasst, ansonsten aber von den weiten Wüstenebenen der Rub al Khali geprägt wird. Ihre Bedeutung liegt vor allem in den **Ölfeldern**, die 30 Prozent des in Oman geförderten Erdöls liefern. Die wenigen größeren Orte der Region, deren Zentrum **Ibri** ist, liegen sämtlich entlang der Straße nach **Buraimi** bzw. zur **Grenze der VAE**.

Die Wüstengebiete südlich der Straße sind mit Ausnahme einiger Beduinensiedlungen so gut wie menschenleer und werden nur durch wenige sandige Piste erschlossen, die zu den Ölförderanlagen führen. Die Dhahirah ist touristisch eher unattraktiv – die meisten Reisenden durchqueren sie nur auf dem Weg in die Emirate. Hochrangige Sehenswürdigkeiten, die einen Umweg durchaus lohnen, sind jedoch die **Gräber von Bat** und **Al Ayn**. Sie wurden in die Liste des UNESCO-Weltkulturerbes aufgenommen.

Piste in der Wüste: Welchen Spuren soll man nun folgen?

Die Bienenkorbgräber von Al Ayn vor der eindrucksvollen Kulisse des Jebel Misht

Al Ayn

Von Bahla aus der Nationalstraße 21 westwärts folgend, erreicht man nach etwa 50 km die ausgeschilderte Abzweigung nach **Amla**. Die asphaltierte Straße führt zunächst nordwärts, um dann in östlicher Richtung nach **Al Ayn** am Eingang zum Wadi *Sehenswerte* Damm abzubiegen. Dort wurden Bienenkorbgräber (*Beehive Tombs*) aus dem *Gräber* 3. Jt. v. Chr. entdeckt, die zwar nicht so berühmt sind wie die im 30 km entfernten **Bat**, aber einen deutlich besseren Erhaltungszustand aufweisen. Zudem ist ihre Lage sehr eindrucksvoll: Einige der Gräber stehen auf einem Hügelrücken aufgereiht vor dem sich dahinter erhebenden Gipfelmassiv des **Jebel Misht**.

Der arabische Name „Jebel Misht" bedeutet übersetzt „Kammberg", was das eigentümliche Aussehen des Bergrückens sehr treffend wiedergibt. Wer hierher kommt, sollte den Besuch auf den späten Nachmittag legen, wenn die untergehende Abendsonne den Jebel Misht mit ihrem Licht verzaubert. Das Bergmassiv ist übrigens auch wegen seiner Geologie interessant, denn es stellt den einzigen **Kalksteingebirgsstock** in der weiteren Umgebung dar.

Die Bienenkorbgräber von Al Ayn stehen wie die in Bat unter dem Schutz der UNESCO. Sie werden von einem Maschendrahtzahn umgeben und können nur aus einiger Entfernung betrachtet werden. Die aus grob behauenen Natursteinen errichteten Grabbauten waren einst etwa 8 m hoch, heute weisen die Mauern nur noch eine Höhe von etwa 3 m auf. Ihr Durchmesser liegt im Schnitt bei 5 m. Die Bauten be- *Bei Ent-* sitzen Eingänge in der Form eines Dreiecks, die stets nach Osten ausgerichtet sind. Das *deckung* Innere der Grabbauten wurde leer aufgefunden, mit Ausnahme von Keramikscherben, *leer* die Rückschlüsse auf den Zeitpunkt ihrer Benutzung zuließen.

Bienenkorbgräber auf einem kahlen Hügelrücken bei Bat

Bat

Von Al Ayn führt eine asphaltierte Straße über **Al Libanah** nach Bat, alternativ kann man nach **Amla** zurückkehren und von dort die etwa 20 km lange Schotterpiste nehmen.

Bei den Ausgrabungen von Bat handelt es sich um die größte **bronzezeitliche Nekropole** Omans. Zusammen mit Turmbauten ungeklärter Funktion, Siedlungsresten und Schlackenhalden stellt das Gelände ein **seltenes Ensemble** aus dieser Epoche der Menschheitsgeschichte dar und zählt als solches zum UNESCO-Weltkulturerbe. Bei den etwa 300 aus Stein erbauten Gräbern handelt es sich einesteils um **Bienenkorbgräber** aus der Hafeet-Periode, andernteils um **kreisförmige Gemeinschaftsgräber** aus der Umm al Nar-Zeit, in denen bis zu 200 Menschen beigesetzt wurden. Von der bronzezeitlichen Siedlung blieben die Fundamentreste mehrerer rektangulärer Gebäude mit zentralen Höfen erhalten, die sich entlang eines kleinen Wasserlaufes und des Wadi al Hijr erstrecken. Rätsel gibt ein massiver **Rundturm** an der Abbruchkante des Wadis auf. Er war ursprünglich etwa 10 m hoch und hatte einen Durchmesser von 20 m. Archäologen entdeckten in der Nähe die Überreste von vier weiteren ähnlichen Gebäuden. Das Innere des Baus barg einen Brunnenschacht, es könnte sich somit um eine Fluchtburg oder einen befestigten Wohnturm gehandelt haben. Andere Forscher interpretieren das Monument als Wachturm oder Warenlager.

Bis zu 200 Menschen in einem Grab

Die Zahl der Gebäude und der Gräber deutet darauf hin, dass die Gegend im 3. Jt. v. Chr. dicht besiedelt war und an die Handelsrouten des Kupferhandels mit Mesopotamien angeschlossen war. Bat wurde am Ende des 3. Jt. v. Chr aus unbekannten Gründen aufgegeben. Einige Forscher führen als Erklärung den Untergang des Sumererreiches an, durch den die Nachfrage nach Kupfer stark zurückging.

Ibri

Von Bat westwärts fahrend, gelangt man nach etwa 18 km über **Al Wahrah** nach **Al Dariz**. Kurz nach der Ortschaft biegt die Nationalstraße 9 in Richtung Süden ab. Nach weiteren 18 km ist **Ibri** erreicht, mit 105.000 Einwohnern nach Buraimi die größte Stadt der Region und zugleich Verwaltungssitz. Auch Ibri besitzt eine **Festung**, in deren Schatten sich ein kleiner **Souq** erstreckt. In seinem älteren Teil, einer überdachten Gasse, präsentiert er sich noch recht ursprünglich. Verkauft werden in erster Linie Alltagsgegenstände, weswegen man besonders am Vormittag viele Einheimische antrifft. Das Fort dominiert den alten Siedlungsteil mit einstöckigen Lehmziegelhäusern. Grüne Palmenhaine umgeben den Ort.

Verwaltungssitz

Ibri Fort, *So–Do 8.30–14.30 Uhr, Eintritt 500 Bz.*

Reisepraktische Informationen zu Ibri

Telefonnummern		Karte
Vorwahl	25	S. 188/189
Polizei	25689099, 25689218	
Notruf	9999	

Unterkunft

Ibri Tourist Guest House (**5**) €, am östlichen Ortseingang, ☎ 25491400, 🖨 25491554. Einfach und etwas abgewohnt, aber akzeptabel. Kleines Restaurant mit indischer und arabischer Küche, das auf Wunsch auch Lunchpakete ausgibt.

Ibri Oasis Hotel (**6**) €(€), an der Straße nach Buraimi, etwa 10 km außerhalb, ☎ 25689955, 🖨 25692442. Nur selten kommen Touristen hierher – entsprechend herzlich wird man willkommen geheißen. Das Hotel zeigt sich mit marmornen Treppen, großen, glitzernden Glasflächen und großzügig dimensionierten Zimmern mit guter Ausstattung fast schon elegant, wenn da nicht der Zahn der Zeit nagen würde.

Essen und Trinken

Neben dem Restaurant im Ibri Oasis Hotel findet man entlang der Hauptstraße die üblichen **Shawarma**-Lokale.

Verkehrsmittel

Vom Souq aus fahren Minivans und Fernbusse nach **Nizwa** (ca. zwei Stunden, 1,50 OR) und **Muscat** (ca. fünf Stunden, 3,20 OR).

Buraimi

Von Ibri aus erreicht man nach sich scheinbar endlos dahinziehenden 150 km **Buraimi** und damit die Grenze zu den Vereinigten Arabischen Emiraten. Der abgelegene Ort, der mit **Al Ain** in den VAE fast zusammengewachsen ist, wird vor allem von Reisenden besucht, die die Emirate zum Ziel haben bzw. von den Emiraten nach Oman einreisen. Alternativ kann man auch von Sohar aus einen Ausflug hierher unternehmen (Anfahrt auf der Nationalstraße 7 durch das Wadi al Jizi, ca. 100 km). Eine Sehenswürdigkeit für sich ist die neue Grenze zu den VAE mit kilometerlangem Metallzaun und verglasten Wachhäuschen in der Wüste. Buraimi selbst besitzt ein schön restauriertes **Fort** und einen eindrucksvollen **Wohnpalast**. Lohnend und von den Grenzformalitäten her problemlos ist zudem ein Abstecher ins benachbarte **Al Ain**, das zum Emirat Abu Dhabi gehört. *Abstecher ins Emirat Abu Dhabi*

Geschichte

Das Oasengebiet am Fuße der Hajar-Berge zog wegen seines einfach zu erreichenden Grundwassers schon früh Siedler an: Ausgrabungen förderten Keramikscherben zu Tage, die sich auf das 3. und 4. Jt. v. Chr. datieren lassen. Schon um 1.000 v. Chr. begann man, unterirdische Bewässerungskanäle anzulegen, die das Wasser aus dem Jebe Hafeet-Gebirge zu den Oasen leiteten. Im 19. Jh. setzten sich **saudische Wahabiten** in Buraimi fest und zwangen den Sultan von Oman, ihnen einen Teil der Oase zu überlassen. Mit Hilfe der Briten konnte der Sultan die Besatzer wieder vertreiben. Doch schon 1949 wandten die Saudis erneut ihr Interesse dem Gebiet zu, dessen Reichtum nicht nur im Wasser bestand, sondern in dem man nun auch **Ölvorkommen** vermutete. Zunächst versuchte Saudi-Arabien auf diplomatischem Weg, das Gebiet unter seine Verwaltung zu bekommen. Nach dem Scheitern der Verhandlungen marschierten 1952/53 erneut saudische Truppen ein. Sowohl Sheikh Zayed als auch der omanische Sultan baten die Briten um Intervention, was schließlich 1955 zum Abzug der saudischen Truppen führte. 1966 zog man dann eine **Grenze** durch das Oasengebiet, die das Sultanat Oman vom Emirat Abu Dhabi trennte. Der zu Abu Dhabi gehörende

Grenz-streitig-keiten

Teil der Oase wurde in Al Ain umbenannt, der omanische Teil hat bis heute seinen Namen Buraimi behalten. Doch es dauerte noch etliche Jahre (bis 1974), bis Saudi-Arabien den neuen Grenzverlauf anerkannte. 2006 wurde die bislang offene Grenze durch Zäune gesichert und ist seither auch streng bewacht. Reisende aus Ländern außerhalb der Golfregion können sie nur noch über einen **einzigen Checkpoint** passieren (zu den Einreiseformalitäten s. S. 94, 257).

Fromme Wünsche für Reisende an der Grenze zu den VAE

Sehenswertes

Die meisten Sehenswürdigkeiten liegen heute im zu Abu Dhabi gehörenden Gebiet, doch auch Buraimi besitzt einige Attraktionen. Unübersehbar ist das historische **Fort Khandaq**, das sich malerisch über der Stadt erhebt und von der bewegten Geschichte der Region zeugt. Vier runde, unterschiedlich gestaltete Wehrtürme, mächtige Mauern und Falltüren zeigen eindrucksvoll, wie erbittert so mancher Kampf um das kostbare Wasser geführt wurde. Der Graben, der die Anlage umgibt, wurde im 19. Jh. von den saudi-arabischen Wahabiten gezogen. In den 1980er-Jahren wurde die Lehmfestung restauriert, wobei man sich der traditionellen Bauweise bediente. Heute kann sie von innen besichtigt werden, besonders eindrucksvoll ist der Versammlungsraum *(Majlis)*. Neben dem Fort Kandaq erstreckt sich der alte **Souq**, in dem neben Dingen des täglichen Gebrauchs auch Gewürze, Antiquitäten und Silberschmuck angeboten werden. An den Souq grenzt die historische Oase mit Palmenhainen und Gemüsefeldern an, in der noch einige alte Lehmhäuser verstreut stehen.

Lehmfestung in traditioneller Bauweise

Fort Kandaq, *Sa–Mi 8–18 Uhr, Do und Fr 8–13, 16–18 Uhr, Eintritt 500 Bz.*

In der Oase liegt auch das **Husn al Hillah**, ein aufwendig dekorierter Wohnpalast, der ebenfalls restauriert und der Öffentlichkeit zugänglich gemacht wurde.
Husn al Hillah, *Sa–Do 8–17 Uhr, Eintritt frei (leider werden die Öffnungszeiten nicht sehr genau genommen, d. h. manchmal bleibt der Palast auch schlicht geschlossen.).*

Reisepraktische Informationen zu Buraimi

Telefonnummern		Karte
Vorwahl	25	S. 205
Polizei	25650199, 25652998	
Notruf	9999	

Bank/Geldwechsel

Entlang der Verbindungsstraße von Buraimi nach Al Ain gibt es verschiedene Banken sowie Money Changer.

Krankenhaus

Al Buraimi Hospital, am Ortsausgang Richtung Sohar kurz hinter dem Al Buraimi Hotel, ☎ 25650033.

Unterkunft/Essen und Trinken/Nachtleben

Mahadha Hotel €€€, ☎ 2565 9126, http://mahadhahotel.com. 2013 eröffnetes 3-Sterne-Hotel, das etwas außerhalb in den Bergen liegt (Abzweig von der N7, insg. 20 km von der Innenstadt von Buraimi, 25 nach Al Ain). Im Resort-Stil erbautes Haus, 49 geräumige Zimmer, Pool, Restaurant

Al Buraimi Hotel (6) €€, an der Nationalstraße 7 nach Muscat, ☎ 25642010, 🖨 25642011, http://alburaimihotel.com. 62 komfortabel eingerichtete und saubere Zimmer, 20 davon in Chalets im Garten. Kleiner Pool. Im hoteleigenen Al Hamasa-Restaurant wird gute arabische Küche serviert, an manchen Tagen mit Live-Entertainment. Zwei weitere Restaurants servieren internationale und indische Küche. Das Lokal besitzt eine Ausschanklizenz. Zum Hotel gehören auch die Bars Hi Lite und Oasis, von denen die letztere bereits ab mittags geöffnet ist.

Al Massa Hotel (4) €(€), an der von Al Ain kommenden Haupstraße kurz hinter dem Grenzschild, ☎ 2563007, 🖨 25653008, www.almasahotels.com. Passables Mittelklassehotel mit Restaurant und Coffee Shop.

Hamasa Hotel (5) €(€), an der von Al Ain kommenden Haupstraße kurz hinter dem Grenzschild, ☎ 25651200, 🖨 25651210. Einfaches Apartment-Hotel für Budget-Reisende, ohne Restaurant, aber man kann aus einem nahen Lokal Essen aufs Zimmer bestellen.

Die bessere Alternative sind die luxuriöseren Hotels in **Al Ain**, also auf emiratischer Seite der Grenze. Hier bietet sich vor allem das Hilton Hotel zur Übernachtung an (s. S. 212).

Einkaufen

Im **Souq** bekommt alles für den täglichen Bedarf und auch Souvenirs.

Verkehrsmittel

➤ **Bus**

Einmal täglich fährt ein Bus der **ONTC** über Sohar nach Muscat (Fahrtdauer ca. 5 Stunden, 4 OR, Haltestelle an der Straße vom Souq nach Al Ain gegenüber dem Al Dharah Hotel).

➤ **Taxis**

Wer innerhalb der Stadt größere Entfernungen zurücklegen oder Al Ain besuchen will, ist auf Taxis angewiesen. Sammeltaxis fahren vom Parkplatz hinter dem Buraimi Hospital aus über Sohar nach Muscat.

Ausflug nach Al Ain in den Vereinigten Arabischen Emiraten

Die Stadt wird immer noch gern als **Oase** beschrieben, wenngleich das die tatsächliche Situation nur sehr ungenau wiedergibt. Al Ain, ehemals Buraimi, ist mittlerweile die zweitgrößte Stadt des Emirates Abu Dhabi, besitzt eine große **Universität** und macht einen sehr gepflegten Eindruck. Wegen seiner bedeutenden Kulturdenkmäler wurde der Ort 2011 in die Liste der **Weltkulturerbestätten der UNESCO** aufgenommen.

Rege Bautätigkeit

Noch vor etwa 50 Jahren benötigten Reisende fünf Tage, um auf Kamelrücken den Ort in der Wüste zu erreichen. Heute donnern auf einer gut ausgebauten **Schnellstraße** Autos aller Kategorien an den sich rechts und links auftürmenden Sanddünen entlang, vom Flugverkehr auf dem internationalen **Flughafen** ganz zu schweigen. Mitten in der Wüste rührt sich einiges, denn schließlich ist die Stadt der Geburtsort Sheikh Zayeds, des derzeitigen Herrschers von Abu Dhabi. Viel Geld wurde in **Parkanlagen** investiert, und so grünt und blüht es allerorten.

Beliebt ist Al Ain auch, weil das **Klima** hier **angenehmer** ist als im übrigen Gebiet der VAE. Man befindet sich zwar in der Wüste und ist entsprechend höheren Durchschnittstemperaturen als an den Küsten ausgesetzt, dafür fehlt aber die drückende Feuchtigkeit, die sich zusammen mit der Hitze häufig wie ein zäher Schleier über das Land legt.

Grundwasser bringt die Wüste zum Blühen

So verzeichnet die Stadt seit einigen Jahrzehnten einen **Aufwärtstrend**. Vor allem die Landwirtschaft erzielt sehr gute Erträge, was angesichts der geografischen Lage zunächst verwundert. Doch die Oasenstadt liegt ja nicht nur in der Wüste, sondern auch am Rande des Hajar-Gebirges, das im Süden zum Jebel Hafeet hin ausläuft. Dank der an seinen Hängen abregnenden Niederschläge gab es immer schon genügend Grundwasser, das nur gefördert werden musste, um an der Oberfläche **blühende Gärten** grünen zu lassen. Schon früh machten sich die Menschen daran, Brunnen zu bohren und das Wasser in Kanälen so zu leiten, das es zielgenau genutzt werden konnte. Diese Kanäle werden auch in den VAE Falaj genannt, wobei der größte der etwa 30 m unter der Oberfläche verlaufende Umm Aflaj Alaini („Mutter der Aflaj von Al Ain") ist. Inzwischen wurden die Aflaj durch moderne Technik ersetzt. Diese Neuerung ist der Verbundenheit Sheikh Zayeds mit seiner Heimatstadt zu verdanken, in der er bis 1966 Gouverneur war. Das **fortschrittliche Bewässerungssystem** der Stadt sorgte auch schon international für Aufsehen.

Orientierung

Auf den ersten Blick erscheint die Orientierung etwas schwierig, denn beim Bau der neuen Straßen wurden auf Tritt und Schritt Kreisverkehre angelegt (es gibt mittlerweile über 280, weitere werden folgen!), die sich meist derart ähneln, dass ortsunkundige Touristen schnell daran verzweifeln. Doch bei näherer Betrachtung ist Al Ain recht logisch aufgebaut. Drei parallele Straßen durchqueren die Stadt von Westen nach Osten, die **Shakbout bin Sultan Street** nördlich des Zentrums, die **Zayed bin Sultan Street** (auch Main Street) mitten im Zentrum und die **Khalifa bin Zayed Street** (auch Khalifa Street) im Süden des Zentrums. Die beiden letztgenannten

Al Ain

❶ Unterkunft
1 Hilton Al Ain
2 Danat Hotel
3 Mercure Grand Hotel Jebel Hafeet
4 Al Massa Hotel
5 Hamasa Hotel
6 Al Buraimi Hotel

❶ Essen und Trinken
1 Sea World Restaurant
2 Chili's
3 Beirut
4 Mubazzarah Oasis Restaurant & Coffee Shop

VEREINIGTE ARABISCHE EMIRATE

Bida Bint Saud
Hili Fun City
Dubai
Emirates St.
113 St.
115 St.
Hili Archaeo-logical Park
Mazyad
117 St.
Bani Yas St.
Al Masoudi
Bani Yas St.
Muraijib Fort
Al Qattara Oasis
119 St.
Abu Obaida Bin Al Jarrah St.
internat. Grenzübergang
123 St.
Al Tawia
Al Jimi
Al Jimi Oasis
Husn Al Hillah
Buraimi
OMAN
Majis, Oman
Al Ain International Airport
125 St.
124 St.
120 St.
Fort Khandaq
Souq
Hamdan Bin Zayed Al Awwal St.
Al Jimi Shopping
Al Khabesi
127 St.
Hamdan Bin Mohammed St.
Bouraimi Oasis
Grenzübergang nur für VAE-/Oman-Bürger
Kuwaitat
Markhaniya
129 St.
132 St.
11 St.
131 St.
Shakhbout Bin Sultan St.
Fort Murabba'a
Kreisverkehr (Roundabout) Koffeekannen
129 St.
Hamdan Bin Mohammed St.
Clock Tower
Al Ain Mall
Al Muwaiji Fort
135 St.
122 St.
Al Hosn Fort
Al Ain City Centre
Al Muwaiji Fort
143 St.
Jahili Fort & Garden
Al Ain Oasis
Sultan Bin Zayed Fort
145 St.
Wildpark
134 St.
Al Jamina
143 St.
Palace Museum
Al Ain Nat. Museum
147 St.
Khalifa Bin Zayed St.
147 St.
147 St.
Khaled Bin Sultan St.
Al Niyadat
135 St.
141 St.
122 St.
Al Jamina
Khaled Bin Sultan St.
Khalifa Bin Zayed Al Awwal St.
Al Sinaiyyah
Camel Market
bei der Bawadi Mall
147 St.
Sultan St.
138 St.
134 St.
118 St.
Nahyan Al Awwal St.
Al Ain Zoo
Hot Springs Green Mubazzarah
Al Faydah Resort
Jabal Hafeet
© graphic
0 ___ 2 km

Straßen sind die wichtigsten Einkaufsmeilen Al Ains. Die drei Ost-West-Verbindungen werden in Nord-Süd-Richtung von vier größeren Straßen gequert, wobei jeweils Kreisverkehre den Richtungswechsel ermöglichen. Im Westen beginnend sind dies die **Al Baladiyya Street**, die **Mohammed bin Khalifa Street**, die **Al Ain Street** und die **Abu Bakr al Siddiq Street**, die in ihrem nördlichen Teil ins omanische Buraimi führt und hier die Hauptstraße darstellt.

Wenn man sich verfahren hat bzw. sein Ziel nicht findet, kann man dank der Kreisverkehre (die übrigens immer die Bezeichnung R/A für Roundabout und eine Nummer tragen) alle paar hundert Meter die Richtung wechseln. Ist man sich nicht sicher, welche Ausfahrt korrekt ist, dreht man einfach ein paar Runden!

Leichter wenden dank Kreisverkehr

Palmenpark Al Ain

Kühler Park

Das Zentrum von Al Ain bildet die **alte Oase Al Ain**, die als ausgedehnter **Palmenpark** erhalten blieb. Selbst in der größten Hitze ist die Luft hier noch angenehm kühl. Falaj-Kanäle begleiten die gepflasterten Gässchen, die durch das Gelände führen, sie werden von mehreren Brunnen gespeist. Schnell ist eine Stunde vergangen, während man hier spazieren geht und die Ruhe genießt. Inmitten der Palmen steht eine alte **Moschee**. In ihrer Nähe lädt das kleine **Oasis Café & Restaurant** zur Einkehr ein, wo man sich mit einem kleinen Snack stärken oder mit einem Fruchtsaft erfrischen kann. Begrenzt wird die Parkanlage im Osten vom Al Ain National Museum und im Westen vom Al Ain Palace Museum, dem ehemaligen Wohnpalast Sheikh Zayed bin Sultans.

Sultan Bin Zayed Fort/Al Ain National Museum

Interessante Ausstellung

Das auch als **Eastern Fort** oder **Fort al Sharqi** bezeichnete und nur sporadisch geöffnete Fort wurde 1910 von Sultan bin Zayed I. erbaut und fungierte viele Jahre lang als Herrschersitz. Die Festung verfügte über eine eigene Quelle – im Fall von Belagerungen ein unschätzbarer Vorteil. In zwei Räumen neben dem Eingang sind historische Fotos ausgestellt. Neben dem quadratischen Bau steht das **Nationalmuseum**, dessen ethnologische Abteilung mit lebensgroßen Figuren den Alltag im Emirat vor dem Erdölboom dokumentiert. Neben Trachten und Schmuck werden Waffen und Werkzeuge, Haushaltsgegenstände und Musikinstrumente gezeigt. Besonders sehenswert ist die **archäologische Ausstellung**, die Fundstücke aus den Gräbern bei Hili und Umm al Nar präsentiert. Ein eigener Raum ist den Geschenken gewidmet, die ausländische Staatsbesucher dem 2004 verstorbenen Sheikh Zayed bin Sultan überreichten, darunter ein Elefantenstoßzahn und seltene präparierte Tiere. Einen weiteren Sammlungsschwerpunkt bilden Fotos zur Entwicklung von Al Ain, Liwa und Abu Dhabi von 1962 bis heute. Diese Bilder lassen die drastische Veränderung der Lebensverhältnisse deutlich werden. Aus neuerer Zeit stammt eine kleine Flagge der VAE, die mit Apollo 18 zum Mond geflogen ist und nun zusammen mit einem Stück Mondgestein im Museum einen Platz gefunden hat.

Al Ain National Museum, *Zayed bin Sultan Street,* ☏ *7118331, Sa–Do 8–19.30, Fr 15–19.30 Uhr, Mo geschlossen, Eintritt 3 Dh.*

Viehmarkt

Unmittelbar neben dem Parkplatz des Nationalmuseums befindet sich der **Viehmarkt** (*Livestock Market* oder *Livestock Souq*). Hier kann man besonders am frühen Morgen Exotik pur erleben. Schafe, Ziegen, Kälber und andere Tiere warten auf den Ladeflächen von Pickups auf ihre Käufer, Händler sitzen im Schatten und halten Schwätzchen miteinander, bündelweise liegt Alfalfagras und anderes Futter auf dem Boden herum und die zahlreichen Ladengeschäfte bieten allerlei Artikel zur Pflege und Gesunderhaltung der Nutztiere feil. Man sollte den Markt vor 10 Uhr besuchen, zu einem späteren Zeitpunkt ist alles bereits in Auflösung begriffen.

Eingang zum Sheikh Zayed Palace Museum

Sheikh Zayed Palace Museum

Um 1940 errichtete Sheikh Zayed bin Sultan Al Nahyan dieses ursprünglich eher schlichte Gebäude, das in den folgenden Jahrzehnten zu einem repräsentativen **Palast** umgebaut wurde. Bei sämtlichen Veränderungen griff man auf traditionelle Materialien wie Bruchsteine, Lehm und Palmholz zurück. Nachdem Sheikh Zayed Ende der 1970er-Jahre Al Ain verlassen hatte, verfiel das Gebäude zusehends. Doch der Potentat besann sich auf seine Wurzeln, ließ den Verfall des alten Palastes stoppen und veranlasste eine umfassende Renovierung. Heute erstrahlt der Bau in neuem Glanz und *Museum zu* gibt in seinen großzügigen Innenräumen einen lebendigen Eindruck vom Leben der *Ehren des* Herrscherfamilie. Historisches Mobiliar, zahlreiche Fotos und Gegenstände aus dem *Scheichs* persönlichen Besitz des Scheichs unterstreichen den authentischen Charakter des Gebäudes. Im Innenhof des Palastes steht ein alter Landrover, die erste Staatskarosse Zayed bin Sultans. Gegenüber dem Gebäude wurde das Beduinenzelt aufgestellt, in dem er gern der Erinnerung an vergangene Zeiten nachhing.
Sheikh Zayed Palace Museum, *Al Ain Street,* ☎ *7517755, Sa–Do 8.30–19.30, Fr 15–19.30 Uhr, Mo geschlossen, Eintritt frei.*

Uhrturm, Public Gardens und Fort Jahili

Westlich der alten Oase Al Ain stößt man an der Zayed bin Sultan Street auf ein Wahrzeichen des modernen Al Ain, den sog. **Uhrturm** *(Clocktower).* Bei dem Monument handelt es sich in Wahrheit nicht um einen Turm, sondern um ein riesiges Zifferblatt, das auf einem abgeschrägten Sockel ruht. Dem Uhrturm gegenüber erstrecken sich die **Public Gardens**, eine gepflegte Parkanlage mit Wasserspielen.

Der berühmte Hochzeitstortenturm von Fort Jahili

Etwas weiter südwestlich erhebt sich das **Fort Jahili**, eine der zahlreichen Festungen in und um Al Ain. Die Wehranlage stammt aus dem Jahr 1898 und wurde behutsam renoviert. Nun ist dort eine Dauerausstellung untergebracht, die die Arbeit des britischen Abenteurers **Sir Wilfred Thesiger** zeigt. Neben der Festung steht der sog. **Hochzeitstortenturm**, ein ungewöhnlicher Bau, dessen vier Stockwerke sich nach oben hin verjüngen.
Fort Jahili, *Sa–Do 9–17, Fr 15–17 Uhr, Mo geschlossen.*

Oasen Al Jimi und Al Qattara

Diese beiden stillen Fleckchen befinden sich im Norden der Stadt an der Mohammed bin Khalifa Street, die Al Ain von Buraimi trennt. Auch hier kann man im Schatten von Palmen an Bewässerungskanälen entlangschlendern und ist die meiste Zeit vor anderen Touristen sicher, die sich in der Al Ain-Oase schon mal drängen. Mitten in der Al Qattara Oase liegt in einem kleinen restaurierten Fort das **Al Qattara Arts Centre**, in dem Wechselausstellungen stattfinden und Kunst-Kurse angeboten werden (Sa–Do 9–20 und Fr 16–20 Uhr).

Hili

Nördlich liegt der Stadtteil **Mazyad** und daran anschließend **Hili** (ca. 12 km nördlich vom Zentrum). Hier befindet sich der **Hili Archaeological Park**, eine bedeutende bronzezeitliche Ausgrabungsstätte mit Siedlungsresten und Gräbern aus dem 3. Jt. v. Chr. Eine besonders monumentale Grabanlage, das sog. **Great Hili Tomb**, wurde vollständig rekonstruiert. Über den beiden Grabeingängen befinden sich eingemeißelte Darstellungen von menschlichen Gestalten und Jagdtieren, darunter auch Oryxantilopen. In den Gräbern getätigte Knochenfunde lassen darauf schließen, dass die Menschen damals größer waren als heute, aber nur eine durchschnittliche Lebenserwartung von 40 Jahren hatten. Viele der geborgenen Grabbeigaben werden im Al Ain National Museum gezeigt. Die Ausgrabungen sind von einer gepflegten Grünanlage umgeben.
Hili Archaeological Park, *Artz al Bahar Street, tgl. 7–23, Fr 10–22 Uhr, Eintritt 4 Dh.*

Ein Kontrastprogramm zur Ausgrabungsstätte bietet die nicht weit entfernt gelegene **Hili Fun City**. Hier fördern mehrere Fahrgeschäfte den Adrenalinausstoß, größte Attraktion ist jedoch der Ice Rink, das Eislaufstadion, in dem man bei sommerlichen Höchstwerten Schlittschuh laufen kann. **Hili Fun City**, ☏ 7845542, *www.hilifuncity.ae, Mo–Do 16–22 (Mi nur für Frauen und Kinder), Fr/Sa 12–22 Uhr, Eintritt 55 Dh, Schlittschuhbahn 15 Dh zusätzlich.*

Great Hili Tomb, ein rekonstruiertes bronzezeitliches Kreisgrab

Al Ain Zoo

Für einen Besuch im **Al Ain Zoo** sollte man genügend Zeit einplanen, denn der Tierpark zählt zu den größten der Golfregion. Auf dem weitläufigen Areal sind in großzügigen Gehegen zahlreiche Säugetier-, Vogel- und Reptilienarten zu bewundern, die man in freier Wildbahn kaum noch antreffen kann. Zu den im Zoo lebenden Tieren gehören auch der seltene Arabische Leopard und die stark bedrohte Arabische

Arabische Oryxantilope im Zoo von Al Ain

Oryxantilope, die Ende der 1960er-Jahre fast ausgestorben war. Intensive Zuchtprogramme in unterschiedlichen Ländern der Welt sorgten für eine stabile Zoopopulation mit gesundem Genpool. So konnte man diese majestätische Antilope mit ihrem *Seltene* charakteristischen geraden Horn schon bald mit guten Erfolgen wieder auswildern. *Antilopenart* Wer dem Oryxreservat bei Ja'aluni keinen Besuch abgestattet hat, bekommt nun Gelegenheit, die edlen Tiere zu bewundern. Sehr sehenswert ist auch das große und klimatisierte Reptilienhaus, das Aquarium ist derzeit leider geschlossen. **Al Ain Zoo**, ☏ 7992000, *www.alainzoo.ae, geöffnet Okt–Apr Sa–Mi 9–20, Do–Fr 9–21 Uhr, Mai–Sept. nur 16–22 Uhr, Ramadan geschlossen. Eintritt 22 Dh.*

Kamelmarkt

Hinter der Bawadi Mall, einige Kilometer südlich der Stadt (östlich des Jebel Hafeet), liegt der **Kamelmarkt**, der täglich von 7 bis 20 Uhr abends geöffnet hat. Neben Zuchtbullen und Milchstuten werden hier auch die wertvollen Rennkamele gehandelt. Besonders am Morgen und am frühen Abend tummeln sich auf dem Gelände Händler und potenzielle Käufer, fachsimpeln, handeln und streiten sich auch schon einmal – eine herrliche Kulisse für gelungene Fotos. Der Kamelmarkt bietet auch eine der selten gewordenen Gelegenheiten, echte Beduinen zu sehen. Ausländische Besucher werden sofort umringt, um ihre Kamera gebeten und vor den Wüstenschiffen in Szene gesetzt. Manchmal setzt man ihnen zur Gaudi aller ein arabisches Kopftuch (Gutra) auf. Für das anschließend geschossene Foto wird natürlich Trinkgeld erwartet. Auch versuchen viele, eine Tour durch die Gehege anzubieten. Man kann den Markt aber auch alleine erkunden.

Lebendiger Markt

Jebel Hafeet

„Es war einmal ein tropisches Meer …", so könnte die Geschichte des 1.240 m hohen Kalksteinfelsens beginnen, der als beeindruckender Monolith aus der Wüstenebene südlich von Al Ain aufragt. Vor Millionen von Jahren lag seine Oberfläche unter dem Meeresspiegel – von dieser fernen Vergangenheit zeugen zahlreiche Einschlüsse von Schnecken, Muscheln und Fischen, die sich im Gestein des Berges finden. Schon sehr früh siedelten sich zu Füßen des wasserreichen **Bergmassivs** Menschen an: Archäologen entdeckten hier die frühesten Siedlungsspuren in den VAE.

Panorama-blick

Der **Jebel Hafeet** ist ein beliebtes Ausflugsziel: Vom Fuß des Berges windet sich eine Asphaltstraße zu einem **Aussichtsplateau** auf 1.063 m Höhe hinauf, von dem sich ein grandioser Panoramablick über die Wüste bietet. Besonders lohnend ist die Fahrt hierher am späten Nachmittag, wenn die Sonne langsam verschwindet und die Dünen in ein warmes Licht taucht. Auf dem Rückweg kann man im luxuriösen **Mercure Grand Hotel** (s. S. 212) gepflegt speisen.

Auf dem Gipfelplateau des Jebel Hafeet ließ sich auch die Herrscherfamilie von Abu Dhabi in schönster Aussichtslage einen modernen Palast erbauen

Am Fuße des Jebel Hafeet liegt das Naherholungsgebiet **Green Mubazzarah**. Hier gibt es heiße Quellen, deren Wasser in kleinen Rinnsalen aus Felsen quillt. Es wird in Pools gesammelt, in denen man nach Geschlechtern getrennt baden kann. Weitläufige Grünflächen laden zu einem Picknick ein, alternativ sorgt ein Restaurant für das leibliche Wohl. In kleinen Bungalows kann man sehr schön im Grünen nächtigen. Auch das **Al Faydah Resort** profitiert von natürlichen Quellen, die einen Pool sowie mehrere Seen und Kanäle zum Bootfahren speisen.

In den Resorts am Jebel Hafeet wurden künstliche Wasserfälle angelegt

Reisepraktische Informationen zu Al Ain

Telefonnummern		Karte
Vorwahl Emirate	971	S. 205
Vorwahl Al Ain	03	
Polizei und Notruf	999	
Feuerwehr	997	

Information
Abu Dhabi Tourism and Culture Authority, *Abu Dhabi*, ☏ 2-4440444, ᕙ 2-4440400, *http://tcaabudhabi.ae.*

Geldwechsel
Am besten zieht man Bargeld in den ATMs, die in allen Shopping Malls der Stadt zu finden sind.

Krankenhaus
Al Ain Hospital, *131st Street, Al Jimi Medical Complex*, ☏ 7635888

Post
Die Hauptpost befindet sich in der Zayed bin Sultan Road.

Unterkunft
Rotana Hotel €€€(€), *Zayed Bin Sultan Street*, ☏ 7545111, ᕙ 7545444, *www.rotana.com. Das im Stadtzentrum gelegene Hotel wird vor allem von Arabern geschätzt. Die Zimmer sind geräumig und gut ausgestattet, der Pool ist schön. Angeschlossen sind ein Restaurant und ein Nachtclub.*

Hilton Al Ain (1) €€(€), *Al Kantam Street,* ☎ 7686666, 🖷 7686888, *www3.hilton.com.* *Modernes Kettenhotel mit 219 großzügigen Zimmern in einer schönen Gartenanlage und sehr aufmerksamem Personal. Vier Restaurants mit mediterraner, mexikanischer, arabischer und persischer Küche, zwei Bars. Swimmingpool und Familienpool, Fitnesscenter, Health Club, 9-Loch-Golfcourt, Tennisplätze.*

Danat Hotel (2) €€€(€), *Khalid bin Sultan Street,* ☎ 7046000, 🖷 7046009, *www. danathotels.com. Großes Hotel mit 216 Zimmern, umgeben von einer schönen Gartenanlage. Vier Restaurants, Bar und Pub. Zu den Freizeiteinrichtungen gehören drei Pools, ein Spa, ein Fitnessraum, vier Tennis- und zwei Sqashplätze.*

Mercure Grand Hotel Jebel Hafeet (3) €€€, *Jebel Hafeet, ca. 30 km von Al Ain entfernt,* ☎ 7838888, 🖷 7839000, *www.mercure.com. Schönes Resort der gehobenen Mittelklasse in knapp 1.000 m Höhe am Jebel Hafeet, ideal für Ruhesuchende. 124 komfortabel ausgestattete Zimmer mit herrlichem Panoramablick über die Region. Zwei Restaurants, ein Café und eine Bar. Drei Swimmingpools und zahlreiche Sportangebote.*

🍴 Essen und Trinken

Neben den Hotelrestaurants gibt es vor allem in den **Einkaufszentren** *eine große Auswahl an Restaurants mit Spezialitäten aus aller Herren Länder.*

Sea World Restaurant (1), *Al Salam Street an der Town Squire Fountain,* ☎ 7511175. *Alles, was das Meer zu bieten hat.*

Chili's (2), *im Al Jimi Shopping Centre, Hamdan bin Mohammed Street,* ☎ 7638020. *Sehr leckere mexikanische Gerichte.*

Beirut (3), *in der Al Ain Mall, Al Falaheya Street,* ☎ 7662112. *Gute libanesische Küche zu sehr moderaten Preisen.*

Mubazzarah Oasis Restaurant & Coffee Shop (4), ☎ 37668488. *Bei den heißen Quellen versorgt dieses kleine Restaurant Ausflügler mit lokalen Gerichten.*

🎁 Einkaufen

Al Jimi Shopping Centre, *Hamdan bin Mohammed Street. Modernes Einkaufszentrum mit Supermarkt im Erdgeschoss und Eislaufbahn.*

Al Ain Mall, *Al Falaheya Street. Mall mit breitem Angebot internationaler Marken.*

Al Ain City Centre, *Al Khantam Street. Kleineres Einkaufszentrum etwas außerhalb der Stadt.*

Souq, *nahe dem Flyover am Kaffeekannen-Kreisverkehr. Der Markt der Stadt zieht neben den ständigen Händlern für Haushaltswaren, Gemüse, Fleisch und Früchte auch Beduinen an, die hier ihre Hennaprodukte oder Honig zum Verkauf anbieten.*

🚌 Verkehrsmittel

➤ Busse

Zwischen 6 Uhr und Mitternacht verkehren Linienbusse innerhalb des Zentrums, die etwa alle 30 Min. abfahren. Das Busterminal liegt in der Nähe der Oase am Obst- und Gemüsemarkt. Die Fahrten kosten 1–2 Dh.

➤ Taxis

Die Taxis in Al Ain verfügen über Taxameter, der Preis für Fahrten im Stadtgebiet liegt bei 3 Dh. Fahrten nach Buraimi müssen ausgehandelt werden, da der Taxameter in Oman nicht genutzt werden darf. Als Richtlinie gilt ein Preis von 10–12 Dh.

Route 4: Von Muscat an der Küste entlang nach Westen

Tourinfo	
Start	Muscat
Ziel	Shinas/Grenze zu den VAE
Dauer	als Tagestour möglich, besser mindestens zwei Tage einplanen
Entfernung	ca. 350 km (einfache Strecke)
Anforderungen	Grundsätzlich kann man auf dieser Route auch mit Minibussen oder Taxis von Stadt zu Stadt fahren, dies ist aber sehr zeitaufwendig. Besser ist es, die Tour per Mietwagen zu unternehmen oder einen Veranstalter zu kontaktieren. Um die großartigen Wadis zu „erfahren" ist ein Geländewagen unerlässlich, sonst genügt ein normaler Pkw.

*Mietwagen
oder Minibus*

Die **Provinz Batinah**, die man auf dieser Tour kennenlernt, umfasst Teile des nördlichen Hajar-Gebirges und eine weite Küstenebene, die sich zwischen den Ausläufern der Berge und dem Golf von Oman erstreckt. Sie wird im Osten von der Capital Area, im Westen von den VAE begrenzt. Die Batinah könnte als **Speckgürtel Omans** bezeichnet werden, wenn es sich in einem islamischen Land nicht verbieten würde, einen Vergleich zu einem Produkt aus Schweinen zu ziehen. Die an den Bergen abregnenden Niederschläge ergießen sich dank vieler Wadis in die Ebene und liefern dort das Wasser für die **ausgedehnten Plantagengärten**, in denen neben Gemüse, Früchten und Tierfutter vor allem Datteln angebaut werden. Neben der Landwirtschaft ist die **Fischerei** ein wichtiger Erwerbszweig der Batinah, denn die See ist fischreich und zumeist ruhig.

Das fruchtbare Gebiet erweckte schon in vorislamischer Zeit die Begehrlichkeiten von Eroberern, die meist vom Meer her kamen und denen man in der flachen Ebene *Wehr-* schutzlos ausgesetzt war. In der Nähe der Siedlungen wurden daher **Fluchtburgen** *anlagen* errichtet, auf die man bei der Fahrt entlang der Küstenstraße noch heute immer wieder stößt. Zu den eindrucksvollsten Wehranlagen zählen die Festung **Bait Na'aman** bei **Barka** sowie weiter im Hinterland **Nakhl**, **Rustaq** und **Al Hazm**.

Die Batinah-Küste wird von der **Nationalstraße 1** erschlossen, einer gut ausgebauten, modernen Autobahn. Immer wieder queren Wadis die Straße – in den regenreichen Monaten häufig Anlass für Verkehrsbehinderungen. Von der Küstenautobahn *Eindrucks-* zweigen ab und an Straßen nach Norden zu den Fischerdörfern ab; in südlicher Rich- *volle Wadis* tung führen asphaltierte Pisten zu den Festungen im Landesinneren bzw. durchqueren von Sohar aus das Hajar-Gebirge durch das Wadi Hibi und das Wadi Jizi.

Die **Festungen** sind sicher die wichtigsten Sehenswürdigkeiten der Region, daneben locken aber auch **Fischerdörfer mit typisch orientalischem Flair** und **schöne Strände**. In vielen Küstenorten werden **Bullenkämpfe** ausgetragen, ein in Oman gänzlich unblutiges Spektakel. In den Ausläufern des Hajar laden Wadis mit spektakulärer Gebirgsszenerie zu Erkundungen mit dem Allradfahrzeug ein, darunter das eindrucksvolle **Wadi Bani Kharus** und das **Wadi Bani Awf**.

Die Kamelrennbahn bei Al Fulayj gilt als beste des Landes

Al Fulayj

Auf der Nationalstraße 1 von Muscat westwärts fahrend, verlässt man bei Seeb die Capital Area. Nach etwa 20 km zweigt eine Straße nach rechts zu den **Königlichen Stallungen** (*Royal Stables*) ab, kurz darauf passiert man **Bait al Barakah**, den Wohnpalast von Sultan Qaboos. Beide sind für die Öffentlichkeit nicht zugänglich.

Berühmte Rennbahn Etwa 30 km hinter Seeb zweigt eine Straße in Richtung Süden zum etwa 9 km entfernten **Al Fulayj** ab. Am Rand des Dorfes liegt eine der bedeutendsten **Kamelrennbahnen** des Landes, auf der an den Eid- und Nationalfeiertagen große Rennen abgehalten werden. Schon Wochen vor den Wettkämpfen trifft man in der Umgebung der Rennbahn auf kleinere und größere Gruppen von Rennkamelen.

Am Ortseingang von Al Fulayj steht neben dem alten Fort das **Fulayj Castle Theatre**. Zwischen November und März finden hier Kulturveranstaltungen statt, die vom Tourismusministerium organisiert werden. Das Repertoire umfasst traditionelle Musik, Tanz und Theaterstücke. Die aktuellen Termine werden über die Tageszeitungen bekannt gegeben, der Eintritt ist frei.

Barka

Etwa 40 km westlich von Seeb ist der Barka-Kreisverkehr erreicht, der ins Zentrum von **Barka** führt. Die Kleinstadt am Meer, die im 18. Jh. ein bedeutender Handelshafen war und unter Imam Ahmed bin Said (1744–1783) sechs Jahre als Hauptstadt von Oman fungierte, besitzt ein eindrucksvolles **Fort** aus dieser Zeit. Barka ist zudem bekannt für sein **Halwa** und vor allem für seine **Bullenkämpfe**.

Fort

Das **Fort** von Barka liegt unmittelbar am Meer und wird lediglich durch eine Häuserzeile von diesem getrennt. Drei Wachtürme mit rundem Grundriss flanken die rechteckige Anlage, in deren Mitte sich ein Wohnturm erhebt. Die beiden Türme hinter dem Fort gehörten einst zur Stadtmauer. Die Anlage wurde in den 1980er-Jahren in traditioneller Lehmziegelbauweise restauriert und kann innen besichtigt werden. **Barka Fort**, *So–Do 8.30–14.30 Uhr, Eintritt frei.*

Lehmziegelbau

Souq

Direkt neben der Festung befindet sich der **Souq** von Barka. Hier wird neben Obst und Gemüse auch fangfrischer Fisch gehandelt – auf *Muzabanah* genannten Auktionen, die zumeist in den frühen Morgenstunden über die Bühne gehen. Die potenziellen Käufer stellen sich im Kreis um den Verkäufer auf, der seine Waren anpreist – dann beginnt das Feilschen. Während der Sommermonate werden auf diese Art und Weise auch Datteln an den Mann gebracht. Auf dem Souq wird schließlich auch **Halwa** verkauft, jene Süßigkeit aus Honig und Sesam, die man in Barka nach ganz spezieller Rezeptur herstellt (s. Infokasten unten). Besonders vor den großen Feiertagen kann man den Halwa-Köchen bei der Zubereitung der kalorienreichen Köstlichkeit über die Schulter sehen.

Traditionelle Süßigkeit

Halwa

info

Halwa zählt zu den beliebtesten Süßspeisen des Landes und ist zugleich ein **Symbol omanischer Gastfreundschaft**: Die kalorienreiche Leckerei wird Gästen zusammen mit Datteln zum arabischen Kaffee gereicht. Auch bei keinem Fest darf Halwa fehlen – ganz gleich, ob es sich um einen freudigen oder traurigen Anlass handelt.

In den Souqs vieler omanischer Städte (insbesondere in **Quriat** und **Barka**) kann man vor Feiertagen **Halwaköchen** bei der Zubereitung der Süßigkeit zusehen. Die Herstellung von Halwa ist nicht kompliziert, aber sehr arbeits- und zeitaufwendig – nachdem die Zutaten in einem großen **Kupferkessel** über Holzfeuer zum Kochen gebracht wurden, müssen sie über Stunden hinweg ständig gerührt werden. Die **Basismasse** besteht aus Stärkemehl, Eiern, Zucker, Wasser, Ghee (ausgelassenem Butterschmalz), gemahlenen Nüssen, Safran, Kardamon, und Rosenwasser – vorzugsweise vom Jebel Akdhar. Für die Zusammensetzung der Zutaten hat jeder Halwakoch sein eigenes Rezept, das streng geheim gehalten und von Generation zu Generation weitergegeben wird.

Wegen des **langen Kochvorgangs** und des hohen Zuckergehaltes ist Halwa etwa vier Monate haltbar, ohne dass es im Kühlschrank aufbewahrt oder mit Konservierungsstoffen versetzt werden muss. Traditionell wird es in einer flachen Schüssel aus Ton serviert. Zum Verkauf wird es häufig in kleinen Palmzweigkörbchen angeboten – ein hübsches und zugleich leckeres Souvenir.

Bullenkämpfe

Am bekanntesten ist Barka jedoch für seine **Bullenkämpfe**. Anders als in Spanien messen dabei nicht Mensch und Tier ihre Kräfte, sondern zwei Bullen treten gegeneinander an. Die Tiere, meist Buckelrinder, werden von ihren Besitzern an Nasenringen in die Mitte der Arena geführt und einander gegenübergestellt. Nach kurzem Taxieren und Hufescharren gehen die Bullen aufeinander los und versuchen mit gesenktem Kopf, den Gegner entweder in die Knie zu zwingen oder zum Rückzug zu be-

Die Bullen gehen aufeinander los, verletzen sich aber nicht, sondern versuchen den Gegner zurückzudrängen

wegen. Doch nicht immer gibt es einen klaren Sieger: Manchmal verkeilen sich die Tiere ineinander und scheinen bewegungslos auf der Stelle zu verharren. Nur die zitternden Nackenmuskeln verraten ihre Anspannung. Helfer trennen dann die Gegner, indem sie sie am Schwanz oder mittels der an den Hinterbeinen befestigten Seile auseinanderziehen. Bei den Bullenkämpfen gibt es keine Preisgelder. Ein Sieg steigert jedoch den Wert eines Tieres und damit auch das Prestige seines Besitzers. Das gänzlich unblutige Spektakel findet von November bis April an jedem zweiten Freitag statt, in der Regel um 16 Uhr. Der Austragungsort ist eine **Betonarena** am westlichen Ortsausgang zwischen Straße und Meer. Der Besuch der Stierkämpfe ist gratis, Infos über den Termin des nächsten Kampfes bekommt man von der Bevölkerung.

Bait Na'aman

Etwa 7 km westlich des Barka-Kreisverkehrs führt ein ausgeschilderter Abzweig von der Nationalstraße 1 zum **Bait Na'aman**, einem restaurierten Wohnfort aus dem 18. Jh. Der prächtige zweigeschossige Bau wurde von Imam Saif bin Sultan I. als Raststation auf dem Weg vom Landesinneren an die Küste errichtet. Auch die nachfolgenden Imame nutzten ihn als Residenz, in jüngerer Zeit fungierte er als Herberge für Händler und Militär.

Ausgeklügeltes Bewässerungssystem

Saif bin Sultan ließ rund um den Bau 30.000 Dattel- und 6.000 Kokospalmen anpflanzen, die über einen von Nakhl hierherführenden **Falaj**-Kanal und mehrere Ziehbrunnen bewässert wurden. Einer dieser Brunnen blieb erhalten, er steht einige hundert Meter vom Bait Na'aman entfernt in Richtung Meer.

In den 1990er-Jahren restaurierte man die Anlage und verlieh den Innenräumen mit zeitgenössischem Mobiliar und historischen Gebrauchsgegenständen den Charakter eines Museums. Vom Dach bietet sich ein schöner Blick über die umgebenden Palmengärten. **Bait Na'aman**, *So–Do 9–14.30 Uhr, Eintritt 500 Bz.*

Das Falaj-Bewässerungssystem

In Wüstenstaaten wie dem Sultanat Oman ist Wasser ein rares Gut. Schon früh ersannen die Menschen Methoden, um an das kostbare Nass zu gelangen. **Brunnen** und **Zisternen** sind zwei davon – erste finden sich häufig in der Küstenregion, letztere auf der Musandam-Halbinsel –, eine weitere ist das sog. *Falaj*-**System**. Wasser wird schließlich nicht nur dort benötigt, wo man es finden kann, sondern oft auch kilometerweit entfernt. So begann man bereits im 6. Jh. Kanäle zu bauen, die das Wasser aus den Bergen zu den weiter entfernt liegenden Palmengärten und Feldern leiteten. Die Vorbilder für die *Aflaj* (so lautet der Plural von *Falaj*) sind vermutlich in Persien zu suchen.

In Oman gibt es drei Arten von *Falaj*-Systemen: Bei einem **Aini** wird das Wasser direkt aus einer Quelle abgezapft und dann über oberirdische Kanäle zu den Flächen geleitet, die bewässert werden sollen. Das **Ghayal** zapft das nahe der Oberfläche vorhandene Grundwasser eines Wadis an und leitet es dann über oberirdische Leitungen zu den Oasen. Bei einem **Da'ndi** handelt es sich um ein unterirdisches System, das vor allem Tiefenwasser nutzt. Dazu werden vertikale Schächte in den Boden getrieben, bis man das Grundwasser erreicht. Die vertikalen Schächte werden durch unterirdisch verlaufende horizontale Stollen (*Qanat*) miteinander verbunden. Mit minimalem Gefälle führen diese das Wasser aus dem Gebirge heraus zu den oft Kilometer entfernten Oasen, wo es wiederum in oberirdischen Kanälen verteilt wird. Die vertikalen Schächte werden offen gehalten und dienen bei anfallenden Wartungs- und Reparaturarbeiten den Arbeitern als Einstieg.

Bewässerung mit Falaj-Kanälen: ein System, das auch heute noch gut funktioniert

In den Dörfern sorgt dann der **Waqil** (Wächter des Wassers) dafür, dass das Wasser aus den Kanälen gerecht verteilt wird. Er öffnet und schließt die Kanäle nach einem genau festgelegten Plan, nach dem zuerst die Menschen, dann das Vieh und schließlich die Gärten und Felder mit dem kostbaren Nass versorgt werden. Gemeinsam mit den Dorfältesten sorgt der *Waqil* auch für die Pflege und Instandhaltung der oberirdischen Teile des Bewässerungssystems. Im Weihrauchmuseum in Salalah (s. S. 303) veranschaulicht ein Modell sehr anschaulich die Funktion eines *Aflaj*. Stellvertretend für dieses jahrhundertealte und bis heute gut funktionierende System wurden fünf besonders wichtige Kanäle in die Liste des UNESCO-Weltkulturerbes aufgenommen. Es handelt sich um den **Falaj Daris** bei Nizwa, den **Falaj Khatmayn** bei Birkat al Mawz, den **Falaj Malqi** bei Izki, den **Falaj Maisyr** bei Rustaq und den **Falaj Jaylah** im östlichen Hajar-Gebirge.

Al Sawadi und Daymaniyat-Inseln

Etwa 18 km westlich vom Barka-Kreisverkehr erstreckt sich an der Landzunge Ras al Sawadi ein **Sandstrand**, der zu den schönsten der Batinah-Küste zählt. Neben dem bislang einzigen Hotel vor Ort, dem Al Sawadi Beach Resort, sollte an diesem Strandabschnitt eine komplett neue Stadt entstehen: Madinat al Zarqa ("Die blaue Stadt"), auch als "Blue City" bekannt. Neben luxuriösen Hotels und Apartments, Einkaufszentren, Parkanlagen und Krankenhäusern sollten ein Golfplatz und ein Jachthafen ge-

Regionalkarte Barka - Rustaq - Al Khaburah

Sohar, Buraimi

09

Al Khaburah

01 Al Bidayah

Khadra al
Bu Rishayd

R4 38

Al
Suwayq

Ghab, Ibri

G o l f   v o n

18 Wadam
al Sahil

Al
Uwayd 3

Al
Masnaah 2

Halhal

Mashayiq

44 *Wadi Mabrah*

Al
Muladdah 23

Uq

Al Haylayn

Al Huwayl

Al Hoqain

23

W. Al Hoqain

11

Jamma

Wadi al Faral

Wadi al Abyad

Wadi Bani Kharus

24

B a t i n a h

Al Hazm

Murri

Al Nazwah

16

*Falaj al
Muyassar*

Al W

Al Sudi

Ghafdi

Al
Khadra

Al Abyadh

Al Tayyib

10

Rustaq

Al
Mahalil

Nakh

Wadi Bani Ghafir

13

Al Jebel al Akhdar

▲ 2670

R4 17

46

13

Wadi Sahtan

Amq Al Awabi

R4

W. Bani Awf

W. Bani Kharus

Barut

Hat, Snake Gorge

Al Ghubrah

baut werden. Das Mega-Projekt war Teil eines groß angelegten Entwicklungsprogramms der omanischen Regierung, welches das Land langfristig weniger abhängig vom Erdöl machen sollte. Wegen massiver Finanzprobleme wurde das Projekt jedoch noch im Rohbaustadium gestoppt.

Auf der Landspitze Ras al Sawadi erhebt sich auf einer Anhöhe eine **Festungsruine**, von der man einen schönen Blick über die Küste genießt. Am Strand bieten Fischer Bootsausflüge zu den vorgelagerten **Sawadi-Inseln** an. Dort kann man am Strand picknicken, Vögel beobachten und im flachen Wasser schnorcheln. Das Al Sawadi Beach Resort organisiert Exkursionen zu den **Daymaniyat-Inseln**, neun Eilanden, die in knapp 20 km Entfernung der Küste vorgelagert sind. Wegen der hier nistenden Seevögel und der artenreichen Unterwasserwelt steht die Inselgruppe seit 1996 unter strengem Naturschutz und darf nicht betreten werden. Lediglich das Al Sawadi Beach Resort darf Tauchausflüge für kleine Gruppen zu den Inseln anbieten.

Die Daymaniyat-Inseln gelten als einer der **besten Tauchplätze Omans** (s. auch S. 331). Es gibt Steilwände, die bis zu 40 m tief abfallen, die ausgedehnten Korallengärten beheimaten eine Vielzahl tropischer Fische. Häufig sind Rochen, Delfine und Meeresschildkröten zu beobachten, die auf den Daymaniyat-Inseln auch nisten. Auch Schwarzspitzen- und Leopardenhaie können den Tauchgang begleiten, und mit etwas Glück begegnet man sogar dem Giganten der Meere, dem Walhai.

Schnorchelparadies

Unterkünfte
1 Al Nahda Resort & Spa
2 Al Sawadi Beach Resort
3 Millennium Resort Mussanah

Reisepraktische Informationen zu Barka und Al Sawadi

Telefonnummern		Karte
Vorwahl	26	S. 218
Polizei	26882099, 26882543	
Notruf	9999	

 ### Unterkunft/Essen und Trinken/Nachtleben

Al Sawadi Beach Resort (**2**) €€€(€), ☎ 26795545, 🖷 26795 535, www. alsawadibeach.om. *Das Strandresort, das seit kurzem unter der Leitung des Deutsch-Liechtensteiner Tauchveranstalters steht, bietet neben geräumigen, gut ausgestatteten Bungalows auch Unterkunft in selbst mitgebrachten Zelten. Zudem besteht die Option, in selbst mitgebrachten Zelten auf dem Gelände zu übernachten. Schöner Garten mit Pool, Spa, Fitnesscenter, breites Wassersportangebot. Das angeschlossene PADI-Tauchzentrum organisiert Tauchtrips zu den vorgelagerten Daymaniyat-Inseln. Geführte Landrover-Exkursionen in die Berge und umliegenden Wadis sowie nach Nakhl und Rustaq. Für das leibliche Wohl sorgen drei Restaurants, die internationale, arabische und indische Küche servieren. Im Periwinkle Pub oder im Hut Supper Club kann man den Tag bei einem Bier bzw. Cocktails und Livemusik ausklingen lassen.*

Al Nahda Resort & Spa (**1**) €€€€, *Nakhl Road*, ☎ 26883710, 🖷 26883175, www. alnahdaresort.com. *Schönes Wellness-Resort inmitten eines tropischen Gartens mit tollem Pool, sehr gut ausgestatteten Zimmern und schönem Spa-Bereich. Zum Hotel gehören drei Restaurants mit arabischen, asiatischen und internationalen Spezialitäten. Die hoteleigenen Bars bieten Cocktails und eisgekühltes Bier. Das Resort organisiert Ausritte zu Pferd und mit Kamelen sowie Tauchausflüge zu den der Küste vorgelagerten Daymaniyat-Inseln.*

 ### Einkaufen

*Im Souq und in verschiedenen Geschäften mit der Aufschrift „***Omani Sweets****"* *kann man das berühmte* **Halwa** *kaufen, das auf dem Souq insbesondere an Feiertagen auch noch frisch zubereitet wird.*

Aktivitäten
> #### Strände/Wassersport
Das Al Sawadi Beach Resort besitzt einen schönen Strand und bietet alle Arten von Wassersport. Am Strand von Al Sawadi stellen Fischer ihre Boote für Ausflüge zu den vorgelagerten Sawadi-Inseln zur Verfügung.

> #### Schnorcheln/Tauchen
Zum Al Sawadi Beach Resort gehört eine renommierte Tauchschule, die Kurse und Schnorchel- bzw. Tauchausflüge zu den Sawadi- und Daymaniyat-Inseln anbietet.

Verkehrsmittel
> #### Busse
ONTC -Busse *fahren regelmäßig vom Barka-Kreisverkehr in Richtung Muscat.*

> #### Taxis
Taxis und Sammeltaxis *bekommt man auf jeden Fall am Barka R/A, wo auch Minivans halten. Mit ihnen kann man problemlos Muscat erreichen.*

Nakhl

Vom Barka-Kreisverkehr aus führt die Nationalstraße 13 schnurgerade durch die Batinah-Ebene südwärts. Nach gut 30 km erreicht man **Nakhl**, dessen Name sich vom arabischen Wort *Nakheel* für Dattelpalme ableitet. Das schmucke kleine Dorf an den Ausläufern des Jebel Akhdar-Massivs fügt sich harmonisch in die gebirgige Landschaft ein. Am **Jebel Nakhl** entspringen zahlreiche kleine Flüsschen, die dem Ort seinen Wohlstand bescheren. Er versetzte den hier ansässigen Yaruba-Stamm in die Lage, den Grundstein für die bedeutende Yaruba-Dynastie zu legen, aus der im 17. und 18. Jh. die Imame stammten. *Nach Dattelpalme benannt*

Oberhalb des Zentrums von Nakhl ragt vor eindrucksvoller Gebirgskulisse die mächtige **Festung** von Nakhl auf, die sechs Wehrtürme besitzt. Die auf einem Felssporn errichtete Anlage scheint aus dem Gestein zu wachsen. Ihre Ursprünge liegen in der Zeit der persischen Besatzung, in späteren Jahrhunderten wurde die Festung mehrfach umgebaut und erweitert. 1990 restaurierte man das Fort mit traditionellen Materialien und stattete die Räumlichkeiten mit historischem Mobiliar und traditionellen Alltagsgegenständen aus. Bemerkenswert sind die ornamentalen Deckenmalereien und die geschnitzten Holztüren. Vom Dach der Festung genießt man einen herrlichen Blick über die Oase und die Batinah-Ebene. Während des Eid-Festes kommen die Einwohner des Dorfes vor dem Fort zusammen, um zu feiern und zu tanzen. Zu Füßen der Festung gibt es ein Café, von dem man die gesamte Anlage im Blick hat – ein guter Platz zum Verschnaufen und Fotografieren. *Ausblick auf die Batinah-Ebene*
Nakhl Fort, Sa–Do 9–16, Fr 8–11 Uhr, Eintritt 500 Bz.

Die Festung von Nakhl vor der eindrucksvollen Bergkulisse des Jebel Akhdar

Gegenüber dem Fort liegt der kleine **Souq**, der aus einer schmalen, überdachten Gasse besteht. In den Geschäften wird vor allem mit Gewürzen und Haushaltswaren gehandelt, während der Verkauf von Lebensmitteln auf dem offenen Platz davor stattfindet.

Hinter der Festung windet sich eine etwa 3 km lange Straße durch ein breites Wadi mit dichten Palmenhainen zu den **heißen Quellen von Ain Thowarah** hinauf, einem beliebten Picknickziel.

Wadi Mistal

Eigen-
tümliche
Landschaft

Etwa 16 km westlich von Nakhl ist linkerhand der Abzweig zum **Wadi Mistal** ausgeschildert, das den Reisenden in eine Landschaft von ganz eigentümlichem Reiz entführt. Die ersten 7 km der Strecke verlaufen auf asphaltierter Straße über eine trockene Ebene (es wird weiter gebaut). Um der sich anschließenden Piste durch das Wadibett nach **Wukan** folgen zu können, benötigt man ein Allrad-Fahrzeug. Nach dem Eintritt in die Berge durch eine schmale Engstelle führt die Piste zunächst durch eine enge Schlucht mit steil aufragenden Felswänden. Riesige, im trockenen Flussbett verstreut liegende Felsbrocken zeugen von der Wucht, mit der sich hier nach starken Regenfällen Flutwellen ergießen. Nach einigen Kilometern weitet sich das Wadi zu einer riesigen Senke, der **Ghubrah Bowl**, an deren Rändern sich die Bergmassive des **Jebel Akhdar** und des **Jebel Mahil** auftürmen. Grüne Gärten bestimmen den ersten Eindruck vom Dorf **Al Ghubrah**, dessen Häuser sich im Schatten der Palmen vor der Sonne verstecken. Im Zentrum stehen die Ruinen eines kleinen Forts. Ein Abstecher, der Gelegenheit zu einer kurzen Wanderung gibt, führt von Al Ghubrah nach

Die Oase Wukan in der riesigen Senke der Ghubrah Bowl

Saqlah. Man erreicht das kleine Tal, indem man in Al Ghubrah rechts abbiegt. Nach etwa 1 km kann man den Wagen parken und auf den restlichen 3 km nach Saqlah einem Eselspfad folgen.

Zur Hauptpiste zurückgekehrt, führt die Tour durch die staubige Senke weiter nach **Wukan**. Am Südende des Beckens beginnt eine Serpentinenstrecke, die an einzeln stehenden Häusern, einer Schule und dem Dorf **Al Hegar** vorbeiführt. Nach insgesamt etwa 30 Pistenkilometern (ohne den Abstecher nach Saqla) erreicht man **Wukan**, eine der schönsten Oasen der Region. Malerische Terrassenfelder umgeben das Dorf, das sich im Februar von seiner schönsten Seite zeigt, wenn die Mandel- und *Malerisch* Aprikosenbäume in leuchtendem Pink und Weiß erstrahlen. Bestimmte eben noch das *gelegene* Grau der Wüste den Eindruck, so ist es nun das satte Grün der Plantagengärten, in *Oase* denen Feigen, Wein, Limetten, Aprikosen und Alfalfa gedeihen. Es lohnt sich, das Fahrzeug abzustellen und dem Lauf des Falaj zu folgen, der durch die Plantagen führt. Unterwegs sieht man immer wieder Menschen bei der Arbeit, nach einer Weile erreicht man eine Moschee. Wer über genügend Zeit und Ausdauer verfügt, kann vom Ort aus auf einem markierten Pfad zum 2.500 m hoch gelegenen **Wukan-Pass** aufsteigen, von dem sich ein herrlicher Blick über die Ghubrah Bowl bietet.

Wadi Abyadh

Rund 4 km westlich des Abzweigs ins Wadi Mistal biegt kurz vor **Al Mahalil** (das ca. 2 km von der Hauptstraße entfernt liegt) eine nordwärts führende Straße zum **Wadi Abyadh** ab. Das Wadi ist bekannt für seine Felsenpools mit leuchtend blauem Wasser. Mit einem Allradfahrzeug kann man diese faszinierende Welt sehr gut in einem halben Tag erkunden. Die asphaltierte Strecke endet nach etwa 2 km, im Anschluss führt eine Piste noch etwa 10 km in das sich zunehmend verengende Tal hinein. Vom Ende der Piste kann man eine etwa 90-minütige Wanderung zum Dorf **Al Abyadh** unter- *Idyllische* nehmen. Unterwegs bieten immer wieder Pools Gelegenheit, sich zu erfrischen; san- *Picknick-* dige Stellen, sattes Grün am Ufer und schattige Bereiche laden zum Picknicken ein. *plätze* Nach starken Regenfällen steht das Wasser im Wadi manchmal so hoch, dass einige Abschnitte nur schwimmend zurückgelegt werden können. Von einem Besuch am Wochenende sollte man Abstand nehmen, da sich dann auch viele Hauptstadtbewohner hierhin auf den Weg machen.

Al Awabi

Palmenhaine und Felder begleiten die Nationalstraße 13 auf der Weiterfahrt nach Rustaq. Die auf den Bergkämmen thronenden Wachtürme wurden früher zu ihrem Schutz benötigt. Etwa 30 km westlich von Nakhl zweigt eine Straße nach links zur Oase **Al Awabi** ab. Die Kleinstadt in der Nähe von Nakhl ist für ihre fruchtbare Umgebung bekannt. Neben der Landwirtschaft bildet die Imkerei einen wichtigen Erwerbszweig der hier lebenden Menschen. Früher war in Awabi der Stamm der Bani Kharus ansässig, unter deren Herrschaft das alte **Fort** im Süden des Ortes errichtet wurde. Es besteht vorwiegend aus Lehm und Stroh – man kann dies gut erkennen, weil das Fort weitgehend unrestauriert ist und somit zahlreiche Schäden aufweist, bei denen das Innere der Mauern zu Tage tritt. Das Fort von Awabi bewachte einst den Eingang zum **Wadi Bani Kharus** und damit einen wichtigen Zugang zum Jebel Akhdar-Massiv.

Wadi Bani Kharus

Man erreicht den Eingang zum **Wadi Bani Kharus**, indem man in Al Awabi auf Höhe des Forts nach links (in südlicher Richtung) auf die Schotterpiste abbiegt und dieser durch die Plantagen folgt. In dem fruchtbaren Wadi gibt es ausgedehnte Dattelplantagen, die über verschiedene Bewässerungssysteme ganzjährig mit Wasser versorgt werden können. Wegen des fruchtbaren Bodens war die Gegend schon früh besiedelt – etwa 20 km vom Eingang zum Wadi entfernt kann man nahe den Resten einer stark korrodierten Wasserleitung Felsgravuren entdecken, deren Alter auf etwa 1.500 Jahre geschätzt wird. Sie stellen unterschiedliche Tierarten und Krieger dar. Im Umkreis der Felsritzungen finden sich zahlreiche Fossilien von Meereslebewesen, die belegen, dass die Region einst unter dem Meeresspiegel lag. Eine Fahrt durch das Wadi Bani Kharus kommt einer Reise durch die Erdgeschichte gleich: In dem tief eingeschnittenen Tal treten Gesteinsformationen zu Tage, die zu den ältesten des Jebel Akhdar zählen. 90 bis 280 Mio. Jahre alt sollen die Kalksteinfelsen sein, tiefer im Inneren des Wadi sogar bis zu 600 Mio. Jahre.

Reise durch die Erdgeschichte

Reizvolle Fotomotive geben aber nicht nur die bizarren Felsen ab – auf dem Weg durch das Tal passiert man immer wieder schön gelegene, von Terrassenfeldern umgebene Dörfer, darunter **Sital** mit urtümlichen Steinhäusern und **Taqub**, in dessen Umgebung man zahlreiche **Tillite** findet, von Gletschern abgelagertes Gesteinsmaterial. Es bezeugt, dass auch der Wüstenstaat Oman in grauer Vorzeit phasenweise von Eis bedeckt war. Kurz vor dem Ende des Wadis liegt auf einer Anhöhe **Masanah**, ein Dorf mit Häusern im jemenitischen Stil und grünen Terrassenfeldern. Nach insgesamt etwa 30 km (und 1,5 Stunden Fahrzeit!) endet die Piste. Wer mag, kann zu Fuß noch ein Stück weiter wadiaufwärts wandern, vorbei an weiteren Terrassengärten und ganzjährig Wasser führenden Felsenpools.

Abstecher in das Wadi Bimah (Snake Gorge)

Die im Folgenden beschriebene Tour sollte nur von erprobten Offroad-Fahrern mit sehr viel Fahrerfahrung in Angriff genommen werden. Man folgt zunächst dem Wadi Bani Kharus wenige Kilometer bis zu einer Art Kreuzung, an der eine Piste nach links (d. h. nach Osten) in Richtung **Sital** abbiegt. Hier hält man sich nun rechts und fährt weiter in südwestlicher Richtung. Unterwegs ziehen immer wieder bizarr geformte Gesteinsformationen den Blick auf sich. Schaut man genauer hin, kann man stellenweise Kupfer als bläuliches Band im Gestein erkennen. Über einen Pass gelangt man zum Dorf **Bir**. Von hier aus der Route westwärts folgend, gelangt man wieder an eine Kreuzung, an der man sich in Richtung Südwesten hält. Nach 14 km erreicht man **Al Zamah**, einen Ort, nach dem eine Pflanze benannt wurde, die hier endemisch vorkommt: Die Blüten der *Tecomella Al Zamah* (arabisch *Farfar*) setzen besonders im Januar und Februar orange Farbtupfer in der kargen Landschaft.

Abstecher für Offroad-Fahrer

In Al Zamah beginnt die kurvenreiche und entsprechend unfallträchtige Route nach **Bimah** durch das gleichnamige Wadi, das auch als **Snake Gorge** bekannt ist. Die Schlangenschlucht bekam ihren Namen nicht, weil die Reptilien hier besonders zahlreich vorkommen, sondern wegen ihres mäandrierenden Verlaufs. Das ganzjährig Wasser führende **Wadi Bimah** ist mit seinen Felsenpools und kleinen Wasserfällen ein reizvolles Wanderziel, wegen der Gefahr von *Flash Floods* sollte es aber nur in Begleitung eines ortskundigen Führers erkundet werden. In **Hat** ist das Ende des Tals erreicht (s. auch S. 193). *Schlängeln-der Verlauf*

Abstecher durch das Wadi Bani Awf/Wadi Sahtan

Etwa 10 km westlich von Al Awabi ist *Far* und damit der Eingang zum **Wadi Bani Awf** ausgeschildert. Auch hier erwartet Besucher eine spektakuläre Gebirgsszenerie. Man biegt in südlicher Richtung von der Straße ab und folgt dem Wadi zunächst auf holpriger Piste, vorbei an Felsenpools und Oasengärten. Nach etwa 15 km gabelt sich die Piste, in westlicher Richtung zweigt hier der Track zum **Wadi Sahtan** ab (Ausschilderung „Al Jafr"). Sich links haltend und dem Wadi Bani Awf weiter folgend, erreicht man nach etwa 22 km **Al Zamah**, danach steigt die Piste in steilen Serpentinen nach **Bilad Sayt** an, einer der schönsten Bergoasen des Landes. Das von Terrassenfeldern umgebene Dorf ist nach weiteren 6 km erreicht. Von hier fährt man zurück nach Al Awabi; wer noch ein weiteres Wadi erkunden möchte, fährt zurück zur Gabelung mit der Beschilderung Al Jafr und biegt dort zum Wadi Sahtan ab. Die Al Faseh-Ebene querend, ist nach etwa 15 km bei **Amq** das Tal erreicht. *Spektakuläre Gebirge*

Die schroffen Bergketten des Hajar verlieren sich mit zunehmender Entfernung im Dunst

Abgelegenes Dorf

Statt nun nach rechts in das Wadi abzubiegen, kann man noch einen Abstecher nach **Wijmah** unternehmen, einer hübschen kleinen Bergoase, deren Einwohner sehr zurückgezogen und weltabgewandt leben. Auf steilen Serpentinen erreicht man nach etwa 5 km einen Aussichtspunkt, von dem sich ein schöner Blick auf die von schmalen Terrassenfeldern umgebene Siedlung bietet. Ihre Steinhäuser sind in die Hinterlassenschaften von Geröllawinen vergangener Jahrhunderte eingebettet. Von einem Besuch des Dorfes selbst sollte man aus Rücksicht auf die Bewohner absehen.

Ganzjährig Wasser

Wieder zurück in Amq, folgt man nun dem Wadi Sahtan nordwärts. Nach knapp 4 km erreicht man die **Sahtan Bowl**, einen weiten Talkessel. Hier gibt es eine Reihe kleiner Siedlungen, deren Bewohner neben der Landwirtschaft Imkerei betreiben. Nachdem man das Becken durchquert hat, bildet das Wadi eine tief eingeschnittene, enge Schlucht. Mäandrierend gräbt sie sich durch das Hajar-Gebirge, wo zahlreiche Quellen die Falaj-Kanäle speisen, die zur Bewässerung der Oasen dienen. Das Wadi führt fast ganzjährig Wasser – immer wieder müssen Furten überquert werden. Nach etwas mehr als 20 km ist wieder die Straße Rustaq–Ibri erreicht. Auf der gelangt man nach etwa 9 km zurück nach Rustaq, wo man im **Shimouk Tourist Resthouse** (s. S. 228) übernachten kann.

Rustaq

Etwa 15 km westlich von Al Awabi erreicht man den Rustaq-Kreisverkehr, über den man geradeaus fahrend ins Zentrum von **Rustaq** gelangt. Der Ort war im 17. Jh. die Hauptstadt Omans. Als Verwaltungssitz hat er noch heute Bedeutung – verschiedene Ministerien, das Regionalkrankenhaus und zwei Colleges sind hier angesiedelt.

Fort

Von der glanzvollen Vergangenheit des Ortes zeigt das eindrucksvolle **Fort Qalat al Qesra**, dessen Geschichte in die Zeit der persischen Besatzung zurückreicht. Nicht weit von den wichtigsten Zugangswadis in den Jebel Akhdar entfernt erbauten die Invasoren im 7. Jh. eine Befestigung. Im Laufe der Jahrhunderte widerfuhr der Anlage ein ähnliches Schicksal wie vielen anderen Forts in Oman. Sie wurde mehrfach zerstört und wieder aufgebaut bzw. erweitert. 1250 errichteten die Julandhar (nordindische Invasoren) eine Festung auf den Ruinen des persischen Forts. Sein heutiges Erscheinungsbild verdankt der Bau Nasir bin Murshid, dem ersten Herrscher der Yaruba-Dynastie, der seinen Regierungssitz 1624 von Bahla nach Rustaq ver-

Eckturm des Forts Qalat al Qesra

legte. Sein Nachfolger Saif bin Sultan, der von 1649 an in Rustaq residierte, legte die ausgedehnten Palmenhaine in der Umgebung an. Er ließ das Bollwerk durch vier Türme verstärken. Später fügte Ahmed bin Said, der erste Imam der Al Bu Said-Dynastie (1749–1783), noch zwei weitere Türme hinzu. Nachdem der Imam Hamad bin Ahmed den Regierungssitz 1784 nach Muscat verlegt hatte, verlor Rustaq an Bedeutung, blieb aber ein wichtiges religiöses Zentrum der Ibaditen. Der Einfluss des Sultans reichte nicht bis hierher, erst in den 1950er-Jahren konnte Said bin Taimur mit Hilfe der Briten Rustaq unter seine Kontrolle bringen. Während des Jebel Akhdar-Krieges suchte Talib bin Ali im Fort Qalat al Qesra Zuflucht, der Bruder des Imam.

Ummauerter Oasengarten bei Rustaq

Mächtige Mauern schützten die Bewohner des Forts vor Angriffen. Ein durchdachtes **Falaj**-System stellte die Wasserversorgung sicher. Sollte es durch Feindeinwirkung einmal kein Wasser mehr liefern können, gab es zusätzlich einen tiefen Brunnen. Gelebt und gekämpft wurde auf drei Ebenen, die über vier große Eingangstore erreichbar waren. Innerhalb der Ebenen verschlossen zahlreiche weitere massive Holztüren den Durchgang, der z. B. in der zweiten Ebene zu sechs Wohnräumen führte. Jede dieser Türen war nicht nur ein passives Hindernis für Angreifer, sondern diente auch der aktiven Verteidigung, denn durch verborgene Schlitze über den Türen konnten Angreifer mit heißem Öl übergossen werden. Das Fort wurde in den 1990er-Jahren restauriert und kann von innen besichtigt werden.

Zur Verteidigung gebaut

Fort Qalat al Qesra, *tgl. 8–17 Uhr, Eintritt 500 Bz.*

Souqs

Der **alte Souq** neben dem Fort ist nur noch ein Schatten seiner selbst, in den wenigen noch geöffneten Läden werden kunsthandwerkliche Souvenirs für Touristen gehandelt. Quirliger ist der **neue Souq**, der sich etwa 1,5 km nördlich an der Hauptstraße befindet. Hier bilden Dinge des täglichen Bedarfs den Schwerpunkt des Warenangebots, entsprechend trifft man auf viele Einheimische.

Ain al Kasfah

Von der Hauptstraße aus ist durch eine Plantage die Quelle **Ain al Kasfah** erreichbar (der Ausschilderung Hot Springs folgen). In mehreren Pools sammelt sich das heiße, schwefelhaltige Wasser, das bei Hautkrankheiten und Gelenkbeschwerden eine lindernde Wirkung haben soll.

Gesundheitsfördernde Quelle

Reisepraktische Informationen zu Rustaq

Telefonnummern	
Vorwahl	26
Polizei	26875099
Notruf	9999

Unterkunft

Al Shimookh Tourist Resthouse €, *Rustaq–Ibri Road*, ☏ *26877071*, 🖨 *26877072. Einfache, aber saubere Unterkunft, 2014 neu erbaut, das ältere Hotel glei-chen Namens wurde abgerissen.*

Essen und Trinken

*An der Hauptstraße gibt es etliche kleine **Shawarma**-Restaurants.*

Verkehrsmittel

▸ **Minivans/Taxis**

*Kleinbusse fahren regelmäßig in Richtung **Nakhl** (0,50 OR), **Barka** (0,40 OR) und **Muscat** (1 OR). Der Parkplatz befindet sich in der Nähe des Forts.*
*Vom Straßenrand aus kann man Taxis in Richtung **Sohar** (3 OR) oder **Muscat** (OR 2) chartern.*

Al Hazm

Der Nationalstraße 11 von Rustaq in Richtung Küste folgend, erreicht man nach etwa 20 km **Al Hazm**, eine von Palmenhainen umgebene und von einem mächtigen **Fort** bewachte Oase. Sultan bin Saif II., ein Herrscher der Yaruba-Dynastie, ließ die Anlage 1708 als eine der letzten großen Festungen des Landes erbauen. Der Potentat starb 1718 und wurde im Westturm des Forts beigesetzt.

Fort Al Hazm bei Rustaq

2,5 m hohe und 30 cm starke Tore verschlossen einst den Eingang zu der mächtigen Festung, die einen quadratischen Grundriss besitzt. Die beiden runden Wehrtürme sind durch einen Tunnel miteinander verbunden. Erst vor kurzem wurde das Gebäude für die Öffentlichkeit zugänglich gemacht. Nun kann man einen Blick in die ehemaligen Wohnräume, die Küche, die Speicher für Datteln und Reis sowie die Koranschule werfen. Auch in der Festung Al Hazm gewährleistete ein **Falaj**-System die Wasserversorgung, das durch verschiedene unterirdische Brunnen ergänzt wurde. Schießscharten für Kanonen sowie Musketen dienten der aktiven Verteidigung, zwei Fluchttunnel endeten in Verstecken außerhalb. Angeblich führte einer dieser Tunnel sogar bis zum 32 km entfernten Rustaq.

Fort Al Hazm, *Sa–Do 9–16, Fr 8–11 Uhr, Eintritt 500 Bz.*

Abstecher: Durch das Wadi Hoqain nach Al Hazm

Allrad-Fans haben die Möglichkeit, die Nationalstraße 11 rechts liegen zu lassen und durch das **Wadi Hoqain** (auch **Hawqain**) nach Al Hazm zu fahren. Man erreicht es, indem man von Rustaq kommend zunächst der Straße nach Ibri folgt und dann nach rechts in Richtung **Al Nazwah** abbiegt. Schon nach gut 2 km entdeckt man zwei Bauwerke, einen befestigten Turm auf einem Hügel und ein Fort im Wadi selbst. Beide schützten die reichen Dattelplantagen des Umlandes. Immer wieder kommt *Dattel* man an Wasserlöchern vorbei, ihnen verdankt das Dorf **Al Nazwah** seine Entste- *plantagen* hung, das man nach etwa 10 km erreicht. Auch hier wacht ein mächtiger Turm über den Ort. Vorbei am alten Fort und dem Dorf kann man zeitweise einem alten Falaj-System folgen.

Vom Dorf aus hält man sich zunächst rechts, nach etwa 200 m dann wieder links (Ausschilderung: „Wadi Bani Ghafir"). Nach dem Verlassen des Dorfes führt die Piste zum Wadi hinunter. Diesem folgt man bis **Al Hoqain** (Al Hawqain), einem lebhaften Ort, der ebenfalls über ein **Fort** verfügt. Es liegt inmitten der Plantagen und macht noch immer einen wehrhaften Eindruck, obwohl es sich im fortgeschrittenen Zustand des Verfalls befindet. Ein reizvoller Anblick sind die kleinen **Pools**, die zu Füßen des Hajar-Gebirges entstanden sind und der Oase Leben spenden. Wer mag, kann einen kleinen *Picknick-* Spaziergang unternehmen, der an mehreren Pools und Wasserfällen vorbei zu einer *pause an* Staumauer führt. Dahinter liegt ein **See** still zwischen dem satten Grün der Palmen *Pools* und Büsche – ein schöner Ort für ein Picknick.

Am Kreisverkehr von Al Hoqain zweigt eine Straße ab, die zur Nationalstraße 11 und nach Al Hazm führt.

Al Masnaah

Von Al Hazm aus erreicht man auf der Nationalstraße 11 nach etwa 25 km die Küstenautobahn. Auf dieser fährt man einige Kilometer in Richtung Muscat zurück, um an den Abzweig nach **Al Masnaah** zu gelangen. Die Gegend um den Ort ist noch recht ursprünglich. Eine geteerte Straße führt unmittelbar an der Küste entlang von Dorf zu

Baumaterial
Palme

Dorf. Unmittelbar bei **Al Masnaah** sieht man *Shashah* am Strand liegen, traditionelle Fischerboote aus Palmwedelrippen, die durch Palmfaserseile zusammengehalten werden. Nahebei ragen die Ruinen des **Forts Hilat al Husn** gen Himmel und tragen zum Reiz des Gesamtbilds bei. Etwas weiter westwärts steht bei **A'Shirs** ein weiteres weitgehend verfallenes Fort, bei **Al Uwayd** existiert nur noch ein Teil eines Turms.

In **Wadam al Sahil** kann man den Fischern bei der Arbeit zusehen, die nicht nur aus dem Fischfang selbst, sondern vor allem auch aus der Reparatur und Instandhaltung der Netze besteht. Auf der Fahrt am Meer entlang sieht man immer wieder die traditionellen „Sommerhäuser" der Bevölkerung, die aus dem Holz und den Wedeln von Palmen errichtet werden. Aus dem gleichen Material bestehen die hoch über dem Boden stehenden *Sajam*, große Lager, auf denen sich die ganze Familie zur Ruhe legt, um in luftiger Höhe den kühlenden Wind zu genießen. Hinter der **Said bin Sultan Naval Base** führt die Straße zur Küstenautobahn zurück.

🛏 **Unterkunft** *s. Karte S. 218/219*
Millennium Resort Mussanah (3) €€€€, ☏ *26871555, www.millennium hotels.com/millenniumresortmussanah/. Schickes Resort mit 234 Zimmern, direkt an der Küste mit eigener Marina und Wassersportangebot (ca. 45 Min. zum Flughafen von Muscat).*

Al Suwayq

Etwa 25 km westlich von Al Masnaah liegt **Al Suwayq**, ein verträumter Fischerort, der im 18. Jh. ein bedeutender Handelshafen war. Zeuge seiner großen Vergangenheit ist das restaurierte **Fort** am Strand, das immer noch Respekt gebietend über das Meer blickt. Drei Rundtürme und ein quadratischer Kanonenturm verstärken seine Ecken. Im Obergeschoss wurden mehrere Wohnräume mit historischem Mobiliar ausgestattet, von der zinnenbewehrten Mauer, die den Innenhof umgibt, bietet sich ein schöner Blick über die Stadt.
Fort Al Suwayq, *So–Mi 9–14 Uhr, Eintritt frei.*

An das Fort grenzen ein lebhafter **Souq** und ein **Fischmarkt** an. In den Straßen nahe dem Meer haben viele Schneider ihre Werkstätten. Der lange, einsame Sandstrand lädt zu ausgedehnten Spaziergängen ein.

Al Khaburah

35 km westlich von Al Suwayq liegt **Al Khaburah**, ein Zentrum des omanischen Weberhandwerks. Was hier auf traditionelle Weise hergestellt wird, findet sich später in den Kunstgewerbeläden in Muscat wieder. Einige Erzeugnisse aus lokaler Produktion kann man aber auch auf dem **Souq** nahe der Hauptstraße kaufen. Am Strand stand einst ein **Fort**, von dem aber heute nur noch die Ruinen eines Turmes sowie Mauerreste erhalten sind, an die in jüngerer Zeit Häuser angebaut wurden. Bei Al Khaburah beginnt das **Wadi Hawasina**, durch das eine 130 km lange, nur mit Geländewagen zu befahrende Piste nach Ibri führt.

Ist das Netz an Land, werden die Fische von Hand sortiert

Saham

Auf der Küstenautobahn knapp 40 km weiter westlich fahrend, erreicht man **Saham**. Auch in diesem Ort gibt es ein **Fort**, das restauriert wurde und heute Verwaltungsbüros und Ausstellungsräume beherbergt. Neben dem Fort lohnt der lebendige **Souq** einen Besuch, der sich in unmittelbarer Nähe des Strandes befindet. In Saham finden, wie in den meisten Küstenorten, regelmäßig Bullenkämpfe statt.

Abstecher ins Wadi Hibi

Knapp 30 km westlich von Saham erreicht man den Sohar-Kreisverkehr. Hier kann man nach links abbiegend dem landschaftlich reizvollen **Wadi Hibi** etwa 50 km ins Landesinnere folgen (oder weiter über Yankul bis nach Ibri fahren, s. auch S. 235). Eine asphaltierte Piste erschließt das Wadi, das zumindest stellenweise ganzjährig Wasser führt. Vom Kreisverkehr aus folgt man der Straße zunächst in Richtung **Beer Jam**. Der Weg führt durch ebenes Gelände mit einzeln stehenden Sträuchern und Bäumen, ab und an sieht man Schafe und Rinder, die im Schatten der Bäume ausruhen, gelegentlich auch ein Kamel. In der Folge wird die Landschaft durch sich an die Straße heranschiebende Anhöhen abwechslungsreicher, kurz vor Beer Jam rücken die Hügel wieder in den Hintergrund. Nach ungefähr 39 km erreicht man einen kleinen Bach, der einen Pool speist. Den Wasserlauf zu überqueren scheint zunächst einfach, doch sind viele Steine mit Algen bewachsen und entsprechend glitschig. Die Piste folgt nun weiter dem Rand des Wadi, überquert immer wieder Bäche und erreicht schließlich den Beginn eines wieder aufgebauten Falaj, bei dem einige Häuser stehen. Die kleinen Siedlungen im Wadi sind alle recht beschaulich, die letzte ist das namensgebende **Hibi**.

Durch das Wadi und zurück

Sohar

Am Sohar-Kreisverkehr rechts abbiegend gelangt man ins Zentrum der alten Hafenstadt, die auf eine glanzvolle Geschichte zurückblickt, heute aber eher verschlafen wirkt. Als eine kleine Oase am Meer könnte man den Ort mit seinem hübschen **Park**, der schönen **Küstenpromenade**, dem renovierten **Fort** und den vielen kleinen Geschäften am ehesten beschreiben.

Modernisierungsbestrebungen

Sohar ist mit etwa 140.000 Einwohnern der **Hauptort der Region**. Seit einigen Jahren ist man bestrebt, der Stadt durch groß angelegte Entwicklungsprojekte neuen Wohlstand zu verschaffen. Im Norden Sohars ist ein **moderner Tiefseehafen** im Bau, in dessen Umfeld ein großes Industriegebiet entstehen soll. Neben chemischen Fabriken, Metallhütten und Umschmelzwerken sollen hier auch Erdölraffinerien und Flüssiggasterminals angesiedelt werden.

Geschichte

Die Gegend um Sohar spielt schon im 3. Jt. v. Chr. eine wichtige Rolle, als aus den Minen der Region **Kupfer** nach Mesopotamien exportiert wurde. Schon in vorislamischer Zeit bestand hier eine Siedlung, deren Bewohner einen florierenden, bis nach China reichenden Seehandel betrieben. Seine **Blütezeit** erlebte Sohar vom 8. bis 10. Jh. unter den **Abbasiden**. Bis zu seiner Zerstörung durch die Perser 971 war die Stadt eine der reichsten und bedeutendsten der arabischen Welt. Sie kontrollierte den Seehandel nach Afrika und Asien, neben Kupfer wurden längst auch andere Waren wie Weihrauch, Datteln und Schildkrötenpanzer exportiert. Zu den eingeführten Gütern gehörten Edelhölzer, Gewürze, Edelsteine, Porzellan und Seide. Auf diese Zeit gehen auch die Geschichten um **Sindbad den Seefahrer** zurück, als dessen Heimat Sohar gilt.

Kanonen vor dem restaurierten Fort Sohar

Nutzloser Kampf

Von der Zerstörung durch die Perser konnte sich Sohar nie wieder erholen. In der Folgezeit lief ihm **Hormuz** den Rang als Seehandelszentrum ab. Im 16. Jh. geriet Sohar unter **portugiesische Herrschaft**, um im 18. Jh. erneut von den Persern besetzt zu werden. 1747 vertrieb Imam Ahmed bin Said die Eroberer endgültig. 1728 war Sohar Schauplatz des letzten Bürgerkriegs zwischen zwei verfeindeten Stämmen – er endete mit dem Untergang beider Dynastien, die unter der Führung von **Mohammed bin Nasir Al Ghafiri** und **Khalaf bin Mubarak Al Hinawi** zum Kampf antraten.

Sohar

Golf von Oman

Park · Az Zafaran · 2 · Sallan · Al Bahri Rd. · Karwan · Al Hadhirah · Fisch-markt · Kashmir St. · As Sultan Qaboos Rd. · Wadi Sallan · At Trayf · Sallan R/A · 01 · At Trayf St. · Al Batha St. · Mashal an Nur St. · VAE, Buraimi · Al Mahmudi St. · Freitags-markt · Al Muwaylah St. · Al Wiqayah St. · Health Centre · Al Hujrah · Sultan Qaboos Moschee · Ash Shati St. · Hillat as Sibarah · Souq St. · Fort Sohar · Handicraft-Souq · Al Suq St. · Al Hombar St. · Hillat ash Shizaw · Al Hambar · Stierkampf-arena · Sports Complex · Sohar Gardens · Sohar R/A · Al Bahjah St. · Mashal an Nur St. · 01 · Wadi al Hibi St. · Al Suwayq, Muscat · Lulu Supermarkt · Yanqul · Al Wiqaybah

0 Unterkunft
1 Al Wadi Hotel
2 Sohar Beach Hotel

N · 0 · 1 km · © graphic

Sehenswertes

Das **Fort** (1) von Sohar ist ein viergeschossiges, in reinstem Weiß erstrahlendes Gebäude mit fünf runden und einem quadratischen Turm. Es entstand auf den Ruinen eines Vorgängerbaus, der vermutlich unter der Herrschaft von Baha Al Din Ayadh errichtet wurde, einem Prinzen von Hormuz, der das Gebiet zwischen 1294 und 1312 regierte. Sein heutiges Erscheinungsbild verdankt es dem 17. Jh. Damals eroberten die Portugiesen die Stadt und sicherten sie mit einer neuen Wehranlage. Das Fort konnte durch einen Fluchttunnel verlassen werden, der 10 km außerhalb der Mauern wieder an die Oberfläche führte. Im Inneren der Festung befindet sich das Grab von Sayyid Thuwaini bin Said, der nach der Abspaltung Sansibars ab 1856 in Muscat herrschte *Kopie eines* und 1866 starb. Der ehemalige Wohnturm beherbergt ein **Museum**, das Exponate zur *Briefes von* Stadt- und Landesgeschichte zeigt. Glanzstück ist die Kopie eines Briefes, den der Pro- *Mohammed* phet Mohammed im Jahr 630 an die damals in Sohar herrschenden Yulanda-Söhne Abd und Jayfa schrieb. Sie sollen sich als erste Einwohner Omans zum Islam bekannt haben. Vom Dach des Turms bietet sich ein schöner Blick über Sohar und die gesamte Küste. **Sohar Fort**, So–Mi 8–14 und 16–18 Uhr, Do und Fr 8–12 und 16–18 Uhr, Eintritt 500 Bz..

Nach dem Besuch der Festung lohnt ein Spaziergang durch die umliegenden **Gärten**. Westlich des Forts liegt der **Fischmarkt**, auf dem vormittags die Fischer ihren frischen Tagesfang zum Verkauf anbieten.

Reisepraktische Informationen zu Sohar

Telefonnummern		Karte
Vorwahl	26	S. 233
Polizei	26840099, 26840096	
Notruf	9999	

Banken/Geldwechsel
In der Al Nahdha Street gibt es mehrere Bankfilialen und Wechselstuben.

Krankenhaus
Sohar Hospital, im Zentrum an der Al Nahdha Street, ☏ 26840399.

Unterkunft
Al Wadi Hotel (1) €€€, an der Nationalstraße 1 etwa 10 km westlich des Zentrums beim Sallan R/A, ☏ 26840058, ☐ 26841997, http://omanhotels.com/alwadi. Überwiegend Geschäftsleute frequentieren das kleine Hotel mit sehr arabischem Charakter. Die 79 geräumigen Zimmer befinden sich alle im Erdgeschoss. Pool im Innenhof, Fitnessraum und gutes Restaurant mit internationaler Küche.

Sohar Beach Hotel (2) €€€(€), 5 km westlich des Zentrums an der Corniche, ☏ 26841111, ☐ 26843766, www.soharbeach.com. Ruhig gelegenes Strandhotel im Stil einer omanischen Festung mit 45 Zimmern, Suiten und Chalets. Außenpool in schöner Gartenanlage, Tennisplätze und Fitnesscenter. Schönes Terrassenrestaurant mit umfangreicher Auswahl an Speisen und Getränken. Lounge, Diskothek und Bar mit Live-Unterhaltung.

Crowne Plaza Hotel €€€€, Falaj al Qabail R/A, etwa 15 km westlich des Zentrums, ☏ 26850850, ☐ 26850800, www.ihg.com/crowneplaza. 2009 eröffnetes Luxushotel mit 132 modern und geschmackvoll eingerichteten Zimmern. Zu den Freizeiteinrichtungen gehören neben dem Swimmingpool eine Bowlingbahn, Tennisplätze sowie ein Fitness- und Wellnesscenter. Für das leibliche Wohl sorgen zwei Restaurants und zwei Bars.

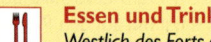

Essen und Trinken
Westlich des Forts gibt es mehrere kleine Restaurants mit einfachen Gerichten. In den Hotels gibt es Bars und Lounges, in denen man den Abend bei einem Drink genießen kann.

Aktivitäten
Sohar Beach Hotel, direkt am Strand, bietet viele Wassersportarten.

Einkaufen
Zwei große **Supermärkte** für jeden Bedarf sind der Lulu Supermarkt am Sohar R/A und der Sana Hypermarkt unmittelbar neben dem Al Wadi Hotel. Geschäfte aller Art säumen die Al Nahdha Street, Sohars Haupteinkaufsstraße. Frische Lebensmittel werden im **Souq** nahe der Al Nahdha Street zum Verkauf angeboten.

Verkehrsmittel
Fernbusse fahren einmal täglich vom Sohar Hospital an der Al Nahdha Street nach Muscat (3 Std., 2,50 OR) und Buraimi. Die **Taxis** halten nahe dem Krankenhaus in der Al Nahdha Street. Ein Taxi nach Ruwi, Rustaq oder Nakhl kostet etwa 15 OR. **Sammeltaxis** fahren für 2,50 OR zum Rusayl-Kreisverkehr bei Seeb und für 3 OR nach Ruwi. Eine Fahrt mit dem Minivan nach Rusayl schlägt mit 1,70 OR, eine Fahrt nach Ruwi mit 2 OR zu Buche.

Ausflüge von Sohar

Vereinigte Arabische Emirate

Von Sohar aus kann man Ausflüge durch das **Wadi al Jizi** nach **Buraimi/Al Ain** (s. S. 201ff.) oder zur Ostküste der **VAE** (s. S. 237ff.) unternehmen.

Berge und Wadis

Ein lohnender, etwa 380 km langer Tagesausflug, der sich bequemer mit einer Übernachtung (im Zelt oder unter freiem Himmel) durchführen lässt, führt durch die Wadis und Berge südlich von Sohar. Große Teile der Strecke können nur mit einem Allradfahrzeug gut befahren werden.

Zunächst biegt man am **Sohar-Kreisverkehr**, den ein Globus kennzeichnet, von der Küstenautobahn rechts ab. Hier beginnt das **Wadi Hibi**, das die fruchtbare Küstenebene mit der Gebirgskette im Inland verbindet. Das Tal ist eine alte Karawanenroute *Auf den* und somit der ideale Weg, um das Land zu „erfahren". Vorbei an kleinen Oasendör- *Spuren der* fern mit grünen Palmenhainen gelangt man nach 49 km an eine Weggabelung, an der *alten Kara-* man sich rechts in Richtung **Yanqul** hält. Nach 28 km passiert man den **Magic Rock**, *wanenroute* eine isoliert stehende Felsnadel, die sich über der Wüste erhebt. Nach weiteren 30 km ist **Yanqul** erreicht, wo man nach rechts zum **Wadi Dank** abbiegt. Nach knapp 3 km endet die asphaltierte Straße und wird zu einer Schotterpiste, nach weiteren 6 km biegt man bei der Oman Oil-Tankstelle ins Wadi ab, das auf beiden Seiten von steilen Felswänden begrenzt wird. Die Wadiränder werden von Dattelpalmen gesäumt, so dass die Piste streckenweise im Schatten der Bäume verläuft. Nach und nach treten die Felswände immer weiter zurück und das Wadi erweitert sich zu einer großen Pfanne, in der man sich anhand der Fahrspuren orientieren muss. Nach 22 km hält man sich links und überquert einen Pass in den Hügeln, um eine T-förmige Kreuzung zu erreichen, die in ein sehr fruchtbares Wadi führt. Etwa 9 km weiter erblickt man in den Felsen zahlreiche Höhlen, die sicherlich einst von wilden Tieren bewohnt waren, heute aber verlassen sind. Von hier aus erreicht man nach etwa 7 km ein weiteres Wadi mit intensivem Grün – ein guter Platz für ein Picknick.

Wenig später ist eine feste Piste erreicht, der man für weitere 15 km folgt, um dann auf die NA 21 nach **Ibri** abzubiegen. In der gesamten Gegend findet man Hinweisschilder zum gut 1.000 km entfernten Salalah. Dies ist der Tatsache geschuldet, dass viele Urlauber aus den nahen VAE während des Khareef über Ibri in Richtung Salalah fahren und dabei auf Wegweiser angewiesen sind. Man folgt nun der NA 21, bis das Hinweisschild nach **Al Dariz** erreicht ist. Auf diesem Weg nordwärts zur Küste fahrend, gelangt man nach etwa 6 km zu den Ruinen von **Al Ghabbi** unweit des verlassenen Ortes **Al Iraqi**. Um die Geschichte dieser Geisterstadt ranken sich viele Legenden: Angeblich soll hier einst ein böser Dschinn auf einen guten getroffen sein. Bei dem daraufhin entbrennenden Kampf kamen beide Geister zu Tode – nicht ohne *Geisterstadt* viele Menschen aus der Region mit ins Verderben gerissen zu haben. Noch heute pilgern vor allem Frauen hierher, um an den verfallenen Gräbern für Gesundheit zu beten.

Bei Liwa wurden erst vor wenigen Jahren diese Erd-gräber entdeckt

Nach etwa 110 km erreicht man dann bei **Al Khaburah** wieder die Küste und kann auf der Nationalstraße 1 nach Sohar zurückkehren.

Liwa

Von Sohar weiter nordwestlich fahrend, gelangt man nach etwa knapp 30 km zum Abzweig nach **Liwa**. Die kleine Ortschaft am Meer besitzt eine **Festung**, die von der Anlage her jener in Sohar gleicht. Der Abstecher nach Liwa lohnt aber weniger für Kulturinteressierte als für Ornithologen. Nahe dem Fort erstreckt sich ein großes Gewässer, das einem See gleicht, tatsächlich aber ein **Meeresarm** ist. Hier versammeln sich vor allem nach Regenfällen zahlreiche **Vogelarten**, darunter neben Zug- auch Standvögel.

Shinas

Kurz vor der Grenze zu den Vereinigten Arabischen Emiraten lohnt der kleine Ort **Shinas** einen Stopp, der hauptsächlich vom Fischfang lebt. Er erstreckt sich nahe einem *Lebensraum* breiten, langen **Sandstrand**, auf dem Fischerboote und Netze liegen. Palmhütten die-*für* nen den Fischern als Sonnenschutz. Zwischen Ort und Strand hat sich durch bei Flut *Krebstiere* einfließendes Meereswasser ein **Ästuar** gebildet, an dessen Rändern Mangroven ge-*und Vögel* deihen. Hier findet man im Schlamm Winkerkrabben und andere Krebstiere sowie zahlreiche Vogelarten, die hier teilweise ganzjährig leben, teils aber auch nur auf dem Weg zu ihren Überwinterungsgebieten einen Stopp einlegen. Shinas besitzt ein restauriertes **Fort**, in dessen Innenhof sich eine Moschee erhebt. Die Festung war zuletzt 1810 heftig umkämpft: Damals hatte die emiratische Al Qasimi-Dynastie Shinas besetzt, die die britische Vormachtstellung im Persischen Golf brechen wollte. Mit vereinten Kräften gelang es den Briten und dem omanischen Sultan Said bin Sultan jedoch, die Invasoren wieder zu vertreiben.

In der Region um Shinas ziehen sich zahlreiche **Wadis** von den Hängen des Hajar-Gebirges zum Meer hin. Während der sommerlichen Trockenzeit bemerkt man sie *Im Winter* allenfalls als Senken im Straßenverlauf, in deren Nähe Warnschilder auf mögliche Über-*Über-* schwemmungen hinweisen. In den Wintermonaten müssen solche Warnungen unbe-*schwem-* dingt ernst genommen werden, da die Wasserstände nach Regenfällen in kurzer Zeit *mungen* extrem ansteigen können. Im Gebiet der Berge führen einzelne Wadis auch ganzjäh-*möglich* rig Wasser und stellen daher beliebte Ausflugsziele dar, an denen sich nicht nur Menschen einfinden, sondern auch zahlreiche Tierarten, vor allem Vögel.

Wer von Sohar aus weiter nach Liwa und Shinas weiterfährt, reist in aller Regel auf dem Landweg zur **Musandam-Halbinsel** an oder unternimmt einen Ausflug an die **Ostküste der VAE**, wo **Fujairah** das touristisch interessanteste Ziel ist (s. S. 239ff.).

Erweiterung zur Route 4: Fujairah/Ostküste der VAE

Kalba/Khawr Kalba

Der Grenzübergang zu den Emiraten liegt bei **Khatmat Milahah**; nur wenig weiter nordwestlich erreicht man **Khawr Kalba**, das bis zum Beginn des 20. Jh. zu Sharjah gehörte und dann kurzzeitig ein eigenständiges Emirat war, bis es Anfang der 1950er-Jahre wieder dem Emirat Sharjah zugeschlagen wurde.

Der Ort **Kalba** erstreckt sich entlang eines herrlichen, kilometerlangen Sandstrandes, *Langer* der nur durch die Corniche von den Häusern getrennt ist. Die wichtigste Sehens- *Strand* würdigkeit bildet das kleine renovierte **Fort**, das heute ein Museum beherbergt. Hier werden hauptsächlich Exponate aus der Zeit der portugiesischen und britischen Besatzung gezeigt.
Fort & Museum Kalba, ☏ *2777689, Di–So 9–13, 17–20 Uhr, Fr nur nachmittags, Mi nachmittags nur für Frauen, Eintritt frei.*

Unmittelbar gegenüber steht das **Wohnhaus von Shaikh Saeed bin Hamad Al Qasimi**, der während der kurzen Phase der Unabhängigkeit über Kalba herrschte. In den Innenräumen werden neben Möbeln, Haushaltsgegenständen und Bildern auch Bücher, Instrumente sowie handschriftliche Notizen gezeigt.
Wohnhaus von Sheikh Saeed bin Hamad Al Qasimi, ☏ *2774442, Öffnungszeiten wie Museum, Eintritt frei.*

Am eindrucksvollsten ist aber die Mangrovenlandschaft am **Khawr Kalba**, einer sich in das Land hineinziehenden Lagune. Sie beginnt unmittelbar hinter der Grenze zu *Natur-* Oman und wurde mittlerweile unter Naturschutz gestellt, kann aber nach wie vor *paradies* von Besuchern erkundet werden. Die den Meeresarm begrenzenden Mangroven bil- *per Boot* den den Lebensraum für viele Tierarten. Zahllose Wasservögel nisten hier, gelegent- *erkunden* lich kann man Delfine beobachten, auch Schildkröten sind häufige Gäste im Brackwasser. Winkerkrabben und andere Krebstiere besiedeln die feuchten Ufer, während Eisvögel im Geäst der Bäume auf Fische lauern. Wer das Naturparadies aus nächster Nähe betrachten möchte, muss ein Boot mieten. Dies ist in **Kalba** möglich, wenn man einen der Fischer anspricht.

Der breite **Sandstrand** ist ein beliebtes Ausflugsziel für die Bewohner der Gegend. Um ihn zu erreichen, benötigt man ein Allradfahrzeug. Die Anfahrt verläuft wie folgt: *Anfahrt zum* Am letzten Kreisverkehr vor dem Mangrovengürtel biegt man von der Küstenstraße *Strand* nach rechts ab. Linkerhand befinden sich eine Eisfabrik und die Fischereibehörde. Biegt man hier nicht nach rechts ab, sondern folgt dem Kreisverkehr zur zweiten Ausfahrt, beginnt eine Schotterpiste, auf der man nach etwa 50 m eine Brücke überquert. Diese Brücke überspannt den Khawr. Im Brackwasser leben zahlreiche Fische und Meeresschildkröten, die man von der Brücke aus beobachten kann. Den Fahrspuren folgend gelangt man nach einigen hundert Metern zum Strand. Abends holen hier die Fischer ihre Netze ein, indem sie alte Allradwagen weit ins Meer fahren, das Netz am Fahrzeug befestigen und Netz und Fang so an den Strand ziehen. Fast immer werden Dutzende verschiedener Arten gefangen, von denen einige (meist Rochen) zurück ins Meer wandern. Der übrige Fang wird auf die Wagen verladen und auf dem nächsten Markt verkauft.

Emirat Fujairah

Kleines, eigenständiges Emirat

Nach etwa 6 km erreicht man von Kalba aus **Fujairah**. Das fast als unscheinbar zu bezeichnende Städtchen zwischen den östlichen Ausläufern des Hajar-Gebirges und dem Golf von Oman ist der größte Ort an der Ostküste der VAE. Fujairah ist zugleich das wirtschaftliche Zentrum des gleichnamigen Emirates, das sich auf etwa 1.200 km^2 vom Golf von Oman über die schroffen Höhen des Hajar-Gebirges bis in die dahinterliegende Sandwüste bei Masafi erstreckt. Bis 1952 gehörte Fujairah noch zum Emirat Sharjah, erwarb dann aber seine **Unabhängigkeit** und erlebt seitdem einen **kontinuierlichen Aufschwung**. Seit Mitte der 1970er-Jahre herrscht Sheikh Hamad bin Mohammed Al Sharqi über das Emirat Fujairah. Er entstammt der größten Volksgruppe der Region, dem Stamm der Sharqiyyin, dessen Wurzeln ebenso wie jene des omanischen Stammes der Hinawi im Jemen liegen. Sheikh Hamad studierte in Großbritannien und ist ein moderner, um Reformen bemühter Herrscher.

Bis Ende der 1970er-Jahre gab es keine Schnellstraße durch das Hajar-Gebirge in Richtung Dubai, was eine gewisse Isolierung des Emirates zur Folge hatte. Mittlerweile existiert eine gut ausgebaute Autobahn, auf der man in etwa zwei Stunden problemlos Sharjah und Dubai erreichen kann. Ein **internationaler Flughafen** und der in den 1980er-Jahren eröffnete riesige **Containerhafen** geben der Region wirtschaftliche Impulse.

Tropisches Klima

Die im Vergleich zu den übrigen Emiraten **ergiebigen Regenfälle** lassen das Klima in Fujairah oft eher tropisch als subtropisch erscheinen. Große Hitze geht hier mit oft enormer Luftfeuchtigkeit einher. Daraus resultieren Bedingungen, die zwar nicht unbedingt für Urlauber, dafür aber für die Landwirtschaft ideal sind. Obst und Gemüse gedeihen hier prächtig, und auch zahlreiche Viehfarmen finden ein gutes Auskommen.

Auch das Meer hat einiges zu bieten. Die warmen Gewässer des Golfes von Oman sind überaus fischreich, so dass sich hier **viele Fischereibetriebe** befinden. Bei Kalba oder Khawr Fakkan kann man überall den frischen Fang am Strand sehen, der entweder gerade angelandet wird oder bereits zum Trocknen in der Sonne liegt.

Strand und Tauchen

Doch damit nicht genug. Trotz des eher abträglichen Klimas an der Ostküste hat sich in Fujairah auch der **Tourismus** gut entwickelt. In den letzten Jahren entstanden an den herrlichen Stränden mehrere Resorts. Sonnenbaden und Schwimmen sind hier nur zwei Möglichkeiten der Freizeitbeschäftigung. Regelmäßig werden auch Bootsrennen ausgetragen, Regatten gefahren und wer mag, kann mit einer der Tauchschulen in der **wunderschönen Unterwasserwelt** auf Entdeckungsreise gehen. Die meisten Tauchreviere Fujairahs befinden sich in 4 bis 20 m Tiefe, sodass auch Anfänger hier ihr Dorado finden.

Fujairah-Stadt

Die Gebäude von **Fujairah** erheben sich mitten in der Geröllwüste, manche vielge-
schossig, die meisten aber eher niedrig und nicht übermäßig modern wirkend. Wind
treibt Staub über die Straßen, die von ihrer Breite her an Boulevards erinnern, wenngleich sie meist nur wenig bevölkert sind. Ein wenig unwirklich erscheint diese Kulisse *Fast unwirkli-*
tagsüber, während sie sich bei abendlicher Beleuchtung merklich wandelt. Geradlinig *che Kulisse*
angelegte Straße durchziehen die Stadt von Westen nach Osten, wo sie am Meerufer
enden. Schöne Promenaden laden hier zum Flanieren ein.

Auf fast allen Hauptstraßen wird die Geschwindigkeit über Kreisverkehre geregelt,
die im Zentrum oft mit überdimensionalen Gegenständen aus dem arabischen Alltag
geschmückt sind, so z. B. mit einer riesigen Kaffeekanne und Kaffeetassen.

Fujairah Fort

Am nördlichen Stadtrand erhebt sich auf einer kleinen Anhöhe ein malerisches **Fort**
mit lehmfarbenen Mauern. Die aus drei Hauptgebäuden bestehende Anlage mit großen
Versammlungsräumen und mehreren Wachtürmen wurde im 16. Jh. erbaut und diente
dem damaligen Herrscher als Wohnsitz. In der direkten Umgebung stehen die Ruinen
einer Siedlung, die das Fort einst
umgab. Wege, einige Mauern und
Teile von Häusern sind erkennbar.
Seit einigen Jahren wird an der
Restaurierung sowohl des Forts
als auch des Dorfes gearbeitet –
Ziel ist es, eine Art Freilichtmuseum einzurichten. Ein Rundgang
über das Gelände ist am späten
Nachmittag am lohnendsten. Die
untergehende Sonne taucht das
Fort dann in ein ganz eigentümli-
ches Licht.
Fujairah Fort, *Sa–Do 8–13, Fr*
16–18 Uhr, Eintritt 2 Dh.

Das auf einer Anhöhe gelegene Fujairah Fort

Fujairah Museum

Unmittelbar neben dem Fort wurde im ehemaligen Amtssitz von Sheikh Zayed ein
kleines **Museum** eingerichtet. Einen Schwerpunkt der Ausstellung bilden volkskund-
liche Exponate, die Schmuck, Kleidung, Waffen, Werkzeuge und Haushaltsgegenstände
umfassen. In der archäologischen Abteilung werden Grabbeigaben und andere Ausgrabungsfunde aus dem gesamten Emirat gezeigt. Zu den Glanzstücken zählt ein aus
einem Straußenei gefertigter Behälter, der sich auf das 3. Jt. v. Chr. datieren lässt.
Fujairah Museum, *Al Nakheel Road/Sultan Road,* ☏ *2229085, So–Do 8.30–13.30,*
16.30–18.30, Fr 14–18.30 Uhr, Eintritt 3 Dh.

Dattelgärten

Entlang der Küstenstraße erstrecken sich fast durchgängig ausgedehnte **Dattel-gärten**. Sie werden nur durch die Hamad Bin Abdullah Road, die Al Muntazar Road, die Al Nakheel Road und die Kuwait Road durchschnitten. Es lohnt sich, eine Weile zwischen den Schatten spendenden Dattelpalmen mit Früchten in unterschiedlichsten Reifegraden umherzustreifen.

Zentralmarkt

Wer nach dem Spaziergang Lust auf die süßen Früchte bekommen hat, kann sie auf dem **Zentralmarkt** an der Ecke Hamad bin Abdullah Road/Gurfa Road kaufen. Zahlreiche Händler bieten hier Datteln, Mangos, Ananas, Bananen und andere exotische Früchte feil. Bei den Gewürzhändlern gleich nebenan riecht es wie in 1001 Nacht, hier *Produkte* kann man sich mit Souvenirs eindecken, die die heimische Küche bereichern. Auch *aller Art* Weihrauch und andere Räucherwaren sind im Angebot. Unmittelbar neben dem Obst- und Gemüsemarkt liegt der Fleisch- und Fischmarkt, den aber nur besuchen sollte, wer keine allzu geruchsempfindliche Nase besitzt. An weiteren Ständen werden Textilien verkauft. Hier findet man sicherlich nichts für die Abendgarderobe, dafür aber preisgünstige T-Shirts oder traditionelle arabische Bekleidung.

Goldsouq

Das glänzende Metall wird wie überall in den Emiraten auch hier hoch geschätzt. Neben einzelnen (eher teuren) Geschäften entlang der Haupteinkaufstraße gibt es einen kleinen **Goldsouq** an der Kreuzung Sheikh Zayed Bin Sultan Road/Hamad Bin Abdulla Road.

Gläubige warten während des Ramadan auf das Iftar-Essen vor der Moschee

Ain al Madhab Garden

Etwas außerhalb des Zentrums erstreckt sich zu Füßen der Hajar-Berge eine hübsche Gartenanlage, die sich früher im Privatbesitz des Sheikhs befand. Inzwischen darf sich die Öffentlichkeit in dem Park ergehen, in dem es neben verschiedenen Spazierwegen *Öffentliche* auch zwei Pools mit schwefelhaltigem Wasser gibt. Dort kann man nach Geschlechtern *Parkanlage* getrennt baden. Ein kleines Restaurant sorgt für das leibliche Wohl. In einem Freilichttheater werden folkloristische Darbietungen gezeigt.

Ain al Madhab Garden, *am westlichen Ende der Ittihad Road, tgl. außer Sa 10–22 Uhr, Eintritt 2 Dh, mit Bad im Pool 5 Dh.*

Heritage Village

Unmittelbar neben dem Ain Al Madhab Garden wurde ein kleines Freilichtmuseum eingerichtet, das einen Eindruck vom Leben im Emirat vor dem Einsetzen des Ölbooms gibt. Mehrere traditionelle Behausungen, ein Bewässerungskanal und ein Brunnen wurden rekonstruiert, landwirtschaftliche Werkzeuge und Fischerboote runden das Bild ab.

Heritage Village, ☎ 2226662, *So–Do 8.30–13.30, 16.30–18.30, Fr 14–18.30 Uhr, Eintritt 5 Dh.*

Stierkampfarena

Südlich des Stadtzentrums befindet sich an der Hauptstraße nach Kalba eine kleine Arena, in der vor allem während der Wintermonate fast jeden Freitag **Bullenkämpfe** stattfinden. Dabei messen zwei annähernd gleich große und gleich starke Stiere ihre *Unblutige* Kräfte, indem sie die Schädel gegeneinanderdrücken und den Gegner wegzudrängen *Kämpfe* versuchen. Verloren hat das Tier, das zuerst zurückweicht. Die Kämpfe finden zwischen 16 und 19 Uhr statt.

Reisepraktische Informationen zu Fujairah

Telefonnummern	
Vorwahl Emirate	971
Vorwahl Fujairah	09
Polizei	999
Rettungswagen	998

i **Informationen**
Fujairah Tourism & Antiquities Authority, ☎ 2231554, 🖨 2231006, www.fujairahtourism.ae.

$ **Banken/Geldwechsel**
An der Hamad bin Abdullah Road unterhalten mehrere Banken Filialen, Wechselstuben findet man an der Sheikh Zayed Road.

Krankenhaus
New Fujairah Hospital, *Al Njaimat Road/Masafi Road,* ☎ 2242999.
Fujairah Medical Centre, *Al Meena Street,* ☎ 2232555.

Post
Die Hauptpost befindet sich an der Al Sharqi Road.

Unterkunft

Aparthotel Adagio Fujairah €€€, *Hamad bin Abdullah Road,* ☎ 2239888,
🖨 2239779, www.adagio-city.com. *Neues Vier-Sterne-Aparthotel im Zentrum. Gut ausge-
statteet Apartments, schöner Outdoor-Pool, Fitnessbereich, Restaurant, freundliches Personal.
Ein **Lulu-Supermarkt** ist fußläufig erreichbar.*
Fujairah Hilton €€€, *Gurfa Road/Corniche,* ☎ 2222411, 🖨 2226541, www3.hilton.com.
*Eines der besten Hotels der Stadt, unmittelbar am eigenen, schwarzen Strand gelegen. Groß-
zügige Zimmer, schöne Gartenanlage mit Pool, drei Restaurants und Bar. Fitnesscenter, Tennisplätze und Putting Green, Wassersportzentrum und hauseigene Tauchbasis. Buchung von
Sightseeingtouren und Exkursionen.*
Al Diar Siji Hotel €€€€, *Hamad bin Abdullah Road,* ☎ 2232000, 🖨 2232111, www.
aldiarsijihotel.com. *Business-Hotel in der Stadtmitte mit Vier-Sterne-Komfort. Mehrere Restaurants und Bars, Fitnesscenter, Kegelbahn und hauseigenes Kino.*

Essen und Trinken
Al Meshwar, *Hamad bin Abdullah Road,* ☎ 2231113. *Das Restaurant befindet
sich in einem Gebäude, das an eine Kreuzritterburg erinnert. Im ersten Stock werden hervorragende arabische und internationale Gericht serviert, während man im Erdgeschoss arabisches Fastfood und Wasserpfeifen bekommt.*
Taj Mahal, *Hamad bin Abdullah Road,* ☎ 2225225. *Gute indische Küche zu moderaten
Preisen.*
Sadaf Restaurant, *Corniche,* ☎ 2333400. *Iranische Spezialitäten in einem Ambiente
mit Wasserspielen, Kandelabern und schweren Sesseln.*

Aktivitäten
*Am Strand des Fujairah Hilton Hotel können auch Nicht-Hotelgäste gegen Gebühr
baden. Zum Hotel gehören ein Wassersportzentrum und eine Tauchbasis, die Ausflüge in die
herrliche Unterwasserwelt vor der Ostküste der VAE organisiert.*

Einkaufen
Fujairah Trade Centre, *Hamad bin Abdullah Road. Kleineres Einkaufszentrum.*
Lulu Hypermarket, *Al Maktoom Road/Road No. 17. Mit großem Supermarkt.*
Zentralmarkt, *Gurfa Road/Hamad bin Abdullah Road. Neben Früchten aus ganz Asien fin-
det man hier auch eine große Auswahl an Gewürzen.*
Goldsouq, *Al Muntazah Road. Goldschmuck, dessen Stil sich am arabischen Geschmack
orientiert.*

Verkehrsmittel
Taxis *verkehren überall im Stadtgebiet und kosten auf allen Strecken 3 Dh. Man
kann sie vom Straßenrand aus heranwinken, über das Hotel rufen lassen oder findet sie bei
den Einkaufsmöglichkeiten.*

Khawr Fakkan

Etwa 30 km nördlich von Fujairah erreicht man **Khawr Fakkan**, eine hübsche Kleinstadt, die in einer malerischen Bucht gelegen ist. Obwohl sie nach Fujairah die zweitgrößte Hafenstadt der Ostküste ist, wirkt sie beschaulich und fast ein wenig verschlafen. „Fluss mit zwei Mäulern" lautet die Übersetzung ihres Namens. Er spielt auf die geteilte Mündung des oft trockenen Flusses an, der sich hier ins Meer ergießt.

Angesichts des herrlichen Strandes scheint die Ruhe im Ort verwunderlich. Eigentlich müsste der Tourismus hier nur so boomen. Doch angeblich schreckt das im Emirat Sharjah (zu dem die Stadt gehört) herrschende Alkoholverbot die Tourismusindustrie ab, so dass es nur wenige Übernachtungsmöglichkeiten gibt.

Über die Sheikh Khalid Road, Khawr Fakkans Hauptgeschäftsstraße, gelangt man zur ausgesprochen hübschen **Corniche**. An der Kreuzung beider Straßen erbaute man den **neuen Souq**, nachdem der **alte Souq** im Süden zu klein geworden war. Er ist immer noch in Betrieb; an den Ständen wird hauptsächlich Gemüse und Fisch gehandelt, denn in unmittelbarer Nähe befindet sich auch der **Hafen**. Palmen säumen die Corniche, Gras bedeckt den sandigen Boden, Kinderspielgeräte laden die kleinen Gäste zum Toben ein, während sich die Eltern im Sand aalen, im warmen Meer baden oder picknicken.

Minarett einer Moschee bei Khawr Fakkan

Bidiyah

Das etwa 8 km nördlich von Khawr Fakkan gelegene Küstenstädtchen ist einer der ältesten Orte der Emirate – früheste Siedlungsspuren lassen sich auf das 3. Jt. v. Chr. datieren. Nicht ganz so alt ist die **Moschee** des Ortes, Teile des Gebäudes stammen aber aus der Zeit zwischen dem 15. und 17. Jh. Es handelt

Wachturm bei der Moschee von Bidiyah

sich somit um das **älteste erhaltene Gebetshaus** der Vereinigten Arabischen Emirate. Die Architektur des aus Stein errichteten Gebäudes wurde von jemenitischen Vorbildern inspiriert, eine Besonderheit stellen die vier Kuppeldächer dar, die im Inneren von einer einzigen tragenden Säule gestützt werden. Auch Nicht-Moslems dürfen die Moschee besuchen, sofern sie angemessen gekleidet sind. Frauen müssen zusätzlich eine Kopfbedeckung tragen.

Fotospot Oberhalb der Moschee ragen noch die Reste von **Wachtürmen** einer ehemaligen portugiesischen Befestigung auf. Einst beschützten sie die Handelswege und den Hafen, heute ist der Platz ein guter Standort zum Fotografieren. Im Hintergrund erstreckt sich das Hajar-Gebirge, im Vordergrund das blaue Meer und dazwischen die grüne Oasenlandschaft.

Ein Besuch des **Souq**, auf dem neben Obst und Gemüse auch Fisch und Fleisch gehandelt werden, lohnt vor allem donnerstags. An anderen Tagen geht es hier eher beschaulich zu.

Dibba

Dibbas Geschichte reicht lange zurück. Schon zu Lebzeiten des Propheten Mohammed war der Ort eine der wichtigsten Hafenstädte Omans, zu dem er damals gehörte. Die Bucht, an der er liegt, bot einen geschützten und sicheren Ankerplatz. Weil bei Dibba gleich mehrere Wadis ins Meer münden (Wadi Fai, Wadi al Abadilah und Wadi Dajam), ist die Gegend um den Ort sehr fruchtbar. Palmenhaine und allerlei andere landwirtschaftlich genutzte Flächen legen ein beredtes Zeugnis davon ab.

Fischerboote bei Dibba

Zu den dramatischsten Episoden in der Geschichte der Stadt gehört die **Schlacht von Dibba**. Die Einwohner von Dibba hatten sich schon früh zum Islam bekannt, rebellierten aber nach dem Tod des Propheten gegen Khalif Abu Bakhr, seinen designierten Nachfolger. Abu Bakhr sandte Truppen nach Dibba um die Abtrünnigen zu strafen. Zwischen den Parteien entbrannte eine Schlacht, bei der Tausende von Menschen den Tod gefunden haben sollen. Dibba versank danach in der Bedeutungslosigkeit.

Dreigeteilter Ort Aufgrund seiner wechselvollen Geschichte ist Dibba heute dreigeteilt: **Dibba al Fujairah** gehört zum Emirat Fujairah, **Dibba al Hisn** zu Sharjah und **Dibba al Baya** zu Oman. In der Stadt sind aber keinerlei Grenzen spürbar, diese liegt weiter nördlich. Khasab auf der Musandam-Halbinsel kann man von hier nicht erreichen (s. S. 83 und 247f.)

Tauchbasis Die wichtigste Sehenswürdigkeit ist die **neue Moschee**, die sich ausgesprochen malerisch vor der Kulisse des Hajar-Gebirges erhebt. In der Nähe lohnt ein kleiner **Souq** den Besuch. Dibba besitzt einen breiten **Sandstrand** und einen hübschen **Hafen**, bei dem täglich ein Fischmarkt stattfindet. Auch eine Tauchbasis hat hier ihren Sitz. Man kann zudem Boote mieten, um Ausflüge entlang der Steilküste im Norden der Stadt oder Schnorchelexkursionen zu unternehmen.

Reisepraktische Informationen zu Dibba

Telefonnummern	
Vorwahl	26
Polizei	26830199, 26836999
Notruf	9999

Information

Fujairah Tourism Bureau, ☎ 00639-2231554, *www.fujairahtourism.ae. Das Tourismusbüro verwaltet alle Ortsteile des dreigeteilten Dibba.*

Unterkunft/Gastronomie/Nachtleben

Golden Tulip Resort Dibba €€€(€), ☎ 26836654, 📠 26836653, *www. goldentulipdibba.com. Schön gelegenes Resort mit geschmackvoll eingerichteten Zimmern und privatem Zugang zum weißen Sandstrand. Attraktive Poolanlage, großes Fitnesscenter. Im Hotelrestaurant werden neben arabischer Küche auch internationale Gerichte serviert. Snacks bekommt man im Café am Pool, und abends kann man das relaxte Lounge-Ambiente der Zebra Bar genießen.*

Six Senses Hideaway Zighy Bay €€€€€, ☎ 26735555, 📠 26735556, *www. sixsenses.com. Das Luxusresort beansprucht eine Bucht mit langem Sandstrand und spektakulärem Bergpanorama für sich und bietet dem anspruchsvollen Gast Exklusivität, Ruhe und Entspannung. Die Unterbringung erfolgt in kleinen Villen mit eigenem Pool und zusätzlicher Außendusche, jeder Wohneinheit ist ein eigener Butler zugeteilt. Zum Hotel gehören ein schöner Wellnessbereich und ein großer Pool; drei Restaurants sorgen für das leibliche Wohl der Gäste. Ein Highlight ist das „Senses on the Edge", ein Openair-Restaurant hoch über der Zighy Bay. Abends kann man in den zwei Bars Cocktails bzw. ein frisch gezapftes Bier genießen oder noch besser im Weinkeller des Hotels nach erlesenen Tropfen fahnden.*

Essen und Trinken

Im Ort selber, der von den Hotels relativ weit entfernt liegt, findet man nur die üblichen **Shawarma**-*Restaurants.*

Aktivitäten

> **Strände/Wassersport**

Beide Hotels besitzen einen eigenen Sandstrand und bieten dort auch allerlei Wassersportaktivitäten. Im Hafen von Dibba befindet sich eine Tauchbasis.

> **Exkursionen**

Die Hotels organisieren unter anderem Fahrten mit Allradfahrzeugen in die Berge und Dhau-Exkursionen entlang der Küste. Im Hafen von Dibba kann man Boote mieten, um auf eigene Faust die abwechslungsreiche Küste im Norden der Stadt zu erkunden.

Einkaufen

In Dibba selber lohnt ein Shoppingtrip kaum. Wer mehr als das alltäglich Notwendige kaufen möchte, kann seinen Aufenthalt in Dibba jedoch ideal mit einem **Shopping-Trip nach Dubai** *(s. S. 257) verbinden. Wer nicht auf eigene Faust mit dem Mietwagen fahren möchte, kann eine solche Tour auch über das Hotel buchen.*

5. DER NORDEN OMANS

Musandam-Halbinsel

Die 3.000 km² große Musandam-Halbinsel ist die kleinste und nördlichste Region Omans. Sie ragt als felsige Landzunge mit Bergen bis zu einer Höhe von 2.087 m in die **Meerenge von Hormuz**, wo der **Arabische Golf** und der **Golf von Oman** zusammentreffen. Die Lage an der **Straße von Hormuz** macht den Wert der Region für Oman aus, denn die Meerenge ist eine der meist befahrenen Schifffahrtrouten der Welt. Wegen ihrer großen geopolitisch-strategischen Bedeutung war Musandam lange militärisches Sperrgebiet (und ist es in weiten Teilen noch heute), erst zu Beginn der 1990er-Jahre erfolgte eine Öffnung. Musandam ist vom übrigen omanischen Staatsgebiet durch einen Landstreifen getrennt, der zu den **Vereinigten Arabischen Emiraten** gehört.

Strategisch wichtige Lage

Die karge Landschaft wird von Felsmassiven geprägt, die nördliche Ausläufer des **Hajar-Gebirges** darstellen. Sie fallen zum Meer hin steil ab oder senken sich allmählich und laufen flach im Wasser aus, eine zerklüftete Küstenlandschaft mit fjordartigen Buchten und vorgelagerten Inseln bildend. Am Ufer dieser **Khawrs** genannten Meeresbuchten haben sich kleine Dörfer angesiedelt, die zum großen Teil bis heute nur auf dem Seeweg erreichbar sind. Der 2.087 m hohe **Jebel Harim** überragt das gesamte gebirgige Gebiet, das nur über eine einzige asphaltierte Straße erreichbar ist. Sie führt von **Dibba** aus durch das Gebiet des **Emirats Ras al Kaimah** zum Grenzübergang **Tibat** an der Küste und von dort weiter nach Khasab. Eine sehr unwegsame und nur mit Allradfahrzeugen zu bewältigende Piste quert das gebirgige Landesinnere von Dibba nach Khasab. (Touristen dürfen über diese Strecke nicht einreisen, s. S. 83).

Schwer erreichbares Gebiet

Nur etwa 35.000 Menschen leben in dieser auf den ersten Blick unwirtlich erscheinenden Region. Sie ernähren sich im jahreszeitlichen Wechsel vom **Fischfang** und vom **Dattelanbau** in den Küstenoasen. Dort sind auch die meisten von Musandams **Halbnomaden** sesshaft geworden, die früher den Winter in kleinen Weilern in den Bergen und den Sommer an der Küste verbrachten. Viele Männer beziehen inzwischen zusätzliche Einkommen aus dem in Khasab stattfindenden Schmuggelhandel mit dem Iran oder verdingen sich als Saisonarbeitskräfte in den VAE.

Aufgrund ihrer isolierten Lage ist die Musandam-Halbinsel so ursprünglich geblieben wie keine andere Region Omans. Zwar haben infolge eines von der Regierung aufgelegten **Entwicklungsprogramms** inzwischen asphaltierte Straßen zumindest stellenweise die alten Pisten ersetzt, es gibt Schulen, Krankenhäuser und Elektrizität. Auch die touristische Infrastruktur wird zunehmend ausgebaut. Dennoch ist die Halbinsel ein Ziel für naturliebende Abenteurer oder für Urlauber, die ungestörte Ruhe und Entspannung fernab ausgetretener Touristenpfade suchen. Typische Urlaubsaktivitäten auf Musandam sind **Dhau-Exkursionen**

Redaktionstipps

➤ **Landschaft**: Fjordlandschaft rund um den Khawr Sham (S. 252), bizarre Felsformationen im Jebel Harim (S. 255), Akazienwälder in der Al Rawdah und Sall Ala Bowl (S. 255f.)

➤ **Kultur**: Festung und Souq von Khasab (S. 249), Felsgravuren im Wadi Qadah (S. 256), islamischer Friedhof bei Al Rawdah (S. 255), Fort Bukha (S. 256)

➤ **Aktivitäten**: Dhau-Exkursion durch die Fjorde (S. 253), Schnorchel- und Tauchtrips (S. 251, 327ff.), Offroadtour zum Sayh-Plateau (S. 255) oder zum Khawr Nadj (S. 256)

durch die Fjorde sowie **Schnorchel- und Tauchtrips** zu den Riffen vor der Küste. **Offroad-Fans** können das gebirgige Innere der Halbinsel auf der abenteuerlichen Piste erkunden, die durch enge Schluchten, über Pässe und durch trockene Wadis mäandert.

Khasab

Ausflüge zu Fjorden und in die Bergwelt

Der Fischerort in einer geschützten Bucht an der Nordküste ist die Hauptstadt der kleinsten omanischen Region. Er ist am Ausgang des **Wadi Khasab** angesiedelt, das hier ins Meer mündet. Ausgedehnte Palmenhaine und Gartenanlagen umgeben die Oase, die zu den wichtigsten Dattelproduzenten des Landes zählt. Die Bewässerung erfolgte hier traditionell nicht über *Falaj*-Kanäle, sondern über Ziehbrunnen und Zisternen. **Khasab** ist Ausgangspunkt für lohnende Ausflüge in die Bergwelt und zu den Fjorden Musandams. Das alte Khasab erstreckt sich entlang der Bucht, an der die

Corniche entlangführt. Sie verbindet die historische **Festung** mit dem alten **Souq** und dem **Hafen**, der in den letzten Jahren massiv ausgebaut wurde. Im Süden schließt sich der neue Ortsteil an, dessen Bild durch den Flughafen und moderne Verwaltungsgebäude geprägt wird. Hier befinden sich alle wichtigen öffentlichen Bauten, mehrere Restaurants und das neue Geschäftszentrum.

Fort

Am Ostende der Bucht steht das eindrucksvolle Fort, dessen Ecken mit drei rechteckigen und einem Rundturm befestigt sind. Im Innenhof steht ein weiterer einzelner Turm – er war das ursprüngliche Bollwerk gegen Feinde, das später um die Außenmauern erweitert wurde. Im 16. Jh. besetzten die Portugiesen die Halbinsel, die ihnen die Kontrolle über den Golf von Hormuz sicherte. Erst 1644 gelang es dem Imam Nasir bin Murshid, die Besatzer zu vertreiben. In der zweiten Hälfte des 17. Jh. wurde das Fort unter Saif bin Sultan als strategischer Außenposten verstärkt und fungierte fortan als Sitz des Wali. 1990 wurde die Festung restauriert und 2002 in ein Museum umgewandelt, das sich der Regional- und Stadtgeschichte widmet. Im Innenhof des Forts wurden zwei für die Region typische Behausungen rekonstruiert, ein aus Natursteinen erbautes **Bait al Qufl** und eine **Areesh**-Hütte. Daneben liegen traditionelle Fischerboote. Im zentralen Turm und den Seitenflügeln dokumentieren historische Gerätschaften, Kleidungs- und Schmuckstücke sowie andere Exponate den traditionellen Alltag der Bewohner Musandams. Vom zinnenbekränzten Wehrgang und vom Rundturm an der Meerseite bieten sich schöne Blicke über die See und die Stadt. **Khasab Fort**, *So–Do 8.30–16, Fr 8–11 Uhr, Eintritt 500 Bz.*

Eindrucksvolles Bollwerk

Souq

Im Harat al Khamzari-Distrikt unmittelbar hinter dem Fort befinden sich Plantagengärten und Häuser, von denen einige ältere noch Windtürme besitzen. Weiter westlich erstreckt sich der alte **Souq** mit Verkaufsständen und einer Vielzahl von Geschäften. Wer auf der Jagd nach Souvenirs ist, findet hier fast alles, was es in der Region zu kaufen gibt, darunter auch **Jirz**, jene als Werkzeug und Waffe genutzten Äxte, die traditionell von den Männern des Shihuh-Stammes getragen wurden. Die Tradition dieser Äxte reicht bis in die Bronzezeit zurück. Die martialisch anmutenden Stücke besitzen einen fast 1 m langen, aus heimischem Holz gefertigten Stiel sowie eine nur 10 cm lange Schneide, die mit Gravuren und Einlagen aus Bronze verziert ist (Achtung: Zollbestimmungen der EU beachten).

Reiche Auswahl an Souvenirs

Hafen

Im **Hafen** von Musandam herrscht nicht nur Fischereibetrieb, man kann auch Bootsbauern bei der Arbeit zusehen. Es gibt hier nämlich noch einige traditionelle Werften, in denen **Battils** gebaut werden, hölzerne Ruderboote, deren hochgezogener Bug mit bunten Bändern und Kauri-Schnecken verziert wird. Tagsüber legen hier viele Schnellboote aus dem nur 70 km entfernten Iran an, deren Insassen sich in Khasab mit moderner Unterhaltungselektronik und amerikanischen Zigaretten eindecken. Im Gegenzug bringen sie frischen Fisch und Ziegen mit, die im Iran vergleichsweise billig sind und in den VAE ein begehrtes Gut darstellen. Dieser Schmuggelhandel ist zwar aus iranischer Sicht illegal, wird aber seitens der omanischen Regierung geduldet.

Florierender Handel

Reisepraktische Informationen zu Khasab

Telefonnummern	
Vorwahl	26
Polizei	26830299
Notruf	9999

Geldwechsel

ATMs findet man bei den Banken im neuen Geschäftszentrum. Hier gibt es auch Money Changer.

Krankenhaus

Das Khasab Hospital liegt an einem Kreisverkehr östlich des neuen Geschäftszentrums, ☏ 26730187.

Post

Auch das Postamt befindet sich im neuen Business District.

Unterkunft

Khasab Hotel €€, 1 km südlich des Souq-Kreisverkehrs, ☏ 26730267, 🖨 26730989, www.khasabhotel.net. Vor kurzer Zeit erhielt das alteingesessene Hotel einen neuen Anbau, der über helle und geräumige Zimmer verfügt, z. T. mit schönem Blick auf die Berge. Pool im Innenhof, einfaches Restaurant.

Diwan Al Amir Hotel €€, an der Corniche, ☏ 26833991, www.diwanalamir.com. Neues, eher einfaches Hotel. Bietet verschiedene Ausflüge in die Umgebung an.

Atana Musandam Hotel €€€€€, in Hafennähe, ☏ 26730888 , www.atanahotels.com. Neues, sehr schönes Hotel mit Meerblick, Outdoor-Pool, geschmackvoll eingerichteten Zimmern und freundlichem Personal.

Atana Khasab Hotel €€€€€, westlich des Hafens, ☏ 26730777, www.atanahotels.com. Schön in einer Bucht vor imposanter Bergkulisse gelegenes Resort, ohne eigenen Strand, dafür mit Swimmingpool. Terrassenrestaurant mit Ausschanklizenz und angeschlossener Bar. Verschiedene Wassersportarten, Tauchbasis. Im Haus unterhält ein lokaler Tourveranstalter einen Schalter, der unterschiedliche Ausflüge in die Umgebung anbietet.

Esra Apartments €€, gegenüber dem Flughafen im Süden Khasabs, ☏ 26730562, 🖨 26730364, www.khasabtours.com. Von Khasab Travel & Tours (s. rechts) unterhaltene Apartments für Selbstversorger mit voll ausgestatteter Küche. Einfach, aber ordentlich.

Essen und Trinken

Neben den Restaurants im Khasab Hotel und im Atana Hotel gibt es im alten Souq mehrere eher einfache Restaurants mit arabischer und indischer Küche. Das **Bukha Restaurant** serviert abends leckere Grillgerichte. Im neuen Geschäftsviertel gibt es einige preiswerte Restaurants, die arabisches und asiatisches Fastfood servieren. Im **Al Shamaliya Restaurant** bekommt man frischen Fisch.

Nachtleben

Im Atana Hotel und im Khasab Hotel sorgen am Abend Bars für Unterhaltung, wobei nur die erstere eine Ausschanklizenz für Alkohol besitzt.

Aktivitäten

Strände/Wassersport

Strände sind nicht sehr zahlreich, da die felsige Küste meist steil ins Meer abfällt. Ein kleiner Sandstrand findet sich zwischen dem Hafen und dem Atana Hotel. Das Hotel bietet mehrere Wassersportarten, die hauseigene Tauchschule **Extra Divers Musandam** führt Tauchausflüge durch (www.musandam-diving.com, ☏ 26730501, vermietet auch Zimmer in einer Villa, allerdings nur für Taucher).

Ausflüge

Die Hotels organisieren Geländewagenfahrten in die Berge und Dhau-Exkursionen, bei denen es auch Gelegenheit zum Schnorcheln gibt. Tourveranstalter:

Khasab Travel & Tours, ☏ 26730464, 🖨 26730364, www.khasabtours.com. Halb- und Ganztagestouren mit einer Dhau (die Ganztagestouren führen bis nach Kumzar im Norden Musandams, s. S. 253), Tauchtouren, Stadtführungen, Exkursionen in die Berge und mehrtägige Umfahrungen der Halbinsel.

Khourshem Tours, ☏ 96891713449, www.khourshemtours.com. Auch dieses Unternehmen bietet mehrstündige Touren auf dem Meer, inklusive Delfinbeobachtung und Schnorcheltour, aber auch spannende Touren an Land im „wilden" Hajar-Gebirge.

Musandam Sea Adventure Travel & Tourism, ☏ 26730424, 99531030, www.msao man.com. Ähnliches Angebot zu vergleichbaren Preisen, zusätzlich Hochseefischen, Seakayaking und Fahrten zur Delfinbeobachtung.

Einkaufen

Im neuen Geschäftszentrum findet man Läden für den alltäglichen Bedarf und einen Supermarkt. **Kunsthandwerkliche Souvenirs** kann man am besten im Fort kaufen, im alten Souq verkaufen einige wenige Läden die traditionellen Jirz-Äxte. Wer direkt nach Khasab anreist und dort auch bleibt, kann seinen Oman-Urlaub gut mit einem **Einkaufsbummel in Dubai** (s. S. 257) verbinden, das bei Urlaubsaufenthalten auf der Musandam-Halbinsel häufig auch als Zielflughafen dient.

Verkehrsmittel

Zur Anreise nach Musandam s. auch S. 83

Flughafen: Vom kleinen Flughafen aus fliegt **Oman Air** zweimal täglich nach Muscat (Büro an der Airport Road, ☏ 26731592). Zielflughafen für Gäste aus Europa ist allerdings meist Dubai, der Transfer zum Hotel erfolgt dann über Land.

Schiff: Fährverbindungen bestehen zzt. zweimal wöchentlich zwischen Muscat und Khasab, (Fahrtdauer ca. 5,5 Std., zzt. Mo und Do ab Muscat und Mi und Sa ab Khasab, Abfahrt je 12 Uhr. Ebenfalls jeweils zweimal wöchentlich fährt eine Fähre von/nach Lima und von/nach Shinas. Stand August 2015, s. auch S. 83). Es werden Passagiere und Fahrzeuge befördert. Infos unter www.nfc.om. ☏ 24715252.

Nahverkehr: In Khasab gibt es **keine Busse** und so gut wie **keine offiziellen Taxis**, vorbeifahrende Pick-ups nehmen aber gegen eine kleine Gebühr Fahrgäste mit (üblich ist 1 OR). Für die Fahrt vom/zum Flughafen vereinbart man am besten einen Hoteltransfer.

Exkursionen auf der Halbinsel sollte auf eigene Faust nur unternehmen, wer über Offroad-Erfahrung verfügt, das Gebiet kennt und Arabisch spricht. Außer der Küstenstraße gibt es kaum befestigte Straßen, und die Beschilderung ist schlecht. Am besten schließt man sich geführten Touren an, wie sie von den Hotels und lokalen Tourveranstaltern angeboten werden. Letztere vermieten auch Allradfahrzeuge, aus Sicherheitsgründen aber stets nur mit Fahrer.

Die Buchten Musandams

Die zerklüftete Küste Musandams ist von Fjorden geprägt, die bis zu 17 km tief ins Land hineinreichen. Sie lässt sich am besten im Rahmen einer Dhau-Exkursion erkunden – gemächlich von Bucht zu Bucht gleitend, kann man die Landschaft ganz entspannt genießen. Unterwegs geben Stopps Gelegenheit, an ruhigen Stränden zu baden oder an zauberhaften Riffen zu schnorcheln bzw. zu tauchen. Man erkundet weit abgelegene Inseln und trifft mit etwas Glück sogar auf Delfine. Ein häufig angebotener Tagesausflug führt in den **Khawr Sham**, den größten Fjord Musandams, ein weiterer nach **Kumzar**, den nördlichsten Ort Omans.

Fjorde erleben

Khawr Sham

Der 17 km weit ins Land hineinreichende Fjord ist ein Paradebeispiel für die Buchten der Region. Türkisblaues ruhiges Wasser und zwischen unterschiedlichen Rot- und Brauntönen changierende Felsflanken bilden ein faszinierendes Panorama, das stellenweise von kleinen Buchten mit hellen Sandstränden unterbrochen wird. Bis zu 900 m ragen die Berge auf, zu ihren Füßen haben sich an den Fjordufern einige kleine Dörfer angesiedelt, die nur vom Meer aus erreichbar sind und deren Bewohner vorwiegend vom **Fischfang** leben. Die Gewässer um die Musandam-Halbinsel sind sehr fischreich, weswegen der Fang meist die Menge überschreitet, die für den Eigenbedarf benötigt wird. Der Überschuss wird nach Khasab gebracht und von dort in die VAE exportiert, wo viele Fischer inzwischen zugunsten lukrativerer Tätigkeiten ihren Beruf aufgegeben haben. Am Khawr Sham wird der Fischfang ausschließlich im Winter betrieben; die heißen Sommermonate verbringen die Familien in Khasab, wo sie zumeist Dattelplantagen besitzen oder sich bei der Dattelernte als Saisonarbeiter verdingen. Die Früchte der Dattelpalme reifen zwischen Juni und August.

Nadifi, **Qanah**, **Maqlab**, **Sibi** und **Sham** heißen die Ortschaften, in denen sich jeweils ein ähnliches Bild bietet: Kleine Häuser aus Natursteinen schmiegen sich an die Felsflanken, deren Teil sie zu sein scheinen. Auf den sanften Wellen schaukeln sonnengebleichte Fischerboote. Dass die Moderne inzwischen auch hier ihren Einzug gehalten hat, erkennt man an den neuen Stromleitungen und an den Betonhäusern, die bereits einige der alten Natursteinbauten ersetzten. Regelmäßig legen Tankschiffe der omani-

Auf der Musandam-Halbinsel fallen die nördlichen Ausläufer des Hajar steil zum Meer hin ab

Die Buchten Musandams fordern Vergleiche mit norwegischen Fjorden heraus

schen Regierung an, die die Orte mit frischem Trinkwasser versorgen. Es wird in großen Gemeinschaftsbehältern am Strand aufbewahrt. Andere Schiffe bringen die schul-
pflichtigen Kinder nach Khasab, wo sie während der Woche unterrichtet werden, um
am Wochenende zu ihren Familien zurückzukehren.

Bei den Dhau-Exkursionen in den Khawr Sham wird meist auch **Jazirat al Maqlab**
angesteuert, eine von drei Inseln in der Meerenge. Das kleine Eiland ist auch als
Telegraph Island bekannt: Im Jahr 1864 errichteten die Briten hier auf halber
Strecke zwischen Bombay und London eine Telegrafenstation, die sie aber bereits fünf
Jahre später wieder aufgaben. Die Ruinen des Telegrafenhauses und des angeschlos- *Ideal zum*
senen Wohngebäudes sind noch heute zu sehen. Das flache und fischreiche Wasser um *Schnorcheln*
die Insel bietet ideale Voraussetzungen zum Schnorcheln.

Kumzar

Kumzar ist die nördlichste Siedlung Omans, seine Häuser drängen sich am Eingang
eines Wadis auf dem engen Raum zwischen Bergen und Meer. Von Khasab aus braucht
man mit einer motorisierten Dhau etwa vier Stunden, um den **kleinen Hafen** von
Kumzar zu erreichen. Es gibt **zwei Moscheen** mit kleinen **Friedhöfen**, die schon vor
langer Zeit keinen Platz mehr für Bestattungen boten. Einige Verstorbene wurden
daher unter den Fußböden der Häuser beigesetzt. Die sehr traditionsbewussten Be- *Im Winter*
wohner von Kumzar leben wie jene der Dörfer am Khawr Sham im Winter vom Fisch- *Fisch, im*
fang, während sie in den Sommermonaten ihre Dattelgärten in den Küstenoasen *Sommer*
bestellen. Sie halten auch Ziegen, die sie zum Weiden mit Booten nach Jazirat al Gha- *Datteln*
nim (Goat Island) bringen, einer der Küste vorgelagerten kleinen Insel. Auch Kumzar
hat inzwischen an den Segnungen der Zivilisation teil: Vor einigen Jahren wurde der
Ort von der Regierung mit Strom und einer Meerwasserentsalzungsanlage versorgt.

Musandams Bergwelt

Routen-
varianten

Faszinierend ist auch die Bergwelt der Musandam-Halbinsel – die nördlichen Ausläufer des Hajar-Gebirges erreichen hier Höhen von über 2.000 m. Zum Meer hin fallen die Felswände steil ab und lassen nur wenig Raum für Siedlungen oder Straßen. Eine einzige asphaltierte Straße erschließt diese Region: Sie führt an der Küste entlang und verbindet **Khasab** über **Bukha** mit dem **Emirat Ras al Khaimah**. Abenteurern und Entdeckern vorbehalten ist die Tour, die auf einer anspruchsvollen Piste über die gesamte Musandam-Halbinsel in Richtung Süden nach Dibba führt (**bitte beachten**: für ausländische Touristen ist sie nur bis zum Abzweig nach Al Rawdah befahrbar). Für diese Unternehmung benötigt man ein Allradfahrzeug und ausreichend Fahrerfahrung. Alternativ kann man sich auch geführten Touren anschließen, wie sie Veranstalter in Khasab anbieten (s. S. 251).

Route 5: Von Khasab nach Al Rawdah

Tourinfo	
Start	Khasab
Ziel	Al Rawdah
Dauer	Tagestour, besser zwei Tage einplanen und im Zelt übernachten
Entfernung	ca. 60 km (einfache Strecke)
Anforderungen	Die asphaltierte Straße endet am Ortsausgang von Khasab. Die Tour kann daher nur mit einem Geländewagen unternommen werden und setzt Erfahrung mit Offroad-Fahrten in felsigem Gelände voraus. Unterwegs gibt es keine Tankstelle, man sollte sich daher in Khasab mit ausreichend Benzin versorgen. Achtung: Nach Regenfällen kann die Piste durch herabgestürztes Geröll unpassierbar sein.

Die Festung von Khasab zählt nicht nur wegen ihrer Architektur, sondern auch dank ihrer Lage zu den eindrucksvollsten in Oman

Die hohe Anforderungen an das Fahrkönnen stel-
lende, aber sehr reizvolle Tour führt hinauf in die
Berge des Hajar, in Richtung des 2.087 m hohen
Jebel Harim, des höchsten Berges der Musandam-
Halbinsel. Erst vor einigen Jahren wurde die Schotterpiste durch das Gebirge angelegt, über die alle
kleinen Orte erreichbar sind. Wahrscheinlich ging es
dabei weniger um die Versorgung der Orte, als vielmehr um die Möglichkeit, bei Bedarf rasch Truppen
verlegen zu können – schließlich verlaufen in der Region Landesgrenzen, die in der Vergangenheit immer
wieder umstritten waren, und auch die Küsten des
Iran und Irak sind nicht weit entfernt.

Man folgt zunächst der Straße aus Khasab hinaus in
Richtung Flughafen und orientiert sich dann an der
Ausschilderung „Dibba" oder „Daba". Die Piste
führt zunächst über einen im Wadi Khasab errichteten Damm, der die Stadt nach heftigen Regenfällen
vor Flutwellen schützen soll. Weiter südwärts fahrend, geht es in steilen Serpentinen am Rand des
Wadis bergauf, vorbei an bizarren Felsformationen
und riesigen herabgestürzten Gesteinsbrocken. Am
Wegrand sieht man immer wieder große Tanks ste-

*Eine abenteuerliche Piste erschließt die
unwegsame Bergwelt Musandams*

hen, die von der Regierung regelmäßig gefüllt wer-
den, um die Bewohner der kleinen Weiler in den Bergen mit Trinkwasser zu versorgen.
Nach etwa 36 km erreicht man das **Plateau von Sayh**, das etwa 1.100 m hoch liegt.
Da hier mehrere Wadis in ein großes Becken münden, bringen die Niederschläge in
den Bergen genügend Feuchtigkeit, um die Anlage von Terrassenfeldern zu ermöglichen.
Auf diesen wird Weizen, Alfalfa und Gemüse angebaut, vereinzelt gedeihen sogar
Mandel- und Aprikosenbäume. Weil der Regen nur unregelmäßig und dann oft sturz-
bachartig niedergeht, sind die Felder von halbhohen Mauern umgeben, die das Wasser
zurückhalten und ein Fortschwemmen der Erde verhindern. Am Ende des Plateaus
führt die Piste noch einmal bergauf zu einem weiteren Hochplateau unterhalb des
Jebel-Harim-Gipfels. Von hier aus bieten sich atemberaubende Panoramablicke
über die zerklüftete Bergregion mit ihren tief eingeschnittenen Wadis. Hinter der Pass- *Panorama-*
höhe schlängelt sich die Piste zum **Wadi al Bih** hinab, dessen Talsohle sie nach knapp *blick*
20 km erreicht. Die Weiterfahrt geradeaus in Richtung VAE-Grenze wird nach wenigen Kilometern durch einen Militärposten versperrt. Fragen Sie vor der Abreise im
Hotel nach der aktuellen Situation am Grenzposten und richten Sie sich darauf ein,
nicht die ganze Strecke bis Dibba fahren zu können. Normalerweise ist die Durchfahrt
Ausländern nicht oder nur mit einer Spezialgenehmigung erlaubt. In Richtung Osten
abbiegend kann man aber noch etwa 4 km zur **Al Rawdah Bowl** weiterfahren, einem
von steilen Bergen umgebenen Kessel, in dem beim kleinen Ort **Al Rawdah** ein großer Akazienwald steht. Das nötige Wasser beziehen die Bäume aus einem Reservoir
unter der Erde. In der Nähe des Ortes liegt ein großer islamischer Friedhof, dessen
aufwendig gestaltete Grabsteine für Oman eher unüblich sind. Der ibaditische Glaube
verzichtet auf Grabpflege und entsprechend auf fast jede Form von Grabschmuck.

Im Wadi al Bih gibt es zahlreiche Engstellen

Auf der Rückfahrt nach Khasab kann man noch einen Abstecher zum **Khawr Najd** einlegen, dem einzigen auf dem Landweg erreichbaren Fjord Musandams. Man trifft auf den beschilderten Abzweig in Richtung Osten, nachdem man das Sayh-Plateau hinter sich gebracht hat. Die Piste führt zunächst durch das **Wadi Sall Ala** und schraubt sich dann in steilen Serpentinen auf eine Anhöhe hinauf, von der man einen herrlichen Blick über die Meeresbucht genießt. Wer möchte, kann auf der Piste weiter zum Strand hinunterfahren. Aus dem Wadi Sall Ala nicht zum Khawr Nadj abbiegend, sondern der Piste weiter Richtung **Sall Ala** folgend, gelangt man zur **Sall Ala Bowl**, einem der Al Rawdah Bowl vergleichbaren Becken. Auch hier gibt es grüne Felder und einen Akazienbestand, der den bei Al Rawdah an Ausdehnung und Dichte noch übertrifft. Einheimische und Wochenendausflügler aus den Emiraten veranstalten im Schatten der Bäume gern Picknicks.

Von Khasab nach Bukha

Einen mit nicht allzu viel Nervenkitzel verbundenen Eindruck von der Bergwelt Musandams bekommt, wer auf der asphaltierten Küstenstraße ein Stück Richtung Ras al Khaimah fährt. Sie führt vom Hafen in Khasab aus zunächst westwärts, um nach etwa 5 km den kleinen Fischerort **Qadah** zu erreichen. Er liegt an der Meeresbucht **Khawr Qadah**, am Eingang des gleichnamigen Wadis. Eine nur auf den ersten beiden Kilometern asphaltierte Piste führt in das Wadi hinein zur Siedlung **Tawi** – in ihrem Zentrum finden sich, gegenüber einem von drei Bäumen umstandenen Brunnen, mehrere große Gesteinsbrocken, die mit Felsritzungen verziert sind. Sie stellen unter anderem Kamele, Reiter und Boote dar. Das Alter der Felsgravuren ist ungewiss.

Auf-strebendes Städtchen Hinter Qadah windet sich die Straße der Bucht folgend zum **Jebel Harf** hinauf, einem in das Meer hineinragenden Felssporn. Auf seinem Rücken erstreckt sich die Siedlung **Al Harf**, von der sich ein schöner Blick über die Küste bietet. Anschließend führen Serpentinen wieder zum Meer hinab in die Bucht von **Jadi**. Nach insgesamt 25 km von Khasab ist dann **Bukha** erreicht, ein kleines, aufstrebendes Städtchen, das von einem Fort aus dem 17. Jh. überragt wird. Die Anlage wurde unter der Herrschaft von Saif bin Sultan erbaut. Dieser mächtige Herrscher dehnte seinen Machtbereich bis nach Persien, Indien und Ost-Afrika aus und errichtete trutzige Festungen zur Verteidigung seiner Interessen. Bemerkenswert ist der große Rundturm, der sich nach oben hin verjüngt. Diese Konstruktion hatte vermutlich den Zweck, anfliegende Kanonenkugeln abgleiten zu lassen. Das Fort ist an drei Seiten von einem Graben umgeben, der früher mit Meerwasser gefüllt war. Durch den Bau der Straße hat sich die Küstenlinie aber inzwischen weiter von der Festung entfernt. Neben dem Fort steht die Ruine einer Moschee, an die ein großer Friedhof angrenzt.
Bukha Fort, *So–Do 8–14, Fr, Sa 8–11 Uhr, Eintritt 500 Bz.*

Weiterreise in die VAE

Von Bukha aus sind es nur noch etwa 10 km bis zum Grenzposten bei **Tibat**. Erster Ort auf dem Staatsgebiet der VAE ist **Shams**, von wo aus man nach weiteren 40 km **Ras al Khaimah** erreicht. Dort hat man die Wahl: Der Küstenstraße weiter südwärts folgend erreicht man **Dubai**, das zu einem Shopping-Trip einlädt. Wer die **Ostküste der VAE** kennenlernen möchte, steuert auf der asphaltierten, teils vierspurig ausgebauten Straße durch das Hajar-Gebirge **Dibba** an und fährt von dort an der Küste nach **Fujairah** weiter (s. S. 237ff.). **Oman** erreicht man am schnellsten, indem man durch das Landesinnere **direkt nach Fujairah** fährt, zunächst am Fuße des Hajar entlang und dann erst weiter südlich das Gebirge querend.

Einreiseformalitäten

info

Für einen Ausflug in die VAE benötigt man ein **Visum**, das kostenfrei bei der Einreise erteilt wird. Teilnehmer an einer organisierten Tour müssen lediglich ihren Reisepass mitführen, in den ein Ausreisevermerk Omans und ein Einreisevermerk der VAE eingestempelt wird. Beim Verlassen der VAE ist eine **Ausreisesteuer** in Höhe von derzeit 2 OR zu entrichten, die nur mit Kreditkarte bezahlt werden kann. Reist man mit dem Mietwagen aus Oman aus und in die VAE ein, muss man zuvor beim Verleihunternehmen einen entsprechenden **Erlaubnisschein** beantragen. Bei einigen Agenturen kostet die außerhalb des omanischen Staatsgebietes verbrachte Zeit zusätzlich Geld, in jedem Fall muss eine **zusätzliche Haftpflichtversicherung** abgeschlossen werden. Ohne diese Versicherung und das Erlaubnisschreiben der Agentur kann einem im schlimmsten Fall die Aus- bzw. Einreise verweigert werden, es kam auch schon zur Beschlagnahmung von Fahrzeugen. Die Insassen stehen dann mit Gepäck, aber ohne Wagen *in the middle of nowhere* – keine erstrebenswerte Perspektive. Gelegentlich (Frühjahr 2015) kommt es zudem vor, dass Touristen nicht aus Oman in die VAE einreisen dürfen oder umgekehrt bzw. eine Sondergenehmigung benötigen. Dies ist besonders bei Reisen über die Musandam-Halbinsel ärgerlich. In jedem Fall sollte man sich vor Abreise im Hotel erkundigen, wie die aktuelle Lage ist.

Shopping-Trip nach Dubai

Wenn man das Sultanat Oman besucht, befindet man sich in unmittelbarer Nähe der **Vereinigten Arabischen Emirate**, von denen **Dubai** das bekannteste ist (Verwaltungszentrum der Emirate ist allerdings das deutlich größere *Abu Dhabi*). Dubai macht eben seit einigen Jahren mit spektakulären Hotelbauten international Furore, die zu den exklusivsten der Welt zählen (Burj al Arab, Atlantis Dubai, der Burj Khalifa, der neue Hafen u. a.). Auf dem sich rasant ausdehnenden Stadtgebiet werden ständig neue Attraktionen aus der Wüste „gestampft", wie die große Skihalle **Ski Dubai**, oder dem Meer abgerungen, wie die Inselwelten **The World** und **The Palm**.

Wer auf Luxus steht, wird hier fündig …

Doch Dubai lockt nicht nur mit Hotelpalästen wie aus Tausendundeiner Nacht, sondern ist zugleich ein Shoppingparadies – vor allem für Luxusgüter, die hier dank wegfallender Zölle und Steuern zum Teil günstiger zu haben sind. Aus diesem Grund bieten mehrere omanische Veranstalter Shopping-Trips nach Dubai an. Weil Dubai vor allem durch seine attraktiven Einkaufsmöglichkeiten Besucher anzieht, wird im Folgenden nur auf diesen Aspekt eingegangen.

Dubai – Do buy – so lautet das inoffizielle Motto des raketengleich aufstrebenden Emirates am Arabischen Golf, denn im Wüstenstaat kann der Besucher sich sonnen, schwimmen, staunen, shoppen, shoppen und nochmals shoppen. Wenn auf den Sand- und Geröllwüsten des Emirates auch sonst nur wenig wächst, so scheinen doch riesige Einkaufszentren auf dem heißen Wüstensand ihr natürliches Biotop zu finden. In den **Malls** tätigt man nicht etwa den schnöden Wocheneinkauf, hier wird der hohen Kunst des Shopping gehuldigt. Dazu gehören edel gestylte Shops mit Luxuswaren aller Art, Restaurants, in denen man sich nach dem anstrengenden Geldausgeben stärken kann, Kinos und Unterhaltungsprogramme sowie Kinderspielplätze und Ruhezonen. In den Nobelboutiquen findet die Damenwelt die angesagtesten Label und natürlich Schuhe, Schuhe und nochmals Schuhe, denn selbst unter der traditionellen arabischen *Abaya* blitzen frech die aktuellsten Schuhmodelle hervor, kombiniert mit modischen Handtaschen sowie jeder Menge Schmuck. Auf „ihn" warten neben hochwertiger Bekleidung feine Accessoires – das Spektrum reicht von versilberten bzw. vergoldeten Feuerzeugen und Zigarettenetuis über edle Aktentaschen und Schreibutensilien hin zu Manschettenknöpfen und vor allem Luxusuhren. Alle diese Waren sind dank Zoll- und Steuerfreiheit sehr günstig zu haben.

Kaufen, kaufen, kaufen …

Während das Ambiente in den Malls eher westlich geprägt ist, bieten die **Souqs** authentisch orientalisches Flair. Wer hier auf „Beutezug" geht, erlebt im alten **Gewürzsouq** Exotik nicht nur fürs Auge, sondern vor allem für die Nase. In den schmalen Gassen bieten Händler aus dem gesamten Orient ihre Waren feil. Safran, Pfeffer, Nelken, Curry und Limonen duften mit Weihrauch und anderem Räucherwerk um die Wette. Ob Süßes aus dem Iran, Cashewnüsse aus Indien (z. T. mit Chilipulver gewürzt) oder Datteln aus heimischer Ernte – hier wird nichts gekauft, ohne zuvor gekostet worden zu sein.

Orientalisches Flair

Nur wenige Straßen entfernt verfällt der Besucher in einen wahren Goldrausch. Im **Goldsouq** glitzert das begehrte Edelmetall in unterschiedlichen Formen der Verarbeitung, funkeln kostbar gefasste Edelsteine. Die Verlockung durch die günstigen Preise ist groß (es wird im Wesentlichen der reine Goldpreis berechnet, die

Wer noch Geld übrig hat, kann es im Goldsouq gut „anlegen"

Kosten für die Verarbeitung fallen kaum ins Gewicht), und man hat zudem die Sicherheit echtes Gold zu kaufen, denn die staatliche Kontrolle ist ausgesprochen streng.

Weniger echt, dafür aber unschlagbar günstig sind die Waren, die man im Vorbeigehen angeboten bekommt. „*Watches, handbags*" lauten die magischen Worte, die einem im **Souq** oder im **Karama-Viertel** ins Ohr geflüstert werden. Wer Interesse hat, folgt dem Händler in dunkle Seitengassen, Treppenhäuser oder Hinterzimmer anderer Läden. Im Verborgenen blüht hier die Welt der Plagiate. Gut gemachte Fälschungen sind vom Original kaum zu unterscheiden, sodass man sich hier die Luxusuhr leisten kann, die in der Mall als Original etwa 95.000 Dirham kostet. Mit etwa 250 Dirham ist man dabei. Designerhandtaschen, für die man im Geschäft 4.000 Dirham und mehr hinlegen muss, sind bereits ab 100 Dirham erhältlich. Derlei Geschäfte sind selbstverständlich illegal und werden seit einigen Jahren auch verstärkt geahndet – was aber nur die wenigsten Schnäppchenjäger abschreckt.

Viele Fälschungen

Doch ganz gleich ob Original oder Plagiat, die Einkaufzeit beginnt wegen der großen Hitze erst mit Einbruch der Dämmerung und reicht bis weit in den Abend hinein. Und wie vertreibt man sich die Zeit tagsüber? Mit **Sonnenbaden**? Für eine Weile mag das reizvoll sein – im Sommer, wenn die Temperaturen auf über 45° Celsius klettern, wird es einem aber schnell zu warm. Die **Hotelpools** sind zwar gekühlt, bei hohen Außentemperaturen aber oft überfüllt. Auch ein Sprung ins Meer stellt bei Wassertemperaturen von 37° Celsius keine wirkliche Erfrischung dar, selbst beim **Wasserskilaufen** gerät man ins Schwitzen. Da regt sich schnell der Wunsch nach Kühle, eventuell sogar nach Schnee. Als hätte ein Flaschengeist den Wunsch vernommen, warten in der riesigen Skihalle **Ski Dubai** fünf Pisten mit unterschiedlichen Schwierigkeitsgraden, Skilifte und eine Skischule. Die muss man besuchen, wenn man zuvor noch nie auf Brettern gestanden hat. Im angrenzenden 3.000 m² großen **Snow Park** kann man aber auch einfach nur rodeln, Schneebälle werfen, Schneelandschaften und -höhlen erforschen und dabei genüsslich frösteln, denn die Temperatur liegt bei -2° Celsius. So manchem genügt es schon, dem Schneevergnügen von außen

Blick von der klimatisierten Mall of the Emirates in die Skihalle Ski Dubai mit eisigen Temperaturen

zuzusehen, durch große Glasfenster in der **Mall of the Emirates**, die Ski Dubai beherbergt, oder von einem der Restaurants aus, die auf so bezeichnende Namen wie *Aspen* hören. Sie gehören zum Kempinski Hotel, das auch Ski-Chalets vermietet. Dort kann man mit freiem Blick auf den Hang am Kaminfeuer sitzen und nachts gegen 2 Uhr dem leise fallenden Schnee bei -10° Celsius zuschauen. Wem es dann doch zu abwegig erscheint, sich in einem Wüstenstaat dem Wintersportvergnügen hinzugeben, der kann beim **Sandboarding** über 200 m hohe Dünen hinabgleiten.

6. DER OSTEN OMANS

Route 6: Durch die Region Sharqiyah

Tourinfo	
Start	Muscat
Ziel	Muscat (Rundtour über Al Ashkharah)
Dauer	mindestens 3 Tage, besser sind 5 Tage
Entfernung	ohne Abstecher ca. 800 km
Anforderungen	Fast alle Streckenabschnitte können mit einem normalen PKW befahren werden, ideal ist aber ein Allradfahrzeug. Unbedingt erforderlich ist ein Geländewagen, wenn man Abstecher in die Wüste oder die Wadis plant.

Die Region im Osten Omans wird von den Höhenzügen des **östlichen Hajar-Gebirges** und den bis zu 150 m hohen **Sanddünen der Wahiba-Wüste** geprägt. Die nahe ans Meer heranreichende Gebirgsregion durchziehen Wadis, die zum Teil ganzjährig Wasser führen und somit Landwirtschaft ermöglichen. Am Südrand der Berge erstreckt sich ein Oasengürtel, er ist das am dichtesten besiedelte Gebiet der Sharqiyah. Kleine Fischerdörfer säumen die Küste, wirtschaftliches Zentrum der Region ist die Hafenstadt **Sur**, die heute mit einem modernen Containerhafen an ihre Vergangenheit als bedeutendes Handelszentrum anknüpft. In Sur wurden früher die Dhaus gebaut, mit denen omanische Seeleute die Meere befuhren. Von dieser Tradition zeugen noch heute einige Werften und der Frachtensegler Fatah al Khair, der auf dem Strand bei Sur aufgebockt ist. Sur hat auch den größten Fischereihafen des Landes, entsprechend locken in der Altstadt zahlreiche Restaurants mit fangfrischen Meeresspezialitäten. Wichtigste Stadt im Landesinneren ist **Ibra**. Der Markt der Stadt wird von vielen Beduinen frequentiert, die früher durch das wüstenhafte Landesinnere zogen, inzwischen aber zumeist sesshaft geworden sind und in den Oasen am Wüstenrand Viehzucht betreiben bzw. Datteln kultivieren. Bei Ibra entdeckte uralte Grabstätten bezeugen, dass die Region Sharqiyah schon früh besiedelt war, Gleiches legen die Überreste prähistorischer Siedlungen bei **Samad**, **Tiwi** und **Ras al Jinz** nahe.

Redaktionstipps

➤ **Landschaft**: Sanddünen der Wahiba-Wüste (S. 267), Wadi Bani Khalid (S. 271) und Wadi Shab (S. 276) mit Felsenpools und üppiger Vegetation, Woodlands bei Al Kamil (S. 288)

➤ **Tierbeobachtung**: Meeresschildkröten bei Ras al Hadd und Ras al Jinz (S. 280ff.), Vögel an den Lagunen um Sur (S. 271) und auf der Insel Masirah (S. 289), Buckeldelfine bei Masirah (S. 291)

➤ **Kultur**: historische Lehmarchitektur in Al Mudayrib (S. 267), Festung Sunaysilha und Dhau-Werften in Sur (S. 272f.), Festung in Quriat (S. 276), Mausoleum der Bibi Mariyam in Qalhat (S. 278), Kuppelmoschee in Ja'alan Bani Bu Ali (S. 286)

➤ **Aktivitäten**: Marktbesuche in Sinaw (S. 264) und Ibra (S. 265), Dhau-Exkursion (S. 275), Baden am White Beach (S. 276), Fahrt auf der Küstenstraße von Ras al Jinz nach Al Ashkharah (S. 285)

Der **Ja'alan**, der äußerste Osten der Sharqiyah, und die im Süden der Küste vorgelagerte Insel **Masirah** sind Refugien einer artenreichen Tierwelt. Viele Zugvögel machen hier auf ihren Wanderungen Rast. An den Stränden legen Meeresschildkröten ihre Eier ab, weiter draußen im Meer ziehen Delfine ihre Bahn. Der Küste ist eine Kette von Korallenriffen vorgelagert, die eine bunte Meeresfauna beheimaten.

Wichtigste Verkehrsverbindung der Region ist die **Nationalstraße 23**, die von Muscat durch das Landesinnere nach Sur führt, vorbei an Ibra, Al Mintirib und Al Kamil. Eine gut ausgebaute **Küstenautobahn** zwischen Muscat und Sur ist seit 2010 in Betrieb. Von dieser zweigen Pisten in Wadis ab, die allerdings nur mit Allradfahrzeugen befahren oder zu Fuß erkundet werden können. Asphaltierte Straßen führen nach Ras al Hadd und Al Ashkharah am Indischen Ozean und mittlerweile von da weiter bis nach Port Shana, dem Fährhafen nach Masirah (s. S. 289), und Hijj, wo man auf die N32 trifft (s. S. 285).

*Küsten-
autobahn*

Durch das Landesinnere nach Sur

Variante 1: Abstecher in die Wadis

So trocken sich die Sharqiyah an vielen Stellen zeigt, so grün und wassergesegnet ist sie andernorts. Neben trockenen Bachbetten gibt es zahlreiche Wadis, in denen ganzjährig Wasser zu finden ist. Diese Täler ziehen viele Ausflügler aus der Hauptstadtregion an, denn die Luft ist hier kühler und feuchter. Die sattgrüne Vegetation, die am Rand dieser Flussbetten gedeiht, sorgt nicht nur für den dringend benötigten Schatten, sondern ist auch eine Wohltat fürs Auge. Bizarr geformte Felsen an den Wadirändern, alte Wachttürme und kleine Forts auf den Hügelketten, kleine Oasendörfer, terrassierte Felder und grüne Pflanzungen – die Wadis der Sharqiyah gehören zu den schönsten und eigentümlichsten Landschaften Omans. Ihr besonderer Reiz erschließt sich auf einer Offroadtour, als deren Krönung man nach dem Bezwingen der Tagesetappe am besten noch im Schlafsack unter dem Sternenhimmel nächtigt.

*Faszinie-
rende Wadis*

Wadi Dima und Wadi Tayeen

Man verlässt Muscat auf der Nationalstraße 15 in Richtung **Nizwa** und wechselt dann bei **Bidbid** auf die Nationalstraße 23 in Richtung Sur über. Nach ca. 92 km erreicht man auf dieser den Abzweig zum **Wadi Dima**. Auf einer weiten Geröllebene führt die Piste zunächst zwischen Akazien in Richtung Berge. Über die Ruinen von **Qifay-** *Offroad-Tour* **fah** und **Owf** mit seinen reichen Äckern gelangt man nach **Al Hajir**, einer größeren *durch die* Siedlung mit Wachtürmen auf den Hügeln und vielen Dattelplantagen. Kurz vor **A'Sabl** *Wadis* thront auf den Hügeln ein altes, kreisförmig erbautes Fort. Auf den nächsten Kilometern kreuzt der Pfad immer wieder das Wadi, das in einigen Bereichen auch ständig Wasser führt. Nach etwa 50 km beginnt der Weg bei **Samoot** durch eine Schlucht anzusteigen, um später wieder zum Wadi zurückzukehren. Hier steht immer Wasser, sodass sich eine reiche Vegetation bilden konnte – ein idealer Platz für ein Picknick. Das Ende des Wadis erreicht man dann an einem Kreisverkehr, an dem das **Wadi Tayeen** beginnt. Das lange Wadi erstreckt sich über 80 km durch die niederen Regionen des östlichen Hajar-Gebirges. Folgt man dem Wadi, kann man in zwei bis drei Stunden **Wadi Nam** und über dieses wieder die Straße nach **Ibra** erreichen.

Variante 2: Route über Sinaw

Dieser Abstecher in den Süden gibt Einblicke in die Beduinenkultur und in die Frühgeschichte des Landes. Er führt an eisenzeitlichen Gräbern vorbei zu einem quirligen Marktort, an dem nicht nur Waren gekauft und verkauft, sondern auch Nachrichten ausgetauscht werden.

Rawdah, Samad und Al Fath

Man verlässt Muscat auf der Nationalstraße 15 in Richtung **Nizwa** und wechselt dann bei **Bidbid** auf die NA 23 in Richtung Sur über. Nach 107 km zweigt die NA 27 ab, die in südlicher Richtung durch das Wadi Samad nach Al Mudaybi führt. Dieser folgend, *Jahrhun-* erreicht man nach etwa 7 km die Oase **Rawdah**, die auf eine jahrhundertealte *dertealte* Geschichte zurückblickt. Am besten parkt man vor dem Ort, in der Nähe des *Geschichte* restaurierten **Forts**. Ein steiler Pfad führt an alten Häusern vorbei zum Eingang des wehrhaften Gebäudes. Von oben hat man einen schönen Blick über das Wadi und die weitläufigen Dattelplantagen. Aus den Palmwipfeln ragt ein weiteres altes Fort, das durch seine massiven, recht gut erhaltenen Torflügel beeindruckt.

Weiter südwärts fahrend, erreicht man nach etwa 15 km **Samad**. Hier wurden mehrere **eisenzeitliche Gräber** entdeckt, die bis ins 12. Jh. v. Chr. zurückdatieren. Das kleine Dorf selbst bietet wenig, sieht man von den alten **Befestigungsanlagen** ab, die den Ort in früheren Jahrhunderten vor Angriffen schützen sollten.

Nach weiteren 23 km Fahrt an der Oase **Lizq** vorbei folgt als nächste Siedlung **Al Fath**. Der Ort selbst lohnt den Besuch nicht, wohl aber die **Kamelrennbahn** in der *Ein echtes* Nähe. In den Zeitungen werden die Rennen angekündigt, die stets ein großes Event *Erlebnis* darstellen und viele Besucher anziehen. In der Regel finden sie am frühen Morgen statt und es ist ein fast unirdischer Anblick, wenn die Rennkamele mit ihren Jockeys plötzlich aus dem Dunst auftauchen, der über dem Wadi liegt. Die Rennbahn ist von schaulustigen Männern gesäumt, die in ihren weißen *Dishdashas* einer weißen Wand gleichen, während die Frauen und Kinder auf den nahe liegenden Felsen gute Sitz- und Sichtplätze zu ergattern versuchen.

Al Mudaybi

Al Mudaybi 5 km südlich von Al Fath ist heute eine moderne Siedlung am Rande der Wüste. Der alte Teil der durch ein Wadi geteilten Kleinstadt wird von **Stadtmauern** umgeben. Durch zwei Tore gelangt man in den historischen Ortskern, dessen von Zinnen und Türmen gekrönte **alte Lehmhäuser** unterschiedliche Stadien des Verfalls zeigen. Weitgehend verlassen ist auch der **Souq**, der einst von großer Bedeutung war. Heute gibt es hier nur noch wenige Verkaufsstände, denn der Handel hat sich in die Neustadt bzw. den Nachbarort Sinaw verlagert. Man erreicht diesen vor allem von Beduinen frequentierten Handelsplatz am schnellsten über die weitgehend geradlinig verlaufende, 11 km lange Schotterpiste. Eine Alternative stellt die asphaltierte Straße über **Al Raddah** dar, die 5 km länger, aber besser zu befahren ist.

Verlassener Souq

Sinaw

Sinaw bestand ursprünglich aus zwei Lehmhaussiedlungen, die sich jeweils um einen Wehrturm gruppierten, sowie aus ausgedehnten *Areesh*-Hüttenvierteln der Beduinen. In den 1970er-Jahren sorgte jedoch eine neue Siedlungspolitik dafür, dass die provisorischen Hütten durch feste Häuser ersetzt wurden. Was die Regierung als Fortschritt proklamierte, empfanden viele Beduinen als Bevormundung – sie befürchteten, mit der Aufgabe ihrer traditionellen Wohnweise auch einen wichtigen Teil ihrer kulturellen Identität preiszugeben.

Unbeliebte feste Häuser

Auf dem **Souq** von Sinaw leben die alten Traditionen aber fort. Hier werden nicht nur Waren ausgetauscht, sondern auch Nachrichten, Klatsch und Tratsch. Der Markt, auf dem in erster Linie Vieh verkauft wird, findet am Donnerstag und Freitag statt und

beginnt bereits in den frühen Morgenstunden. Er endet, wenn alle Tiere versteigert sind – häufig ist dies schon gegen 10 Uhr der Fall. Der Souq wird von einer hohen Mauer umgeben, Einlass gewährt ein grünes Metalltor. Im überdachten Hof werden Lebensmittel, Textilien und Haushaltswaren, aber auch kleinere Tiere wie **Schafe und Ziegen** feilgeboten. **Kamele** stehen auf dem Außengelände. Große und kleine Pick-ups fahren durch die Menschenmenge und bringen stets neuen Nachschub an Vieh. Gesten und Zurufe begleiten das

Kamele auf dem Beduinenmarkt von Sinaw

Geschehen, wenn die Händler die oft störrischen Tiere auf die Fahrzeuge zerren oder sie von ihnen abladen. Regen Anteil an den Verkaufsverhandlungen nehmen die Beduinenfrauen, die in traditionelle Gewänder gekleidet sind und fast immer Gesichtsmasken tragen. Diese **Burqas** kann man auf dem Souq auch als Souvenir erwerben. Auch außerhalb des Marktbereichs hört das Schachern und Feilschen nicht auf, denn hier bieten verschiedene **Ladengeschäfte** ihre Waren feil. Besonders stark vertreten sind **Juweliere**, die früher hauptsächlich Silberschmuck verkauften (gelegentlich findet man noch heute schöne Stücke traditionellen Schmucks). Heute geht der Trend mehr zum Gold, das auch bei den Beduinen hoch im Kurs steht.

Schmuck und Kamele

Nach dem Besuch in **Sinaw** geht es über **Al Mudaybi** in Richtung **Samad** *zurück*. Nach 15 km zweigt kurz vor Lizq eine Straße nach Osten ab, die in Richtung **Ibra** führt.

Ibra

Ibra ist mit ca. 35.000 Einwohnern nach Sur die zweitgrößte Stadt der Region Sharqiyah. Ihren früheren Reichtum verdankte die alte Handelsstadt den Verbindungen mit Ostafrika und Sansibar. Wohlhabende Händler bauten sich hier **prächtige Häuser**, die heute leider dem Verfall anheimgegeben sind. Von neuem Wohlstand zeugen aber viele Villen, die in den letzten Jahren zwischen den Lehmbauten entstanden. Bis in die 1970er-Jahre war Ibra von der Fehde zweier Stämme zerrissen: Die Maskari und die Harithi bekämpften sich bis aufs Blut. Erstere waren in **Ibra Alayat** ansässig, letztere in **Ibra Sufalat**. Zwischen den beiden Stadtteilen bestand keinerlei Verbindung, jeder hatte ein eigenes Fort, einen eigenen Markt und ein eigenes Bewässerungssystem. Die Zwistigkeiten wurden erst unter Sultan Qaboos beigelegt. Langsam wachsen die Viertel zusammen, die alte Zweiteilung ist im Stadtbild aber noch immer ablesbar.

Einst bedeutende Handelsstadt

Hauptattraktion von Ibra ist der **Frauensouq**, der jeden Mittwochvormittag beim Ibra Hospital stattfindet. Männer hatten hier ursprünglich keinen Zutritt – sie mussten außerhalb des Areals warten, das früher überschaubar war, sich inzwischen aber über einen 1 km langen Straßenabschnitt erstreckt. Heute wird zumindest bei Touristen ein Auge zugedrückt, man sollte sich aber sehr zurückhaltend verhalten. Verkauft werden hauptsächlich **Textilien** (u. a. schöne handbestickte Tücher und Zierbordüren), aber auch **Haushaltsgeräte** und **Räucherwerk**. Neben neuer Ware gibt es viele Secondhand-Artikel. Dies hängt mit der Entstehungsgeschichte des Marktes zusammen: Seit Ende der 1970er-Jahre bot das dem Souq benachbarte Krankenhaus den Frauen der Umgebung kostenlose gynäkologische Untersuchungen an. Auch wenn der medizinische Service nichts kostete, die Anreise musste bezahlt werden. Um die Kosten wieder hereinzubringen, verkauften die Frauen im Vorhof des Krankenhauses selbstgefertigte Handarbeiten oder gebrauchte Haushaltsgegenstände, die sie entbehren konnten. Aus dem anfänglichen Provisorium wurde nach und nach eine feste Institution.

Kostenlose Behandlung

Neben dem Frauensouq gibt es in Ibra auch noch einen „normalen" **Souq**, auf dem am Donnerstag am meisten Getriebe herrscht. Hier werden neben zahlreichen Gemüsearten Bananen, Mangos, Datteln und andere Exoten angeboten. In den umliegenden Geschäften werden **Silberwaren** hergestellt und verkauft, darunter auch wunderbare Khanjars. Beim Büchsenmacher geben sich ältere Männer die Klinke in die Hand, die nach Ersatzteilen für ihre Gewehre (z. T. noch Vorderlader) suchen. Manchmal werden hier auch Waffen zum Verkauf angeboten.

Etwa 7 km südlich von Ibra liegt der Ortsteil **Al Minzafah**, ein ehemals bedeutender Marktort, der heute nur noch von wenigen Menschen bewohnt wird. Sein früherer Wohlstand beruhte auf dem Handel mit Ostafrika, wohin dann aber viele Bewohner auswanderten. Vom einstigen Glanz zeugen noch mehrere **aus Lehmziegeln erbaute Wohnhäuser**, von denen einige zu den ältesten Omans zählen. Ihr relativ guter Erhaltungszustand ist der soliden Bauweise zu verdanken: Die Mauern sind im Untergeschoss bis zu 2 m dick. Dem Verfall in Teilabschnitten widerstanden hat auch die **Wehrmauer**, die Al Minzafah umgibt. Sie wird von schmalen Toren durchbrochen, die ein Pkw nur mit eingeklapptem Spiegel passieren kann. Ein trauriger Anblick sind die vertrockneten Palmenhaine rund um den Ort, die nicht mehr ausreichend bewässert werden konnten, nachdem die Brunnen versiegten.

Dem Verfall trotzend

Reisepraktische Informationen zu Ibra

Telefonnummern	
Vorwahl	*25*
Polizei	*25570099, 25570120*
Notruf	*9999*

Unterkunft
Ibra Motel €, *Al Sharqiyah Main Street,* ☎ *25571666,* 🖨 *25571777, ibramtl @omantel.net.om. Kein großer Komfort, aber saubere Zimmer. Das ideale Quartier, wenn es nur darum geht, preiswert zu übernachten.*
Ibra Hotel €€, *von der Hauptstraße in Richtung Wadi Nam nach Norden abbiegen, dann auf der linken Seite.* ☎ *25571873,* 🖨 *25571794. Einfaches Hotel mit Restaurant und Pool.*
Al Sharqiya Sands Hotel €€€, *südlich von Ibra an der Nationalstraße Muscat–Sur,* ☎ *25587099, 99205112,* 🖨 *25587088, www.sharqiyasands.com. Recht geräumige Zimmer und Bäder sowie Poolanlage laden zum Verweilen ein.*

Essen und Trinken
Fahad bin Saleh Al Hooti Restaurant, *Al Sharqiyah Main Street. Das Restaurant gehört zum Ibra Motel und bietet vor allem gutes Frühstück sowie arabische Leckerbissen.*
Al Najah Shopping Centre. *Rund um diesen Komplex und im Inneren gibt es viele Stände mit Shawarma und anderem Fast Food.*

Einkaufen
Frisches Obst und Gemüse bekommt man auf dem Markt. Im Supermarkt neben dem Frauenmarkt kann man fast alles andere kaufen.

Verkehrsmittel
In Ibra (Haltestelle am Krankenhaus) hält der Bus, der zweimal täglich nach Muscat bzw. nach Sur fährt.

Al Mudayrib

Nur etwa 17 km südlich von Ibra liegt der kleine Ort Al Mudayrib malerisch zwischen den Bergen, während im Hintergrund die **Sharqiya Sands** sichtbar sind. Überall auf den Hügelkämmen sieht man Wehrtürme aufragen, sicheres Indiz für ehemaligen Wohlstand der Bewohner. Um in die Stadt zu gelangen, muss man ein großes **Stadttor** durchfahren, das Relikt einer ehemaligen Wehrmauer. Viele Häuser gleichen ebenfalls Festungen: Ihre Erbauer versahen sie mit Türmen, Schießscharten und Zinnen. Es handelt sich dabei um **Wohnburgen**, in die sich die Mitglieder einer Sippe im Falle eines Angriffs zurückzogen. Noch heute sind sie teilweise im Besitz ortsansässiger Großfamilien und werden als Versammlungshäuser genutzt. An den teilweise über 250 Jahre alten Häusern beeindrucken die reich geschnitzten Holztüren. Einige verraten durch afrikanische Motive ihre Herkunft aus Sansibar. Viele neue Häuser führen diese Tradition fort und weisen ebenfalls kunstvoll verzierte Türen auf.

Kunstvoll geschnitzte Türen

Westlich des um 1800 errichteten **Forts Al Khanajirah** erstreckt sich der **Souq** von Al Mudayrib, der aber nur während des Eid-Festes von Leben erfüllt ist. An anderen Tagen kommen hier morgens und abends die Männer zusammen, um unter dem Schatten spendenden Dach vor den Geschäften ein Schwätzchen zu halten. Auf dem Weg nach Al Mintirib kommt man an dem Abzweig nach Al Qabil und dem direkt an der Straße gelegenen Guesthouse vorbei, auch das Al Areesh Camp liegt in der Nähe (s. S. 270).

Al Mintirib

Weiter in Richtung Südosten fahrend gelangt man in den Verwaltungsbezirk **Bidiyah**. Er besteht aus verschiedenen kleinen Ortschaften, von denen Al Mintirib die größte ist. Hier befindet sich auch der Sitz von Sheikh Al Salami, dem Herrscher des Bezirks. Sehenswert ist hier vor allem das mächtige **Fort Al Mintirib**, dessen massive und hohe Mauern die Dattelplantagen schützen – nicht zuletzt auch vor dem Vordringen der Wahiba-Wüste. Die Anlage wurde zu Beginn der 1990er-Jahre restauriert und kann auch von innen besichtigt werden. Der Ort besitzt weiterhin einen kleinen Souq und bewirtschaftete Oasengärten.
Fort Al Mintirib, *So–Do 8–14 Uhr, Eintritt 500 Bz.*

Wahiba Sands

Bei Al Mintirib beginnen die **Wahiba Sands**. Das Gebiet macht seinem Namen alle Ehre: Sand, soweit das Auge reicht. Was sich über 180 km von Norden nach Süden und 80 km von Osten nach Westen erstreckt, wirkt wie ein Meer aus Sand, denn wie bei den Wellen auf dem Ozean wechseln sich Dünenkämme mit Dünentälern ab. Faszinierend ist das Spiel der Farben, die zwischen Goldgelb und dunklem Karmesinrot changieren.

Meer aus Sand

Die Nähe zum Meer beschert der Wahiba Feuchtigkeit, die sich vor allem in Form von Tau niederschlägt. Sie bildet die Lebensgrundlage für eine erstaunlich artenreiche Tier- und Pflanzenwelt. Die Wahiba weist zwei Besonderheiten auf, die weltweit ein-

info

Beduinen

Prinzipiell eher lebensfeindliche Gebiete können nur von speziell angepassten Arten besiedelt werden. Diese biologische „Binsenweisheit" trifft in erster Linie auf die Flora und Fauna zu, denn der Mensch hat sich wegen seines leistungsfähigen Gehirns und den ausgeprägten Sozialstrukturen, zu denen er fähig ist, schon lange aus diesem System ausgeklinkt. Entweder Mensch arrangiert sich die Umwelt so, wie er sie braucht oder er zieht weiter. So auch und besonders in Oman: Nicht sesshafte Menschen gehörten hier bis in die 1970er-Jahre zum Alltagsbild. Im Arabischen werden sie **Bedu** genannt (Plural: *Badawi*), was wörtlich übersetzt „Wüstenbewohner" bedeutet.

Die Nomaden Omans lebten traditionell von der **Viehzucht**. Schafe und Ziegen lieferten Wolle, Leder, Milch und Fleisch, Kamele dienten in erster Linie als Transporttiere. In den Wintermonaten zogen die Bedu mit ihren Herden im wüstenhaften Landesinneren bzw. in den Bergen umher. In den Sommermonaten ließen sie sich mit ihren Tieren in der Nähe von Oasen nieder, wo sie entweder eigene **Dattelgärten kultivierten** oder sich als Erntehelfer verdingten. Zusätzliche Einnahmen brachte der Verkauf tierischer Produkte an die Oasenbewohner.

Nach dem Ende der Dattelernte suchten die Beduinen wieder ihre Winterlager auf, die meist in Wadis oder in der Nähe von Wasserlöchern lagen. Von dort trieben sie ihre Herden zu den Weiden. Weil das Vieh zu dieser Zeit mangels Nachkommen keiner besonderen Aufmerksamkeit bedurfte, gingen viele Männer an die Küste, um dort **Fischfang** zu betreiben.

In den Bergregionen Omans betrieben die Beduinen auch **Landwirtschaft** auf Terrassenfeldern, bei einigen Stämmen Südomans kam das **Weihrauchsammeln** als Erwerbsquelle hinzu, das bis heute ein Vorrecht der Beduinen darstellt. Die Beduinen der Sharqiyah betätigten sich mit ihren Kamelen auch im **Karawanenhandel** oder übernahmen im Auftrag anderer Händler Warentransporte.

In der Nähe der Oasen lebten die Beduinen in **Areesh-Hütten,** während der Wanderschaft nächtigten sie im Freien unter Bäumen bzw. in **Ziegenhaarzelten**. Während die Männer die Tiere hüteten oder anderen Erwerbstätigkeiten nachgingen, versorgten die Frauen Haushalt und Kinder und waren zudem für die Beschaffung von Trinkwasser zuständig.

Heute sind die meisten Beduinen **sesshaft** geworden, nur noch ein geschätzter Anteil von 2 % pflegt eine nomadische Lebensform. Im weiten Feld dazwischen existieren zahlreiche Kompromisslösungen. So schlägt man sein Winterlager in der Nähe der Oasen auf, in denen viele Beduinen bereits **feste Häuser** besitzen. Beim Pendeln zwischen den Welten hat in vielen Fällen der Landcruiser das Kamel ersetzt. Viele Beduinen arbeiten heute auf den **Ölfeldern**, andere haben im **Tourismus** ein Auskommen gefunden und betätigen sich bei Wüstenexkursionen als Führer oder unterhalten Camps, die teils neu errichtet wurden und teils aus früheren Beduinenlagern entstanden sind. Auf diese Weise können sie ihre traditionelle Lebensweise zumindest ansatzweise beibehalten.

malig sind: Zum einen gibt es hier das größte zusammenhängende Areal **versteinerter Sanddünen**, sogenannter Aeolianiten. An manchen Stellen treten sie in bizarren Formen an die Oberfläche. Zum anderen birgt die Wahiba sandfreie, mit Ghaf-Bäumen bewachsene Areale, die mehreren Gazellenarten als Lebensraum dienen und auf denen die Beduinen ihre Tierherden weiden lassen. Diese Gebiete werden auch als **Woodlands** bezeichnet.

Noch heute ziehen etwa 100 Beduinenfamilien mit ihren Tieren durch die Wüste – ein entbehrungsreiches Leben, das den Menschen Vieles abverlangt. Die meisten führen aber inzwischen ein sesshaftes Leben in den Dörfern am Rand der Wüste. Neue Perspektiven für viele Beduinenfamilien bieten die **Wüstencamps**, die in den letzten Jahren bei **Al Wasil** und **Al Mintirib** entstanden. Hier kochen die Frauen und sorgen für Ordnung, während die Männer mit den Gästen Kamelexkursionen in die Dünen unternehmen. Übernachtet wird in Zelten oder *Areesh*-Hütten. Die Camps ermöglichen ein risikoloses, aber deshalb nicht minder eindrucksvolles Wüstenerlebnis.

Wo etwas Wasser ist, kann auch in der lebensfeindlichen Wüste Vegetation gedeihen

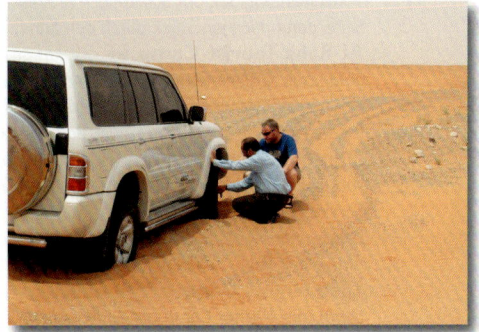

Wer im Sand fährt, lässt am besten etwas Luft aus den Reifen, um eine größere Auflagefläche zu bekommen

Wer tiefer in die Wahiba Sands vordringen möchte, sollte sich einer **geführten Tour** anschließen, wie sie von vielen omanischen und einigen deutschen Veranstaltern (s. S. 119f.) angeboten werden. Eine Geländewagentour auf eigene Faust birgt selbst für erprobte Fahrer viele Risiken und sollte nur mit einem ortskundigen Begleiter unternommen werden. Eine Möglichkeit, sich der Wüste auf eigene Faust zu nähern, besteht wenige Kilometer von Al Mintirib entfernt bei **Al Hawiyah**. Die Wüste grenzt unmittelbar an die Palmhaine der Oase an, die von Falaj-Kanälen bewässert werden. Die schmale Piste, die in den Ort führt, endet auf dem Dorfplatz. Nur wenige Meter entfernt türmen sich Sanddünen auf – auf dem Kamm kann man bei einem Picknick den herrlichen Blick auf das Sandmeer genießen.

Westlich von Al Mintirib besteht bei **Al Wasil** die Möglichkeit, in die ersten Dünenausläufer der Wüste hineinzufahren. Man folgt zunächst der Ausschilderung zum Ort selber, hält sich dann am Kreisverkehr links und umfährt Al Wasil so rechterhand auf der Schotterpiste. Die Piste führt dann nach links durch eine kleine Siedlung hindurch, hinter der die Dünen beginnen.

Reisepraktische Informationen zu den Wahiba Sands

Telefonnummern	
Vorwahl	25
Polizei	25540399, 25540599
Notruf	9999

Unterkunft/Essen und Trinken

Al Wesal Hotel (früher: **Al Quabil Rest House**) €€, *Al Mudayrib, National-straße Muscat–Sur,* ☎ 255 81243. 🖨 25581119, www.alwesalhotel.com. *Einfaches kleines Hotel, von dem aus man die Wüste erwandern kann. Auch geführte Touren.*

Al Areesh Desert Camp €€, *bei Al Qabil, Buchung unter* ☎ 92009427, www.desert discovery.com. *In den Zelten und Hütten mit Gemeinschaftsbad können Gäste recht komfortabel wohnen. Ein Transport von/zum Al Wesal Hotel ist auf Anfrage möglich (von hier 4 km Richtung Sur, am Schild nach Al Areesh abbiegen, nach 7,5 km liegt es auf der linken Seite, dann noch ein Stück durch den Sand). Kamelritte, Dünenfahrten, Sandboarding u.a.*

Al Raha Tourist Camp €€, *20 km südl. von Al Mintirib,* ☎ 99343851, www.alraha oman.com. *Großes Camp, das an Wochenenden und während der Ferien vor allem von Gruppen frequentiert wird. 77 Doppelzimmer und 9 Suiten in Areesh-Hütten, 15 Luxuszelte. Viele Aktivitäten von Kamelritten über Dune Bashing und Sand Boarding bis hin zur Sternenbeobachtung.*

Nomadic Desert Camp €€€, *südl. von Al Wasil,* ☎ 99336273, www.nomadicdesert camp.com. *Von einer Beduinenfamilie geführtes Camp mit freundlichem und kenntnisreichem Service. Einfache Areesh-Hütten, gemeinschaftlich genutzte sanitäre Anlagen, Beleuchtung mit Petroleumlampen und Kerzenlicht. Gäste werden von Al Wasil abgeholt. Zu den angebotenen Aktivitäten gehört auch der Besuch bei einer Beduinenfamilie.*

1000 Nights Camp €€, *40 km südlich von Al Mintirib,* ☎ 99448158, www.1000nights camp.com. *Kleines Camp mit Bungalows und 20 Beduinenzelten mit gemauerten, nach oben offenen Toiletten- und Duschhäuschen. Die Mahlzeiten werden im großen Gemeinschaftszelt oder unter freiem Himmel eingenommen. Kleiner Pool und Bar in arabischer Dhau. Selbstanreise mit dem Geländewagen oder Transfer gegen Aufpreis. Zum Programm gehören u.a. von Beduinen geführte Wüstenwanderungen und Kurse in Hennamalen.*

Desert Nights Camp €€€€, *südl. von Al Wasil,* ☎ 92818388, 24702311, 🖨 247 95853, www.omanhotels.com/dersertnightscamp. *Luxuriöse Zelte mit Klimaanlage, eigenem Bad und allem Komfort, den man sonst von internationalen Hotels kennt. Unterschiedliche Ausflugsangebote vom Kamelritt bis zur Quadbike-Tour.*

Tourveranstalter

Nomadic Adventures & Tours, *Bidiyah,* ☎ 99336273, 🖨 25586241, www. nomadicdesertcamp.com. *Die gleiche Beduinenfamilie, der das Nomadic Desert Camp (s. oben) gehört, organisiert auch geführte Kamelexkursionen in die Wahiba-Wüste. Dabei folgt man alten Karawanenrouten und nächtigt in Zelten.*

Verkehrsmittel

Eine Anreise mit dem Bus ist eigentlich ein Unding. Wer aber nur die Wüste im Umkreis des Al Wesal Hotels zu Fuß erkunden möchte, kann sich vom Bus Muscat–Sur hier absetzen lassen. Dort holt auch Desert Discovery Tours (s. S. 281) seine Gäste ab.

Wadi Bani Khalid

Wenige Kilometer hinter Al Mintirib zweigt eine asphaltierte
Straße ins **Wadi Bani Khalid** ab, das mit seinen von Palmen
umstandenen Wasserbecken und von Schilf gesäumten Bach-
läufen einen wohltuenden Kontrast zum Sandmeer der
Wahiba bildet. Auf der Fahrt in die Berge beeindrucken die
Faltungen und unterschiedlich gefärbten Schichtungen der Felsen am Wegesrand. Über eine Passhöhe erreicht man schließlich nach etwa 20 km die Oasen im Wadi – eine davon ist
Muqal. Vom Parkplatz aus gelangt man zu Fuß zu einem kleinen angestauten **See** und mehreren natürlichen **Felsenpools**. Sie beziehen ihr Wasser aus unterirdischen Quellen.
Im türkisblauen, glasklaren Wasser tummeln sich Fische und
an manchen Tagen auch Menschen. (Wer hier badet, sollte unbedingt auf angemessene Bekleidung achten!). In der Nähe
des Sees wurde ein Picknickplatz angelegt.

*Das wasserreiche Wadi Bani Khalid
gehört zu den grünsten Wadis Omans*

An Wochenenden und Feiertagen ist das Wadi recht über-
laufen – noch mehr, seit die asphaltierte Straße angelegt
wurde. Viele Einheimische unternehmen einen Ausflug hierher,
um die angenehme Kühle zu genießen. Wer Ruhe sucht, fährt
besser an einem Wochentag hierher. Etwas mehr Einsamkeit findet man auch, wenn man
von Muqal aus weiter wadiaufwärts wandert. Der Spaziergang führt durch Palmengärten, die von **Falaj**-Kanälen bewässert werden. Nach etwa 15 Minuten gelangt man zu
einer **Höhle**, zu deren Eingang Betonstufen hinaufführen. Man kann das Innere erkunden – vorausgesetzt, man hat eine gute Taschenlampe und keine Neigung zu Klaustro-
phobie. Die Höhle ist nämlich sehr eng und stellenweise so niedrig, dass man sich nur
kriechend vorwärtsbewegen kann. Am Abzweig zum Wadi von der Hauptstraße steht
das recht einfache, aber saubere **Oriental Nights Rest House** (€, ☏ 99006215,
🖷 24493536), das auch ein Restaurant besitzt. Falls man morgens vor allen anderen das
Wadi besuchen möchte, bietet sich eine Übernachtung an.

Sur

Von Al Mintirib aus gelangt man etwa 56 km nach Al Kamil, von wo eine gut ausgebaute Straße nach Nordosten an die Küste führt. Hier liegt **Sur**, der mit 72.000 Einwohnern größte Ort der Region Al Sharqiyah. Schon die Portugiesen erkannten die
Vorzüge der Stadt, die mit ihrer Lagune über einen natürlich geschützten Hafen
verfügte. Sie eroberten Sur und hielten es besetzt, bis schließlich Nasir bin Murshid, *Schaltstelle*
der erste Imam der Yaruba-Dynastie, die Stadt im 17. Jh. zurückeroberte. In der Folge *des Ostafri-*
entwickelte sich Sur zu einer der bedeutendsten Hafenstädte des mittleren Ostens. *kahandels*
Ein Großteil des Ostafrikahandels wurde hier abgewickelt. Sur war zudem ein **Zentrum des Schiffbaus** für große, hochseetaugliche Dhaus. Der Niedergang der Stadt
begann im 19. Jh., als das Sultanat sich in zwei Staatsgebiete aufspaltete. Der omanische
Seehandel kam zum Erliegen, Sur büßte seine ehemalige Bedeutung ein. Ein Übriges
taten die damals neu aufkommenden Dampfschiffe, mit denen die omanischen Holz-
segler nicht konkurrieren konnten.

Traditionelle Boote

Noch heute werden in Sur **Dhaus** gefertigt, wenn auch nur in kleiner Stückzahl. Die Bootsbauer sind in erster Linie mit Reparaturarbeiten beschäftigt. Von der großen Vergangenheit ist nicht mehr viel zu spüren, doch zeichnen sich seit einigen Jahren Entwicklungen ab, die dem provinziellen Dämmerschlaf der Stadt ein Ende bereiten werden. Etwa 15 km nördlich von Sur ist ein moderner Hafen entstanden, eine Küstenautobahn nach Muscat ist fertiggestellt, und an einigen der kleinen Sandbuchten entlang der Strecke sollen Badehotels entstehen. Sur ist auf dem besten Weg, erneut eine wahre Hauptstadt der Region zu werden.

Fort Bilad Sur

Wenn man sich Sur von Al Kamil her nähert, passiert man das von Dattelhainen umgebene **Fort Bilad Sur** (1). Es war früher ein wichtiger Bestandteil der Stadtbefestigung und sicherte die Stadt zum Landesinneren hin. Einer der Wachtürme fällt durch seine ungewöhnliche Konstruktion ins Auge: Seine Brüstungen sind unterschiedlich hoch. Die Restaurierungsarbeiten sind zwar noch nicht abgeschlossen, aber das Fort kann von innen besichtigt werden. Von den Zinnen des Wehrgangs aus bietet sich ein schöner Blick über die Oasengärten.
Fort Bilad Sur, *So–Do 8–14 Uhr, Eintritt frei.*

Fort Sunaysilah

Ausblick

Links der Einfahrtsstraße nach Sur erhebt sich auf einem Hügel das eindrucksvolle **Fort Sunaysilah** (2). Vermutlich schon seit über 300 Jahren bewacht es die Stadt und die vor der Küste verlaufenden Seewege. Massive Mauern umgeben den quadratischen Innenhof, die Ecken sind zusätzlich durch runde Wehrtürme verstärkt. Zwei davon können über Leitern bestiegen werden, von oben schweift der Blick frei über Stadt, Bucht und Lagune.
Fort Sunaysilah, *So–Do 8–14 Uhr, Eintritt 500 Bz.*

Maritimes Museum

Unweit vom Fort liegt rechts der Straße, auf dem Gelände eines Sportclubs, das kleine **Maritime Museum** (3). Das Gebäude ist weiß gestrichen, an der Außenwand weist ein Steuerrad auf seine Funktion hin. Die Ausstellung im Inneren ist der Seefahrtsgeschichte der Stadt gewidmet. Die Exponate umfassen alte Fotografien, Schiffsmodelle, nautische Geräte und Seekarten. Einen zweiten Schwerpunkt bildet das regionale Weberhandwerk, das mit einigen besonders schönen Beispielen vertreten ist (feste Öffnungszeiten gibt es nicht, am besten fragt man an der Rezeption des Sportclubs nach, der das Museum betreibt).

Hafen

Frischer Fisch

Die Altstadt von Sur erstreckt sich auf einer Halbinsel zwischen Lagune und Meer. Sie wird von einer Uferstraße umgeben, an der die meisten Sehenswürdigkeiten liegen. An ihrem nordwestlichen Ende, dort, wo die Halbinsel ins Festland übergeht, liegt der **Fischereihafen** (4). Er ist besonders frühmorgens sehenswert, wenn die Fischer mit ihrem Fang zurückkommen, der dann frisch auf dem Souq verkauft wird. Reizvoll ist

Sur

Golf von Oman

Bir Bira, Qalhat

Ar Rusagh

Fort Sunaysilah

Maritimes Museum

Jabal al Eid

Hillat al Kahraba

Ghubaynah

Fort Bilad Sur

Bilad Sur

Murtafaat Sukaykirah

Sukaykirah

Fort-Ruinen

Sayd al Qadim

Fischerei-hafen

Freitags-markt

Ancient Sur

Nimah

Uhren-turm

Makha

Fatah al Khair

Ar Rashah Park

Dhauwerften

Khor al Batah

Bucht von Sur

Al Ayjah

Al Ayjah Fort

Shiya, Ras al Hadd

Wadi Shamah

Muscat

© graphic

N

0   1 km

Unterkunft
1 Sur Hotel
2 Sur Beach Hotel
3 Sur Plaza

Essen und Trinken
1 Bawadi al-Aija Coffeeshop
2 Arabian Sea Restaurant
3 Zaki Restaurant
4 Turkish Sheep Restaurant

ein Besuch aber auch am frühen Abend: Dann fahren die Dhaus aufs Meer hinaus, um ihre Netze auszuwerfen. Kommt man tagsüber zum Hafen, dümpeln die Boote dicht an dicht auf den Wellen des azurblauen Wassers – ein Bild wie aus 1001 Nacht.

Dhauwerften

Am Ostrand der Altstadt liegen am geschützten Lagunenufer die **Dhauwerften (5)**. Jahrhundertelang wurden hier *Baghalas* und *Ghanjas* gebaut, hochseetüchtige Dhaus, deren charakteristisches Merkmal der hochgezogene Bug war. Inzwischen liegt der Schwerpunkt der Produktion auf *Sambuqs,* kleineren, schneller zu bauenden Booten, die im küstennahen Verkehr eingesetzt werden. Gearbeitet wird nicht in Bootsschuppen, sondern unmittelbar auf dem Sandstrand. Hier kann man dabei zusehen, wie die Boote Planke für Planke in Handarbeit zusammengefügt werden – ohne Bauplan, den langjährige Erfahrung überflüssig macht. Auf dem Werftgelände gibt es eine **Werkstatt**, in der traditionelle Schiffstypen in Handarbeit als Modell gefertigt werden – ein nicht ganz preiswertes, aber schönes und ungewöhnliches Souvenir.

Fertigung in Handarbeit

Fatah al Khair

Eine lebendige Vorstellung von den traditionellen Großseglern bekommt man, wenn man der Uferstraße ein Stück weiter südwärts folgt. Hier wurde auf dem Strand die

Vor fast 100 Jahren in Sur gebaut: die Dhau Fatah al Khair

Fatah al Khair aufgedockt, eine fast 100 Jahre alte *Ghanja* von über 20 m Länge. Sie wurde um 1920 in Sur gebaut und war lange eine der letzten hochseetüchtigen Dhaus Omans. Mittlerweile ist aber auch sie trockengelegt. Lange Zeit im Jemen im Einsatz, entdeckte sie 1993 ein omanischer Kapitän und brachte sie zurück in ihren Heimathafen. Dort wurde sie mit viel Aufwand restauriert. In naher Zukunft soll neben der Fatah al Khair ein Museum zur Schiffsbautradition der Stadt Sur eröffnen.

Fatah al Khair, Besichtigung tgl. 9–18 Uhr, Eintritt frei.

Ayja

Am gegenüberliegenden Lagunenufer liegt **Ayja**, früher ein eigenständiger Ort, heute Stadtteil von Sur. Die über die Lagune verkehrenden Fährboote stellten einst die einzige Verbindung dar, heute führt eine Brücke über die Lagune. In Ayja stehen noch schöne alte Häuser mit kunstvoll geschnitzten Holztüren. Auch Reste der Stadtbefestigung und das Fort sind erhalten. Von der Festung bietet sich ein schöner Blick auf die Altstadt von Sur.

Reisepraktische Informationen zu Sur

Telefonnummern		Karte
Vorwahl	25	S. 273
Polizei	25540099, 25542599	
Notruf	9999	

Krankenhaus
Sur Hospital, ☎ 25561100.

Internet
Internetcafés gibt es im Zentrum und im Sur Plaza Hotel.

Unterkunft
Sur Hotel (1) €, off Souq Street, ☎ 25540090, 🖷 25543798, www.surhotel.net. Altstadthotel mit einfachen, aber sauberen Zimmern. Das Haus befindet sich mitten im Souq, weswegen die Zimmer in den unteren Geschossen sehr laut sind.

Resort Sur Beach Holiday (2) €€€, *am Strand im Norden der Altstadt,* ☎ *25530300, www.surhotelsoman.com. Wegen der Strandlage besonders an den Wochenenden gut gebucht, doch leider etwas verwohnt. Pool und Restaurant. Kostenloser Shuttle zum Schwesterhotel am Schildkrötenstrand Ras al Hadd.*

Sur Plaza (3) €€€, *rechts der Einfahrtsstraße nach Sur kurz vor dem Zentrum,* ☎ *25543777,* 🖨 *25542626, www.omanhotels.com/surplaza. Modernes Mittelklassehotel mit 108 gut ausgestatteten Zimmern.* **The Captain's Pub** *und* **Oysters Restaurant** *sind Treff der Expatriates. Organisierte Ausflüge nach Ras al Hadd und Ras al Jinz.*

Essen und Trinken

Bawadi al-Aija Coffeeshop (1), *Souq Street. Frische Säfte. Ab 0,20 OR.*
Arabian Sea Restaurant (2), *im Sur Hotel,* ☎ *25540090. Arabische und indische Küche, viele Fischgerichte. Ab 1 OR.*
Zaki Restaurant (3), *Hauptstraße zwischen dem 3. und 4. Kreisverkehr an der Tankstelle. Gute Grillhähnchen auch zum Mitnehmen. Ab 1 OR.*
Sahari Restaurant (4), *neben dem Al-Ayiah Plaza Hotel, am Ortseingang von Ayiah. Schöner Blick über die Lagune. Gute türkische und arabische Küche zu fairen Preisen.*

Nachtleben

Captain's Pub, *im Sur Plaza Hotel. Bier und Livemusik; Treff westlicher Expats.*
Sports Bar, *im Resort Sur Beach Holiday. Cocktails und DJ-Sound.*

Aktivitäten

> **Schwimmen/Wassersport**

Im Nordwesten des Ortes gibt es einen Strandabschnitt, an dem auch das **Resort Sur Beach Holiday** *liegt. Zum Hotelangebot gehören verschiedene Wassersportarten. Das Resort Sur Beach Holiday und das Sur Plaza Hotel besitzen Swimmingpools.*

> **Exkursionen**

Bahwan Travel, *www.bahwantravels.com. Geländewagentouren durch die Wadis in der Umgebung von Sur, Exkursionen zu den Schildkrötenstränden Ras al Hadd und Ras al Jinz.*
Sur Tour, ☎ *25540068. Dhau-Touren entlang der Küste.*

Einkaufen

Souq, *im Westen der Altstadt. Obst, Gemüse, Fleisch und Fisch.*
Sur Commercial Centre, *Neustadt. In dem neuen Geschäftszentrum findet man auch Geschäfte für alle anderen Gegenstände des täglichen Bedarfs.*

Verkehrsmittel

> **Fernbusse/Sammeltaxis**

Überlandbusse verkehren zweimal täglich über **Ibra** *nach* **Muscat** *(5 OR). Die Haltestelle befindet sich unweit vom Sur Hotel. Vom Ortsausgang (Bilad Sur R/A) starten frühmorgens auch Sammeltaxis in die gleiche Richtung (etwa 3 OR).*

> **Taxis**

Innerhalb von Sur kosten alle Fahrten 0,15 OR. Taxis nach Muscat kosten 25 OR.

Entlang der Küste von Muscat nach Sur

Wadis und Strände

Zwischen Muscat und Sur erstreckt sich eine schroff-schöne Berglandschaft mit tief eingeschnittenen Wadis, die sich zu fruchtbaren Oasen öffnen. Immer wieder ergeben sich Blicke in kleine Buchten mit herrlichen Stränden. Die ehemalige Schotterpiste, die an der Küste entlangführte, ist nach langer Bauphase bis Sur zu einer Autobahn ausgebaut. Möchte man nur bis Sur fahren, kann man dies mit einem normalen PKW, will man aber noch weiter, ist ein Allradfahrzeug empfohlen, aber nicht zwingend notwendig. Auch die Küstenstraße von Sur über Al Ashkharah bis nach Port Shana ist mittlerweile asphaltiert, allerdings manchmal vom Sand verweht.

Quriat

Von Muscat, das man am Wadi Adai-Kreisverkehr in Ruwi verlässt, geht die Fahrt zunächst ca. 80 km nach **Quriat**. Kurz vor der Stadt weist auf der Autobahn ein Hinweisschild auf den **Wadi Dayqah Dam** hin, der ca. 20 km landeinwärts liegt. Der 2012 eröffnete Damm ist der größte des Landes. Vom Visitor Centre (keine Touristinfo) hat man einen schönen Blick auf den 350 ha großen See und das Wadi, zudem wurden schattige Picknickplätze und Toiletten errichtet. Da man hier aber weder schwimmen kann noch sonstige Aktivitäten angeboten werden, lohnt der Abstecher nur bedingt. Quriat ist ein ruhiges Städtchen mit lebhaftem Souq und einem kleinen **Fort**. Die ehemalige Residenz des Wali wurde mit zeitgenössischem Mobiliar eingerichtet und kann besichtigt werden. Vom Dach des nur eingeschossigen Gebäudes bietet sich ein schöner Blick. **Quriat Fort**, *Sa–Do 8–14 Uhr, Eintritt frei.*

Bamah und Fins

Sinkhole

Wer ohne Besichtigungspause nach Sur weiterfährt, findet am ersten Kreisverkehr in Quriat eine Tankstelle – die letzte vor Sur. Zurück auf der Autobahn geht es etwas landeinwärts, vorbei am Wadi Dayqah Richtung **Bamah** (auch Bimmah)/**Tiwi**. Bei dem Fischerdorf **Dibab** (auch Dhabab geschrieben) erreicht die Straße wieder die Küste. Als nächstes gelangt man nach **Bamah**. Vor dem Ort liegt das **Sinkhole**, eine 20 m tiefe, eingestürzte Kalksteinhöhle, in der unten Wasser steht und in die man über eine Treppe hinabsteigen kann (ausgeschildert vom Highway als **Hawiyat Najm Park**, an der nächsten Kreuzung links abbiegen Richtung Dibab, dann wieder links). Der nächste Küstenort nach Bamah ist **Fins** (eigene Autobahnabfahrt, auch über die alte Küstenstraße erreichbar). Hier beginnt der **White Beach**, der einzige Strand an diesem Küstenabschnitt, der weißen Sand besitzt.

Wadi Shab

Zurück auf der Straße gelangt man in das Fischerdorf **Shab**, das direkt neben dem Weg liegt. Hier befindet sich der Eingang ins **Wadi Shab**, das wegen seines üppigen Bewuchses und der steil aufragenden Felswände noch bis vor Kurzem als eines der

schönsten Wadis des Landes galt. Heute wird der Taleingang durch die neue Autobahnbrücke verschandelt, von der man aber zumindest einen schönen Blick ins Tal hat. *Durch*
Spuren der Verwüstung hinterließ auch der Zyklon Gonu, der im Sommer 2007 die *Zyklon und*
gesamte Küste heimsuchte. Der untere Teil des Tals, der früher palmenbestanden war, *Autobahn-*
ist heute so gut wie kahl. Zwar wurden Aufforstungen durchgeführt, es wird jedoch *brücke ver-*
noch eine Weile dauern, bis die Vegetation sich wieder erholt hat. Weiter im Inneren *schandelt*
des Wadis gibt es aber noch Stellen, die einen Eindruck von der einstigen landschaft-
lichen Schönheit des Tales geben.

Zunächst parkt man den Wagen – das Wadi kann nur zu Fuß erkundet werden. Dann
überquert man den kleinen **See am Taleingang** auf einer Brücke oder lässt sich von
den Dorfjungen per Kahn übersetzen (Kosten 1 OR). Ein Pfad führt ins Wadi hinein,
zwischen steilen Felswänden hindurch, die von Spalten und Höhlen durchsetzt sind.
Wasser rieselt über das Wadibett und sammelt sich immer wieder in **kleinen Pools**, *Wanderung*
die von Schilf und Buschwerk umstanden werden. Schmetterlinge und Vögel genießen *durch das*
hier den Nektar der Blütenpflanzen. Im Wadi befinden sich einige Siedlungen, zu denen *Wadi*
man in längeren Wanderungen vordringen kann. Je weiter man geht, desto klarer und tiefer wird das Wasser, stellenweise kann man sogar schwimmen (um die Dorfbewohner
nicht vor den Kopf zu stoßen, sollte die Badebekleidung, vor allem bei Frauen nicht zu
knapp sein, auch wenn man oft Touristinnen im Bikini sieht). Der letzte Pool endet in
einer **Höhle**, die man erkunden kann. Der Eingang liegt unter Wasser, man muss vor den
Felsen abtauchen und hineinschwimmen (Badeschuhe/Trekkingsandalen sind ganz hilf-
reich, ebenso wie festes Schuhwerk für den Weg). Achtung: Die Höhlendecke ist
zunächst sehr niedrig, im hinteren Teil öffnet sich dann aber eine geräumige Kammer.

 Hinweis zur Anfahrt

Von der Autobahn ist die Zufahrt nach Wadi Shab ausgeschildert, diese Straße
führt aber direkt an der Küste entlang und ist mitunter überflutet. Stattdessen
kann man die nächste Ausfahrt nehmen (hinter der Brücke über das Wadi Tiwi),
dort unter der Autobahn durch und links, also einen U-Turn, und die Autobahn
wieder ein Stück zurück und in Tiwi abfahren. An der ersten Kreuzung links
(rechts geht es zum Wadi Tiwi), immer geradeaus durch Tiwi und das Dorf Shab
erreicht man den Parkplatz.

Lesertipp

Bei Tiwi, von der Autobahn sichtbar (und ausgeschildert), hat Mitte 2013 ein
neues Hotel eröffnet, das **Wadi Shab Resort** (www.wadishabresort.com,
☎ 24757667, Standard Room ab OR 60, Frühstück OR 4) mit 34 komfortablen
Zimmern mit Meerblick, Pool und einem einfachen Restaurant. Zum ca. 5 km
langen Strand führt eine Treppe hinab.

Wadi Tiwi

Nur wenige Kilometer von **Shab** entfernt liegt **Tiwi**. Es gibt einige Geschäfte, ein Restaurant und sogar eine Bank. Auch hier mündet mit dem **Wadi Tiwi** ein Tal ins Meer, das *Mit Allrad-*
sich im Unterschied zum Wadi Shab nicht nur erwandern, sondern mit einem Allrad- *fahrzeug*
fahrzeug auch befahren lässt – zumindest auf einer Strecke von mehreren Kilometern.

Die Wadimündung zur See hin ist deutlich breiter als in Shab, sodass die Windkraft des Zyklons hier nicht so stark komprimiert wurde und entsprechend nicht ganz so verheerende Schäden angerichtet hat. Leider gibt es aber inzwischen auch hier eine Autobahnbrücke, die den Blick ins Tal versperrt.

Die Straße führt am rechten Rand des Wadis entlang ins Landesinnere, vorbei an mehreren Ansiedlungen und stets durch das Grün der Pflanzungen, in dem Oleander und andere Blütenpflanzen hübsche Farbtupfer setzen. Nicht sichtbar, dafür aber unüberhörbar sind die **Zikaden**, die tags und nachts mit ihrem lauten Schnarren die Luft erfüllen. Am Ende steigt der Weg steil an und bietet einen schönen Blick über das Tal.

Qalhat

Etwa 20 km nach Tiwi ist das Fischerdorf **Qalhat** erreicht. Auf einem Hügel oberhalb des heutigen Ortes entwickelte sich im 12. Jh. ein Handelszentrum, das im 14. Jh. vom Königreich Hormuz erobert wurde und unter dessen Herrschaft eine Blütezeit *Einnahme* erlebte. Marco Polo und Ibn Battuta priesen in ihren Reiseberichten den Wohlstand *durch* und die Pracht Qalhats. Doch 1450 zerstörte ein Erdbeben die Stadt. Was noch stand, *Portugiesen* fiel kurz darauf den Geschützen der portugiesischen Eroberer zum Opfer. Sie bauten den Ort zwar als Flottenstützpunkt neu auf, doch seine alte Bedeutung erlangte er niemals zurück. Nach der Vertreibung der Portugiesen erwuchs Qalhat in Sur eine übermächtige Konkurrenz.

Von der einstigen Pracht zeugen heute noch eindrucksvolle Ruinen: Am besten erhalten ist das **Mausoleum der Bibi Maryam**, das manchmal auch als Moschee bezeichnet wird. Der Legende nach blieb das Gebäude vom Erdbeben verschont, weil *Heiliger Ort* die göttliche Macht der Engel der Zerstörung Einhalt gebot. Bibi Maryam genießt in der Bevölkerung hohe Verehrung – man glaubt, dass ihr Geist Böses abwenden kann. Besucher sollten die Ruine als heiligen Ort respektieren und sich entsprechend pietätvoll verhalten. Bei den übrigen Ruinen auf der Anhöhe handelt es sich um Reste der alten Stadtbefestigung und von Gewölbebauten, deren Funktion bislang ungeklärt ist. Am Meer sind noch alte Hafenanlagen erkennbar. Ab hier ist über die Autobahn schnell Sur erreicht (s. S. 271).

Das Mausoleum der Bibi Maryam hat die Zeiten überdauert

Zikaden

Wanderungen durch Haine oder Abende vor dem Zelt sind in Oman kaum ohne das schnarrende Geräusch der **Zikaden** denkbar. So allgegenwärtig die Laute auch sind, so schwierig ist es, ihre Erzeuger zu beobachten. Kaum wendet man sich in die vermeintliche Richtung, aus der das Geräusch stammt, und nähert sich der Quelle, verstummt es auch schon, um kurz darauf anderswo zu ertönen.

Biologisch-systematisch betrachtet handelt es sich bei den Zikaden um Fluginsekten der Überordnung Schnabelkerfe und der Ordnung der Pflanzensauger. Innerhalb dieser Ordnung findet man die Unterordnung der Spitzkopf- und Rundkopfzikaden. Zur letzteren gehören die **Singzikaden**, welche die eigentümlichen Geräusche erzeugen.

Die Männchen besitzen an den Seiten des ersten Hinterleibsegmentes ein sogenanntes **Trommelorgan**. Von außen sichtbar ist eine elastische Platte, die von einem kräftigen Muskel immer wieder eingedellt wird. Beim Erschlaffen des Muskels springt die Platte in ihre ursprüngliche Lage zurück und erzeugt dabei ein Knackgeräusch, vergleichbar mit einer Blechbüchse, die man eindrückt und wieder ausbeult. Zikaden lassen ihre Schall erzeugenden Platten allerdings mehrere hundert Mal pro Sekunde auf- und niederschwingen. Die Frequenz kann bei 120 bis 600 Knackgeräuschen pro Sekunde liegen. Zur Verstärkung des Schalls dient ein großer Luftsack im Hinterleib der Tiere.

So beliebt die Tiere bei Urlaubern auch sein mögen, so unbeliebt sind sie bei den Landwirten, denn im Verlauf ihrer Entwicklung können sie zu echten **Schädlingen** werden. Die weiblichen Tiere legen ihre Eier mit einem gut ausgeprägten Legebohrer tief in verholzte, oberirdische Pflanzenteile hinein. Sobald die **Larven** aus den Eiern geschlüpft sind, wandern sie an der Pflanze entlang zum Boden und graben sich dort bis zu 3 m tief in die Erde ein. Dort setzen sie sich an den Wurzeln fest und beginnen **Pflanzensäfte zu saugen**. Bei massenhaftem Vorkommen entziehen sie dabei der Pflanze wichtige Nährstoffe.

Zwei bis sieben Jahren bleiben die Larven dann im Boden, wobei sie sich fünfmal häuten und den erwachsenen Tieren immer ähnlicher werden. Wenn sie schließlich ausgereift sind, bahnen sie sich ihren Weg durch das Erdreich ans Tageslicht. Bei günstiger Witterung und oft bei Nacht klettern sie an Bäumen und Sträuchern hoch, wo dann die **erwachsenen Tiere schlüpfen.**

Nach dieser langen Phase der Reifung hat das erwachsene Tier nur noch wenige Wochen zu leben. Diese kurze Zeit ist der Arterhaltung, d. h. der **Vermehrung** gewidmet. Zur Paarung versammeln die Tiere sich oft in großer Zahl in Bäumen und Sträuchern. Für die Männchen gilt es, möglichst viele Weibchen anzulocken und zu begatten. Dazu, aber auch zur Festsetzung von Reviergrenzen, erzeugen sie laute Geräusche.

Bei fast allen Zikadenarten bringen nur die **Männchen** Laute hervor. Diese Tatsache war schon im alten Griechenland bekannt und führte zur Ausprägung des Sinnspruchs „Glücklich sind die Zikaden, denn sie haben stumme Weiber." Bei den Arten, bei denen beide Geschlechter Laute erzeugen, ist die Frequenz für das menschliche Gehör nicht wahrnehmbar.

Von Sur in den Ja'alan

Ras al Hadd

Wenn man von **Sur** über die Brücke über die Lagune weiter nach Südosten fährt, erreicht man nach etwa 55 km die Landzunge **Ras al Hadd**, den am weitesten nordöstlich gelegenen Punkt der Arabischen Halbinsel. Das Wort *Hadd* bedeutet „Kante" oder „Rand". Auf ihrer äußersten Spitze liegt der gleichnamige Fischerort, der von einem unmittelbar am Strand stehenden **Fort** bewacht wird. Das Bauwerk mit den hohen Mauern und den drei Türmen wurde vor etwa 450 Jahren errichtet. Im großen Hof fanden alle Bewohner der Gegend Unterschlupf, wenn Gefahr drohte. Unter dem größten Turm begann ein 200 m langer Tunnel, durch den man im Falle einer Belagerung ins Freie gelangen konnte. Das Fort wurde restauriert und kann von innen besichtigt werden. Auch die historischen Gebäude rund um das Fort verdienen nähere Betrachtung, denn sie besitzen kunstvoll verzierte Türen und Mauern.
Ras al Hadd Fort, *Sa–Do 8–14 Uhr, Eintritt frei.*

Sehenswertes Fort

In der Umgebung von Ras al Hadd haben Archäologen Funde gemacht, die sich der Umm-al-Nar-Kultur (s. S. 15) zuordnen lassen. Die Landspitze war demnach schon sehr früh besiedelt.

Am Meer und an der Lagune **Khawr Hajar** kann man Zug- und Standvögel beobachten, und am langen Sandstrand findet man manchmal Spuren von Meeresschildkröten, die nachts zur Eiablage an Land kommen. Der Strandabschnitt zwischen Ras al Hadd und Ruways wurde als **Turtle Beach Reserve** unter Naturschutz gestellt.

Grüne Meeresschildkröte am Strand von Ras al Hadd

Reisepraktische Informationen zu Ras al Hadd

Telefonnummern	
Vorwahl	*25*
Polizei/Notruf	*9999*

Unterkunft/Essen und Trinken

Resort Ras al Hadd Holiday Hotel €€(€), *am Hafeneingang (ausgeschildert ab dem Fort von Ras al Hadd),* ☏ *25569111, mobil 99373306,* 🖷 *25569003 www. surhotelsoman.com/ras.html. Der Aufenthalt kann über das Resort Sur Beach Holiday (s. S. 275) gebucht werden, das unter dem gleichen Management steht. Einfaches, aber ordentliches Hotel am Ufer der Lagune. Von den 35 geräumigen Zimmern aus kann man Wasservögel beobachten. Das Restaurant serviert vor allem indische Gerichte.*

Turtle Beach Resort €€(€), ☏ *25543400, mobil 99007709,* 🖷 *25543900, www. tbroman.com. Anfahrt: nach dem Ortseingang von Ras al Hadd links auf die Piste abbiegen, nach etwa 7 km ist das Resort erreicht. Kleine Bungalowanlage mit gut ausgestatteten Areesh-Hütten am Strand. Zum Resort gehört ein kleines Openair-Restaurant. Hier bekommt man einfache, indisch angehauchte Gerichte.*

Aktivitäten

Unmittelbar vor den beiden Unterkünften erstreckt sich ein herrlicher Sandstrand, der im Unterschied zum Schildkrötenstrand für Touristen zugänglich ist.
Der Schildkrötenstrand von Ras al Jinz ist etwa 15 km entfernt. Man kann auf eigene Faust dorthin fahren; geführte Touren organisiert **Desert Discovery Tours**, ☏ *92009427, www.desertdiscovery.com.*

Einkaufen

Im Ort gibt es einige kleine Geschäfte, die die wichtigsten Dinge des täglichen Bedarfs (z. B. Snacks, Softdrinks, Wasser, Batterien und gängige Medikamente) vorrätig haben.

Ras al Jinz

Am besten beobachten lassen sich die Meeresschildkröten in der weiter südlich gelegenen Bucht von **Ras al Jinz**. Hierher kommen die Tiere in besonders großer Zahl (früher waren es Zehntausende, heute sind es aufgrund der starken Gefährdung der Art leider weniger). Und nur hier ist es, auf einem ausgewiesenen Platz, offiziell erlaubt, die Schildkröten bei ihrer nächtlichen Eiablage zu beobachten. Die Genehmigung bekommt man über das **Ras al Jinz Turtle Reserve** (Kosten 3 OR). Eine kleine Ausstellung informiert im Museum des **Turtle's Visitor Centre** am Strand über das Leben der Tiere (tgl. 9–20 Uhr, www.rasaljinz-turtlereserve.com, Eintritt 1 OR).

Tagsüber kann man an dem schönen, von malerischen Klippen gerahmten **Sandstrand** ein Sonnenbad nehmen. Oberhalb des Strandes lässt sich eine **Ausgrabungsstätte** besichtigen, die von Forschern der Umm-al-Nar-Kultur (s. S. 15) zugeordnet wird. Bei der Erforschung der Siedlungsreste getätigte Funde, u. a. Keramikscherben, lassen darauf schließen, dass die Gegend um Ras al Jinz bereits vor 4.000 Jahren besiedelt war.

Meeresschildkröten

Die Küsten Omans werden besonders häufig von Meeresschildkröten aufgesucht. Fünf der sieben weltweit vorkommenden Arten legen an den Stränden des Sultanats ihre Eier ab. Dieser Tatsache Rechnung tragend hat die Regierung zum Schutz der gefährdeten Tiere zwei Reservate ausgewiesen: das **Ras al Hadd Turtle Reserve** und das **Daymaniyat Island Nature Reserve**. In den Gewässern dieser Schutzgebiete darf nicht kommerziell gefischt werden, und an den Stränden wird das Fangen von Schildkröten bzw. das Ausgraben der Gelege mit empfindlichen Geldbußen geahndet.

Bei den Meeresschildkröten handelt es sich mit hoher Wahrscheinlichkeit um **ehemalige Landtiere**, die das Meer erst sekundär rückbesiedelt haben. Darauf deuten die zu Flossenpaddeln umgestalteten Extremitäten sowie die Tatsache hin, dass die Tiere Lungenatmer sind. In Anpassung an den neuen Lebensraum ist der Panzer abgeflacht und stromlinienförmig – dadurch haben Meeresschildkröten die Fähigkeit eingebüßt, ihren Kopf einzuziehen. Eine Anpassung an das Salzwasser stellen die Salzdrüsen dar, die beständig eine konzentrierte Salzlösung abgeben und so den Salzgehalt des Blutes regulieren.

Grüne Meeresschildkröte als Beifang im Fischernetz

Meeresschildkröten verbringen fast ihr gesamtes Leben im Wasser, nur zur Eiablage kommen die Weibchen an Land. Dabei kehren sie stets zu dem Strand zurück, an dem sie selbst geschlüpft sind – zu diesem Zweck legen sie bisweilen Tausende von Kilometern zurück. Wie die Tiere sich auf ihren **langen Wanderungen** orientieren, ist bislang noch unerforscht. Man vermutet, dass sie den Meeresströmungen folgen, aber auch das Magnetfeld der Erde und der Einfallswinkel des Lichts könnten eine Rolle spielen. Seeschildkröten werden **bis zu 150 Jahre alt** und sind erst ab einem Alter von 30 bis 50 Jahren geschlechtsreif. Ihre Nahrung besteht vor allem aus Weichtieren, Krebsen, kleinen Fischen und Algen.

In den Küstengewässern Omans sind **fünf Arten von Seeschildkröten** anzutreffen. Es handelt sich dabei um die *Echte Karettschildkröte* (*Eretmochelys imbricata*), die Unechte Karettschildkröte (*Caretta caretta*), die Grüne Meeresschildkröte (*Chelonia mydas*), die Oliv-Bastardschildkröte (*Lepidochelys olivacea*) und die Lederschildkröte (*Dermochelys coriacea*). Die Grüne Meeresschildkröte nistet im Bereich des Ras al Hadd Turtle Reserve, Brutplatz der Echten Karettschildkröte sind die Daymaniyat-Inseln. Die Unechte Karettschildkröte sucht die Strände der Insel Masirah und des Dhofar auf, um ihre Eier abzulegen. Auch die Oliv-

Bastardschildkröte kommt auf Masirah vor. Die Lederschildkröte durchschwimmt omanische Gewässer, nistet aber andernorts und wird daher meist nur von Tauchern gesichtet.

Die im englischen Sprachraum auch als Suppenschildkröte bezeichnete **Grüne Meeresschildkröte** ist nicht immer grün, sondern oft auch schwarzbraun bis gelblichgrün gefärbt. Mit bis zu 1,5 m Länge und bis zu 200 kg Gewicht ist sie nach der Lederschildkröte die zweitgrößte Seeschildkrötenart.

Die **Echte Karettschildkröte** wird maximal 75 kg schwer und erreicht eine Länge von bis zu 90 cm. In der Jugend ist sie recht hell, fast honigfarben gefärbt. Mit zunehmendem Alter werden die Rückenschilder aber dunkler, bis sie fast oliv erscheinen. Der Kopf der Tiere ist sehr schmal und erinnert an Raubvögel.

Die **Unechte Karettschildkröte** erreicht ein Gewicht von 120 kg und eine Panzerlänge von über 1 m. Ihre Grundfärbung ist rotbraun. Von der Echten Karettschildkröte unterscheidet sie sich durch einen größeren Kopf mit stärkeren Kiefern und fünf anstatt vier Paar Rippenschildern.

Weibchen auf dem beschwerlichen Weg zurück ins Meer

Die **Oliv-Bastardschildkröte** ist mit 70 cm Länge und einem Gewicht von maximal 50 kg die kleinste Schildkröte. Ihr herzförmiger Panzer weist eine olivgrüne Färbung auf. Die Bastardschildkröte ist die einzige Schildkrötenart, bei der ein massenhaftes Anlanden an den Brutstränden beobachtet werden kann. Im Gegensatz zu anderen Arten bevorzugt sie zur Eiablage den hellichten Tag.

Die **Lederschildkröte** ist mit einer Länge von bis zu 2 m und einem Gewicht von 600 kg die größte Meeresschildkröte. Statt eines Panzers besitzt sie eine lederartige, von Knochenplatten durchsetzte Haut. Der blauschwarze Rücken zeigt sieben, der Bauch fünf Längskiele.

Erste Wellen spielen mit den frisch geschlüpften Jungtieren

Alte Schrift-zeichen Den größten Schatz, den Archäologen hier bei Grabungen ans Tageslicht brachten, stellt ein Stempelsiegel mit den bisher ältesten auf der Arabischen Halbinsel gefundenen Schriftzeichen dar.

Ein gutes Timing vorausgesetzt, kann man tatsächlich Schildkröten bei der Eiablage beobachten.

Unter dem klaren Sternenhimmel und mit der größten Wahrscheinlichkeit im Schein des Vollmonds setzt dann das eindrucksvolle Naturschauspiel ein, wegen dem die meisten Besucher hergekommen sind: Die schweren Reptilien lassen sich von der Flut möglichst weit an Land tragen und robben dann schwerfällig über den Sand, um oberhalb der Hochwassermarke nach einem geeigneten Platz zur Eiablage zu suchen. Ist dieser gefunden, graben sie in stundenlanger ermüdender Arbeit ein Loch. Dort hinein legen sie ihre Eier – oft über 100 –, bedecken dann das Gelege mit Sand und kehren ins Wasser zurück. Die Sonne übernimmt dann vom nächsten Tag an das Bebrüten, bis schließlich die ersten Jungtiere aus der Schale schlüpfen, den Sand durchbrechen und in Richtung Wasser kriechen. Auf dem Strand werden sie aber bereits von zahllosen Seevögeln erwartet – nur ein Bruchteil der Babyschild-

Beeindru-ckendes Natur-schauspiel kröten erreicht das Meer. Doch auch dort lauern Räuber in Gestalt größerer Fische – so erwächst schon unter natürlichen Bedingungen nur aus einem von etwa 20.000 Eiern eine geschlechtsreife Schildkröte. Erschwerend kommen heute aber noch die negativen Folgen der Zivilisation hinzu: Die zunehmende Verschmutzung der Ozeane macht den Tieren zu schaffen. Eine große Gefahr stellen Plastiktüten dar, die die Schildkröten mit Quallen verwechseln, einem ihrer Hauptnahrungsmittel. Viele Schildkröten verenden qualvoll, weil sie sich in Schleppnetzen verheddert haben. In manchen Ländern landen die Tiere nach wie vor im Kochtopf oder ihre Gelege werden geplündert, weil die Eier als Delikatesse gelten. Schlüpfende Tiere werden durch die mittlerweile sehr starke Helligkeit über Land immer häufiger von ihrem Weg zum Meer abgelenkt – zunächst noch halbblind, orientieren sie sich am hellsten Lichtschimmer, der normalerweise von der den Mondschein reflektierenden Meeresoberfläche ausgeht. Fremde Lichtquellen leiten die Babyschildkröten in die Irre, sie finden den Weg ins Wasser nicht und sterben.

Der vormittags öffentlich zugängliche Strand von Ras al Jinz wird ab etwa 13.30 Uhr gesperrt und darf dann nur noch in Begleitung von Rangern betreten werden. Für die Schildkrötenbeobachtung ist eine Genehmigung erforderlich, die man bei der **Naturschutzbehörde** in Muscat (kostet ca. 3 OR, zu buchen auch über das Ras al Jinz Turtle Reserve, reservations@rasaljinz-turtlereserve.com), notfalls aber auch noch im kleinen **Visitor Centre** am Eingang des Campingplatzes bekommt. Die Beobachtungen finden um 5 und um 21 Uhr statt. Aufseher holen die Besucher um 4.45 bzw.

Ohne Blitz und Taschen-lampe 20.30 Uhr am Eingang ab und und führen sie in kleinen Gruppen zum Strand. Dort sollte man sich möglichst ruhig verhalten und genügend Abstand zu den Tieren wahren. Aus den oben genannten Gründen dürfen weder Fotoapparate mit Blitzlicht noch Taschenlampen mitgenommen werden.

Die beste Zeit zur Beobachtung der Eiablage ist der Sommer, dann kommen die meisten Meeresschildkröten hierher. Von einem Besuch an Wochenenden oder Feiertagen sollte man absehen, um das inzwischen ohnehin sehr große Besucheraufkommen nicht noch zu verstärken.

Reisepraktische Informationen zu Ras al Jinz

Telefonnummern	
Vorwahl	*24*
Polizei/Notruf	*9999*

Unterkunft/Essen und Trinken

Al Naseem Turtle Beach Camp €€€, *an der Zufahrtsstraße zum Strand,* ☎ *92009427, www.desertdiscovery.com. Desert Discovery unterhält in Ras al Jinz einige Areesh-Hütten mit Betten, eigenem Bad, Klimanalage und Elektrizität, die 2014 komplett renoviert wurden. Im Preis sind Frühstück und Abendessen eingeschlossen. Abends kann man nett mit anderen Gästen zusammensitzen und sich über das Erlebte austauschen.*

Carapace Lodge €€€€€, *am Ras al Jinz Beach,* ☎ *96550608, 96550707, www.rasal jinz-turtlereserve.com. Die 31 Zimmer der umweltfreundlich geführten Lodge sind hervorragend ausgestattet. Wer mag, kann an einem halb- bis ganztägigen Eco-Programm teilnehmen. Auch archäologische Führungen gehören zum Programm. Zur Lodge gehört das Sambuk-Restaurant, in dem neben regionalen Speisen auch internationale Gerichte serviert werden.*

Aktivitäten

Ras al Jinz besitzt einen schönen, von Klippen gerahmten **Sandstrand**, *der aber nur zwischen 8 und 13.30 Uhr zugänglich ist.*

Über **Desert Discovery Tours** *(*☎ *92009427, www.desertdiscovery.com) kann man organisierte Touren zur Schildkrötenbeobachtung buchen.*

Al Ashkharah

Von **Ras al Jinz** fährt man nun zurück auf die Küstenstraße, auf der es dann zunächst durch abwechslungsreiche Berglandschaft, dann an der Steilküste entlang südwärts geht. Bald wechselt das Bild, links der Straße kommen flache Sandstrände, rechts die Ausläufer der Wahiba-Wüste ins Blickfeld. Nach etwa 50 km erreicht man **Asaylah**, wo die Straße ins Landesinnere abzweigt. Asaylah ist einer der wenigen Orte an diesem Küstenabschnitt, der eine Tankstelle besitzt. Hier verlässt man die Küste und fährt zurück nach Sur bzw. Muscat. Alternativ unternimmt man noch einen Abstecher ins 10 km weiter südlich gelegene **Al Ashkharah**, einen großen und geschäftigen Ort am Arabischen Meer, in dem orientalisches Fischerleben wie aus dem Bilderbuch herrscht: Dhaus schaukeln am Kai, am Strand flicken die Fischer ihre Netze, überall riecht es nach frischem Fisch und an jeder Ecke wird damit gehandelt.

Orientalisches Fischerleben

Die meisten Besucher steuern Al Ashkharah an, weil es hier eine Übernachtungsmöglichkeit gibt (s. u.). Ab hier geht es dann entweder über die N 35 zurück ins Inland (s. S. 286) oder entlang der Küste über Qurun und Khuwaymah bis Shana, dem Fährhafen nach Masirah, oder weiter über Hijj und Duqm Richtung Salalah. Die mittlerweile asphaltierte Straße führt zwischen dem Meer und den Ausläufern der Wahiba-Wüste vorbei, die mitunter bis ans Wasser reichen. Sie ist manchmal vom Sand verweht, wird aber immer wieder geräumt.

Reisepraktische Informationen zu Al Ashkharah

Telefonnummern	
Vorwahl	*25*
Polizei	*25557420, 25557400*
Notruf	*9999*

Unterkunft/Essen und Trinken

Al Ashkhara Youth Hostel €, *direkt an der Straße am Südende des Dorfes,* ☎ *25566266,* 🖨 *25566179, www.ashkhara-youthhostel.com. Weniger eine Jugendherberge als ein Familienhotel, das allerdings schon bessere Tage gesehen hat. Großzügige, mit kleiner Küche ausgestattete Apartments. Restaurant und Swimmingpool.*

Al Ashkhara Beach Resort €(€), *17 km südlich von Al Ashkharah am Meer.* ☎ *940 82424, www.ashkhara.com. Einfach, aber sehr schön gelegen. Gutes Frühstück, freundliches Personal. Für eine oder zwei Nächte ideal.*

Ja'alan Bani Bu Ali und Ja'alan Bani Bu Hassan

Reisende Richtung Inland orientieren sich von Al Ashkharah (oder bereits von Asaylah) ab wieder in nordwestlicher Richtung und folgen der NA 35, auf der man nach etwa 30 km zunächst **Ja'alan Bani Bu Ali**, nach weiteren 10 km dann **Ja'alan Bani Bu Hassan** erreicht. Beiden Orten ist gemein, dass sie sich mitten im Nirgendwo befinden: Sanddünen der Wüste türmen sich auf der einen Seite, Geröllebenen reichen auf der anderen Seite bis zu den Ausläufern des Hajar-Gebirges. Oft weht hier ein leichter Wind, der immer Wüstensand mit sich trägt. Somit wird einerseits beständig an den Mauern der Gebäude „geschliffen" und andererseits drängt sich der Eindruck auf, die Wüste wolle die Orte überrollen. Bedroht fühlten sich die Bewohner der beiden Orte aber weniger durch das Vordringen der Wüste als durch den Nachbarn.

Umfassungsmauer der Festung von Ja'alan Bani Bu Hassan

Die Stämme der Bani Bu Hassan und der Bani Bu Ali lieferten sich erbitterte Fehden, wovon noch heute zwei Forts, Wehrtürme und befestigte Häuser zeugen. **Ja'alan Bani Bu Ali** ist im Gegensatz zum eher verschlafen wirkenden Nachbarort ein quirliger Marktflecken. Das dortige Fort kann nicht besucht werden, weil es sich im Besitz der Al-Hamoda-Sheikhs befindet. Wenn man an der Mauer entlanggeht, kann man im Inneren des Forts eine Moschee mit Doppelkuppel sehen, die für die im Ort stehende **Al-Hamoda-Moschee** als Vorbild diente. Dieses im 11. Jh. errichtete architektonische Schmuckstück ist von 52 Kuppeln gekrönt, deren weiße Farbe einen reizvollen Kontrast zum satten Grün der Dattelpalmen

Der Arabische Tahr

info

Der Arabische Tahr (*Hemitragus jayakari*) ist mit 60 cm Schulterhöhe und maximal 110 cm Länge der **kleinste Vertreter einer ziegenartigen Paarhuferart**, die außer in Oman nur in den Vereinigten Arabischen Emiraten vorkommt. Er hat einen stämmigen Körperbau, kräftige Beine und breite, gut zum Klettern geeignete Hufe. Das rötlich-braune Fell weist entlang des Rückens einen dunklen Streifen auf. Bei den Männchen sind Halsregion, Rücken und Vorderbeine von einer Mähne bedeckt. Beide Geschlechter haben nach hinten gebogene Hörner, die bei den Männchen aber länger und dicker sind.

Den Lebensraum des Tahrs bilden stark zerklüftete Berghänge in Höhen zwischen 1.000 und 2.000 m – hier kann er seine **enorm gute Kletterfähigkeit** gegenüber Raubfeinden, zu denen vor allem Leoparden gehören, gut ausspielen. Selbst die in jüngster Zeit durchgeführten Schutzmaßnahmen bewahren ihn aber nicht vor seinem größten Feind, dem Menschen. Trotz der Androhung drastischer Strafen lauern nach wie vor Wilderer den Tieren an den Wasserstellen auf, zu denen sie sich früher oder später begeben müssen, weil sie auf regelmäßiges Trinken angewiesen sind.

Als dämmerungs- bzw. nachtaktive und sehr scheue Tiere sind die Tahre nur schwer zu beobachten. Ihr Bestand kann entsprechend nur geschätzt werden – man geht davon aus, dass **noch etwa 2.000 Tiere** in freier Wildbahn leben. Auswilderungen aus Nachzuchtprogrammen sollen in Zukunft den Fortbestand der Art sichern. Tahre leben nicht in Herden, sondern einzelgängerisch oder in Familiengruppen, da der extrem karge und trockene Lebensraum nur einer begrenzten Zahl von Tieren Nahrung bietet. Die harten Lebensbedingungen sind auch der Grund dafür, dass die Tahrweibchen nach einer Tragzeit von etwa fünf Monaten nur jeweils ein Jungtier werfen. Die geringe Nachkommenzahl bedeutet in der schwierigen Ernährungssituation einen Vorteil, gerät jedoch zum Nachteil, wenn die Tiere starkem Jagddruck ausgesetzt sind.

---

bildet. Beeindruckend sind die fast verborgenen Eintrittsöffnungen für den Wind, die eine natürliche Ventilation im Inneren bewirken. Ein Falaj-Kanal wurde durch den Hof der Moschee geleitet. So reinigte das kostbare Nass erst die Gläubigen vor dem Gebet und bewässerte dann die Plantagengärten. Ein weiterer positiver Nebeneffekt ergibt sich durch die Verdunstungskälte, die den Moscheehof zu einem angenehmen Aufenthaltsort macht. Leider darf er, wie auch die Moschee, nur von Muslimen betreten werden.

Architektonisches Schmuckstück

Das **Fort von Ja'alan Bani Bu Hassan** wurde mittlerweile restauriert und kann besichtigt werden. 12 m hohe, mit Zinnen versehene Mauern umgeben den Innenhof, die Ecken wurden durch mächtige Türme verstärkt. Einer davon kann bestiegen werden, von oben bietet sich ein wundervoller Blick über die Wahiba Sands und zum **Jebel Qahwan**, einem Gipfelplateau im östlichen Hajar. Dieses Gebiet ist ein Rückzugsgebiet des **Arabischen Tahr** und wurde deshalb kürzlich unter strengen Naturschutz gestellt.

Ja'alan Bani Bu Hassan Fort, *So–Do 8–14 Uhr.*

Reisepraktische Infos zu Bani Bu Ali und Bani Bu Hassan

Telefonnummern	
Vorwahl	*25*
Polizei	*25550420, 25550004*
Notruf	*9999*

Unterkunft/Essen und Trinken
Al Dabi Tourist Motel €, *Ortsmitte von Ja'alan Bani Bu Ali neben der Shell-Tankstelle,* ☎ *255533307. Einfache, fast ausschließlich von Einheimischen frequentierte Herberge. Im angeschlossenen Restaurant werden Reis- und Linsengerichte serviert.*

Verkehrsmittel
Es gibt Busverbindungen von **Sur** *nach* **Al Kamil** *bzw. nach* **Muscat**. *Gelegentlich fahren dann von* **Al Kamil** *auch Minivans über* **Ja'alan Bani Bu Hassan** *nach* **Al Ashkharah**, *was aber Glückssache ist.*

Al Kamil und Al Wafi

Al Kamil hat vorwiegend als Verkehrsknotenpunkt Bedeutung – hier treffen sich die Nationalstraße 35 nach Al Ashkharah und die NA 23 Muscat–Sur. Es gibt eine Bushaltestelle, von der Busse nach Sur und Muscat starten, eine Tankstelle und mehrere Cafés. Im alten Ortskern stehen noch einige historische Bauten, darunter ein **Fort**, **Wachtürme** und mehrere schöne **Lehmhäuser**.

Historische Lehm-architektur

Auch das benachbarte **Al Wafi** besitzt im alten Ortsteil noch historische Lehmarchitektur: in verschiedenen Stadien des Verfalls begriffene **Wohnhäuser** und eine **Fluchtburg** mit hohem schlanken Turm. Ein weiteres befestigtes Wohnhaus steht etwa 1 km außerhalb des Ortes.

Eine Rarität in Oman: Al Kamil und auch Al Wafi sind von Bäumen umgeben. Die sogenannten **Woodlands**, ein von Ghaf-Bäumen und Akazien bewachsenes Areal, reichen bis unmittelbar an die Orte heran. Beduinen lassen hier ihre Tiere weiden und sammeln Feuerholz.

Reisepraktische Informationen zu Al Kamil

Unterkunft/Essen und Trinken
Oriental Nights Rest House €, *ca. 40 km außerhalb des Ortes an der Nationalstraße Muscat–Sur/Abzweig Wadi Bani Khalid (s. S. 271),* ☎ *99006215. Kleines Gasthaus mit einfachen, aber sauberen Zimmern. Im angeschlossenen Restaurant werden indische Currys und Linsengerichte serviert.*

Verkehrsmittel

Von Al Kamil verkehren regelmäßig Busse nach **Muscat** *(3,50 OR) und* **Sur** *(1 OR).*

Masirah

Masirah liegt vor der Ostküste Omans und ist mit 80 km Länge und bis zu 18 km Breite die größte Insel des Staatsgebietes. Karge Felsen, Wüste und ausgedehnte Salzpfannen bestimmen das Bild. Derzeit leben auf dem Eiland etwa 10.000 Menschen – *Karge Insel* die Soldaten des Militärstützpunktes mitgezählt. Der Fischfang bildet die Haupterwerbsquelle der Bevölkerung. In Oasengärten werden Kokosnüsse, Mangos, Limonen und natürlich die allgegenwärtigen Datteln angebaut.

Touristische Infrastruktur findet man vor allem in **Hilf**, dem Hauptort der Insel. Hier gibt es zwei Hotels, ein paar Restaurants, drei Tankstellen und Läden, in denen man sich mit dem Notwendigsten versorgen kann. Busse verkehren nicht und auch eine Mietwagenstation fehlt, so dass die Insel nur zu Fuß oder mit mitgebrachtem Leihwagen erkundet werden kann. Eine asphaltierte Straße führt um die Insel herum, doch abseits dieses Hauptverkehrsweges ist ein Allradfahrzeug erforderlich – etwa, um zu den **schönen Stränden** im Osten und Süden der Insel zu gelangen.

Masirah besitzt keine klassischen Sehenswürdigkeiten, hat aber Naturliebhabern einiges zu bieten. Die Insel besitzt eine ungeheuer **artenreiche Vogelwelt** und wird zudem alljährlich von tausenden **Meeresschildkröten** zur Eiablage aufgesucht. Zu den Arten, die hier beobachtet wurden, gehören die Grüne Meeresschildkröte (*Chelonia mydas*), die Echte und Unechte Karettschildkröte (*Eretmochelys imbricata* bzw. *Caretta caretta*) sowie die Oliv-Bastardschildkröte (*Lepidochelys olivacea*). Letztere kommt besonders häufig vor. Die **Schildkrötenstrände** liegen vor allem im Nordwesten Masirahs. Im Meer rund um die Insel ziehen die seltenen **Buckeldelfine** ihre Kreise. Die omanische Regierung hat Teile Masirahs bereits zum Naturschutzgebiet erklärt.

Möwen am Fähranleger in Hilf

Einen Überblick über die Insel kann man sich verschaffen, wenn man den 274 m hohen **Jebel Humr** erklimmt. Dazu verlässt man Hilf in Richtung **Sur Masirah** im Südwesten der Insel und biegt bei dem Schild mit der Aufschrift „A'Samar" links ab. Dem Wadi folgend, gelangt man unmittelbar zum Fuß des Berges, an dem der Aufstieg beginnt. Achtung: Unbedingt einen kleinen Rucksack mit ausreichend Trinkwasser und Proviant mitnehmen!

Auf dem Weg nach **Sur Masirah** sollte man nach einer roten Flagge Ausschau halten *300 Jahre* – sie markiert die **Grabstätten von Safaiq**. Die gut 300 Jahre alten Gräber bergen *alte Grab-* die sterblichen Überreste von Menschen des Bahriya-Stammes. Der Überlieferung *stätten* nach kamen sie mit dem Schiff von Süden her, wahrscheinlich aus der Gegend um Salalah, erlitten vor Masirah Schiffbruch und siedelten sich dann auf der Insel an, um zu guter Letzt durch eine Epidemie dahingerafft zu werden.

Ein Schiffbruch steht auch im Zentrum einer weiteren, recht düsteren Begebenheit: Am 2. August 1904 lief der **Frachter Baron Inverdale** vor der Ostküste der Insel auf Grund. Passagiere und Besatzung machten sich mit zwei Beibooten auf den Weg zur Küste, ein Boot ging verloren und wurde nie mehr gesehen. Das andere erreichte mit 17 Menschen an Bord Masirah. Dort glaubte man sich gerettet, doch diese Hoffnung wurde bitter enttäuscht. Aus ungeklärten Gründen kam es zu einem Kampf mit den Einheimischen, bei dem alle Schiffbrüchigen ihr Leben verloren. Als der damalige Sultan von dem Vorfall erfuhr, unternahm er eine Expedition zur Insel. Einige der Tatbeteiligten konnten ausfindig gemacht werden, sie wurden verhaftet und in Muscat vor Gericht gestellt. Dort wurden sie des Totschlags für schuldig befunden; man brachte die Delinquenten nach Masirah zurück und erschoss sie genau am Ort der grausigen Ereignisse. Später wurde an dieser Stelle ein Denkmal errichtet.

Tragischer Schiffbruch

Reisepraktische Informationen zu Masirah

Telefonnummern	
Vorwahl	*25*
Polizei/Notruf	*9999*

Unterkunft

Masirah Hotel €, *Hilf,* ☎ *25504401,* 🖷 *25504411. Einfache, saubere Zimmer. Im Hotel ist aber nicht immer jemand erreichbar.*
Serabis €, *Hilf,* ☎ *25504698,* 🖷 *25504699. Relativ neues Hotel im Ort mit gut ausgestatteten Apartments.*
Danat Al-Khaleej Hotel €, *in der Nähe der Fähre (2 km südlich),* ☎ *25504533, info@danat-hotel.com, www.danat-hotel.com. Einfache, saubere Zimmer, einige mit Meerblick, Restaurant.*
Masirah Island Resort €€€€, ☎ *25504274, reservations@masiraislandresort.com, www.masiraislandresort.com, von der Fähre Richtung Süden der Küste entlang, dann links abbiegen (ausgeschildert). Etwas abgelegen, dafür mit Pool direkt am Strand, das beste, aber auch mit Abstand teuerste Hotel der Insel.*

Essen und Trinken

An der Hauptstraße gibt es mehrere Restaurants, die Kebab und Shawarma servieren. Wer indisches Essen mag, sollte das **Timah Trading Restaurant** *testen. Gutes chinesisches Essen bekommt man im* **Suhol Adam** *nahe der Polizeistation, das* **Ibn al Quramshi Restaurant** *ist auf Fisch spezialisiert.*

Einkaufen

In den Geschäften in **Hilf** *bekommt man die wichtigsten Dinge des täglichen Bedarfs.*

Verkehrsmittel

> #### Fähre/Anreise

Im äußersten Süden der Sharqiyah liegt auf einer Landzunge bei **Al Najdah** *die kleine Siedlung* **Shana**, *erreichbar ab Muscat über die N32 über Sinaw oder entlang der Küstenstrecke über Sur. Von hier verkehrt eine Autofähre nach* **Hilf**. *Die Abfahrtszeiten sind unregelmäßig, sie orientieren sich an den Wetterverhältnissen sowie am Bedarf (meist jede*

Stunde). Die Überfahrt dauert etwa 90 Min. und kostet pro Pkw 10–15 OR. Bitte beachten: vor nationalen Feiertagen kann es am Hafen sehr voll und etwas chaotisch werden, daher unbedingt ausreichend Zeit einplanen.

Seit 2014 fährt mehrmals täglich auch eine Schnellfähre zwischen Shana und Masirah: die erste morgens um 8 Uhr ab Shana, die letzte von Masirah zurück um 18 Uhr. Fahrzeit 1 Stunde, Preis für eine einfache Fahrt 3 OR. Infos auf www.nfc.om.

Nach Shana gelangt man am besten mit dem eigenen Wagen. Die einzige (mit vielen Unwägbarkeiten verbundene) Alternative besteht darin, mit dem Bus von Muscat nach Sinaw zu fahren und sich dort ein Sammeltaxi nach Shana zu suchen. Letzteres kann sich problematisch gestalten, da der Bus erst am späten Abend in Sinaw ankommt. Sollte man „hängenbleiben", gibt es in Sinaw keine Übernachtungsmöglichkeit.

Delfine

info

In den Küstengewässern Omans tummeln sich **mehrere Delfinarten** (*Delphinidae*). Häufig begleiten sie Ausflugsboote und erfreuen die Passagiere mit ihren Schwimmkunststücken; vielerorts werden eigens Touren zu ihrer Beobachtung angeboten. Delfine sind soziale Tiere, die in Gruppen zusammenleben und durch Klicklaute, Schnattern sowie andere Geräusche miteinander kommunizieren.

Am bekanntesten ist sicher der **Große Tümmler** (*Tursiops truncatus*), der das Bild vieler Menschen vom Delfin geprägt hat. Er kann 4 m lang werden, ist grau gefärbt und hat einen helleren Bauch. Charakteristisch sind die sichelförmige, dunkle Finne und die Schnauze, die sich deutlich absetzt, aber kürzer ist als bei anderen Delfinarten.

Der **Gemeine Delfin** (*Delphinus delphis*) ist mit nur etwa 2 m deutlich kleiner, dafür ist seine Schnauze länger und spitzer. Er hat einen dunklen Rücken, die Flanken sind im vorderen Bereich gelblich und im hinteren Teil grau, der Bauch ist weiß. Ein schwarzer Streifen verläuft vom Schnabel zum Auge, ein weiterer vom Kinn zu den langen, gebogenen Brustflossen.

Kennzeichen des Indopazifischen **Buckeldelfins** (*Sousa chinensis*) ist der Fettbuckel, auf dem sich die kleine dreieckige, nach hinten weisende Rückenfinne erhebt. Er kann bei einigen Exemplaren bis zu einem Drittel der Körperlänge ausmachen. Die bis zu 3 m langen Tiere sind von sehr unterschiedlicher Färbung, die von weiß über rosa bis zu verschiedenen Grautönen variieren kann.

Neben den genannten Arten kommen auch **Spinner**-, **Rundkopf**- und **Rauhzahndelfine** vor. Allen gemeinsam ist, dass sie sich vorwiegend von Fischen ernähren, zuweilen auch von Kalmaren. Zu ihrer Lieblingsbeute gehören Thunfische, weswegen Fischer, die auf diesen gut bezahlten Fang aus sind, gern jagenden Delfinschwärmen folgen.

7. DER SÜDEN OMANS

Route 7: Von Muscat an die Dhofar-Küste

Tourinfo	
Start	Muscat
Ziel	Salalah
Dauer	Die Strecke kann in 10 Stunden zurückgelegt werden, besser ist es aber, zwei bis drei Tage einzuplanen
Entfernung	ca. 1.050 km (einfache Strecke)
Anforderungen	Die Strecke ist mit einem normalen PKW gut befahrbar. Wer aber Abstecher plant, sollte einen Geländewagen bevorzugen.

Die **Dhofar-Region** bildet auf jeder Oman-Reise ein Highlight, wenn auch ein entlegenes. Gut 1.000 durch endlose Wüstenebenen führende Straßenkilometer trennen das Gebiet von den Zentren im Norden des Landes. Entlang der Strecke gibt es nur wenige Sehenswürdigkeiten, die zudem von vielen Veranstaltern als Tagesausflug von Salalah angeboten werden – die meisten Urlauber reisen daher von Muscat aus mit dem Flugzeug an. Die Fahrt mit dem Auto vermittelt aber erst ein Gefühl für die riesigen Entfernungen, die man auf einer Reise in den Dhofar zurücklegt. Zudem bietet sie die seltene Gelegenheit, auf einer asphaltierten Straße Wüstenlandschaften unterschiedlichster Ausprägung zu durchfahren, darunter auch sandige Ausläufer der Rub al Khali.

1.000 Kilometer durch die Wüste

Die Provinz Dhofar nimmt ein Drittel der Landesfläche ein. Sie wird im Westen vom **Jemen**, im Norden von **Saudi-Arabien** und im Osten von der omanischen Provinz **Al Wusta** begrenzt. Die Landschaft wird von **Wüstenebenen** bestimmt, die im Westen in die Rub al Khali übergehen. Die wenigen kleinen Siedlungen befinden sich meist in der Nähe von Ölförderanlagen, deren nickende Pumpen in den endlosen Weiten den einzigen Blickfang darstellen. Im Süden der Region erstreckt sich an der Küste das **Qara-Gebirge**, dessen meerseitige Hänge sich in der Monsunzeit mit einem Teppich grüner Vegetation überziehen. Dem Kalkplateau des Jebel Qara ist eine kleine, aber sehr **fruchtbare Küstenebene** vorgelagert, in der sich die **Hauptstadt Salalah** ausdehnt.

Dhofar erlebte schon in der Antike dank des **Weihrauchhandels** eine wirtschaftliche und kulturelle Blüte. Das Harz der im Hinterland der Qara-Berge gedeihenden Weihrauchbäume war als Räucherwerk begehrt und wurde mit Gold aufgewogen. Historische Stätten wie **Shisr/Ubar**, **Al Baleed** und **Samhuram** legen noch heute

Redaktionstipps

➤ **Landschaft**: Wasserfontänen der Mughsayl Blowholes (S. 315), Weihrauchbäume im Wadi Dawkah (S. 317), Dünenlandschaft der Rub al Khali (S.318), Doline bei Tawi Atayr (S. 322)
➤ **Tierbeobachtung**: Oryxantilopen im Reservat bei Ja'aluni (S. 297), Zugvögel an den Lagunen und Quellen rund um Salalah (S. 309, 320), Jemen-Chamäleon im Wadi Darbat (S. 320)
➤ **Kultur**: Ausgrabungsstätten Al Baleed (S. 303), Shisr/Ubar (S. 317) und Samhuram (S. 321), Folkloredarbietungen während des Khareef Festival (S. 313), Gräber von Nabi Ayoub (S. 317) und Bin Ali (S. 324), Fort Taqah (S. 320)
➤ **Aktivitäten**: Bummel über den Weihrauchsouq von Salalah (S. 309), Baden am Strand vor dem Salalah Hilton (S. 313) oder dem Marriott Resort bei Mirbat (S. 325), Fahrt auf der Zig-Zag Road in Richtung jemenitische Grenze (S. 315)

Zeugnis vom Reichtum ab, den das duftende Harz der Region einbrachte. Mit dem Niedergang des Weihrauchhandels versank Dhofar in Bedeutungslosigkeit und entwickelte sich in jüngerer Zeit zum **Armenhaus des Landes**. Dies änderte sich erst in den 1970er-Jahren nach Beendigung der Rebellion (s. S. 25), als die von Sultan Qaboos aufgelegten Entwicklungsprogramme auch hier ihre positive Wirkung zu zeigen begannen. Inzwischen ist die Versorgung der Region mit Infrastruktur und öffentlichen Einrichtungen gut. Viele Bewohner leben nach wie vor von **Landwirtschaft** und **Fischfang**, doch zunehmend gewinnt auch der **Tourismus** an Bedeutung. Wichtige Impulse für die Wirtschaft erhofft man sich zudem vom **modernen Containerhafen in Salalah**, den die Regierung zu einem der größten Asiens ausbauen will.

Wirtschafts-
faktor
Tourismus

Wegen seiner isolierten Lage unterscheidet sich Dhofar stark von anderen omanischen Regionen. Traditionell sind die **Verbindungen zum benachbarten Jemen** sehr stark, was sich nicht nur in der Architektur, sondern während des Dhofar-Aufstandes in den 1960er- und 1970er-Jahren auch im politischen Geschehen nieder- *Der Khareef* schlug. Eine weitere Besonderheit bildet das **Klima**, das von Ende Juni bis September *bringt Regen* vom **Südwestmonsun** geprägt ist. Der Khareef verwandelt das ansonsten karge Qara-Gebirge in ein grünes Paradies mit sprudelnden Quellen und Wasserfällen. In der Küstenebene um Salalah können sogar tropische Früchte angebaut werden.

Fährt man während der Khareef-Saison von Muscat nach Salalah und nähert sich der Stadt, glaubt man seinen Augen nicht zu trauen: Erstreckten sich eben noch bis zum Horizont nur Sand und Geröll, so schieben sich nun Berghöhen ins Bild, die in Regenwolken gehüllt zu sein scheinen. Kommt man näher, entpuppen die Wolken sich als Nebelschwaden, die die Temperatur schlagartig von weit über 40 °C auf knapp über 20 °C fallen lassen. Rechts und links der Straße erstrecken sich grüne Hänge und Wiesen, auf denen Rinder grasen. Kaum ist dann die Passhöhe überschritten, sieht man tief unten am Meer Salalah liegen, von einem breiten Gürtel tropischen Grüns umgeben.

Mit dem Pkw gelangt man bisher nur über die **Nationalstraße 31** in den Dhofar, die schnurgerade durch das Landesinnere führt. Auch der Bau der **Küstenautobahn** ist inzwischen abgeschlossen. Alternativ kann man mit dem Flugzeug oder Bus anreisen (s. S. 314).

Über Bidbid und Izki nach Adam

Von Muscat aus beginnt die Route auf der Küstenautobahn in Richtung Seeb/ Flughafen. Schon bald ist Salalah ausgeschildert, und man folgt diesen Wegweisern zunächst in Richtung Bidbid. Ein erster Stopp lohnt beim großen Obst- und Gemüsemarkt von *Großer* **Al Rusayl**, der eigentlich ein Großmarkt ist, aber auch Endverbraucher bedient. Als *Markt* Europäer ist man gerne gesehen, sind es doch sonst fast nur Einheimische, die hier ihre Einkäufe erledigen.

Auf der Weiterfahrt schiebt sich schon bald die Festung von **Bidbid** auf den Höhen des Hajar-Gebirges ins Bild. Die Nationalstraße 15, auf der man bis Izki und anschließend bis zum Abzweig nach Nizwa fährt, führt durch sehr fruchtbare Gegenden, in denen man immer schon nach Invasoren Ausschau halten musste.

Nach etwa 150 km treten die Berge dann immer weiter in den Hintergrund, man erreicht den Süden des Hajar, der hier langsam in die Wüste übergeht. Unterwegs passiert man immer wieder

Dattelgärten in der Umgebung von Nizwa

Bei Adam stehen noch die alten Wachtürme in der Wüste

Wachtürme auf den Höhenzügen, so auch bei **Izki**. An der Kreuzung der Nationalstraßen 15 und 31 muss man sich entscheiden, ob man direkt in Richtung Adam weiterfährt, oder einen **Abstecher nach Nizwa** (s. S. 186f.) unternimmt. Dort lohnen eine Besichtigung des Forts und des Souqs sowie ein Besuch der nicht weit entfernten **Al-Hoota-Höhle**. Wer Nizwa in seinen Reiseplan mit aufnimmt, sollte sich überlegen, die Nacht dort zu verbringen. Es gibt hier relativ viele und auch recht gute Unterkünfte, was im Verlauf der weiteren Tour eher nicht zu erwarten ist. Wer sich nur kurz in Nizwa aufhält, kann durchaus noch am selben Tag weiterfahren – zumindest dann, wenn er sehr zeitig aufgebrochen ist. Ideal ist es, gegen 6.30 Uhr in Muscat zu starten, um dann gegen 8.30 Uhr Nizwa zu erreichen. Wenn man für Besichtigungen weitere zwei Stunden einkalkuliert, kann man gegen 11 Uhr die Fahrt fortsetzen und noch am Abend des gleichen Tages das 820 km entfernte Salalah erreichen. Das sei aber nur empfohlen, wenn man sich beim Fahren abwechseln kann. Die Strecke hinter Nizwa und Adam ist zwar eine gute Straße, aber auch extrem monoton. Sicherer ist es, unterwegs zu übernachten.

Von Nizwa auf die Nationalstraße zurückgekehrt, beginnt ein Streckenabschnitt von beeindruckender Monotonie. Die asphaltierte Fahrbahn führt schnurgerade erst durch Geröll-, dann durch Sandwüste. Nur vereinzelt unterbricht ein Kamel oder eine Gruppe grasender Esel die Eintönigkeit der Landschaft.

Siedlungen werden immer seltener, **Adam** ist die letzte Station vor einer langen Fahrt durch ein ebenes Wüstengebiet, in dem es bis zum Horizont nichts als Leere gibt. Die Oase war ein wichtiger Marktort der Beduinen und wegen ihrer Frischwasservorräte Anlaufpunkt von Karawanen aus dem Süden des Landes, die die Wüste durchquerten. *Einst bedeutender Ort* Eine kleine Festung zeugt von der einstigen Bedeutung des Ortes. In Adam wurde Ahmed bin Said geboren, der Begründer der Al-Bu-Said-Dynastie. Heute liegen die alten, aus Lehmziegeln erbauten Wohnviertel verlassen da, es ist aber reizvoll, sie zu durchstreifen. Lohnend ist auch ein Spaziergang durch die Palmengärten, die den neuen Ort umgeben. Hier gibt es ein Rasthaus, ein Motel (Adam Motel €, ☏ 25434975) und eine Tankstelle. Die nächste Tankstelle liegt fast 200 km entfernt, man sollte daher vor der Weiterfahrt prüfen, ob man noch genügend Sprit im Tank hat.

Al Ghabah

Vielbefahrene Straße Die Straße wird hinter Adam hauptsächlich von Bussen und LKW befahren, bei den Pkw handelt es sich meist um Geländewagen, allerdings nicht immer um omanische, denn auf dieser Route reisen auch Besucher aus den VAE, Kuwait und Qatar nach Salalah an. Die Urlauber aus Saudi-Arabien treffen erst weiter südlich auf den Highway.

Am meisten Verkehr aus diesen Richtungen herrscht in den Sommermonaten, wenn die Temperaturen auf über 50 °C steigen und in Salalah das milde Khareef-Klima mit Nebel und Nieselregen lockt.

Die nächste Touretappe ist **Al Ghabah**, schon von weitem erkennbar an den Erdölfördertürmen links und rechts der Straße. Auch hier gibt es neben einer Tankstelle ein kleines Rasthaus mit Motel (€, ☎ 99358639), das allerdings keinen sehr einladenden Eindruck vermittelt. Ein Stopp in Al Ghabah lohnt nur zum Tanken und eventuell zum Auffüllen gekühlter Getränke.

Hayma/Oryxreservat

Etwa 8 km hinter Al Ghabah beginnt die **Provinz Al Wusta**, ein ausgedehntes Wüstengebiet, in dem vorwiegend Beduinen leben. Bedeutung erlangte es in jüngerer Zeit durch die hier getätigten Erdölfunde. Viele Beduinen verdingten sich auf den Erdölfeldern als Lohnarbeiter. Wirtschaftliches Zentrum der Region ist die kleine Stadt Hayma. Hier gibt es mehrere Tankstellen, Restaurants, eine Polizeiwache und eine Krankenstation. Die Stadt selbst hat nicht viel zu bieten, eine Attraktion birgt jedoch die riesige Kieswüste **Jiddat al Harasis**, die sich im Süden und Südosten von Hayma ausdehnt. An ihrem Rand befindet sich bei **Ja'aluni** das Oryxreservat, in dem die in freier Wildbahn ausgerotteten Antilopen neu angesiedelt wurden. Wer das Reservat besuchen möchte, muss sich vorher bei der zuständigen Behörde (Office of the Advisor for Conservation of the Environment, ☎ 24693537) anmelden und ein Permit beantragen. Für die Fahrt dorthin benötigt man ein Geländefahrzeug, denn auf dem letzten Streckenabschnitt besteht die Piste nur aus Geröll und Schlaglöchern.

Anmeldung erforderlich

Um zum Reservat zu gelangen, biegt man in Hayma bei den Oryx-Standbildern nach links ab, in Richtung **Duqm**. Nach einer etwa 40 km langen Fahrt an verschiedenen kleinen Siedlungen vorbei (es gibt unterwegs auch eine Tankstelle!), erreicht man die

Im Reservat bei Ja'aluni konnten Arabische Oryxantilopen erfolgreich ausgewildert werden

ausgeschilderte Zufahrtsstraße, auf der man weitere 47 km bis nach **Ja'aluni** fahren muss. Der Ort selbst verdankt seine Existenz dem Erdölboom: Man bohrte hier nach *Kostbares* dem schwarzen Gold, fand stattdessen aber das fast ebenso kostbare Wasser. Nach-
Wasser dem man einen Brunnen angelegt hatte, ließen sich schon bald Beduinen hier nieder. Am Eingang des Reservats befinden sich ein kleines Infozentrum und eine Rangersta-tion, an der die Antilopen gefüttert werden. Man trifft daher häufig eines der Tiere hier an. Alternativ kann man mit den Rangern zu den Futterstellen im Reservat fahren und dort in Beobachtungsständen warten, bis die Tiere sich nähern.

Nach dem Besuch des Reservates kann man in **Hayma** übernachten, entweder im **Al Wusta Tourism Motel** €, am Highway im Norden, oder im **Hayma Motel** €, ☏ 92189784, am Highway im Süden. Beide sind für eine Nacht akzeptabel, sofern man nicht allzu hohe Ansprüche stellt. Im verschachtelt gebauten Hayma Motel gibt es viele enge Treppen und Absätze, die mit großem Gepäck eine echte Herausfor-derung darstellen.

Al Ghaftayn

Die nächste Unterkunftsmöglichkeit bietet sich im etwa 100 km entfernten **Al Ghaf-tayn**. Hier gibt es hier neben einer Tankstelle ein **Resthouse** (€, ☏ 99485881) mit
Tankstelle relativ sauberen Zimmern. Staub ist zwar allerorten vorhanden, aber der gehört in
und Rest- einer Wüste nun mal dazu. Die Zimmer sind um einen schattigen Innenhof herum an-
house geordnet, das Bad ist ordentlich. Zum Resthouse gehört auch ein kleines Restaurant, in dem man aber nicht allzu hohe hygienische Ansprüche stellen darf. Es wird zudem von vielen (überwiegend pakistanischen) Fernfahrern frequentiert, die westlich ge-kleidete Frauen recht unverhohlen anstarren.

Bis zum Horizont nur endlose Weite: auf der Nationalstraße 31 unterwegs in den Süden

Bei Al Ghaftayn hat man die Ausläufer der **Rub al Khali** erreicht, jener Wüste, die sich über tausende von Kilometern bis weit nach Saudi-Arabien und Kuwait erstreckt. Von nun an lockern ab und an Dünenfelder das Landschaftsbild auf, manche aus eher hellem, andere aus rötlichem Sand bestehend.

Quitbit

Nach weiteren 170 km erreicht man Quitbit, eine Oase mit Tankstelle. Auch hier gibt es ein **Resthouse** (€, ☏ 99085696), das allerdings schon bessere Zeiten gesehen hat. Von Quitbit sind es etwa 150 km nach **Dawkah**. Hier kann man den Wegweisern nach **Shisr** folgen, um zur **Ausgrabungsstätte von Ubar** (s. S. 317) zu gelangen. Südlich von Dawkah beginnt das Weihrauchgebiet. Wer die Augen offen hält, kann in der Nähe der Straße einzelne Weih-rauchbäume entdecken (zahlreicher kommen diese Gewächse im **Wadi Dawkah** westlich der Straße vor, größere Areale mit Weihrauchbäumen gibt es dann in Küstennähe zwischen Salalah und Mughsayl).

Warnhinweise auf Sandverwehungen machen deutlich, dass die Wüste nahe ist

Thumrayt

Im Thumrayt, der zweitgrößten Stadt Dhofars, kann noch einmal Quartier genommen werden, bevor man Salalah erreicht. Das **Thumrayt Tourism Motel** (€, ☏ 232 79371) ist vergleichsweise gut ausgestattet, kann aber mit den Unterkünften in Sala-lah nicht mithalten. Andererseits besteht von hier aus nochmals die Möglichkeit, einen **Ausflug nach Shisr/Ubar** zu unternehmen, oder sich auf eine Expedition zu den Weihrauchbäumen zu begeben (s. S. 317 und 306).

Wer den letzten, etwa 90 km langen Streckenabschnitt nach Salalah in der Khareef-Saison zurücklegt, sollte gut ausgeruht sein und Zeit haben. Der Weg führt nun durch das **Qara-Gebirge**, und zwar häufig bei Nebel. Etwa 900 Höhenmeter sind auf Serpentinenstrecken zu überwinden, Schlamm bedeckt die Fahrbahn, die dadurch sehr rutschig wird. Andere Fahrzeuge fahren teils nicht mit Licht, teils extrem vorsichtig, so dass sich andere Fahrer genötigt fühlen, waghalsig zu überholen. Man ist besser auf alles gefasst – auch auf Araber, die auf der Straße tanzen, im Nieselregen aus den Autofenstern oder Schiebedächern hängen und so ebenfalls nicht zur Sicherheit bei-tragen. Davon abgesehen sollte man aber den Anblick des üppigen Grüns genießen, das nach der 900 km langen Fahrt durch die Wüste eine Wohltat für das Auge darstellt. Auf der **Passhöhe** bei **Qayrun Hayriti** lohnt es sich, das Fahrzeug abzustellen und auszusteigen: Hier bietet sich ein wunderbarer Blick über Salalah und den Ozean. Auch auf der anschließenden, ebenfalls sehr kurvenreichen Fahrt zur Küstenebene hinab bieten sich immer wieder schöne Aussichten.

Bei Regen vorsichtig fahren

Khareef

Das arabische Wort *Khareef* ist ein im Süden Omans und Jemens gebräuchlicher umgangssprachlicher Begriff für den **Südwestmonsun**, der diese Gebiete von Ende Juni bis Anfang September klimatisch beeinflusst. Hervorgerufen wird dieses Phänomen durch das unterschiedliche thermische Verhalten von Landflächen und Meeren. Die starke Erwärmung des asiatischen Kontinents im Sommer führt auf dem Festland zur Ausbildung von bodennahen Hitzetiefs, die das Einströmen von feuchtigkeitsgesättigter Meeresluft bewirken. Über dem Land regnet diese sich ab und bringt besonders hohe Niederschläge, wenn sie an Gebirgsbarrieren (WestGhats, Himalaya) zum Aufsteigen gezwungen wird. Die massiven Regenfälle lassen die Luftfeuchtigkeit extrem ansteigen und zwar soweit, dass auch noch an der Küste des Dhofar die Auswirkungen spürbar werden.

Hier steigt die **Luftfeuchtigkeit** plötzlich auf Werte zwischen 80 und 90% an. Schwere Wolken hängen über dem Meer und werden von den Monsunwinden in Richtung Land geschoben. Dort stoßen sie an die 800 bis 1.800 m hohen Berge des Jebel Qara, wo sie sich auf einem ca. 100 km breiten Abschnitt um Salalah abregnen. Anders als in anderen Teilen Asiens führt dies aber nicht zu sintflutartigen Regengüssen, sondern zu **dichtem Nebel** und einem beständigen, sehr angenehmen **Nieselregen**, der die Temperaturen auf Werten zwischen 25 ˚C und 28 ˚C hält – kühl im Vergleich zum übrigen Land.

Nebel und Nieselregen: in Arabien eine Seltenheit und daher für Wüstenbewohner eine Touristenattraktion ersten Ranges

Die Feuchtigkeit lässt in den Bergen und rund um Salalah eine **üppige Vegetation** sprießen. Auf den Weiden grasen Kamele und Rinder, und auf den Feldern werden im Regenfeldbau tropische Früchte, Gemüse und Futterpflanzen kultiviert. Die zuvor braun-grauen Hänge überziehen sich mit saftigem Grün. Trockene Wadis verwandeln sich in Bäche, vereinzelt bilden sich Süßwasserseen. Überall in den Bergen sprudeln **Quellen**, ergießen sich **Wasserfälle**, stellenweise bis zu 100 m in die Tiefe stürzend. Dieses Naturphänomen zieht alljährlich viele Besucher aus anderen arabischen Staaten an, die zu dieser Zeit in Gluthitze versinken. Während im Dhofar die Natur erblüht, herrschen in Dubai und Riyadh Temperaturen von 50 ˚C, der Boden ist ausgetrocknet und jeder kleine Windstoß wirbelt Staubwolken auf.

Während Europäer den Regen eher fliehen, nehmen viele Araber die lange Reise in den Dhofar in Kauf, um einmal so richtig durchnässt zu werden. Setzt der ersehnte Regen während der Autofahrt ein, werden Wagenfenster und Schiebedächer

info

aufgerissen, Köpfe und Arme ins Freie gestreckt. Gestandene Männer bringen ihr Fahrzeug abrupt zum Stehen, öffnen alle Türen und tanzen zum hämmernden Sound der Autostereoanlage am Straßenrand. Ganze Großfamilien schlendern lässig durch den Niesel, der so konstant fällt, dass nach einigen Minuten die gesamte Kleidung vollständig durchnässt ist. Kein Grund, das Angebot der Straßenstände nicht ausgiebig zu prüfen, bevor man irgendwelche Leckereien erwirbt.

Zu den beliebtesten Freizeitvergnügungen im Khareef gehören **Picknicks im Grünen**. Europäer suchen dafür in der Regel entlegene Plätzchen auf, an denen man ungestört speisen und anschließend ausruhen kann – natürlich nur bei gutem Wetter! Die in der Region Salalah urlaubenden Araber nutzen hingegen jeden Flecken Erde entlang der Haupt-

straßen ins Gebirge oder gern etwas abseits im Gelände, Hauptsache viele andere haben dort schon ihre Decken (respektive Teppiche) ausgebreitet. So kann man in den Sommermonaten überall bunte Flecken im Grün der Qara-Berge entdecken – jeder eine picknickende arabische Familie.

Nieselregen oder schlammiger Boden stören keinen. Erst wenn der Matsch bis zu den Fußknöcheln reicht, wird unter dem ausgerollten Teppich eine Plastikplane ausgebreitet, um ein vollständiges Durchweichen zu verhindern. Keine Beachtung finden auch die **Stechmücken**, die in wahren Wolken umherschwirren und sich auf jeden stürzen, der länger an einem Fleck ausharrt. Die Zeit des beständigen Nieselregens und der angenehm kühlen Temperaturen wird einfach genossen!

Regennasse Straßen und schlechte Sicht: Das Autofahren in der Khareef-Saison erfordert erhöhte Konzentration

Europäische Urlauber sollten eine Reise in den Dhofar in den Monat **September** legen. Zu dieser Zeit ist es trocken, der Nebel ist verflogen und man kann die vom Khareef mit Grün überzogenen Landschaften bei Sonnenschein erleben.

Für ein Picknick im Grünen in der Nähe von fließendem Wasser reisen viele Araber von weit her an

Salalah

Niedergang des Weihrauchhandels

Salalah hatte einst große Bedeutung als **Hafen für den Weihrauchhandel**, versank aber nach dessen Niedergang in Bedeutungslosigkeit. 1945 wurde es von dem britischen Forschungsreisenden Wilfred Thesiger wie folgt beschrieben: „Salalah ist eine kleine Stadt, kaum größer als ein Dorf. Es liegt am Rand des Meeres und besitzt keinen Hafen ... Der Palast des Sultans, strahlend weiß in der grellen Sonne, war das auffallendste Gebäude. Er überragte den kleinen Souq, eine Anzahl flachgedeckter Lehmhütten und ein Labyrinth aus Binsenmatten, Zäunen und engen Gassen. Der Markt bestand aus einem Dutzend Buden, war aber der größte Umschlagplatz zwischen Sur und Hadramaut, also im Umkreis von 1.280 Kilometern." Heute ist die Stadt, die sich an einem kilometerlangen, von tropischen Plantagen gesäumten **Sandstrand** erstreckt, mit über 170.000 Bewohnern die zweitgrößte Omans. Trotz der modernen Architektur (die für die Region typischen, traditionellen Kalksteinhäuser findet man nur noch im Stadtteil Al Hafah) wirkt Salalah eher provinziell. Das soll sich jedoch in naher Zukunft ändern, nicht zuletzt durch den **modernen Tiefwasser-Seehafen**, der immer weiter ausgebaut wird. Große Containerschiffe können hier auf der Fahrt vom Suez-Kanal nach Singapur Container abladen, die für die Golfregion oder Ostafrika bestimmt sind. Auch Erdöl wird von Salalah aus exportiert. Neben dem Handel setzt man auf den **Tourismus**, der ebenfalls durch größere Investitionen neue Impulse erhält. Neue Shopping Malls sind entstanden, bei Salalah Beach wird zzt. ein Riesenkomplex mit Hotels, Wohnungen und Jachthafen gebaut, einige Hotels haben bereits eröffnet. Der Aufschwung soll kommen, Bewohner der Stadt sprechen auch gerne von einem Boom, doch bislang stellt dieser sich nur in der **Khareef-Saison** ein, wenn die Stadt wegen der vielen Touristen aus den GCC-Staaten aus allen Nähten platzt. Die Hotels sind dann ausgebucht, auch wenn man niemanden in der Anlage sieht. Im Rahmen des **Khareef Festivals** (eine Mischung aus Jahrmarkt, Messe und Folklore-Event) finden zahlreiche Veranstaltungen statt und alle Straßen sind voller Fahrzeuge mit den unterschiedlichsten Nationalitätenkennzeichen.

In der Khareef-Saison ausgebucht

Außerhalb der Khareef-Saison kommt die Mehrzahl der Besucher als **Badegäste** nach Salalah und unternimmt vom Hotel aus Tagesausflüge. Die Stadt selbst bietet nur wenige Sehenswürdigkeiten, in der Umgebung liegen jedoch mehrere lohnende Ziele sowohl für Naturliebhaber als auch für kulturell Interessierte (s. S. 315ff.). Diverse Veranstalter bieten zudem **Exkursionen in die Rub al Khali-Wüste**, zu den **Weihrauchbäumen im Wadi Dawkah** oder zu den **Ausgrabungen von Ubar** an, auf Wunsch auch mit Übernachtung unter freiem Himmel.

Beliebter Treffpunkt

Eine Stadtbesichtigung beginnt am besten beim **Crowne Plaza Hotel** (**1**) am Ostende des Strandes von Salalah. Das traditionsreiche Haus (lange Zeit einziges internationales Hotel der Stadt) ist ein beliebter Treffpunkt von Reisegruppen und Expatriates, auch diverse Tourveranstalter unterhalten hier Schalter. Das Hotel liegt im Osten Salalahs in einer zum Strand führenden Seitenstraße der Sultan Qaboos Street. Im Norden grenzen Palmengärten an die gepflegte Anlage an. Gleich neben dem Crowne Plaza liegt Salalahs wichtigste Sehenswürdigkeit, die zum UNESCO-Weltkulturerbe ernannte Ausgrabungsstätte Al Baleed. Sie umfasst die Reste einer Siedlung und eines Hafens, die auf die Zeit des Weihrauchhandels zurückgehen und somit den ältesten Teil Salalahs darstellen.

Ausgrabungsstätte Al Baleed

Auf dem Gelände der **Ausgrabungsstätte Al Baleed (2)** entwickelte sich schon im 11. Jh. ein Handelshafen, von dem aus Weihrauch, Pferde und vermutlich auch Sklaven exportiert wurden. Vieles liegt noch im Dunkeln der Geschichte verborgen, denn die Ausgrabungen, die erst in den 1990er-Jahren begonnen haben, sind noch im Gange. Anhand der Größe der bereits freigelegten Bauwerke (die **Große Moschee** hatte z. B. eine Grundfläche von 1.732 m²) und der Ausdehnung des Ortes auf über 1 km Länge kann man jedoch Rückschlüsse auf seine Bedeutung ziehen. Bewacht und beschützt wurde Al Baleed von einer mächtigen **Zitadelle** mit drei Rundtürmen und 15 m hohen **Stadtmauern**. Das Ausgrabungsgelände wurde als Archäologischer Park angelegt, in dem befestigte Wege durch Grünanlagen führen. In einem Teil des Areals entsteht ein **botanischer Garten**, in dem u. a. Weihrauchbäume angepflanzt wurden. Dieser Bereich imitiert von seiner Beschaffenheit her das Wadi Dawkah, dessen Weihrauchbäume unter dem Schutz der UNESCO stehen.

Blick über die Ausgrabungsstätte Al Baleed, im Vordergrund das Fundament der Moschee

Weihrauchbaum im Innenhof des dem kostbaren Räucherwerk gewidmeten Museums

Unmittelbar am Eingang des Ausgrabungsgeländes steht das ansprechend gestaltete **Weihrauchmuseum (3)**. Es widmet sich schwerpunktmäßig dem begehrten Räucherwerk und Omans Geschichte als Seefahrernation; einen weiteren Themenbereich bilden die Geografie und die topografischen Besonderheiten des Landes. Gezeigt werden u. a. viele archäologische Funde aus der Region, daneben gibt es aufwendig gefertigte Modelle etwa von unterschiedlichen Bootstypen, den Weihrauchhandelsrouten und einem *Aflaj*-Bewässerungssystem. Dem Museum angeschlossen sind ein Café und ein Souvenirshop.

Al Baleed, *Sultan Qaboos Street, So–Do 8–14, 16–20, Fr/Sa nur 16–20 Uhr, Eintritt pro Fahrzeug und Besuchergruppe 2 OR.*

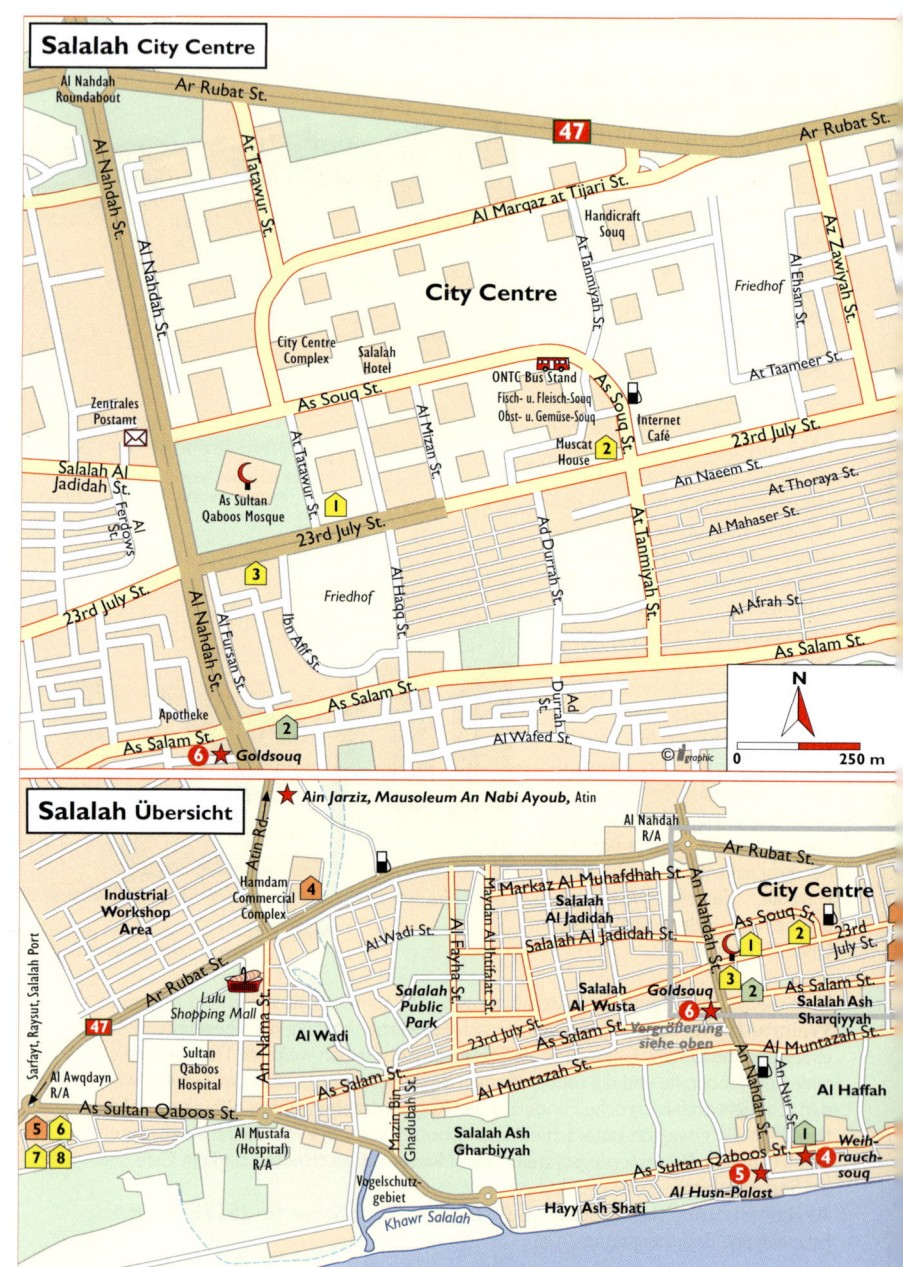

Rawyah, Thumrayt, Shisr, Muscat

Unterkunft
1 Al Hanaa Hotel
2 Haffa House
3 Dhofar Hotel
4 Hamdan Plaza Hotel
5 Hilton Salalah Resort
6 Crowne Plaza Resort

Essen und Trinken
1 Al Fareed
2 Balbeek
3 Bin Ateeq
4 Darbat
5 Haffa Coffee Shop
6 Oasis Club
7 Palm Grove
8 Sheba's Steak House

Einkaufen
1 Weihrauchsouq
2 Goldsouq
3 Lulu Supermarkt

As Saadah
Garden

As Saadah
Ash Shamaliyyah

Al Faruq St.

Amru Bin
Al As St.

31

At Itimat St.

Abu Bakr As Siddiq St.

As Saadah
Al Janubiyyah

18th November St.

As Sultan Taymur St.

18th November St.

Salalah/Thumrayt Rd

Ar Rubat St.

Jarziz

Ar Rubat
R/A

Ar Rakha St.

Ad Dahariz
Ash Shamaliyyah

Wadi Schnawr

Salalah Beach

Salalah
Airport

Al Matar St.

Ar Rubat St.

Ar Rubat

47

Umm Al
Ghawarif R/A

Umm Al Ghawarif St.

49

Ad Dahariz
R/A

Ayn Razat, Taqah, Mirbat

Khawr ad Dahariz

Burj An
Nahdah R/A

2 5

8 Grab von
Nabi Umram

3 23rd July St.

As Salam St.

Al Husaylah St.

Al Falah St.

As Sultan Qaboos St.

Al Husaylah

Al Muntazah St.

Al Mansurah St.

Al Basatin St.

Ad Dahariz
Al Janubiyyah

Ad Dahariz
Park

7 Grab von As Samri

As Sultan Qaboos St.

Al Baleed

As Saidiyah St.

Khawr al Balid

1 6 4

Crowne Plaza

2 3

Al Baleed   Weihrauchmuseum

Arabisches Meer

N

© graphic

0   1000 m

info

Weihrauch

Der Name der Provinz Dhofar ist eng mit dem **Weihrauchbaum** verbunden, dem sie in früheren Zeiten Ansehen und Wohlstand verdankte. Das Harz spendende Gewächs gedeiht nur unter klimatischen Bedingungen, wie sie auf dem indischen Subkontinent, in Ostafrika (z. B. Äthiopien und Somalia) und Arabien herrschen, dort besonders im südomanischen Dhofar und im jemenitischen Hadramaut.

Boswellia sacra, so der lateinische Name des Weihrauchbaums, bevorzugt Trockengebiete mit eher kargen, felsigen Böden. In diesen Biotopen kommen die Bäume in Höhen bis 1.200 Meter vor. Sie werden 1,50 bis 8 m hoch, bilden eine ausladende Krone, deren dichte Belaubung durchaus als Schattenspender dienen kann, und zeichnen sich durch eine papierartig abblätternde Rinde sowie traubige Blütenstände von bis zu 25 cm Länge aus.

Das Harz des Weihrauchbaumes wird schon seit Jahrtausenden genutzt – ursprünglich wohl zu **gesundheitlichen Zwecken**. Mit dem aromatischen Rauch wurden Räume und Kleidungsstücke parfümiert, was nicht nur für Wohlgeruch sorgte, sondern zugleich Schadinsekten fernhielt. Wegen seiner desinfizierenden Wirkung wurde Weihrauch zur Wundbehandlung eingesetzt, auch bei Erkrankungen der Atemwege schrieb man ihm eine lindernde Wirkung zu. Ein weiteres Anwendungsgebiet waren Verdauungs- und Gelenkbeschwerden.

Die moderne Wissenschaft kann die Heilwirkungen des Weihrauchs heute zumindest teilweise biochemisch erklären. In der Vergangenheit war dies nicht der Fall, daher sah man sie als Gabe der Götter. Was die Götter dem Menschen schenkten, konnte auch zu ihrem Lobpreis verwendet werden. Entsprechend fand Weihrauch in vielen Religionen **kultische Verwendung**. Schon die Israeliten brachten Rauchopfer dar, im ägyptischen Totenkult wurde Weihrauch u. a. zur Mumifizierung eingesetzt. Im Orient und im antiken Rom huldigte man mit Weihrauchopfern den amtierenden und auch verstorbenen Herrschern. Der aromatische Geruch, der beim Verglühen des Harzes entsteht, spielt bis heute eine wichtige Rolle bei zeremoniellen Handlungen der christlichen Kirche (besonders im katholischen und orthodoxen Glauben) sowie des Hinduismus.

Aufgrund seiner kultischen Bedeutung und seiner Seltenheit (Weihrauchbäume kommen nur wild vor und können bis heute nicht kultiviert werden) war Weihrauch ein begehrtes Gut, das zeitweilig sogar mit Gold aufgewogen wurde. Entsprechend lukrativ war der **Handel** mit dem kostbaren Harz. Während er zunächst nur auf dem gefahrvollen Seeweg abgewickelt wurde, konnte er seit der Domestizierung des Dromedars (des einhöckrigen arabischen Kamels) um die Mitte des 2. Jt. v. Chr. auch über Land erfolgen, denn die Genügsamkeit dieser Tiere machte die Durchquerung von Wüstengebieten möglich. Als bedeutende Handelsroute etablierte sich in der Antike die sogenannte **Weihrauchstraße**, auf der die Karawanen aus den Erntegebieten kommend das heutige Saudi-Arabien durchquerten und nach Gaza oder Alexandria am Mittelmeer reisten, von wo Schiffe nach Europa übersetzten. Abstecher führten nach Mesopotamien. Die Karawanen transportierten nicht nur Weihrauch, sondern auch andere wertvolle Güter. Sie stammten teilweise aus Ostafrika wie z. B. Elfenbein, Gold und Edelsteine. Andere Luxusgüter wie Seide, Edelhölzer und Gewürze wurden mit Schiffen aus China und Indien angeliefert und an der Dhofar-Küste auf Kamele umgeladen.

Zur Infrastruktur der Weihrauchstraße gehörten **Karawansereien**, befestigte Rastplätze, die neben Schutz und einem Dach über dem Kopf auch Lebensmittel und Wasser boten. Große Karawansereien fungierten als Warenlager und -umschlagplatz. Wer ihre Dienste nutzte, musste Abgaben in Höhe von bis zu einem Zehntel des Warenwertes leisten. Auf diese Weise gelangten viele Orte entlang der Weihrauchstraße zu beträchtlichem Wohlstand. Sie bildeten die Keimzelle großer arabischer Reiche, die jahrhundertelang bestanden und zahlreichen Versuchen zum Trotz nicht von Außenstehenden erobert werden konnten. Selbst die militärische Stärke der Römer musste vor der Unzugänglichkeit und den lebensfeindlichen Bedingungen der Region kapitulieren.

Die im Dhofar wachsenden Weihrauchbäume befinden sich heute wie damals ausnahmslos in Privatbesitz. Dieses Eigentum wird innerhalb des Stammes bzw. der Familie weitervererbt und entweder in Eigenverantwortung oder von einem Pächter genutzt. Wer die Ernte selbst durchführt, muss wochen- oder gar monatelang auf die Annehmlichkeiten des Stadtlebens verzichten. Daher werden häufig Leiharbeiter mit der **Weihrauchernte** beauftragt, vorzugsweise Beduinen, die an ein Leben fernab der Zivilisation gewöhnt sind.

Ende März/Anfang April beginnen die Vorbereitungen. Zunächst wird mit einem *Manqaf* genannten scharfen Messer die Rinde des Stammes und dickerer Äste eingeschnitten. Aus den **Kerben** tritt in den folgenden Tagen ein dickflüssiger Saft aus, das Harz. Dieses Harz enthält diverse Substanzen, die der Baum im Laufe der Zeit herstellt. Dazu gehören Kohlenstoffverbindungen (in diesem Fall Öle), in

Dank seiner charakteristischen Wuchsform ist der Weihrauchbaum unverkennbar

info

denen die mit Hilfe der Photosynthese gewonnene Lichtenergie gespeichert wurde. Verschiedene andere Substanzen, die dem Harz den **charakteristischen Geruch** geben, verhindern Tierfraß oder tragen dazu bei, durch Verbiss entstandene Verletzungen von Verunreinigungen freizuhalten. Dies ist umso wichtiger für die Pflanze, als Verbiss durch Tiere unter den trockenen Wuchsbedingungen sehr rasch zu hohem Flüssigkeitsverlust und damit Vertrocknen des Baumes führen würde.

Der beim **ersten Schnitt** austretende Saft galt früher als wertlos und wurde nach dem Aushärten weggeworfen. Heute wird das Harz zu entsprechend günstigeren Preisen verkauft, meist als billiges Souvenir auf den vor allem von Touristen frequentierten Märkten.

Nach dem Einkerben der Rinde tritt das Harz aus und trocknet

Nach etwa drei Wochen wird die Rinde ein **zweites Mal eingekerbt**. Das austretende Harz lässt man drei weitere Wochen am Baum trocknen und schlägt es dann ab. Auch dieses Harz ist noch von minderer Qualität.

Höchsten Qualitätsansprüchen genügt erst der Saft, der beim **dritten Schnitt** austritt. Er ist zunächst weißlich und erinnert von der Farbe her an den Latexsaft eines Gummibaumes. Im Laufe des Trocknungsprozesses verändert er aber dann seine Farbe und wird zunächst gelblich, später bernsteinfarben und fast durchsichtig. Je heller und klarer das Harz ist, desto weniger Verunreinigungen enthält es und desto teurer kann es verkauft werden. Die niedrigsten Preise erzielt brauner oder von Baumrinde durchsetzter Weihrauch.

Um den Weihrauchbaum nicht seines natürlichen Schutzes zu berauben, wird er jeweils drei Jahre lang bewirtschaftet. Anschließend gewährt man ihm eine **mehrjährige Erntepause**, in der er sich regenerieren kann.

Weihrauchharzklumpen wurden früher wie Edelsteine gehandelt

Das abgeschlagene Harz wird in Körben gesammelt, weiter getrocknet und ab Oktober auf den Markt gebracht. Die **Harzausbeute** liegt je nach Alter und Größe des Baums zwischen 3 und 10 kg. In der gesamten Provinz Dhofar werden jährlich etwa 7000 t Weihrauch produziert. Der **Verkaufspreis** rangiert je nach Qualität des Harzes zwischen 10 OR und 30 OR pro Kilogramm. Auf den Souqs, z. B. auf dem Weihrauchsouq in Salalah, wird er häufig auch zusammen mit einem Weihrauchbrenner (*Manjar*) als Set angeboten.

Corniche und Weihrauchsouq

Beim Weihrauchmuseum beginnt die **Corniche**, die von Cafés und Restaurants gesäumte Küstenstraße. Sie führt in westlicher Richtung in das Altstadtviertel **Al Hafah**, wo noch einige der traditionellen Häuser aus Kalkstein und Korallenblöcken stehen. Einige davon besitzen schön geschnitzte Fenstergitter und orientieren sich in ihrer architektonischen Gestaltung an jemenitischen Vorbildern. Auf Höhe der An Noor Street erstreckt sich südlich der Corniche der **Weihrauchsouq (4)**, in dessen engen Gassen Düfte und Räucherwerk angeboten werden. Die aus Weihrauch und anderen Ingredienzien bestehenden Räuchermischungen werden häufig von Beduinenfrauen verkauft, die diese auch nach überlieferten Rezepten selbst herstellen. Hinter dem Souq liegt der von hohen Mauern umgebene **Al Husn-Palast (5)**, in dem Sultan Qaboos während der Sommermonate residiert. Die Anlage ist für die Öffentlichkeit nicht zugänglich, wenn der Sultan anwesend ist, steht das Tor aber manchmal offen und ermöglicht einen Blick ins Innere.

Traditionelle Räuchermischungen

Khawr Salalah

Für ornithologisch Interessierte lohnt ein Spaziergang vom Sultanspalast über die Sultan Qaboos Street zur westlich der Stadt gelegenen Lagune Khawr Salalah. Der von Schilfgürteln und stellenweise auch von Mangroven umstandene Meeresarm ist ein **Vogelparadies**. Neben Flamingos lassen sich hier Kormorane, Pelikane, Reiher und Seeschwalben sowie zahlreiche Möwen-, Watvogel- und Entenarten beobachten. Unter den Wintergästen befinden sich mit etwas Glück Coromandel-Zwergenten, eine der kleinsten Entenarten der

Flamingos auf Nahrungssuche im Khawr Salalah

Welt. Die Lagune steht unter Naturschutz und ist mit Maschendraht umzäunt, um die einheimischen Vogelarten nicht beim Brüten zu stören. Ein kleiner Teil wurde aber als Park der Öffentlichkeit zugänglich gemacht.

Neustadt

Wer lieber dem Shopping frönt, begibt sich auf der Al Nahdah Street (sie beginnt gegenüber dem Eingang vom Sultanspalast) in die Neustadt von Salalah. Hier fungieren die **Al Salam Street** und die **23rd July Street** als **Haupteinkaufsmeilen**. An der Kreuzung Al Nahdah/Al Salam Street befindet sich der **Goldsouq (6)**. An der Al Salam Street selbst haben sich viele Geschäfte angesiedelt, die Räucherwerk und duftende Essenzen anbieten. In der 23rd July Street reihen sich Halwa-Geschäfte, in denen man auch bei der Herstellung der beliebten Süßigkeit zusehen kann.

Einkaufsmöglichkeiten

In den Obstgärten von Salalah werden an Ständen frische Kokosnüsse und tropische Früchte verkauft

Obstgärten

Aufgrund des relativ milden Klimas ist in Salalah auch ein längerer Spaziergang angenehm. Gelegenheit dazu bieten die parallel zur Küste verlaufenden herrlichen Obstgärten. Im Bereich des **Burj al Nahdah Roundabout** und vor allem zwischen der **Al Muntazah** und der **Sultan Qaboos Street** führen überall schattige Wege durch die Plantagen. Man kann sich an den tropischen Gewächsen erfreuen, zu denen neben Kokospalmen und Bananenstauden auch Mango- und Papayabäume gehören, die ausgeklügelten Bewässerungssysteme bewundern, den Arbeitern bei der Ernte zuschauen und an einem der zahlreichen Stände frische Früchte kaufen oder Kokoswasser trinken.

Gräber

Inmitten von Kokos- und Bananenplantagen abseits der Al Muntazah Street befindet sich das **Grab von As Samri (7)**, eines Mannes aus der südindischen Region Malabar, der dort als erster den Islam angenommen haben soll. Er war sehr gottesfürchtig und begab sich auch auf Pilgerfahrt nach Mekka. Später ließ er sich in der Dhofar-Region nieder, da er hier eine Frau gefunden hatte. Diese wurde neben ihm beigesetzt, genauso wie seine Tochter Fatima. In einem Nebenraum des Grabbaus werden die sterblichen Überreste von Tahr Bin Abdul Rahman aufbewahrt, der zu den angesehensten Männern Omans zählt (etwa 200 m vor der Ausgrabungsstätte Al Baleed zweigt von der Sultan Qaboos Street eine nicht asphaltierte Piste in den Palmenhain ab, der man in Richtung Al Muntazah Street folgt. Das Grab liegt dann rechts des Weges in der Nähe der Fruchtverkaufsstände).

Ähnlich hohe Verehrung genießt das **Grab von Nabi Umran (8)**. Es befindet sich im Garten der gleichnamigen kleinen Moschee. Nabi Umran gilt einigen als Vater der Jungfrau Maria und somit als Großvater von Jesus, andere sehen in ihm den Vater von Moses. Er wurde in einem 14 m langen Sarkophag beigesetzt, dessen Ausmaße vermuten lassen, dass darin noch weitere Mitglieder seiner Familie ruhen (Al Matar Street, zwischen Municipality Building und Burj al Nahdah Roundabout).

14 m lang ist der Sarkophag im Grab von Nabi Umran

Reisepraktische Informationen zu Salalah

Telefonnummern		Karte
Vorwahl	23	S. 304/305
Polizei Hauptquartier	23234599, 23234676	
Salalah Polizei	23290099, 23290103	
Notruf	9999	

Information
Directorate General of Tourism *in Dhofar,* ☎ *23292283.*
In Salalah unterhält das Tourismusministerium kein Büro. Einen kleinen, eher bescheiden ausgestatteten Infoschalter gibt es in der Ankunftshalle des Flughafens.

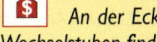

Geldwechsel
An der Ecke Al Nahdah Street/As Salam Street gibt es etliche Banken und ATMs. Wechselstuben findet man im Hamdan Commercial Centre und an der Al Salam Street.

Krankenhaus
Sultan Qaboos Hospital, *Sultan Qaboos Street/Al Salam Street,* ☎ *23211555.*

Post
Im nördlichen Teil der Al Nahdah Street.

Internet
Gibt es in den größeren Hotels, zudem gibt es Internetcafés an der Al Salam Street.

Unterkunft
Al Hanaa Hotel (1) *€, 23ʳᵈ July Street,* ☎ *23290274,* 🖨 *23291898. Im Stadtzentrum gelegenes Hotel mit hellen, sauberen Zimmern und günstigen Preisen.*
Salalah Youth Hostel *€, an der Straße nach Thumrayt, 10 Autominuten vom Flughafen und vom Zentrum entfernt,* ☎ *23234810,* 🖨 *23234855, www.salalah-youthhostel.com. Eine von zwei Jugendherbergen in Oman. In Wirklichkeit eher ein Familienhotel mit Doppelzimmern und Suiten inkl. Kitchenette.*
Haffa House (2) *€€, Rubat Street am Burj al Nahdah R/A,* ☎ *23295444,* 🖨 *23294873, www.haffahousesalalah.com. Hochhaushotel mit tollem Foyer, aber inzwischen etwas abgewohnten Zimmern. Dafür entschädigen das hilfsbereite Personal und der Pool.*
Dhofar Hotel (3) *€€(€), Al Matar Street,* ☎ *23290484,* 🖨 *23214021. Apartmenthotel der Mittelklasse im Zentrum.*
Hamdan Plaza Hotel (4) *€€(€), Rubat Street im Hamdan Commercial Complex, nahe des Flughafens gelegen,* ☎ *23211025,* 🖨 *23211187, www.hamdanplazahotel.com. Ordentliches Stadthotel mit Dachrestaurant und Pool. Große Zimmer und Apartments mit Küche, WIFI.*
Hilton Salalah Resort (5) *€€€(€), Sultan Qaboos Street, 10 km östlich des Zentrums im Stadtteil Minah Salalah,* ☎ *23133333,* 🖨 *23133334, www.hilton.com. Das luxuriöse Fünf-Sterne-Strandhotel bietet dem Gast die üblichen Annehmlichkeiten eines Hotels der Hilton-Gruppe, sodass es zum perfekten Hideaway vom Alltagsstress wird. Die Lage außerhalb der Stadt sorgt für zusätzliche Ruhe und selbst im Khareef, wenn das Hotel ausgebucht ist,*

kann man hier herrlich entspannen, da die arabischen Gäste üblicherweise früh zu Pick-nickausflügen aufbrechen und erst spät zurückkehren. Von den 147 Zimmern verfügen die meisten über Balkon und Meerblick. Schöne Gartenlandschaft mit Infinity-Pool, Kinderbe-cken- und Spielplatz. Ausgezeichnetes Fischrestaurant und Feinschmeckerrestaurant mit internationaler Küche. Besondere Erwähnung verdient die Freundlichkeit des Personals.

Crowne Plaza Resort Salalah (6) €€€€, Al Khandaq Street, ☎ 23235333, ⎙ 23235137, www.ihg.com. Traditionsreiches Strandhotel in weitläufiger Garten- und Pool-anlage. Breit gefächertes Sportangebot, u. a. 9-Loch-Golfplatz. Viele Angebote für Familien mit Kindern. 153 stilvoll eingerichtete Zimmer und Suiten, 19 Familienvillen mit jeweils drei Zim-mern. Bar, Pub und Nachtclub, ausgezeichnetes Strandrestaurant.

Juweira Boutique Hotel in Salalah Beach, s. S. 319
Salalah Marriot Resort in Mirbat, s. S. 324

🍴 Essen und Trinken

Das gastronomische Angebot ist in Salalah gut. Besonders viele Restaurants haben sich entlang der 23rd July Street angesiedelt, hier kann man Chinesisch, Indisch und Arabisch essen. Viele dieser Lokale sind allerdings sehr einfach – Gäste mit höheren Ansprüchen an Küche, Ambiente und Service speisen besser in den größeren Hotels.

Al Fareed (1), 23rd July Street nahe der Kreuzung mit der Al Nahdah Street, ☎ 23292382. Gute indische und arabische Küche zu moderaten Preisen.

Balbeek (2), 23rd July Street, Ecke Souq Street, ☎ 23298834. Ausgezeichnete libanesische Gerichte, Sandwiches und sehr leckere, frische Fruchtsäfte.

Bin Ateeq (3), 23rd July Street, ☎ 23290232. Landestypische Küche und entsprechende Einrichtung. Zum Empfang wird arabischer Kaffee gereicht, gespeist wird in kleinen Separées, wo man auf Kissen Platz nimmt.

Darbat (4), Crowne Plaza Hotel, Al Khandaq Street, ☎ 23238035. Französische und arabische Küche sowie internationale Gerichte in elegantem Ambiente, Ausschanklizenz.

Haffa Coffee Shop (5), Haffa House Hotel, Ar Rubat Street am Burj al Nahdah R/A, ☎ 23295444. Kaffee, Brötchen und kleine internationale Gerichte.

Oasis Club (6), in der Nähe des Hafens von Salalah (der Ausschilderung Bin-Arabia-Moschee folgen), ☎ 23219500. Hier treffen sich allabendlich Expats aus aller Welt, denn in der sehr netten Kneipenatmosphäre kann man gut klönen, trinken und vor allem essen. Es gibt leckere internationale Gerichte, u. a. ganz hervorragende Steaks. Außerhalb der Khareef-Saison sitzt man schön auf der Terrasse oberhalb des Meeres.

Palm Grove (7), im Hilton Hotel, Sultan Qaboos Street, ☎ 23133333. Internationale und arabische Küche zu moderaten Preisen. Gutes Seafood, schöne Terrasse mit herrlichem Blick aufs Meer.

Sheba's Steak House (8), Hilton Hotel, Sultan Qaboos Street, ☎ 23133333. Elegantes Hotelrestaurant in stilvollem Ambiente; auch Alkoholausschank.

🍸 Nachtleben

Abendunterhaltung wird nur in den internationalen Hotels geboten.

Al Khareef, Crowne Plaza Hotel, Khandaq Street, ☎ 23238036, bis 2.30 Uhr. Pub mit guten Drinks und entspanntem Ambiente.

Mayfair, Hilton Hotel, Sultan Qaboos Street, ☎ 23133333, bis 23 Uhr. Klassischer engli-scher Pub, in dem auf Großbildschirmen Sportevents übertragen werden.

Whispers Lounge, Hilton Hotel, Sultan Qaboos Street, ☎ 23133333, bis 2 Uhr. Nacht-club mit Live-Musik und Tanz.

Aktivitäten

› Schwimmen

Vor der Stadt erstreckt sich ein endloser Sandstrand. Sehr schön kann man vor dem Crowne Plaza und dem Hilton Hotel baden. Einsamere Buchten gibt es im Westen und Osten. Während der Khareef-Saison ist die See meist stürmisch und wenig einladend.

› Wassersport

Außerhalb der Khareef-Saison werden von den großen Hotels alle Arten von Wassersport angeboten. Das Hilton und das Crowne Plaza Hotel besitzen jeweils ein Wassersport Activity Center. Auf dem Programm stehen dort neben Surfen und Wasserski auch Bootstouren, Hochseeangelfahrten (in den Küstengewässern vor Salalah kann man gut Marline fischen) und Tauchexkursionen.

› Exkursionen in die Umgebung Salalahs

Bahwan Travel Agency, *Al Nahdah Street,* ☎ *23294665,* 🖷 *23294213. Geführte Stadttouren und Ausflüge in die Umgebung von Salalah, u. a. zu den Weihrauchbäumen oder den Ausgrabungen von Ubar.*

Arabian Sands Tours, ☎ *23235833, 99495175 (mobil), www.arabiansandtours.com. Neben einer halbtägigen Citytour kann man hier auch Exkursionen in die Umgebung der Stadt und in die Rub-al-Khali-Wüste buchen. Dabei ist volle Flexibilität möglich. Neben festen Touren kann man bis zu zehntägige Wüstentouren individuell zusammenstellen.*

Feste

Khareef Festival

. Das alljährlich von Mitte Juli bis Ende August dauernde Festival ist dem Südwestmonsun und seinen segensreichen Auswirkungen gewidmet. Musiker, Tänzer, Dichter und Akrobaten aus der ganzen arabischen Welt nehmen an den Feierlichkeiten teil. Zum Rahmenprogramm gehören auch Sportveranstaltungen und viele Events für Familien mit Kindern. Etwas außerhalb des Zentrums wird das **Salalah Khareef** *aufgebaut, eine kleine Vergnügungsanlage, die vor allem Karussells für Kinder und Kunstgewerbe aus Asien für die meist arabischen Besucher anbietet (Sultan Qaboos Street, neben dem Hilton Hotel, tgl. ab 18 Uhr, So nur für Frauen und Kinder). Ein weiteres Zentrum der Festivitäten ist* **Ittin**, *wo es neben einer Art Jahrmarkt und vielen Essbuden auch Folkloredarbietungen gibt (Atin Road, tgl. ab 18 Uhr, So nur für Frauen und Kinder).*

Einkaufen

› Souqs

Weihrauchsouq (1), *Stadtteil Al Husn. In dem alten Souq findet man vor allem wohlriechende Essenzen und Räucherwerk, aber auch Stoffe, Khanjars und Silberschmiedearbeiten.*
Goldsouq (2), *Al Nahdah Street/Al Salam Street. Gold- und Silberschmiede bieten hier ihre Produkte feil.*

› Supermärkte

Neben Lebensmitteln und Getränken kann man in den großen Supermärkten des Ortes praktisch alles bekommen, was man benötigt: u. a. auch Schreibwaren, Kleidung, Koffer und Reisetaschen sowie Campingausrüstung.
Lulu Supermarkt (3), *23rd July Street/Al Matar Street.*
KM Markt, *Souq Street.*

> **Einkaufszentren**

Salalah Shopping Centre, *Al Matar Street gegenüber dem Lulu Supermarkt.*
Hamdan Commercial Complex, *etwas außerhalb an der Ecke Al Rubat Street/Atin Road.*
Centrepoint Shopping Mall, *Al Rubat Street. Große Mall, in der auch westliche Kleidung verkauft wird, zudem Lulu Hypermarket.*

> **Einkaufsstraßen**

Al Salam Street. *Neben der 23rd July Street die Haupteinkaufsstraße von Salalah. Besonders stark vertreten sind Läden mit Duftölen und Essenzen.*
Al Muntazah Street. *Stände am Straßenrand verkaufen Obst und Kokosnüsse. Alternativ kann man es auch gegenüber der Ausgrabungsstätte Al Baleed versuchen.*
Sultan Qaboos Street, *östlich des Weihrauchsouq. Etliche Halwa-Geschäfte.*

 Verkehrsmittel
> **Flughafen**

Der Flughafen der Stadt liegt nur etwa 1 km vom Burj al Nadhah R/A entfernt. Von der parallel verlaufenden Atin Road aus hat man einen guten Blick auf den Airport. Die Nähe zur Stadt einerseits und zu den Bergen sowie die relativ geringe Flugdichte lassen den Airport etwas provinziell erscheinen. Dies sehen wohl auch einige Wildtiere so, denn immer wieder einmal hört man Geschichten von Leoparden, die aus den Bergen kommend abends über das Rollfeld streifen … Busse vom/zum Flughafen gibt es nicht, man muss auf die Taxis ausweichen, die 4 OR für die Fahrt zu einem beliebigen Ziel in Salalah berechnen.

> **Fluggesellschaften**

Oman Air, *Haffa House, Al Rubat Street,* ☏ *23294377, 23292777, www.oman-air.com.*
Gulf Air, *Haffa House, Al Rubat Street,* ☏ *23293131, www.gulfair.com.*
Neuerdings fliegen auch **Qatar Airways** *ab Doha (www.qatarairways.com) sowie die arabischen Billigflieger* **Air Arabia** *ab Sharjah (www.airarabia.com) und* **Fly Dubai** *(www.flydubai.com) Salalah an.* **FTI** *(www.fti.de) bietet Charterflüge mit* **Sun Express** *über Izmir nach Salalah an.*

> **Busse**

Stadtbusse *verkehren in Salalah nicht, sofern man keinen Leihwagen hat, muss man auf Taxis zurückgreifen.*
Fernbusse *verkehren mehrfach täglich nach Muscat (8 OR), Nizwa (6 OR) und Buraimi (11 OR). Zudem gibt es regelmäßige Busverbindungen nach Dubai. Bedient werden diese Strecken von Bussen der ONTC (☏ 23292773, www.ontcoman.com), der Malatang Trading (☏ 23211299) und der Gulf Transport Company. Preise und Ausstattung der Busse sind ähnlich. Der zentrale* **Busbahnhof** *befindet sich in der Souq Street, Ecke 23rd July Street bei der neuen Markthalle.*

> **Taxis**

Ähnlich wie in Muscat haben auch die Taxis in Salalah kein Taxameter, der Preis muss verhandelt werden. Eine Fahrt innerhalb der Stadt kostet etwa 1 OR, für eine Fahrt vom Zentrum zum Crowne Plaza muss man etwa 3 OR, zum Hilton etwa 3,50 OR bezahlen.
Von der Station vor der HSBC Bank an der Al Salam Street verkehren Sammeltaxis in die Umgebung der Stadt. Man rechne mit Fahrpreisen von 1 OR bis Mirbat, 1 OR bis Mughsayl und 0,30 OR bis Taqah.

Westlich von Salalah

Das Gebiet im Westen von Salalah lockt mit eindrucksvollen Naturerlebnissen: Die Bucht von **Mughsayl** säumt ein kilometerlanger feinsandiger Strand, und im Westen der Bucht führt **eine der spektakulärsten Bergstrecken Omans** zum Gipfelplateau des Jebel Qamar hinauf. Auf der Fahrt von Salalah nach Mughsayl kann man, sobald man den Bereich des Hafens verlassen hat, immer wieder **Weihrauchbäume** in der Nähe der Straße sehen. Meist stehen sie einzeln, stellenweise wachsen sie aber auch in größeren Gruppen, die dann in der Regel umzäunt sind.

Ziele in der Umgebung

Mughsayl

Besonders in der Khareef-Saison ist der kleine Ort etwa 45 km westlich von Salalah eine vielbesuchte Attraktion. Die Brandung hat aus den Klippen im Westen der Bucht kreisrunde Löcher ausgehöhlt, die sogenannten **Blowholes**. Wenn die Dünung kräftig genug ist, wie eigentlich immer in der Monsunzeit, schießen durch diese Löcher riesige Wasserfontänen gen Himmel, die eine Höhe von über 10 m erreichen können. Die Blowholes lassen sich zu Fuß erreichen oder mit dem Geländewagen: Dazu biegt man schon vor dem Strand auf dem Hochplateau nach links ab – mehrere Schotterpisten führen zur Steilküste.

Strandspaziergänge

Außerhalb der Khareef-Saison zieht der herrliche, etwa fünf Kilometer lange **Sandstrand** viele Besucher an, meist einheimische Familien. Hier kann man ausgedehnte Strandspaziergänge unternehmen und dabei die Brandungsfischer beobachten. Am Westende der Bucht, unterhalb der Blowholes, gibt es ein Strandrestaurant mit Dachterrasse, in dem man Frühstück und verschiedene kleine Gerichte bekommt. Es werden auch einfache Strandhütten vermietet (€, ☏ 23290641, 99548039, 🖷 23290643). Es hat durchaus seinen Reiz, am Strand von Mughsayl zu übernachten. Wenn die Dämmerung sich herabsenkt, scheint die Zivilisation in weite Ferne gerückt. Die Stille wird nur vom Rauschen der Brandung durchbrochen, und es gibt nicht viel anderes zu tun, als in den klaren Sternenhimmel zu schauen.

Das Fischerdorf Mughsayl selbst hat nicht viel zu bieten, im Westen des Ortes erstreckt sich jedoch der **Khawr Mughsayl**, ein von Schilfgras umstandenes Brackwasserareal. Es bietet vielen Wasservögeln Lebensraum, darunter auch Flamingos. In den Wintermonaten machen Störche hier Rast.

Auf der Zig-Zag Road nach Rakhyut

Westlich von Mughsayl verlässt die Straße die Küste und windet sich in steilen Serpentinen zur Hochebene des **Jebel Qamar** hinauf. Wegen seiner engen Haarnadelkurven wird dieser Streckenabschnitt der Nationalstraße 47 im Volksmund auch Zig-Zag Road genannt. Parallel zum Berghang langsam aufwärts führend geht es nun Richtung jemenitische Grenze, vorbei an kleinen Dörfern und tief eingeschnittenen Wadis. Immer wieder eröffnen sich grandiose Blicke auf die Küste und die Bergketten im Norden. Der mit 1.000 m höchste Punkt der Strecke wird durch einen Funkmast markiert, bei dem sich auch ein Militärposten (Papiere werden kontrolliert) befindet. Hier sollte man aussteigen und die Fernsicht genießen.

Grandiose Ausblicke

Fantastische Bergpanoramen eröffnet die Fahrt auf der Zig-Zag Road in Richtung jemenitische Grenze

Fischerdorf am Strand

Am Sendeturm kann man nun umkehren oder der Straße auf dem Hochplateau noch ein Stück weiter westwärts folgen. Nach etwa 60 km ab Mughsayl erfolgt bei **Difa** ein Abzweig in Richtung Süden zum Fischerdorf **Rakhyut**, das einen schönen Strand besitzt. In den Felshängen des Wadis, an dessen Ausgang Rakhyut liegt, kann man mit geschultem Auge Klippschliefer entdecken. Die kaninchengroßen Tiere ähneln äußerlich Murmeltieren, sind aber jüngeren DNS-Untersuchungen zufolge mit Elefant und Seekuh verwandt. Die Weiterfahrt bis an die jemenitische Grenze ist prinzipiell möglich, allerdings darf man in der Regel den Mietwagen nicht in den Jemen mitnehmen, und das Auswärtige Amt rät derzeit von Reisen dorthin aus Sicherheitsgründen dringend ab.

Nördlich von Salalah

Ausflüge in den Norden Salalahs führen zu den **Weihrauchanbaugebieten** und zur **Ausgrabungsstätte Ubar** bei Shisr – beide zählen zum UNESCO-Welterbe. Von Shisr aus kann man mit einem Allradfahrzeug nach **Al Hashman** weiterfahren und von dort ein Stück weit ins Dünenmeer der **Rub al Khali** vorstoßen.

Ain Jarziz

Die Quelle Ain Jarziz, eine der vielen rund um Salalah, erreicht man, indem man der Al Rubat Street bis zum Hamdan Commercial Complex folgt (am Hamdan Plaza Hotel). Dort biegt man nach Norden in Richtung Itin bzw. Atin ab und folgt der Straße (der westlichsten von mehreren Wegen nach Norden), bis man nach ca. 8 km zu einem Abzweig nach Osten gelangt. Während des Monsuns in den Sommermonaten nieselt es zwar meist nur, dies aber beständig – so sammeln sich letztlich doch größere Niederschlagsmengen an. Ein großer Teil des Wassers fließt oberirdisch ab, ein kleinerer versickert im porösen Gestein der Berge. Dort sammelt es sich über undurchlässigen Schichten, um als Quelle an verschiedenen Stellen wieder zu Tage zu treten. Eine dieser Stellen ist **Ain Jarziz**. Von bizarr geformten Felsen umrahmt, bietet sich die Quelle für eine kurze Rast im Schatten an. Ain Jarziz führt aber nicht ganzjährig Wasser und weist daher keine so dichte Vegetation auf wie die Quellen im Osten der Stadt.

An Nabi Ayoub

Das Mausoleum liegt ca. 23 km nördlich der Stadt (15 km nach dem Abzweig nach Ain Jarziz), westlich der Straße, ausgeschildert. Schon von Weitem sichtbar ist die Kuppel der auf einem Hügel gelegenen Moschee neben dem Mausoleum **An Nabi Ayoub**. Hier wird der **Prophet Hiob** verehrt, der für Moslems, Juden und Christen eine gleichermaßen große Bedeutung hat. Das Mausoleum ist auch für Nichtmuslime zugänglich, Frauen müssen ein Kopftuch tragen. Man erreicht das Grabmal, indem man von der Moschee aus dem schmalen Pfad bergan folgt, der dann nach rechts um eine Anpflanzung herumführt. Vor dem Eingang befindet sich, von einem Mäuerchen umrahmt, ein **Fußabdruck**, den Hiob hier hinterlassen haben soll. Am Rand des Hoch-

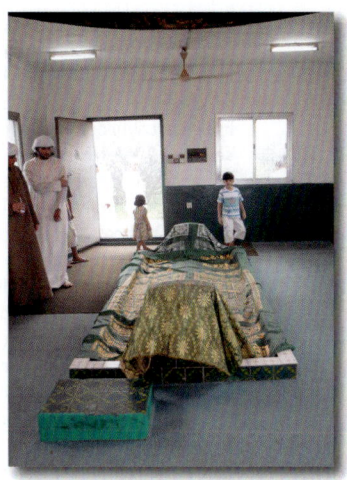

Das Grab des weitgereisten Hiob in den Bergen oberhalb von Salalah

plateaus steht das **Nabi Ayoub Restaurant**, das eine herrliche Aussicht über die Ebene von Salalah bietet. Über Ayoun erreicht man die Hauptstraße 31 nach Norden.

Weihrauchbäume im Wadi Dawkah

Auf der Nationalstraße 31 von Salalah nordwärts fahrend, erreicht man kurz vor Thumrayt nach ca. 40 Kilometern den **Weihrauchpark** (Frankincense Park) im **Wadi Dawkah**. Hier, an den Ausläufern des Dhofar-Gebirges, herrscht ein Klima, in dem die empfindlichen Weihrauchbäume besonders gut gedeihen. Der Bestand wurde von der UNESCO zum Weltnaturerbe ernannt. Ein großer Teil des Areals ist umzäunt, um die Bäume vor Tierfraß zu schützen. Entlang der Straße und unweit des Parkplatzes stehen jedoch einzelne Exemplare, an die man nah herantreten kann. Achtung: Es ist streng verboten, das beim Einschneiden der Rinde hervorquellende kostbare Harz an sich nehmen!

Ausgrabungsstätte Ubar

Etwa 110 km nördlich von Salalah wurde zu Beginn der 1990er-Jahre ein Aufsehen erregender Fund gemacht: In der Nähe der heutigen Siedlung **Shisr** entdeckten Archäologen **Überreste einer Siedlung**, in der manche das sagenumwobene **Ubar** vermuten, einen einst bedeutenden Karawanenrastplatz an der Weihrauchstraße. Die Stadt wird in Bibel und Koran erwähnt und in beiden Quellen als prachtvoll und unermesslich reich beschrieben. Selbst die Königin von Saba soll sie besucht haben, um einen Teil der Weihrauchstraße zu inspizieren und weitere Lieferungen in Auftrag zu geben. Es wird aber auch berichtet, dass der Wohlstand bei den Bewohnern Ubars zu Dekadenz und einem wenig gottesfürchtigen Leben geführt habe. Die Stadt sei deshalb von Gott zerstört worden, im Koran heißt es sogar, sie sei vom Erdboden ver-

Sagenumwobene, prachtvolle Stadt

Bilder aus dem Weltall

schlungen worden. Abenteurer hatten schon lange vergeblich nach dem Ort gesucht, als man 1984 durch von der Raumfähre Challenger geschossene Aufnahmen auf ihre Spuren stieß. Anfang der 1990er-Jahre begannen dann systematische Ausgrabungen. Sie förderten Gebäudereste zu Tage, die sich bis ins 3. Jt. v. Chr. zurückdatieren lassen. Freigelegt wurden bislang die Grundmauern von **Wohnhäusern**, einer **Karawanserei** und **Wehranlagen**. Die Ruinen wirken auf den ersten Blick eher unspektakulär, anschaulicher sind die im kleinen **Museum** der Ausgrabungsstätte gezeigten Fundstücke – vorwiegend Töpferwaren, Werkzeuge und Münzen. Ein Highlight stellen die 1.500 Jahre alten Schachfiguren aus Indien dar.

Ob es sich bei der Siedlung tatsächlich um Ubar handelt, konnte bislang nicht zweifelsfrei bewiesen werden. Ein Umstand spricht immerhin dafür: Auf dem Ausgrabungsgelände befindet sich ein 12 m tiefer Krater, der auf eine eingestürzte Kalksteinhöhle zurückgeht. Er ruft jene Passage im Koran in Erinnerung, die schildert, wie Ubar im Erdboden versank. Ob Ubar oder nicht – für die Altertumswissenschaft ist die Fundstätte in jedem Fall bedeutend, weswegen die UNESCO sie auf die Liste des Weltkulturerbes gesetzt hat.

Al Hashman/Rub al Khali

Größte Sandwüste der Erde

Von Ubar führt eine gut präparierte Piste in Richtung Nordwesten nach **Al Hashman** (ca. 70 km). Hier beginnt die **Rub al Khali**, die größte Sandwüste der Erde. Sie besteht aus endlosen Schotterebenen und Sanddünen, die bis zu 300 m hoch sein können. Rub al Khali bedeutet übersetzt „Leeres Viertel" – diesen Namen verdankt die Wüste dem Umstand, dass sie fast menschenleer ist. Extreme Temperaturen und das Fehlen von Wasser schaffen lebensfeindliche Bedingungen. Selbst die Beduinen meiden das Gebiet und lassen ihre Kamele nur an den Wüstenrändern weiden.

Von Satellitenfotos abgesehen, ist die Rub al Khali weitgehend unerforscht. In den 1930er-Jahren führten die Briten Bertram Thomas und St. John Philby erste Expedi-

Das endlos erscheinende Dünenmeer der Rub al Khali gehört zu den faszinierendsten Landschaftseindrücken auf einer Oman-Reise

tionen durch. Tiefer drang Wilfried Thesiger zwischen 1945 und 1950 in die Geheimnisse des Leeren Viertels ein. Er war von König Ibn Saud nach einer Heuschreckeninvasion damit beauftragt worden, im Süden der Wüste nach den Brutstätten der Insekten zu suchen. Seine Erlebnisse beschrieb er in dem Buch „Die Brunnen der Wüste".

Weitgehend unerforscht

Wer mit einem Geländewagen unterwegs ist, kann von Al Hashman aus ein Stück in die Dünen hineinfahren. Für weitergehende Erkundungen schließt man sich aber besser der **geführten Tour** eines Veranstalters an (z. B. **Arabian Sand Tours**, Salalah, ☎ 23235833, 99495175 (mobil), www.arabiansandtours.com). Eine Exkursion in die Rub al Khali mit Übernachtung unter freiem Himmel gehört zu den eindrucksvollsten Oman-Erlebnissen.

In der Gegend um Al Hashman findet man auf dem Wüstenboden übrigens häufig sog. **Geoden**, rundliche Gesteinskörper mit blumenkohlartiger Oberflächenstruktur, in deren hohlem Inneren sich Minerale gebildet haben. Eine weitere geologische Besonderheit sind **Zahnsteine**, die auf einer Seite vom Sand glatt geschliffen sind und auf der anderen Seite Zacken aufweisen.

Östlich von Salalah

Das Stadtgebiet von Salalah endet am Al Dahariz R/A. Die Küstenstraße führt von hier an durch Plantagen und Felder. Wo bislang Niemandsland war, durchwühlen nun Bagger die Erde. An einem 8 km langen Strandabschnitt baut die halbstaatliche Entwicklungsgesellschaft Muriya einen großen touristischen Komplex namens **Salalah Beach**, der mehrere luxuriöse Hotels, Apartmenthäuser und Villen, Shopping Malls, Restaurants, zwei Golfplätze und einen Jachthafen umfasst (Präsentation des Projektes unter www. salalahbeach.com). Das erste Hotel ist bereits seit 2012 eröffnet: Das schicke **Juweira Boutique Hotel** (€€€–€€€€, ☎ 23239600; www.juweirahotel.com) bietet 64 Zimmer mit Blick auf das Meer und Marina, 2 große Pools, Fitness- und Wellness-Center, 2 Restaurants mit Seafood sowie regionaler und internationaler Küche. In der Umgebung wird nach wie vor gebaut, was allerdings keine spürbare Beeinträchtigung für die Gäste nach sich zieht. Ein bereits fertiggestelltes Projekt ist das **Salalah Rotana Resort**, das 2013 eröffnet hat und perfekten Luxus bietet (€€€, ☎ 23275700, www. rotana.com). Voraussichtlich 2016 wird das **Al Fannar Hotel** seine Pforten öffnen.

Touristisches Großprojekt

Im Osten Salalahs führen immer wieder Abstecher von der Küstenstraße zu **Quellen**, die besonders nach der Khareef Saison munter sprudeln und daher auch bei der einheimischen Bevölkerung als Picknickplätze beliebt sind. Weitere lohnende Ziele sind das grün bewachsene **Wadi Darbat** und das **Tawi Atayr Sinkhole**, die beide eine artenreiche Vogelwelt beheimaten. Die kleinen Städte **Taqah** und **Mirbat** besitzen Forts und historische Wohnarchitektur.

Quellen

Von der Küstenstraße (noch vor Salalah Beach) führen Abzweigungen in nördlicher Richtung zum **Jebel Qara**, an dessen Hängen mehrere Quellen entspringen. In der Monsunzeit sprudeln sie am schönsten und sind dann auch bei den Einheimischen ein beliebtes Ausflugsziel. In **Ain Razat** sprudelt das Wasser aus mehreren Erdlöchern

Kühle Quellen

und Spalten, bevor es in einem Falaj-Kanal gesammelt wird. Um die Quelle herum wurde ein Park mit Picknickplätzen angelegt, der allerdings nur am Wochenende geöffnet ist. Etwas näher an der Küstenstraße liegt die in einem Rundbecken gefasste Quelle **Ain Hamran**, die ganzjährig von Grün umgeben wird. Unter den schattigen Bäumen haben Beduinen ihr Lager aufgeschlagen. Während nach Ain Razat und Ain Hamran asphaltierte Straßen führen, erreicht man **Ain Tabruq** nur über eine Piste, für die aber kein Geländewagen erforderlich ist. Das von Bäumen umgebene Quell-

Kleiner Wasserfall

gebiet liegt in einem Wadi, in der Monsunzeit ergießt sich hier an einem Steilhang ein kleiner Wasserfall. Auch um Ain Tabruq finden sich viele Beduinenzelte. Eine weitere Quelle in diesem Gebiet ist **Ain Athum** – sie entspringt ebenfalls in einem Wadi und wird von dichtem Wald umgeben.

> ☞ **Achtung**
>
> Auch wenn die Einheimischen dies nicht tun, sollte man die Badeverbotsschilder unbedingt beachten! Bei allen Quellen besteht die Gefahr, sich mit Bilharziose anzustecken.

Taqah

Reiche Fischgründe

Etwa 25 km östlich von Salalah liegt das kleine Fischerdorf **Taqah**, dessen Bewohner von den reichen Fanggründen vor der Küste profitieren. Noch heute ernährt man sich vom Meer, auf dem von Palmen gesäumten langen Strand liegen zahlreiche Fischerboote. Sehenswert ist hier das kleine **Fort**, das dem Wali, dem Gouverneur der Region, als Wohnsitz diente. Entsprechend großzügig sind die Innenräume gestaltet. Die Verteidigungsfunktion stand hier eher im Hintergrund, die Wehranlage besteht vor allem aus einer umlaufenden Balustrade, von der aus herannahende Feinde unter Beschuss genommen werden konnten. Die Innenräume wurden mit Mobiliar und Alltagsgegenständen vor allem aus der Region Dhofar eingerichtet, so vermittelt das Fort viel vom Flair vergangener Zeiten. Der Südwestturm kann bestiegen werden, von oben bietet sich ein schöner Blick über Taqah und die Küste. An einem Hang oberhalb von Taqah steht eine zweite Wehranlage, die momentan noch restauriert wird und daher nicht von innen zugänglich ist. Sie war die eigentliche Festung des Ortes.
Taqah Fort, *Sa–Do 9–16, Fr 8–11 Uhr, Eintritt 500 Bz.*

Wadi Darbat

Wo es grünt, da findet sich auch eine artenreiche Tierwelt

Der Küstenstraße von Taqah weiter Richtung Osten folgend, passiert man nach etwa 7 km die Abzweigung ins **Wadi Darbat**, wegen seiner **dichten Vegetation** eines der landschaftlich reizvollsten Wadis der Dhofar-Region. Die Kalksteinhänge sind von zahlreichen Höhlen durchsetzt; in einigen davon findet man **Felsritzungen und -zeichnungen**. In der Monsunzeit stürzen **Wasserfälle** die Klippen hinab, sie speisen einen **Süßwassersee** am Ende des Wadis. Das Wasser lässt überall frisches Gras sprießen, auf dem Kamele und vereinzelt auch Rinder weiden. Ähnlich wie die Quellen und Lagunen um Salalah ist auch das Wadi Darbat ein

Picknick im Wadi Darbat: beliebtes Freizeitvergnügen von Arabern, die während der Khareef-Saison in der Dhofar-Region urlauben

Paradies für Ornithologen. Mit etwas Geduld lassen sich hier Raritäten wie die Waaliataube, die Zitronenstelze und der Somali-Brillenvogel beobachten. Auch das seltene Jemen-Chamäleon kommt hier vor, lässt sich infolge seiner ausgezeichneten Tarnung in der Vegetation aber nur mit geübtem Blick ausmachen.

Khawr Rori/Samhuram

Das Wadi Darbat speist den **Khawr Rori**, die größte Lagune der Dhofar-Region. Als Khawr oder Khor werden auf der Arabischen Halbinsel Meeresarme bezeichnet, die tief ins Land einschneiden, ähnlich wie ein Fjord. Im Brackwasser der Lagune leben zahlreiche speziell angepasste Organismen, darunter auch Krill. Dieser bildet die Nahrungsquelle für **viele Vogelarten**, u. a. auch für den Flamingo, der hier ganzjährig in größeren Populationen vorkommt.

Der tief ins Land reichende, zum Meer hin durch zwei Felsrücken abgeschirmte Meeresarm bildet einen geschützten Naturhafen. Er erlangte Bedeutung, als aufgrund verbesserter Navigationstechniken der Weihrauchtransport per Kamel mehr und mehr durch den per Schiff ersetzt wurde. Um 100 n. Chr. entwickelte sich an dieser Stelle ein Handelshafen. Aus noch älterer Zeit, nämlich aus dem 4. Jh. v. Chr., stammen die **Reste einer befestigten Siedlung** auf dem Hügel oberhalb des Hafens – vermutlich eine Gründung des altarabischen Königreichs Hadramaut, das im Gebiet des heutigen Südjemen angesiedelt war. Steinplatten mit Schriftzeichen, wie sie damals im Jemen üblich waren, legen dies nahe. Sie geben als den Namen der Ansiedlung „Smhrm" an, was sich als **Samhuram** lesen lässt. *Frühe Besiedlung*

In den 1950er-Jahren begannen amerikanische Wissenschaftler das Gelände zu erforschen, später übernahmen omanische Forscher die Verantwortung für die Ausgrabungsarbeiten. Seit 1996 werden sie in Zusammenarbeit mit Archäologen der Universität von Pisa fortgeführt. Im Jahr 2000 erhob die UNESCO den **antiken Weihrauchhafen** zum Weltkulturerbe.

*Bei den Ruinen von Samhuram handelt es sich um die Überreste
eines antiken Weihrauchhafens am Khawr Rori*

Ausgegraben wurde außer der **Stadtmauer** eine **Tempelanlage**, in der der Mondgott Sin verehrt wurde, weiterhin ein **Brunnen** und mehrere Gebäude, die vermutlich als **Lagerhäuser für Weihrauch** genutzt wurden. Viele der ans Tageslicht gebrachten Alltagsgegenstände – u. a. Werkzeug, Haushaltsgeräte, Münzen und Keramik – sind heute im Weihrauchmuseum von Al Baleed ausgestellt.

Spaziergang durch antiken Hafen
Man erreicht das Gelände auf einer Schotterpiste, muss hier am eigentlichen Eingang eine Gebühr für das Fahrzeug entrichten und fährt dann auf der Schotterpiste zur Ausgrabungsstätte weiter. Innerhalb der Stadtmauern kann man sich auf den freigegebenen Wegen nach Gutdünken umsehen. Unterwegs gibt es Informationstafeln und Unterstände mit Bänken. Außerhalb des Geländes kann man ans Ufer des Khawr Rori fahren und die zahlreichen Vogelarten beobachten.
Samhuram, *tgl. 9–17 Uhr, Eintritt 1 OR/Fahrzeug.*

Tawi Atayr und Jebel Samhan

Keine 2 km östlich des Eingangs zum Wadi Darbat erfolgt der Abzweig zum Bergdorf **Tawi Atayr**, von wo eine Asphaltstraße zum **Jebel Samhan** hinaufführt, dem mit 1.800 m höchsten Berg des Dhofar. Kurz nach dem Ortsausgang ist das **Tawi Atayr Sinkhole** ausgeschildert, eine riesige, fast 200 m tiefe Doline, in die man ein Stück hinabklettern kann. Im klaren Wasser auf dem Grund des Lochs wurde in den 1980er-Jahren eine neue Fischart entdeckt. Rund um das Sinkhole leben viele Vögel, wie schon der Name Tawi Atayr, der übersetzt „Brunnen der Vögel" bedeutet, nahe legt.

Wer möchte, folgt der Straße nach dem Besuch des Sinkhole noch weiter zum **Hochplateau des Jebel Samhan** hinauf. An seiner senkrecht abfallenden Kante erhebt *Menschenleeres Gebiet* sich ein Sendemast, von dem sich ein herrlicher Blick über die Küstenebene bietet. Im Jebel Samhan gibt es keine menschlichen Siedlungen, nur Weihrauchsammler halten sich ab und an in dem Gebiet auf. Aufgrund dieser Ungestörtheit ist es eines der letzten Refugien für seltene Tierarten wie den **Nubischen Steinbock** und den **Arabischen Leopard**, der das von tiefen Schluchten zerfurchte Gebirge durchstreift. Um die Population stabil zu halten, wurde ein 2.400 km² umfassendes Schutzgebiet eingerichtet, in dem Feldstudien zur Lebensweise der scheuen Tiere betrieben werden. So hat man einige Leoparden mit GPS-Sendehalsbändern versehen, um ihre Wanderbewegungen per Satellit verfolgen zu können.

Der Arabische Leopard

info

Oman ist eines der letzten Rückzugsgebiete des **Arabischen Leoparden** *(Panthera pardus nimr)*. Während das edle Tier einst in den Berg- und Hügelregionen der Arabischen Halbinsel weit verbreitet war, kommt es heute nur noch in inselartigen Beständen vor. Der Grund für den Rückgang der Bestände ist in der Überjagung zu suchen, an der auch strenge Verbote nichts änderten: Leoparden waren zum einem als Viehräuber gefürchtet und zum anderen ihres Fells wegen begehrt.

In Oman waren Leoparden einst in verschiedenen Gebieten beheimatet: auf der Musandam-Halbinsel, im Hajar-Gebirge und im Dhofar. In den letzten beiden Jahrzehnten durchgeführte Untersuchungen lassen jedoch vermuten, dass die Tiere im Hajar ausgestorben sind und in Musandam nur noch in einigen wenigen Exemplaren vorkommen. Die **Population im Dhofar** scheint hingegen noch recht stabil zu sein. Hier leben die Tiere vor allem im Bereich des **Jebel Samhan**, wo 1997 ein **Leopardenschutzgebiet** eingerichtet wurde, das nur mit spezieller Genehmigung betreten werden darf. Im Jebel Samhan gibt es ganzjährig Wasser führende Sickerquellen, an denen die Tiere sich mit Trinkwasser versorgen können. Das Wasser lockt zudem potenzielle Beutetiere an, zu denen neben der Arabischen Gazelle auch Klippschliefer und Stachelschweine gehören.

Der Arabische Leopard zählt zu den **kleinsten Leopardenarten**. Die Männchen werden maximal 1,30 m lang und wiegen selten mehr als 30 kg. Weibchen sind deutlich kleiner. Ihre Fellfärbung ist vergleichsweise hell, auf dem Rücken weisen sie relativ kleine, weit auseinanderstehende Tupfen und Ringflecken auf.

Die einzelgängerisch lebenden Tiere durchstreifen vor allem am Nachmittag ihr Territorium, das aufgrund der geringen Beutetierdichte bis zu 100 km² groß sein kann. Teilweise überlappen sich die Gebiete, doch durch das Setzen von Duftmarken gelingt es den Tieren, sich weitgehend aus dem Weg zu gehen.

Ihr karger Lebensraum zwingt die Leoparden, alles zu fressen, was sich anbietet – auch Insekten werden nicht verschmäht. Zugleich müssen die Tiere ausgesprochen **effizient jagen**. Sie haben eine erstaunliche Meisterschaft darin erzielt, sich lautlos an ihre Beute heranzupirschen, um sie dann aus nächster Nähe mit einem gezielten Sprung zu fassen. Während die meisten Leoparden nachtaktiv sind, gehen die im Jebel Samhan lebenden Tiere bevorzugt **am späten Nachmittag** auf Jagd. Zu diesem Zeitpunkt werfen die Berge bereits Schatten, die meisten Beutetiere ruhen aber noch und sind dann weniger aufmerksam als sonst.

Mirbat

Etwa 70 km östlich von Salalah liegt der kleine Ort **Mirbat**, dessen renovierungsbedürftige Festung und halbverfallene Handelshäuser von besseren Zeiten künden. Seit dem 10. Jh. bestand hier ein Handelszentrum, ihre größte Blüte erlebte die Stadt aber im 18. Jh. als einer der wichtigsten Ausfuhrhäfen für Weihrauch. Aus dieser Zeit stammt auch das **Fort**, das zuletzt in den 1970er-Jahren Schauplatz von Kampfhandlungen war. Während des Dhofar-Krieges hatten sich die Rebellen hier verschanzt und die Festung bis zum Eingreifen der Luftwaffe erfolgreich gegen die Regierungstruppen verteidigt. Das Fort ist nur sporadisch geöffnet, am ehesten bekommt man zwischen 9 und 12 Uhr Einlass.

Einsame Strände

Mirbat besitzt einen **herrlichen Strand**, an dem sich seit Februar 2010 das Salalah Marriott Resort erhebt. In der weiteren Umgebung der Stadt gibt es einige Strände, die man nur mit dem Allradfahrzeug erreicht, und die so einsam sind, dass Campen dort problemlos möglich ist. Wer Schnorchel- oder Tauchausrüstung im Gepäck hat, kann in Küstennähe interessante Unterwasserspots entdecken. (Achtung: Dies gilt nicht für die Sommermonate!). Eine Besonderheit der Region sind die Seetangwälder, die einer Vielzahl von Meereslebewesen Schutz bieten.

Vor dem Ortseingang liegt rechts der Straße das **Mausoleum von Bin Ali** (s. Abbildung S. 292). Der von zwei Kuppeln gekrönte, strahlend weiße Bau steht mitten in einem Friedhof und darf von Nicht-Muslimen nicht betreten werden. Der als Heiliger verehrte Bin Ali soll im 12. Jh. aus dem Jemen in die Gegend des Dhofar eingewandert sein. Hier verstarb er 1161. Zu seinen Vorfahren gehört angeblich ein Schwiegersohn des Propheten Mohammed.

Reisepraktische Informationen zu Mirbat

Telefonnummern	
Vorwahl	*23*
Polizei	*23268099*
Notruf	*9999*

Unterkunft/Essen und Trinken

Salalah Marriott Resort €€€, ☎ *23275500*, 🖨 *23268271*, *www.marriott. com. Vier-Sterne-Anlage am Strand mit 170 Zimmern und 37 Suiten im dreigeschossigen Haupthaus sowie in mehreren Chalets. Schöne Poollandschaft in einer Gartenanlage. Separates Kinderbecken und Spielplatz. Fitnesscenter, Tennis- und Volleyballplätze, breites Wassersportangebot, eigenes Tauchzentrum. Schönes Spa mit Weihrauchanwendungen. Für kulinarische Vielfalt sorgen das Sumhuram Restaurant mit omanischen und internationalen Gerichten, das auf Seafood spezialisierte Dana Restaurant und ein Café im arabischen Stil.*

Essen und Trinken

Sharah Tourism Restaurant, *in der Bucht bei der Festung. Gutes Fischrestaurant mit fairen Preisen. Auf der Terrasse im ersten Stock genießt man bei herrlichem Meerblick den Fang des Tages – oder auch nur einen Tee und eine Shisha.*

Aktivitäten
Östlich und westlich des Ortes erstrecken sich scheinbar endlose Strände, an denen man herrlich sonnenbaden und schwimmen kann.
Wer gerne schnorchelt oder taucht, kann außerhalb der Khareef-Saison die wunderschöne Unterwasserwelt erforschen. Zum Marriott Resort gehört ein Tauchzentrum, das Kurse und Tauchausflüge anbietet.

Blick von den Bergen im Hinterland Salalahs über die Küstenebene

 Verkehrsmittel
Zwischen Salalah und Mirbat verkehren Sammeltaxis (0,50 OR).

Hasik

Im kleinen Örtchen **Hasik** gibt es nicht viel zu sehen, aber die Fahrt dorthin ist sehr reizvoll. Die Route führt zunächst durchs Landesinnere entlang steil abfallender Berghänge, um dann der Küstenlinie zu folgen, wo sich immer wieder Blicke auf schöne Sandbuchten bieten. In Hasik angekommen, beenden **eindrucksvolle Klippen** die (befahrbare) Welt und münden zum Meer hin in einer weiten Sandbucht. In den Felsen nisten Kormorane und auch andere Seevögel, sodass zumindest Ornithologen hier einige Zeit verbringen können, ohne dass Langeweile aufkommt. Ein kleines Restaurant sorgt für Stärkung. Während der Sommermonate lohnt der Ausflug nicht – dann verschleiern dichte Wolken den Ausblick.

👉 Hinweis

Der Ausbau der asphaltierten **Küstenstraße** von Hasik bis ins kleine Fischerdorf **Al Shuwaymiyah**, von wo es weiter nach Osten Richtung Duqm und Masirah geht (s. S. 285, 289), ist inzwischen abgeschlossen. Alternativ kann man nach wie vor ab Salalah über Thumrait, Marmul und Shalim nach Al Shuwaymiyah fahren. In diesem bislang wenig besuchten Dorf kann man den 30 km langen Strand genießen, Angelausflüge oder Touren zu den nahen Al-Hallaniyat-Inseln unternehmen und einen Abstecher in das grandiose, palmenbestandene Wadi Shuwaymiyah machen. *Neue Küstenstraße*
Es gibt zwei einfache Unterkunftsmöglichkeiten: die **Tourist Lodge** (☎ 232 88798) und das **Al Thaliya Home** (☎ 95536203, unbedingt vorher anrufen). Der Bau eines Öko-Resorts soll in Planung sein.

Tauchurlaub in Oman

In den letzten Jahren hat Oman zunehmend auch als Ziel von Tauchreisen von sich reden gemacht. In den Küstengewässern sind 90 Korallenarten und mehrere hundert Fischarten beheimatet Zu den schönsten Tauchrevieren zählen die Musandam-Halbinsel mit 63 registrierten Tauchspots und die Daymaniat-Inseln. In der Küstenregion von Muscat locken etliche Schiffswracks.

Natürliche Bedingungen

Die über 1.500 m lange Küste des Landes bietet abwechslungsreiche Tauchreviere von Steilabfällen bis zu sonnendurchwärmten, mit Korallen besetzten Fjorden. Die **Wassertiefen** reichen von 6 bis 60 m, die **Wassertemperaturen** rangieren zwischen 26 und 34 °C. Die **Sichtweite** unter Wasser liegt abhängig von Wetter und Jahreszeit zwischen 8 und 25 m. Zuweilen beeinträchtigt starkes Planktonaufkommen die Sicht. Dem Planktonreichtum ist es aber andererseits zu verdanken, dass die Küstengewässer Omans zu den **fischreichsten Gebieten** der Weltmeere zählen – riesige Fischschwärme, Schildkröten, Rochen, Muränen und Schildkröten begleiten fast jeden Tauchgang, an einigen Stellen trifft man auch Haie und Delfine (zur Unterwasserwelt s. auch S. 44ff.). Zu den Highlights eines Tauchurlaubs in Oman gehört die Begegnung mit einem Walhai, dem Giganten der Meere.

Abwechslungsreiche Tauchreviere

Infrastruktur

In den wichtigsten Tauchgebieten des Landes haben sich inzwischen **Tauchzentren** angesiedelt, sie entsprechen gängigen Standards und bieten neben begleiteten Tauchgängen auch den Erwerb international anerkannter Tauchscheine an. Hinsichtlich ihres Sicherheitsstandards und ihrer Umweltverträglichkeit werden sie von der Oman Diving Federation überwacht. In den schon von Weitem anhand ihrer Flagge (roter Grund mit diagonalem weißem Balken) erkennbaren *Dive Centers* wird in erster Linie Englisch gesprochen, nur gelegentlich gibt es auch deutsche Tauchguides. Entsprechend sollte man die wichtigsten Tauchvokabeln auf Englisch beherrschen – nur so ist gewährleistet, dass man alle sicherheitsrelevanten Kommandos versteht. Auch Tauchkurse werden auf Englisch abgehalten – meist nach den Richtlinien von PADI (*Professional Association of Dive Instructors*). Daneben werden aber auch Zertifikate (Brevets) von *CMAS, DSAT* und *Mares* akzeptiert.

Zahlreiche Tauchschulen

Einige Tauchbasen verlangen von zertifizierten Tauchern zusätzlich zum **Brevet** auch die Vorlage des **Logbuchs**, das den Nachweis über absolvierte Tauchgänge führt und so die Erfahrung des Tauchers dokumentiert. Das Logbuch macht auch Angaben zum Zeitpunkt des letzten Tauchgangs. Manche Basen verlangen von Tauchern, die länger als sechs Monate nicht mehr unter Wasser waren, die Mitnahme eines Tauchguides bzw. das Belegen eines halbtägigen Auffrischungskurses. Gelegentlich wird auch nach einer **tauchärztlichen Bescheinigung** gefragt (am besten erkundigt man sich vor der Anreise, welche Unterlagen die Tauchbasis am Urlaubsort verlangt).

Tauchen mit Kindern

Kinder ab acht Jahren, denen vom Arzt Tauchtauglichkeit bescheinigt wurde, können den **PADI-Bubblemaker-Schein** erwerben. Dabei werden die Kleinen an die Grundbegriffe des Tauchens herangeführt. Ab einem Alter von 10 Jahren kann ein „**Junior Open Water Diver**"-**Kurs** absolviert werden. Er entspricht dem „Open Water Diver"-Kurs, mit dem Unterschied, dass Kinder nur maximal 12 m tief tauchen dürfen und in Begleitung eines Elternteils sein müssen. Wenn das Kind über 12 Jahre alt ist, darf es bis zu 18 m tief tauchen und benötigt keinen Elternteil mehr als Buddy, sondern nur noch einen Erwachsenen. Mit Erreichen des 15. Lebensjahres kann der „Junior Open Water"-Schein dann zum „**Open Water**"-**Schein** umgeschrieben werden.

Tauchgebiete

Tauchbasen haben sich in Oman in der Regel dort angesiedelt, wo die besten natürlichen Bedingungen für den Unterwassersport herrschen. Ein gutes **Tauchgebiet** ist der felsige Norden und Osten der **Musandam-Halbinsel** – die an den Arabischen Golf grenzende Westküste ist weniger interessant, weil hier vor die Sicht durch den sandigen Untergrund leidet. Weitere lohnende Tauchreviere finden sich in der **Region um Muscat** und vor der Küste des **Dhofar**. Einige Küstenbereiche sind ganzjährig betauchbar, bei anderen beschränkt sich die Saison auf die Sommer- bzw. die Wintermonate).

☞ Hinweis

Infos zu Tauchzentren finden sich bei den entsprechenden Orten, s. S. 175, 220, 251, 313

Die Buchten der Musandam-Halbinsel sind auch zum Schnorcheln ideal

Im Folgenden werden einige **Tauchplätze** vorgestellt, um einen Eindruck von den Möglichkeiten zu geben. Normalerweise wählen die Tauchbasen das Revier aus, zu dem ein Tauchgang führt. Die Mitarbeiter kennen die aktuell besten Spots und die Gegebenheiten auf See. Manchmal besteht aber auch die Möglichkeit, eigene Wünsche anzumelden – was natürlich nur möglich ist, wenn man sich zuvor informiert hat. Auf keinen Fall sollte man sich aber durch die Faszination eines speziellen Tauchplatzes dazu verleiten lassen, seine persönlichen Grenzen zu überschreiten. Das bedeutet, dass z. B. ein *Open Water Diver* nicht tiefer als 18 m tauchen darf, wenn er sich nicht ernsten Sicherheitsrisiken aussetzen möchte. Taucht man mit einem *Instructor,* so können diese Limits nach Absprache und entsprechender Einweisung schon einmal überschritten werden.

Tauch-zentren kennen die besten Spots

Musandam-Halbinsel

An die **Westküste** der Musandam-Halbinsel grenzt der Persische Golf an, ein relativ flaches Gewässer mit einer maximalen Tiefe von etwa 100 m. An der Küste fällt der Boden selten mehr als 30 m tief ab. Grundsätzlich würde dies für gute Licht- und damit Sichtverhältnisse sprechen, wäre da nicht der sandige Boden, der die Sicht auf 8 bis 15 m einschränkt und zudem ein nennenswertes Korallenwachstum verhindert.

Umso faszinierender sind dafür die Unterwasserlandschaften im **Norden** und **Osten** der Halbinsel. In den fjordähnlichen Buchten und rund um die vorgelagerten Inseln haben sich farbenprächtige Korallen angesiedelt, zwischen denen sich große Fischschwärme tummeln. Musandam bietet mit unterschiedlichen Wassertiefen Reviere für alle Könnensstufen. Es gibt sehr schöne Schnorchelreviere, in denen die Korallen nur etwa 1 m unter der Wasseroberfläche beginnen, Tauchreviere für Anfänger mit Tiefen zwischen 6 und 20 m und Reviere für Fortgeschrittene, in denen der Boden erst nach mehr als 40 m erreicht ist. Die schwierigen Strömungsverhältnisse verlangen dem Taucher allerdings einiges an Erfahrung ab. Die besten Plätze kann man von **Khasab** aus erreichen, weitere schöne Tauchspots liegen vor **Dibba**. Weil sie entweder bei vorgelagerten Inseln oder relativ weit von beiden Städten entfernt an der zerklüfteten Küste liegen, steuern die lokalen Tauchbasen sie in der Regel mit Booten an. Die Tauchreviere der Musandam-Halbinsel können als einzige des Landes ganzjährig betaucht werden.

Für Anfänger und Fortge-schrittene

Lima Rock

Von Dibba aus lohnen Tauchtouren zur **Lima Bay** mit einer Fülle von Korallen und Rifffischen. Am Südeingang der Bucht erhebt sich der **Lima Rock**, ein etwa 800 m langer und 200 m breiter **Kalksteinfelsen mit vielen Höhlen und Rissen**. Am östlichen und westlichen Ende sollte man auf eine starke Strömung gefasst sein. Die Klippen fallen zunächst bis in 12 m Tiefe steil ab, dann folgen Felsbrocken und Geröll und schließlich ein sandiger Grund in 60 m Tiefe. Bis zu einer Tiefe von etwa 20 m reichen die Hartkorallen, während in größeren Tiefen eher farbenprächtige Weichkorallen vorkommen, zwischen denen immer wieder einmal Muränen hervorschauen. Hier kann man Thunfische, Mantas und Haie treffen, die Felshöhlen auf der Südseite des Felsens werden gerne von Ammenhaien genutzt.

Lohnendes Ziel

Seeschildkröten – in Oman häufige Begleiter eines Tauchgangs

Pearl Island

Unmittelbar vor der Küste liegt diese kleine Insel, die **fast komplett von Riffen umgeben** ist. Moderate Tiefen von maximal 12 m lassen sie zu einem perfekten „zweiten" Tauchgang werden und machen die Insel auch für Schnorchler attraktiv. Bei Pearl Island findet man die für flache Riffe typische bunte Fischwelt, darunter auch die farbenprächtigen Clownfische, die „ihre" Anemonen verteidigen.

Ras al Hamra

Bunte Papageienfische

Südlich der Lima Bay liegt dieses Tauchgebiet, das man am besten morgens erkundet, weil dann die Sonne die Vielfalt des Riffs bis zum 16 m tiefen Boden beleuchtet. Auf den überall **verstreut liegenden Felsen** haben sich vor allem Hartkorallen angesiedelt. Sie bilden die bevorzugte Nahrung von Papageienfischen, die hier in großer Zahl vorkommen – zusammen mit zahlreichen weiteren Arten wie Drückerfischen, Kofferfischen, Engelfischen und Riffbarschen. Am Boden findet man zahlreiche Seesterne, leider auch die Korallen abweidenden Dornenkronen.

Ras Salti Ali

Westlich von Khasab liegt dieser mit dem Pkw erreichbare Strand, der mit Wassertiefen von nur 4 m auch Schnorchlern Gelegenheit zu Erkundungen gibt. An den Felsen der Küste gibt es etliche **Überhänge und Höhlen**, die das Refugium einer artenreichen Unterwasserwelt darstellen.

Long Beach

Zwei bis maximal vier Meter Wassertiefe erwarten den Schnorchler vor dem Strand im Osten von Khasab. Hier erstreckt sich ein **Riff parallel zu Küste**. Anemonen und Clownfische, Muränen, gelegentlich eine Seeschlange, auf jeden Fall aber Kofferfische, Riffbarsche und Papageienfische begleiten ihre Ausflüge in die Unterwasserwelt.

Khawr Ghubb Ali

Je nach Standort kann man in diesem Revier in Tiefen zwischen 12 und 25 m abtauchen. An den vielen **mit herrlichen Korallen überwachsenen Felsen** leben große Schulen unterschiedlichster, farbenprächtiger Fische. Häufig kann man Tintenfische beobachten, auch Begegnungen mit Meeresschildkröten sind keine Seltenheit.

Region um Muscat

Unterschiedliche Wassertiefen in ruhigen Buchten oder bei vorgelagerten Inseln lassen Tauchgänge vor der Küste von Muscat zu einem Erlebnis für Anfänger und Fortgeschrittene werden. Im zum Indischen Ozean gehörenden Golf von Oman findet man **herrliche Korallenriffe** und eine **artenreiche Meeresfauna**. Die meisten Tauchgebiete liegen in Tiefen um 20 m, einige sehr schöne Tauchgänge sind aber auch in flachem Wasser mit nur 8 bis 10 m Tiefe möglich. Viele Reviere können vom Strand aus erkundet werden. An einigen Stellen liegen **Wracks** im Meer, so z. B. bei Quriat und bei Fahal Island. Sie liegen in Tiefen zwischen 20 und 30 m, teilweise aber auch nur 10 Meter tief. So hat auch der *Open Water Diver* die Möglichkeit, einmal ein Wrack zu erkunden. In den Tauchgebieten vor der Küste der Capital Area herrschen im Sommer die besten Bedingungen – von April bis Juli ist das Wasser ruhig und die Sichtverhältnisse sind gut.

Wracks direkt vor der Küste

Ras al Sawadi

Hier kann man zwar ganzjährig tauchen, doch in den Wintermonaten führen starke Winde oft zu Verwirbelungen, die die Sichtweite einschränken. Das Revier scheint mit Tiefen von maximal 12 m auch für Anfänger geeignet zu sein, doch aufgrund der häufig auftretenden starken Strömungen benötigt man ein wenig Erfahrung. Neben den sandigen Böden vor der Küste gibt es **vorgelagerte Inseln**, deren Südseiten mit farbenprächtigen Korallen besiedelt sind. Hier halten sich große Schwärme von Riffbarschen, Drückerfischen, Schnappern, Lipp- und Kaiserfischen auf.

Daymaniyat-Inseln

Etwa 18 km vor der Küste erstreckt sich eine Kette von neun Inseln über ca. 20 km von Osten nach Westen. Diese Inseln stehen u. a. deswegen unter Naturschutz, weil zwischen Mai und Oktober Schildkröten zur Eiablage hierherkommen und in den Küstengewässern große Delfinschulen ihre Bahnen ziehen. Die Meeressäuger lassen sich oft schon vom Boot aus beobachten. Unter Wasser kann man an **Steilwänden** entlang in Tiefen von etwa 25 m hinabgleiten. Dabei begegnet man Doktorfischen, Barrakudas, Schildkröten, Tintenfischen, Papageifischen und gelegentlich auch Haien. Bei den Daymaniyat-Inseln stehen die Chancen gut, auf Walhaie zu treffen.

Schildkröten und Delfine

Wrack der „Al-Munassir"

Nur wenige Kilometer südöstlich von Muscat wurde im April 2003 die Al Munassir versenkt. Der 1979 in England gebaute **Truppentransporter** liegt in 28,5 m Tiefe auf sandigem Boden. Das 84 m lange und 16 m hohe Wrack kann über zwei Aufzugschächte betaucht werden, sofern man über die entsprechende Ausbildung verfügt. Im Inneren haben sich viele Muränen angesiedelt, die hier ideale Lebensbedingungen vorfinden. Auch in bzw. auf der ehemaligen Brücke leben Muränen, zusätzlich trifft man hier sehr häufig Kaiser- und Kofferfische an. Durch den sandigen Boden sind die Sichtverhältnisse beim Wrack oft eingeschränkt, man nimmt daher am besten eine gute Lampe mit.

Lebensraum für Muränen

Sicherheit beim Wracktauchen

So faszinierend Wracks sein mögen, so viele Risiken und Gefahren bergen sie auch. Nach den offiziellen PADI-Richtlinien setzt das Wracktauchen eine spezielle Ausbildung voraus. Daneben müssen bestimmte Sicherheitsaspekte beachtet werden:

1. Ein **Taucheranzug und Handschuhe** sind ein Muss, denn in den meisten Wracks gibt es scharfe Kanten oder Lebewesen mit harter Außenschale, an der man sich schneiden kann.

2. Wer ein Wrack nicht genau kennt, sollte einen **Guide mitnehmen**. Ist man allein, darf man nur in das Wrack hineintauchen, wenn vom Eingang aus ein ausreichend großer Ausgang erkennbar ist.

3. Wer in ein Wrack taucht, sollte auf jeden Fall außen eine **Sicherheitsleine** anbringen, die notfalls ein Wiederfinden des Einstiegs ermöglicht.

4. Unabdingbar ist eine **starke Lichtquelle**.

5. **Hastige Bewegungen sind zu vermeiden**, da sich im Wrack viel lockeres Material befindet, das schnell aufgewirbelt wird.

6. **Nach einem Unwetter kann ein Wrack instabil sein** bzw. seine Lage verändert haben, sodass auch beim Erkunden eines bekannten Wracks mit neuen Gegebenheiten gerechnet werden muss.

Shark Point

Das kleine Tauchrevier Shark Point liegt unweit von Muscat in Schwimmentfernung vor dem Ras al Hamra Recreation Centre. Die **geringe Wassertiefe** von maximal 6 m macht das Gebiet auch für Schnorchler interessant. Vor allem Hartkorallen sind zu sehen, daneben gibt es aber auch Bereiche mit Weichkorallen und Schwämmen sowie einem großen Fischreichtum. Wie der Name Shark Point schon vermuten lässt, kommt es hier zu Begegnungen mit größeren Haien, zu denen neben Schwarzspitzenhaien auch Graue Riffhaie, Bullenhaie und Sandtigerhaie gehören.

Fahal Island

Viele Schwarm-fische

4 km nördlich vom Shark Point bzw. Ras al Hamra liegt diese kleine Insel mit zahlreichen Tauchgründen. Außerhalb der etwas rauen Wintermonate herrschen hier ideale Bedingungen mit sanfter Dünung und sehr guter Sicht. Leider treten im Süden und Norden der Insel starke Strömungen auf, sodass man den Tauchgang sehr genau planen sollte. Das **Riff** steigt aus maximal 42 m Tiefe bis knapp unter die Wasseroberfläche auf und bietet inmitten der Steinkorallen vielen Schwarmfischen einen idealen Lebensraum. Unter Wasser liegende **Höhlen und Tunnel** gewähren vielen Meereslebewesen Unterschlupf und sind zugleich eine Herausforderung für erfahrene Taucher – ein *Swim-through* ist durchaus spannend. Barsche und Rochen sind hier ebenso ansässig wie bunte Korallen, Anemonen und Riesenmuscheln. Gelegentlich trifft man auch auf Schildkröten und Riffhaie.

Dhofar-Küste

Entweder direkt vom Strand oder vor der Küste vom Boot aus geht es in die Unterwasserwelt vor Salalah. Hier ist das Wasser ganzjährig kühler als vor Muscat, sodass auch **Großfische** keine Seltenheit sind. Geröll und Korallen, **Tangwälder** und Schwärme von Fischen prägen das Bild, ab und an begegnet man Schildkröten und Delfinen und auch die Chancen einem Walhai zu begegnen stehen nicht schlecht. Für Unterwassererlebnisse der besonderen Art sorgen schließlich **einige Wracks**.

An der Dhofar-Küste liegt die Tauchsaison im Winter. Während der Khareef-Saison ist das Meer stark aufgewühlt und es herrschen so starke Strömungen, dass ein sicheres Tauchen nicht gewährleistet ist.

Im flachen Wasser an der Südküste kann man manchmal junge Hammerhaie sehen

Raha Bay

Ein sehr schöner Tauchspot ist die Raha Bay etwa 3 km östlich von Mirbat. **Moderate Wassertiefen** von bis zu 12 m ermöglichen lange Aufenthalte unter Wasser. *Geschützte* Die Küste auf der einen Seite und größere Felsen zum Meer hin schützen die Bucht *Bucht* vor zu starker Brandung. So konnten sich hier farbenprächtige Korallen ansiedeln, die ruhiges Wasser bevorzugen. Kleinere Rochen, Papageienfische, Riffbarsche und Muränen leben hier neben Koffer-, Igel- und Lippfischen.

Eagle's Retreat

Nur wenige hundert Meter westlich von Raha Bay liegt dieses ebenfalls sehr reizvolle Revier. Wassertiefen von bis zu 20 m und die größere **Offenheit zum Meer hin** lassen die Fauna hier etwas anders erscheinen. Die Felsen bilden den Lebensraum zahlreicher Rifffische, doch lockt der mit nicht zu warmem Wasser einhergehende Artenreichtum auch größere Räuber an, zu denen vor allem Delfine zählen.

Mirbat Reef

Direkt „vor der Haustür" von Mirbat befindet das gleichnamige Riff, das auch als „Aquarium„ bezeichnet wird. **Sehr klares, maximal 6 m tiefes Wasser** und eine *Fast wie im* Vielzahl von Fischen inmitten der Hirnkorallen machen den Reiz des Reviers aus. Wer *Aquarium* sich vom Riff aus in etwas größere Tiefen zwischen 12 und 24 m vorwagt, entdeckt Stern-, Tisch- und Geweihkorallen. Hier leben auch Seeigel, Schildkröten, Rochen, Barsche und Netzmuränen.

Ausrüstung

Sicherheit beim Tauchen hängt nicht nur von der Kenntnis wichtiger Regeln, sondern auch von der richtigen Ausstattung ab. Tauchequipment ist nicht gerade billig – Anfänger werden daher zunächst auf geliehenes Material zurückgreifen. Wer den Tauchsport aber längerfristig ausüben möchte, wird sich über kurz oder lang sicher eine eigene Ausrüstung anschaffen. Dabei ist Folgendes zu beachten:

1. Die **Taucherbrille** sollte aus sehr anschmiegsamem Kautschuk und bruchsicherem Glas *(Tempered Glas)* bestehen. Seitliche „Fenster" vergrößern das Sichtfeld, sind aber kein Muss. Um den notwendigen Druckausgleich durchführen zu können, ist ein Eingriff für die Nase erforderlich.

2. Der **Schnorchel** sollte einen Durchmesser von etwa 2,5 cm haben und nicht länger als 35 cm sein, sonst ist ein komplettes Ausatmen infolge der Druckverhältnisse nicht möglich. Er sollte ein weiches Mundstück mit Beißpolstern besitzen; eine auffällige Farbe sorgt dafür, dass der Schnorchler von Sportbootfahrern besser gesehen wird.

Mit guter Ausrüstung und einem erfahrenen Guide ist das Tauchen in Oman eine sichere Sache

3. Ein **Neoprenanzug** schützt nicht nur vor Unterkühlung, sondern auch vor schmerzhaften Kontakten mit Quallen und anderen Meereslebewesen. Den gleichen Zweck haben **Handschuhe**, sie verhindern z. B., dass man sich an Muscheln oder Seepocken schneidet, wenn man sich bei einem Sicherheitsstopp an der Bojenleine festhält.

4. Mit Hilfe der **Tarierweste** (*BCD, Buoyancy Control Device*) kann der Taucher seinen Auftrieb kontrollieren. An der Wasseroberfläche hält die aufgeblasene Weste den Kopf des Tauchers über Wasser.

5. Die **Pressluftflasche** enthält die benötigte Atemluft in Form komprimierter Umgebungsluft. Wer beim Tauchen Luft mit höherem Sauerstoffgehalt verwenden möchte (*Nitrox* oder *Enriched Air*), muss zuvor eine entsprechende Spezialausbildung absolvieren. Da die Flaschen unter sehr hohem Druck stehen, müssen sie alle zwei Jahre (Stahlflaschen) bzw. alle

sechs Jahre (Aluminiumflaschen) überprüft werden. Siegel geben über den Termin der letzten Prüfung Auskunft. Den Druck der Luft in der Flasche (etwa 200 Bar) verringert die erste Stufe des **Regulators**, die an der Flasche befestigt ist, auf zehn Bar. Von ihr gehen Druckschläuche zur Tarierweste (der Schlauch steht unter Hochdruck und darf keinerlei Beschädigungen aufweisen) und zur zweiten Stufe, dem Mundstück des Atemreglers oder Lungenautomaten. Sie reguliert den Druck entsprechend der jeweiligen Tauchtiefe und garantiert so eine gleichmäßige Sauerstoffversorgung. In aller

Tauchgänge werden grundsätzlich nie allein durchgeführt, sondern immer mit einem Partner, dem Buddy

Regel gibt es dann einen weiteren Schlauch mit Atemregler (*Octopus*), der dazu dient, den Tauchpartner mit Luft zu versorgen, wenn es bei seiner Ausrüstung zu Problemen kommt. Ein weiterer Schlauch endet im sogenannten **Finimeter**, einem Instrument, das den Druck in der Flasche anzeigt. Beim Kauf eines Lungenautomaten ist zu beachten, dass in Deutschland vielfach DIN-Automaten verkauft werden, im Ausland aber meist INT-Anschlüsse Verwendung finden. Man sollte daher einen entsprechenden Adapter am besten gleich miterwerben.

Adapter für den Schlauch

6. Um den Auftrieb des Tauchers zu kompensieren, sind **Bleigewichte** notwendig, die entweder an einem Gurt befestigt oder in die Tarierweste gesteckt werden. Das Blei sollte im Fall der Fälle schnell abgelegt werden können.

7. Eine **Taucheruhr**, die bis mindestens 100 m Tiefe wasserdicht sein sollte, ist ein sehr nützliches Utensil (einige Tauchbasen verpflichten zur Mitnahme mindestens einer Uhr pro Gruppe), unabdingbar ist eine Dekompressionstabelle zum Ermitteln der beim Auftauchen erforderlichen Dekompressionszeit.

8. Nützlich kann auch ein **Tauchermesser** sein, wobei die besten dieser Werkzeuge aus Titan und damit rostfrei sind. Wenn man mit dem Messer an die Pressluftflasche schlägt, erzeugt man Laute, die auch unter Wasser gut hörbar sind. Noch besser ist zu diesem Zweck aber ein **Metallstab** geeignet, der sich am Handgelenk tragen lässt und mit dem man auch einmal in Höhlungen tasten kann, ohne potenzielle Bewohner mit einer Spitze oder Schneide zu verletzen.

9. Bei den **Flossen** sollte man unbedingt auf guten Sitz achten, denn nichts stört so sehr wie zu enge Flossen oder zu große, die beim Schwimmen vom Fuß rutschen. Bei allen Flossen gilt: je weicher das Material, desto weniger kräftig der Schlag und entsprechend langsamer die Fortbewegung.

9. ANHANG

Kleine Sprachhilfe

Grundsätzlich kommt man unterwegs nur sehr selten in die Verlegenheit, mit der Bevölkerung Arabisch zu reden. Fast immer wird Englisch gesprochen, z. T. sogar Deutsch. Gleichwohl ist es ein Gebot der Höflichkeit den Gastgebern gegenüber, ein paar Worte Arabisch zu sprechen oder sich zumindest darum zu bemühen. Ein echtes Problem hat man erst dann, wenn die ersten Worte dazu führen, dass der andere meint, man spräche die Sprache perfekt. In diesem Fall darf man einen wahren Schwall von Worten und Sätzen erwarten, denen man nur entgeht, wenn man rechtzeitig auf Englisch „zurückschaltet".

Hinweis zur Transkription
Die in dieser Sprachhilfe verwendete Transkription entspricht der allgemein üblichen, die jedoch keinen wissenschaftlichen Anspruch erhebt. Es wurde darauf verzichtet, die Worte in Arabisch zu notieren, im Anhang finden sich die Zahlen in arabischer Schrift, damit sich der Reisende zumindest minimal orientieren kann.
Zur besseren Verständigung wird die Sprachhilfe auch in Englisch angegeben.

Zur Aussprache
kh im Arabischen wird wie ch in Kra**ch** im Deutschen ausgesprochen!

Begrüßung und Abschied		
Guten Morgen	Good morning	sabah alkhair
Guten Morgen (Antwort)	Good morning	sabah an-nur
Guten Abend	Good evening	masa al-khair
Guten Abend (Antwort)	Good evening	masa an-nur
Hallo	Hello	al-salaam alaykum
Hallo (Antwort)	Hello	wa alaykum e-salaam
Willkommen	Welcome	ahlan wa sahlan/arhaba
Auf Wiedersehen	Good-bye	ma'al salaama
Auf Wiedersehen (zum Mann)		alla ysalmak
Auf Wiedersehen (zur Frau)		alla ysalmich

Allgemeines (Worte und Redewendungen)		
Ich heiße …	My name is…	ismi
Ja	Yes	na'am/aiwa
Nein	No	la
Bitte (zum Mann)	Please	min fadlak
Bitte (zur Frau)		min fadlik
Danke	Thank you	shukran/mashkur (woo ma ghasart)
Entschuldigung (zum Mann)	Excuse me	lau tismah
Entschuldigung (zur Frau)	Excuse me	lau tismahin
Ich spreche nicht arabisch	I don't speak Arabic	ma-atkallam arabi
Sprechen Sie Englisch/Deutsch?	Do you speak English/German?	titkallam ingleezi/almaani

Fragen

Wer? (Mann)	Who?	mnu
Wer? (Frau)		min
Was?	What?	shoo
Wann?	When?	mata
Wo?	Where?	wayn
Wie?	How?	kaif
Wie viel?	How much?	kam
Was ist das?	What's that?	shoo hadha
Wie teuer?	How much is it?	b(i)kam

Essen und Trinken

Frühstück	breakfast	futtoor
Mittagessen	lunch	ghadha
Abendessen	dinner	asha
Zwischenmahlzeit	snack	akal khafif
Essen	food	kol
Essen (Gericht)	meal	akl
Trinken	drink	ishrab
Wasser	water	ma
Kaffee	coffee	qahwa
Saft	juice	asir

Unterwegs

Was kostet es nach …?	How much is it to …?	b(i)kam la …
Bringen Sie mich nach (zu dieser Adresse)	Please bring me to (this address)	lau (hadha elonwan)samaht wasalni la
Schalten Sie bitte das Taxameter ein	Switch on the taximeter, please	lau samaht sharalsha ral al-addad
Ist dies die Straße nach …?	Is this the road to …?	hal hadhahadha al-tarig eela …?
Wo ist die nächste Tankstelle?	Where ist the next petrol station?	Ain mahattet el-betrol/al-benzeen?

Notfälle

Hilfe!	Help!	Saa' idoonee
Ich bin krank (Mann)	I'm ill	ana maaridmaarid
Ich bin krank (Frau)		ana maridamarida
Rufen Sie …	Please call …	etasell bil …
… die Polizei	… the police	… shurta
… einen Arzt	… the doctor	…tabeeb
… einen Notarzt	… the emergency doctor	…sayyaret al-isa'af

Wo ist der/die/das nächste ...	Where is the ...	wayn aghrab ...
... Apotheke	... pharmacy	... saydalee
... Nachtapotheke	... pharmacy open at night	... laylee
... Arzt	... doctor	... tabeeb
... Zahnarzt	... dentist	... tabeeb asnan
... Krankenhaus	... the hospital	... mustashfa
Ich habe ...	I have ...	ana andee...
... Durchfall	... diarrhoea	... is-haal
... Fieber	... fever	... sukhoona
... Kopfschmerzen	... headache	... suda/waja' ras
... Schmerzen	...pains	... alam/waja'
Es schmerzt an dieser Stelle	It hurts here	bee yu ja nee hina

Zahlen

Die arabischen Ziffern werden, im Gegensatz zu den arabischen Buchstaben, von links nach rechts geschrieben und gelesen! Der Aufbau der Zahlen ist mit den unseren identisch.

0	sifir	٠	19	tisi'ta'ash	١٩
1	wahid	١	20	ishreen	٢٠
2	ithneen	٢	30	thalatheen	٣٠
3	thalatha	٣	40	arbi'een	٤٠
4	arba'a	٤	50	khamseen	٥٠
5	khamsa	٥	60	sitteen	٦٠
6	sitta	٦	70	saba'een	٧٠
7	sab'a	٧	80	thimaneen	٨٠
8	thimania	٨	90	tis'een	٩٠
9	tis'a	٩	100	imia	١٠٠
10	ashra	١٠	101	imia w-ahid	١٠١
11	hda'ash	١١	102	imia wa-ithineen	١٠٢
12	thna'ash	١٢	103	imia wa-thalatha	١٠٣
13	thalathta'ash	١٣	104	imia wa-arba'a	١٠٤
14	arba'ata'ash	١٤	200	imiatain	٢٠٠
15	khamista'ash	١٥	300	thalatha imia	٣٠٠
16	sitta'ash	١٦	1000	alf	١٠٠٠
17	sab'ta'ash	١٧	2000	alfayn	٢٠٠٠
18	thimanta'ash	١٨	3000	thalath-alaf	٣٠٠٠

Literaturliste

Al Roya Publishing, *A Concise Guide to the Dhakiliya*, Muscat 2006.
Al Roya Publishing, *A Concise Guide to Batinah*, Muscat 2010.
Al Roya Publishing, *A Concise Guide to Musandam*, Muscat 2007.
Al Roya Publishing, *A Concise Guide to the Sharqiya*, Muscat 2010.
Kleine, ansprechend bebilderte Hefte von Oman Tourism, die einen ersten Eindruck von der jeweiligen Region geben und im Tourismusamt erhältlich sind.

Barrault, Michèle, *Regards Dhofar*, Editions Michel Hetier, 1999. Schöner Bildband mit informativen Texten zum Süden Omans. Nur noch antiquarisch erhältlich.

Egan, Damian, *Snakes of Arabia*, A Field Guide to the Snakes of the Arabian Peninsula and its Shores, Motivate Publishing Dubai 2007. Umfassendes Werk mit allen Details zu den Schlangen der Region; enthalten sind sowohl Tipps zur Beobachtung dieser faszinierenden Tiere als auch zur Vermeidung von Bissen. Nur noch antiquarisch erhältlich.

Eichler, Dieter, *Tropische Meerestiere*, BLV München 2007. Handliches Nachschlagewerk für Taucher, Schnorchler, Profis und Anfänger.

Erikson, Hanne und **Jens**, *Common Birds in Oman, An Identification Guide*. Al Roya Publishing 2010. Farbig bebildertes Buch zur Identifizierung von 250 Vogelarten.

Hala Oman, *Salalah Beckons*, Mazoon Press Muscat 2009. Allgemeine Informationen sowie Historisches und Sightseeing-Tipps vor allem für Salalah und Muscat.

Harris, Carol; Schroder, Tony, *Underwater Explorer*, Explorer Publishing Dubai 2010. Der Band stellt die schönsten Tauchplätze in der Region VAE und Oman vor, wobei in Oman nur die Divesites der Musandam-Halbinsel Berücksichtigung finden.

Homann, Klaudia & Eberhard, *Vereinigte Arabische Emirate*, Iwanowski's Reisebuchverlag, Dormagen 2008. Auf gut 280 Seiten erfährt der Reisende alle Tipps und Tricks für die gelungene Individualreise in den VAE. Die perfekte Ergänzung für alle, die die Oman-Reise z. B. mit einer Reise nach Dubai verbinden möchten.

Insight Guides, *Oman & The UAE*, APA Publications Singapore 2015. Umfassendes und reich bebildertes Buch über die gesamte Region. Das Format ist etwas gewöhnungsbedürftig.

JPM Guide Golfstaaten, JPM Publications S.A., Lausanne, 2010. Handliches Büchlein mit vielen wichtigen Tipps für alle Golfstaaten (Kuwait, Bahrain, Qatar, VAE, Oman, Saudi-Arabien).

Kabasci, Kirstin, *Islam erleben*, Reise Know-How Praxis, Reise Know-How Verlag, Bielefeld. Auf einfache und anschauliche Art wird hier diese Religion mit ihren Bezügen zum Alltag erläutert.

Kabasci, Kirstin, *Kulturschock* Kleine Golfstaaten/Oman, Reise Know-How Verlag Bielefeld 2013. In diesem Buch erfährt man viel Wissenswertes über die Kultur in den Golfstaaten und in Oman.

Kost, Rudi; Valentin, Robert, *Englisch Visuell,* Koval Verlag Unterfischach 2000. Zwar nicht das ideale Pocketformat, dafür aber mit zahlreichen Bildern, sodass man bei Verständigungsproblemen auch einfach mal auf das Gewünschte/Gemeinte zeigen kann.

Krasa, Daniel, *Arabisch für die Golfstaaten,* Reihe Kauderwelsch, Reise Know-How Verlag Bielefeld 2007. Die Wort-für-Wort-Übersetzungen erlauben ein sehr gutes Verständnis der Sprache. Mithilfe dieses Führers gelingt es schnell, einfache Gespräche zu führen. Ergänzend kann man den Aussprachetrainer als CD bestellen.

Neuschäffer, Henning, *Oman, VAE,* Polyglott on Tour, München 2011. Kompaktführer für die Kurzreise, da der Omanteil nur etwa 30 Seiten umfasst.

Off-Road Oman, Explorer Publishing Dubai 2007. Hier wird eine Reihe von Touren beschrieben, die abseits aller üblichen Routen verlaufen. Ideal für Abenteurer und Allradexperten. Nur noch antiquarisch und evtl. vor Ort erhältlich.

Salm, Rod; Baldwin, Robert, *Snorkelling and Diving in Oman,* Motivate Publishing Dubai 2007. Ausführliche Beschreibungen der wichtigsten Tauchplätze.

The Complete Residents' Guide Oman, Explorer Publishing Dubai 2007. 150 Seiten prallvoll mit Informationen. Viele sind in erster Linie für Expats interessant, aber auch Urlauber können von den Tipps profitieren.

Time Out Muscat, ITP Consumer Publishing Dubai 2015. Sehr informatives Magazin mit aktuellen Infos über Muscat und andere größere Städte Omans. Erscheint regelmäßig.

Trekking Oman, Explorer Publishing Dubai 2005. Wer sich vom Wüstenklima nicht davon abschrecken lässt, mehrtägige Wanderungen zu unternehmen, ist mit diesem Buch bestens gerüstet.

Walker, Jenny; Owen, Sam, *Off-Road in the Sultanate of Oman,* Motivate Publishing Dubai 2007. 184 Seiten voller Tipps für Fahrten in allen Teilen Omans, auch in sehr entlegenen Gegenden. Zu allen Routen gibt es ergänzend genaue GPS-Angaben zur Standortbestimmung.

Stichwortverzeichnis

A

Adam 295
Ärzte 86
Aflaj, Bewässerungssystem 16, 217
Ain al Kasfah 227
Ain Athum 320
Ain Hamran 319
Ain Jarziz 316
Ain Razat 319
Ain Tabruq 320
Ain Thowarah 222
Al Ain (VAE) 198
  – Palmenpark 206
  – Fort al Sharqi 206
  – Al Ain National Museum 206
  – Al Ain Zoo 208
  – Sheikh Zayed Palace Museum 207
  – Fort Jahili 208
  – Hili Archaeological Park 208
  – Jebel Hafeet 210
  – Oase Al Jimi 208
  – Oase Al Qattara 208
Al Ansab-Lagune 164
Al Aqur 185
Al Ashkharah 285
Al Awabi 223
Al Ayn 15, 185, 199
Al-Bu-Said-Dynastie 22
Al Bustan 161
Al Fath 263
Al Fulayj 214
Al Ghabah 296
Al Ghaftayn 298
Al Hashman 318
Al Hamra 192
Al Hawiyah 269
Al Hazm 21, 213, 228
Al-Hoota-Höhle 192
Al Kamil 288
Al Khaburah 230
Al Khuwair 159
  – National History Museum 159, 164
Al Maznaah 229
Al Mintirib 267, 269
Al Mudaybi 264

Al Mudayrib 267
Al Munassir, Wrack 331
Al Rawdah 254
Al Sifah 164
Al Sawadi 218
Al Suwayq 230
Al Wafi 288
Al Wasil 269
An Nabi Ayoub 317
Anreise 80
Apotheken 86
Architektur 67
Areesh-Hütten 67
Ausrüstung 86
Autofahren 87
Außenpolitik 27

B

Bahla 186, 195
Bahma 276
Bait al Rudaidah 184
Bandar al Jissah 161
Barka 214
  – Bait Na'aman 216
  – Bullenkämpfe 216
  – Fort 215
  – Souq 215
Bat 15, 200
Batinah 31, 213
Beduinen 55, 268
Beförderung 136
Behinderte 92
Bekleidung 92
Bevölkerung 55
Bibid 184, 263, 295
Bienenkorbgräber 15, 199, 200
Birkat al Mawz 184
Bodenschätze 53
Bronze- und Eisenzeit 16
Bukha 256
Buraimi 201
  – Fort Khandaq 202
  – Husn al Hillah 202
Bürgerkrieg 22

C

China, Handel 19

D
Dakhiliyah 181
Daymaniyat Inseln 218, 331
Dattel 37
Delfine 291
Dhofar, Provinz 16, 293
Dhofar Küste 333
Diana's Viewpoint 185
Dibba 247
Diplomatische Vertretungen 93
Dubai 257

E
Einkaufen 95
Einreise 94
Elektrizität 97
Erdgas 53
Erdöl 53
Essen und Trinken 98, 139

F
Falaj Daris 217
Falaj Jaylah 217
Falaj Khatmayn 217
Falaj Maisyr 215
Falaj Malqi 184, 217
Familie 63
Fanja 182
Fatah al Khair, Dhau 274
Fauna 39
Feste und Feiertage 101
Festungen s. Forts
Fins 276
Fische 47
Fischerei 52
Fleischverzehr 73
Flora 36
Flüge 80, 136
Flughafentransfer 82, 138
Forts 141
 – Al Sharqi (Al Ain) 206
 – Barka 215
 – Bilad Sur 272
 – Fujairah 239
 – Jahili 207
 – Jalali (Muscat) 147
 – Khandaq 202
 – Khasab 249
 – Jabrin 197

 – Mirani (Muscat) 147
 – Mutrah 154
 – Nakhl 221
 – Nizwa 188
 – Rustaq 226
 – Sunaysilah (Sur) 272
Fotografieren 103
Frauen 64, 104
Frühgeschichte 14
Fujairah (VAE) 238
 – Ain al Madhab Gardens 241
 – Dattelgärten 241
 – Fort 239
 – Heritage Village 241
 – Museum 239
 – Souq 241
 – Stierkampfarena 241

G
Gastarbeiter 53, 55
Gebirgslandschaft 31
Geld 104
Geografie 31
Geologie 32
Gesellschaft 55
Gesundheit 107
Gewürzhandel 20
Ghubrah 160
 – Sultan Qaboos Grand Mosque 160

H
Hafeet-Periode 16
Hajar-Gebirge 163
Halwa 215
Handel 54
Hasik 325
Hayma 297
Hilf 289
Hili 15, 208
Hisn Tamah (Bahla) 196
Hormuz, Straße von 19, 247

I
Ibaditen 58
Ibra 265
Ibri 200
Information 108
Innenpolitik 26
Insekten 43
Internet 110

Iran 249
Islam 18, 56
Izki 184, 295

J
Ja'alan 280
Ja'alan Bani Bu Ali 286
Ja'alan Bani Bu Hassan 286
Jabrin 21, 186
  – Fort 197
Jebel Akhdar 181, 184, 186
Jebel Harf 256
Jebel Harim 247, 255
Jebel Humr 289
Jebel Misht 199
Jebel Qahwan 286
Jebel Qamar 315
Jebel Qara 319
Jebel Shams 181, 194
Jebel Samhan 322
Jiddat al Harasis 296

K
Kalba 237
Kamel 39
Khanjar 66
Khareef 300
Khasab 248
  – Fort 249
Khawr Hajar 280
Khawr Kalba 237
Khawr Najd 256
Khawr Qadah 256
Khawr Rori 321
Khawr Sham 252
Kinder 110
Kleidung 64
Klima 33
Korallen 44
Koran 59
Küche, arabische 72
Kumzar 253
Kunsthandwerk 70
Kupfer 14

L
Lagunen 163
Landwirtschaft 53
Lehmarchitektur 68
Leopard, Arabischer 323

Literatur 340
Liwa 236
Lizq-Periode 16
Luxusunterkünfte 162

M
Masirah 261, 289
Maße und Gewichte 111
Medinat al Sultan Qaabos 159
Medien 111
Meeresschildkröten 282
Mietwagen 112, 137
Mina al Fahal 158
Mirbat 324
Misfah 194
Mollusken 44
Moschee 61
Mugsayl 315
Musandam-Halbinsel 83, 247, 328
Muscat 145, 181, 213
  – Altstadt 147
  – Al Zawawi-Moschee 149
  – Bab Kabir 148
  – Bab Mathaib 148
  – Bait Graiza 149
  – Bait Muzna Gallery 151
  – Bait al Zubair 151
  – Fort Jalali 147
  – Fort Mirani 147
  – Muscat Gate Museum 149
  – Omani French Museum 151
  – Qasr al Alam, Sultanspalast 150
Mutrah 152
  – Al Lawatiyah-Viertel 155
  – Bait al Baranda 156
  – Corniche 155
  – Fischmarkt 155
  – Fort 155
  – Hafen 155
  – Kalbouh Park 153
  – Lawati-Moschee 152
  – Riyam Park 153
  – Souq 155

N
Nachtleben 114
Nahverkehr 115
Nakhl 221

Naturschutzgebiete 39
Nizwa 16, 21, 163, 181, 186, 192
 – Sultan Qaboos Moschee 186
 – Fort 188
 – Souq 188
Notfälle 116

O
Obst 76
Öffnungszeiten 117
Offroad fahren 90
Omanisierung 53
Oryxantilopen 297

P
Persische Herrschaft 16
Politik 26, 27
Portugiesische Herrschaft 20
Post 118
Preise 136

Q
Qaboos, Sultan 13, 25
Qadah 256
Qalhat 278
Qantab 161
Qara-Gebirge 293
Qayrun Hayriti 299
Quitbit 299
Qurum 158
 – Qurum Nature Reserve 158, 164
 – Children's Museum 158
Quriat 276

R
Rakhyut 315
Ras al Hadd 280
Ras al Jinz 281
Ras al Sawadi 331
Rawdah 263
Reisen in Oman 140
Reiseveranstalter 119
Reisezeit 120
Religion 56
Reptilien 41
Rub al Khali 318
Rustaq 21, 212, 226
 – Ain al Kasfah 227
 – Fort 226
 – Souq 227

Ruwi 156
 – National Museum 157
 – Oil & Gas Exhibition Centre 158
 – Sultans's Armed Forces Museum 157

S
Safaiq, Grabstätten 289
Salalah 24, 293, 302
 – Al Baleed 303
 – Corniche 309
 – Gräber 310
 – Khawr Salalah 306
 – Neustadt 309
 – Obstgärten 310
 – Weihrauchsouq 306
Saham 231
Sahtan Bowl 226
Samad 263
Samail-Schlucht 184
Samhuram 321
Säugetiere 39
Sayq-Plateau 185
Schlangen 43
Schmuck 96
Seeb 160, 182
Seehandel 17
Shariyah 185
Sharqiyah 261
Shinas 213, 236
Shisr 317
Shoowa 74
Sicherheit 121
Sidab 161
Sinaw 264
Sklavenhandel 23
Sohar 16, 232
Souvenirs 122
Sport 124
Sprache 125
Stachelhäuter 46
Strände 213
Suezkanal 24
Sultan Qaboos 13, 25
Sultan Said bin Taimur 13, 24
Sunna 59
Sur 271
 – Ayja 274
 – Dhauwerften 273

– Fatah al Khair 274
– Fort Bilad Sur 272
– Fort Sunaysilah 272
– Hafen 272
– Maritimes Museum 272

T
Tahr, Arabischer 287
Taqah 320
Tanuf 192
Tauchen 327
– Ausrüstung 334
– Eagle's Retreat 333
– Fahal Island 332
– Khawr Ghubb 330
– Lima Rock 329
– Long Beach 330
– Mirbat Reef 333
– Pearl Island 329
– Raha Bay 333
– Ras Hamra 330
– Ras Salti 330
– Shark Point 332
Tawi Atayr Sinkhole 322
Telefonieren 126
Thumrayt 299
Tibat 257
Tiwi 261
Tourismus 54
Traditionen 62
Transfer 82, 138

U
Ubar, Ausgrabung 317
Uhrzeit 127
Umm al Nar-Periode 16
Unterkunft 127, 138, 162
Unterwasserwelt 44

V
Vereinigte Arabische Emirate 237, 257
Verhaltenstipps 131
Verkehrsmittel 132
Verkehrsregeln 87
Versicherungen 133
Vögel 39

W
Wadi Abyadh 223
Wadi al Awabi 223

Wadi al Bih 255
Wadi al Luhlu 164
Wadi Bani Awf 213, 225
Wadi Bani Habib 185
Wadi Bani Khalid 271
Wadi Bani Kharus 213, 224
Wadi Bimah (Snake Gorge) 224
Wadi Darbat 320
Wadi Dawkah 317
Wadi Dima 263
Wadi Ghul 194
Wadi Halfayn 184
Wadi Hawqain 229
Wadi Hibi 231
Wadi Hinai 229
Wadi Kabir 164
Wadi Mistal 222
Wadi Muaydin 184
Wadi Nakhr 181, 194
Wadi Shab 276
Wadi Sahtan 225
Wadi Samail 183
Wadi Suq-Periode 16
Wadi Tayeen 263
Wadi Tiwi 277
Wahiba-Wüste 267
Wehranlagen s. Forts
Weihrauch 17, 306
Wellness 135
Wijmah 226
Wirtschaft 52
Wüste 34

Y
Yiti 164
Yaruba-Dynastie 21

Z
Zeittafel 28
Zikaden 279
Zollbestimmungen 135

Bildnachweis

Alle Bildrechte bei Tanah, Klaudia und Eberhard Homann, außer:

Guido Aellig: 54, 55

Dreamstime.com: 74: Paul Cowan; 75, 78: Adeeb Atwan; 78: Aguaviva; 180: Annemario; 182: Salim Alwardi; 195: Arctic; 208: Arctic; 210: Creativei Photography; 196: Vatikaki; 199: Tomi Tenetz; 246: Akhilesh Sharma; 255, 271: Mirafilm; 260: Ralf Siemieniec; 289: Billie Muller; 292, 316: Maroš Marković

Fotolia.de: 153: Omar Fotos; 194, 277: Cornelia Pithart; 254: Philippe Perraud

Mit freundlicher Genehmigung des **Directorate General of Tourism, Sultanate of Oman** (info@omantourism.gov.om): 12, 39, 52, 154, 185, 252, 253, 280, 283, 65, 128, 160, 274, 278, 297, 307 (Hanne und Jens Eriksen)

Pixelio.de: 308: Edith Ochs

Six Senses Hideaway Zighy Bay: 128

StockXChange.hu: 77: Angelos; 190: Ali Lawati; 298: Amina Sadler; 316: Rene Baldinger

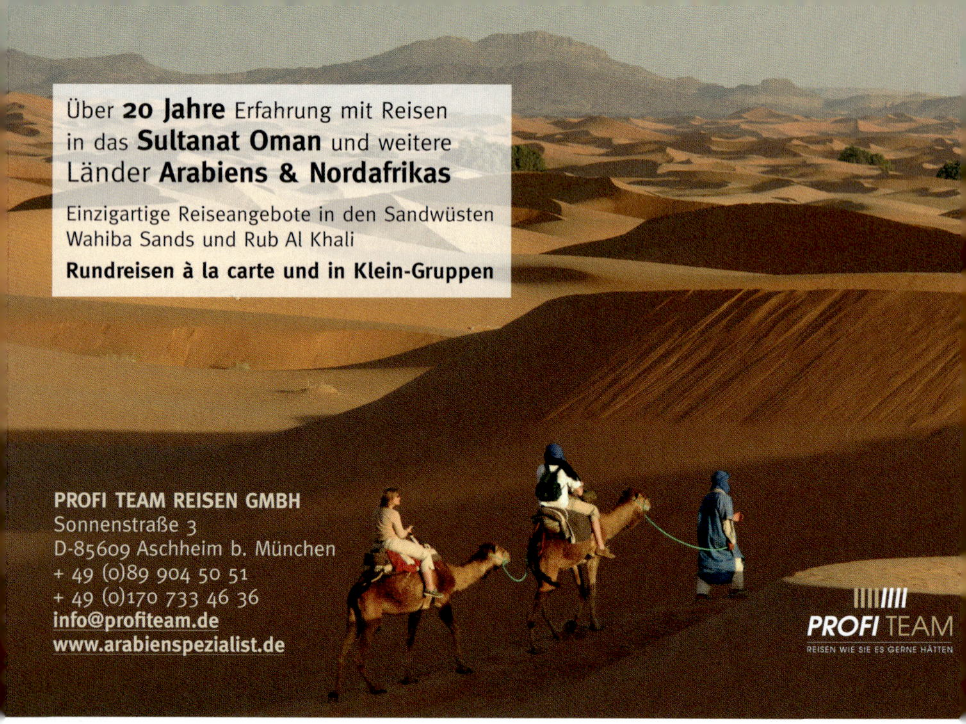
Über 20 Jahre Erfahrung mit Reisen in das Sultanat Oman und weitere Länder Arabiens & Nordafrikas
Einzigartige Reiseangebote in den Sandwüsten Wahiba Sands und Rub Al Khali
Rundreisen à la carte und in Klein-Gruppen
PROFI TEAM REISEN GMBH
Sonnenstraße 3
D-85609 Aschheim b. München
+ 49 (0)89 904 50 51
+ 49 (0)170 733 46 36
info@profiteam.de
www.arabienspezialist.de
PROFI TEAM
REISEN WIE SIE ES GERNE HÄTTEN

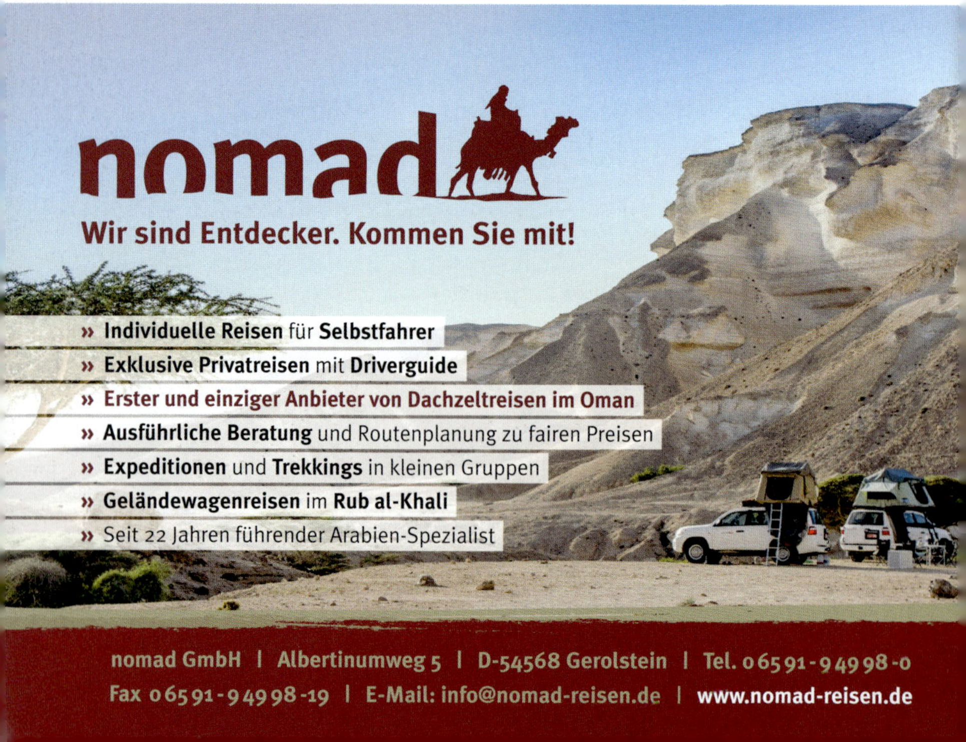
nomad
Wir sind Entdecker. Kommen Sie mit!
» Individuelle Reisen für Selbstfahrer
» Exklusive Privatreisen mit Driverguide
» Erster und einziger Anbieter von Dachzeltreisen im Oman
» Ausführliche Beratung und Routenplanung zu fairen Preisen
» Expeditionen und Trekkings in kleinen Gruppen
» Geländewagenreisen im Rub al-Khali
» Seit 22 Jahren führender Arabien-Spezialist
nomad GmbH | Albertinumweg 5 | D-54568 Gerolstein | Tel. 06591-94998-0
Fax 06591-94998-19 | E-Mail: info@nomad-reisen.de | www.nomad-reisen.de

Thailand individuell

Nicht nur die Freundlichkeit der Einheimischen macht Thailand seit Jahren zu einem der beliebtesten Ferienländer in Asien: Komforturlauber mit hohen Ansprüchen, Rucksack-Touristen mit kleinem Geldbeutel, Aktiv- und Badeurlauber finden gleichermaßen ihr Urlaubsparadies.

Für alle Individualurlauber – egal ob mit kleinem oder großem Geldbeutel – ist das Iwanowski Reisehandbuch Thailand ein inhaltsstarker Reisebegleiter, der auf 576 Seiten fundierte Reiseinformationen gibt. Die praktischen Tipps des Asienkenners Roland Dusik reichen von edlen Spitzenhotels über einfache Backpacker-Hostels hin zu ausführlichen Strandbeschreibungen. Erstmals können die 50 detaillierten Karten samt der Reisetipps kostenlos heruntergeladen werden. Die Extra-Reisekarte wurde ebenfalls aktualisiert.

„Weil Thailand die ganze Pracht Asiens vereint, empfiehlt Dusik es auch als ideales Ziel für Asienanfänger. Perfekter Ratgeber für alle, die Thailand auf eigene Faust bereisen."

Westfälischer Anzeiger

Das komplette Verlagsprogramm unter:
www.iwanowski.de

Reisen individuell

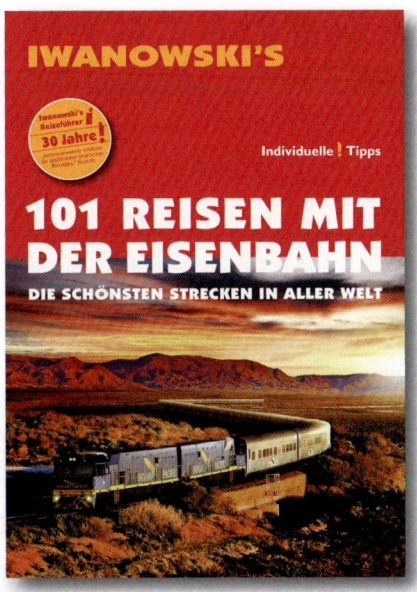

"Zugfahren liegt im Trend. Man muss allerdings Muße haben, um das Rattern durch die Lande zu genießen. Und vielleicht auch das Buch von Armin E. Möller... Möller bleibt beim Wichtigen, verliert sich nicht in pittoresken Landschaftsbeschreibungen allein, sondern bietet pro Strecke auf zwei Seiten die wichtigsten Informationen. Dabei bewegt er sich in exotischen Gebieten - zum Beispiel im Nachtzug von Yangon nach Mandalay in Myanmar, vernachlässigt aber auch die Heimat nicht. So widmet der Kölner auch der Wuppertaler Schwebebahn einen Beitrag ... Leseanreiz bieten auch die 200 liebevoll ausgewählten Farbfotos. Dass der Autor selbst im Abteil saß und keine Beschreibungen anderer bemüht hat, wird bei den vielen kleinen Tipps abseits der Grundinformationen deutlich."

Ruhr Nachrichten

"Jedes der doppelseitigen Porträts wurde mit aussagekräftigen Fotos bebildert und durch Infos wie Streckenlänge und Buchungshinweise ergänzt. In den Innenklappen des Umschlags befinden sich Übersichtskarten, in denen die Lage der 101 Eisenbahnstrecken eingezeichnet sind."

Clever reisen

Das komplette Verlagsprogramm unter:
www.iwanowski.de